Juridicum – Schriften zum Medien-, Informations- und Datenrecht

Reihe herausgegeben von

Matthias Cornils, Mainz, Deutschland

Louisa Specht-Riemenschneider, Bonn, Deutschland

In der Schriftenreihe erscheinen Forschungsbeiträge zum Kommunikations- und Medienrecht in seiner vollen Breite, vom Äußerungs-, Urheber- und Kunsturheberrecht über das Daten- und Informationsrecht bis zu Fragen öffentlich-rechtlicher Medien- oder Intermediärsregulierung, einschließlich ihrer theoretischen Hintergründe. Erfasst sind insbesondere innovative akademische Qualifikationsschriften, aber auch Abhandlungen und Sammelbände von herausragendem wissenschaftlichen Wert.

Amelie Mehlan

Personalisierte Online-Werbung

Zur Frage der Zulässigkeit und Regulierungsbedürftigkeit der Datenwirtschaft

Springer

Amelie Mehlan
Rechtswissenschaftliche Fakultät
Universität Münster
Münster, Deutschland

Zugl.: Münster (Westf.), Univ., Diss. der Rechtswissenschaftlichen Fakultät, 2025

ISSN 2662-9488 ISSN 2662-9496 (electronic)
Juridicum – Schriften zum Medien-, Informations- und Datenrecht
ISBN 978-3-658-49890-0 ISBN 978-3-658-49891-7 (eBook)
https://doi.org/10.1007/978-3-658-49891-7

Die Deutsche Nationalbibliothek verzeichnet diese Publikation in der Deutschen Nationalbibliografie; detaillierte bibliografische Daten sind im Internet über https://portal.dnb.de abrufbar.

Dieses Werk wurde gefördert durch Amelie Mehlan.

Springer ist ein Imprint der eingetragenen Gesellschaft Springer Fachmedien Wiesbaden GmbH und ist ein Teil von Springer Nature.
Die Anschrift der Gesellschaft ist: Abraham-Lincoln-Str. 46, 65189 Wiesbaden, Germany

Vorwort

Diese Arbeit wurde im Sommersemester 2025 von der Juristischen Fakultät der Universität Münster (Westf.) als Dissertation angenommen. Rechtsprechung und Literatur sind im Wesentlichen bis August 2025 berücksichtigt.

Ich danke meinem Doktorvater, Prof. Dr. Bernd Holznagel, für die Betreuung meiner Arbeit und die Möglichkeit gleichzeitig als wissenschaftliche Mitarbeiterin und später als Geschäftsführerin an seinem Lehrstuhl, am Institut für Informations-, Telekommunikations- und Medienwissenschaften, zu arbeiten. Das Vertrauen, das Sie in mich gesetzt haben, Herr Holznagel, war mir auf diesem Weg die größte Unterstützung.
Mein Dank gilt weiter meiner Familie und meinem Partner, deren Rückhalt und Zuspruch ich mir jederzeit sicher sein konnte. Diese Unterstützung, die mich auch schon mein ganzes Studium über begleitet hat, hat auch während meiner Promotionszeit nicht nachgelassen. Ich danke euch von Herzen!
Meinen Freund:innen und Kolleg:innen möchte ich ganz besonders für die fachliche Unterstützung und das Lektorat dieser Arbeit vor der Abgabe danken. Pia Wirtz, Florian Flamme, Roman Weiser, Fee Hinkel, Hannah Waegner und Felizitas Heet, ohne euch wäre diese Arbeit nicht so gut geworden.
Mein besonderer Dank gilt jedoch den Frauen, die mich auf diesem Wege ganz immens unterstützt haben. Meine Kolleginnen, die mir einen fachlichen Austausch ermöglicht haben und die bei der Arbeit stets mein Rückenwind waren. Außerdem meinen Freundinnen, die mich seit dem Studium begleiten, alle Höhen und Tiefen der juristischen Ausbildung miterlebt und mich auf diesem Weg angespornt haben. Besonders hervorheben möchte ich an dieser Stelle zwei Frauen, die meinen Werdegang maßgeblich geprägt haben. Prof. Dr. Dr. Bettina Pfleiderer, die während meines Studiums als Vertrauensdozentin der Studienstiftung meine größte Unterstützerin war und mir bis heute als Mentorin zur Seite steht. Ohne Sie, Frau Pfleiderer, hätte ich nicht die Zuversicht besessen, diesen Weg zu gehen. Und Dr. Sarah Hartmann, deren fachlicher Zuspruch und Unterstützung mir ab dem Zeitpunkt unseres Kennenlernens zur Seite standen. Als Freundin und Mentorin bist du, liebe Sarah, ganz maßgeblich für diese Arbeit mitverantwortlich.

Münster, im August 2025 Amelie Mehlan

Inhaltsverzeichnis

Abkürzungsverzeichnis

a.A.	andere Ansicht
a.a.O.	Am angegebenen Ort
a.F.	Alte Fassung
Abs.	Absatz
AEUV	Vertrag über die Arbeitsweise der Europäischen Union
AG	Amtsgericht
AGB	Allgemeinen Geschäftsbedingungen
allg.	allgemein
Alt.	Alternative
Anm.	Anmerkung
Art.-29-Daten-schutzgruppe	Article 29 Data Protection Working Party = Artikel-29-Datenschutzgruppe
Art., Artt.	Artikel (Singular/Plural)
Aufl.	Auflage
Az.	Aktenzeichen
BDSG	Bundesdatenschutzgesetz
BeckOK	Beck Online Kommentar
Begr.	Begründung
Beschl.	Beschluss
BfDI	Bundesbeauftragte:r für den Datenschutz und die Informationsfreiheit
BGB	Bürgerliches Gesetzbuch
BGH	Bundesgesetzblatt
BMI	Bundesministerium des Innern und für Heimat
BR-Drs.	Bundesrats-Drucksache
Bspw.	Beispielsweise
BT-Drs.	Bundestags-Drucksache

BvD	Bundesverband der Datenschutzbeauftragten Deutschlands e.V.
BVerfG	Bundesverfassungsgericht
BVerfGE	Entscheidung des Bundesverfassungsgerichts
Bzw.	beziehungsweise
Cookie-RL	Richtlinie 2009/136/EG des Europäischen Parlaments und des Rates vom 25. November 2009 zur Änderung der Richtlinie 2002/22/EG über den Universaldienst und Nutzerrechte bei elektronischen Kommunikationsnetzen und –diensten, der Richtlinie 2002/58/EG über die Verarbeitung personenbezogener Daten und den Schutz der Privatsphäre in der elektronischen Kommu- nikation und der Verordnung (EG) Nr. 2006/2004 über die Zusammenarbeit im Verbraucherschutz
CR	Computer und Recht (Zeitschrift)
das heißt	das heißt
DB	Der Betrieb
ders.	derselbe
DGRI	Deutsche Gesellschaft für Recht und Informatik e.V.
DMP	Demand Management Platform
DSGVO	Verordnung (EU) 2016/679 des Europäischen Parla- mentes und des Rates vom 27. April 2016 zum Schutz natürlicher Personen bei der Verarbeitung personenbe- zogener Daten, zum freien Verkehr und zur Aufhebung der Richtlinie 95/46/EG (Datenschutzgrundverordnung)
DSP	Demand Side Platform
DSRITB	Tagungsband der Herbstakademie
DSRL	Richtlinie 95/46/EG des Europäischen Parlaments und des Rates vom 24. Oktober 1995 zum Schutz natürli- cher Personen bei der Verarbeitung personenbezogener Daten und zum freien Verkehr – kurz: Datenschutzrichtlinie
DStR	Deutsches Steuerrecht (Zeitschrift)
DuD	Datenschutz und Datensicherheit (Zeitschrift)
e-Privacy-RL	Richtlinie 2002/58/EG des Europäischen Parlaments und des Rates vom 12. Juli 2002 über die Verarbeitung personenbezogener Daten und den Schutz der Privat- sphäre in der elektronischen Kommunikation (Datenschutzrichtlinie für elektronische Kommunikation) – kurz: e-Privacy-RL
e.V.	eingetragener Verein
EL	Ergänzungslieferung

EMRK	Europäische Menschenrechtskonvention
ErwG	Erwägungsgrund
EU	Europäische Union
EuGH	Europäischer Gerichtshof
EuZW	Europäische Zeitschrift für Wirtschaftsrecht (Zeitschrift)
f.	folgende Seite
FAZ	Frankfurter Allgemeine Zeitung
ff.	folgende Seiten
Fn.	Fußnote
FS	Festschrift
G	Gesetz
GG	Grundgesetz
grds.	grundsätzlich
Großkomm.	Großkommentar
GRUR	Gewerblicher Rechtsschutz und Urheberrecht (Zeitschrift)
GRUR-Int.	Gewerblicher Rechtsschutz und Urheberrecht – Inter- nationaler Teil (Zeitschrift)
GRUR-RR	Gewerblicher Rechtsschutz und Urheberrecht – Rechtssprechungs-Report (Zeitschrift)
Hdb.	Handbuch
Hrsg.	Herausgeber
Hs.	Halbsatz
i.d.F.	in der Fassung
i.S.d.	im Sinne des:der
i.S.v.	im Sinne von
i.V.m.	in Verbindung mit
JuS	Juristische Schulung (Zeitschrift)
JZ	JuristenZeitung (Zeitung)

K&R	Kommunikation und Recht
KG	Kammergericht
LfD	Landesbeauftragte:r für den Datenschutz
LG	Landgericht
lit.	litera
Lit.	Literatur
Ls.	Leitsatz
m.E.	meines Erachtens
m.w.N.	mit weiteren Nachweisen
MK	Münchener Kommentar
MMR	Multimedia und Recht (Zeitschrift)
n.F.	neue Fassung
NJOZ	Neue Juristische Online-Zeitschrift
NJW	Neue Juristische Wochenzeitschrift (Zeitschrift)
NJW-RR	NJW Rechtsprechungs-Report (Zeitschrift)
Nr.	Nummer
NStZ	Neue Zeitschrift für Strafrecht (Zeitschrift)
NVwZ	Neue Zeitschrift für Verwaltungsrecht (Zeitschrift)
NZKart	Neue Zeitschrift für Kartellrecht (Zeitschrift)
OBA	Online Behavioural Advertising
OLG	Oberlandesgericht
OVG	Oberverwaltungsgericht
R	Recht
RegE	Regierungsentwurf
RG	Reichsgericht
RL	Richtlinie
Rn.	Randnummer

Rom I-VO	Verordnung (EG) Nr. 593/2008 des Europäischen Par- laments und des Rates vom 17. Juni 2008 über das auf vertragliche Schuldverhältnisse anzuwendende Recht (Rom–I)
Rs.	Rechtssache
Rspr.	Rechtsprechung
RTB	Real Time Bidding
S.	Satz, Seite
s.o.	siehe oben
s.u.	siehe unten
sog.	so genannte:r:s
SSP	Platform
st. Rspr.	ständige Rechtsprechung
TDDDG	Telekommunikation-Digitale-Dienste-Datenschutz-Gesetz
TDDSG	Teledienstdatenschutzgesetz
TKG	Telekommunikationsgesetz
TMG	Telemediengesetz
TTDSG	Telekommunikation-Telemedien-Datenschutz-Gesetz
u.a.	unter anderem/und andere
UrhG	Urhebergesetz
usw.	und so weiter
UWG	Gesetz gegen den unlauteren Wettbewerb
v.	vom/von
Verf.	Verfasser
VG	Verwaltungsgericht
vgl.	vergleiche
VO	Verordnung
VuR	Verbraucher und Recht
WP	Working Paper

WRP	Wettbewerb in Recht und Praxis (Zeitschrift)
z.B.	zum Beispiel
ZD	Zeitschrift Datenschutz (Zeitung)
zit.	zitiert
ZRP	Zeitschrift für Rechtspolitik (Zeitung)
ZUM	Zeitschrift für Urheber- und Medienrecht (Zeitung)

1. Teil: Einführung

A. Einleitung und Problemdarstellung

Bei dem Besuch einer Webseite, beispielsweise einer Wochenzeitung, lässt sich regelmäßig folgendes beobachten: Die Seite lädt, der Inhalt ist bereits erkennbar, man hat gegebenenfalls bereits mit dem Lesen der Überschrift eines Artikels bekommen, doch plötzlich wird die Darstellung unterbrochen und die Inhalte der Seite sortieren sich neu. Dort wo zuvor die Überschrift war, wird nun ein großflächiges Werbebanner angezeigt. Werbeanzeigen zieren auch die Ränder der Webseite, der Artikel ist nun eingerückt. Beim Scrollen nach unten werden ebenfalls Anzeigen eingeblendet, die sich jeweils hinter jedem Absatz des Artikels befinden. Doch was hat sich in dem Moment zwischen dem ersten Laden der Seite und dem Verrutschen kurz darauf zugetragen? Nun, auf irgendeine Weise haben die Werbeanzeigen offensichtlich den Bildschirm erreicht. Die Vergabe der freien Werbeplätze erfolgt in Echtzeit, sodass die Anzeigen oben, am Rand und nach jedem Absatz, unmittelbar nach dem Laden der Seite eingeblendet werden. In der Zeit, in der Nutzer:innen[1] eine Webseite aufrufen, werden die freien Werbeplätze nämlich versteigert, meistbietend und vollautomatisch.[2] Dies ist notwendig, da die jeweiligen Anbieter von Webseiten, hier die Wochenzeitung, keine Zeit haben, jeden Werbeplatz an Werbetreibende einzeln zu verkaufen, während die Seite lädt. Diese Vorgehensweise ist in der analogen Welt praktikabel, wenn die Printpublikation über eine feste Anzahl an Werbeplätzen verfügt, die wöchentlich belegt werden. Doch analoge und digitale Werbung weisen einige Unterschiede auf.[3] Sie differenzieren sich nicht bloß aufgrund ihres Erscheinungsortes. Im Gegensatz zu analoger Werbung ist Online-Werbung in der Regel personalisiert.[4] D.h. die Inhalte der Werbung werden auf die Interessen und Vorlieben der

---

1 In dieser Arbeit wird gendergerechts Sprache verwendet, um alle Geschlechter anzusprechen und einzubeziehen. Hierauf wird lediglich bei der Widergabe direkter Zitate und bei Bezügen auf nicht-natürliche Personen verzichtet.

2 Der Prozess wird daher als Real Time Bidding bezeichnet. Die technischen Details werden im 2. Teil, unter B., III. näher beschrieben.

3 Zur Vergabe analoger Werbeplätzen in Printmedien vgl. *Brüggemann*, Die rechtliche Zulässigkeit von Online-Werbeblockern, S. 12 f.

4 Die Ausgaben für programmatische Werbung im Verhältnis zu den weltweiten Gesamtausgaben im Markt für digitale Werbung beläuft sich 2020 auf 63 %. *Statista*, Programmatic Advertising, S. 4.

A. Mehlan, *Personalisierte Online-Werbung*, Juridicum – Schriften zum Medien-, Informations- und Datenrecht, https://doi.org/10.1007/978-3-658-49891-7_1

Nutzer:innen zugeschnitten, denen sie angezeigt werden.[5] Dabei ist analoger und digitaler Werbung das von ihnen verfolgte Ziel gemein. Der Zweck von Werbung besteht in der Ansprache von Personen, mit dem Ziel einer Absatzsteigerung für ein beworbenes Produkt oder die beworbene Leistung.[6] Die gesteigerte Aufmerksamkeit potenzieller Interessent:innen stellt dabei ein wesentliches Element dar.[7] Zu diesem Zweck wird seitens der Werbung häufig die Aufmerksamkeit anderer Orte abgegriffen. Dies erfolgt beispielsweise durch die Ausstrahlung eines Trailers vor einem Kinofilm, die Positionierung von Werbebannern am Rande einer Sportveranstaltung oder die Veröffentlichung von Anzeigen in einer Zeitung. Die Werbewirtschaft befasst sich bereits seit Mitte des 20. Jahrhunderts intensiv mit der Frage, wie die Erfolgsquote von Werbekampagnen gesteigert werden kann. Infolge einer fortschreitenden gesellschaftlichen Differenzierung wurde der Versuch unternommen, immer kleiner werdenden Zielgruppen als Konsument:innen werbend anzusprechen.[8] Im Rahmen analoger Werbung erfolgt eine Kontextualisierung der Werbeanzeigen, um die gewünschte Zielgruppe zu erreichen. Dabei werden Anzeigen in inhaltlich passender Umgebung geschaltet, um eine thematische Verbindung zwischen Werbebotschaft und dem Umfeld herzustellen.[9] Es liegt die Vermutung nahe, dass dies der Grund dafür ist, dass die Werbung für Treppenlifte stets im Nachmittagsprogramm des öffentlich-rechtlichen Rundfunks ausgestrahlt wird.

Das Internet eröffnet demgegenüber die Möglichkeit der Personalisierung von Werbeanzeigen. Vereinfacht gesagt: Treppenlift-Hersteller erhalten die Möglichkeit, nur Rentner:innen beim Besuch einer Webseite Werbung für ihr Produkt anzeigen zu lassen und nicht etwa Teenager:innen. Eben diese individuelle Vergabe von Werbeplätzen, abgestimmt auf den:die Nutzer:in, die gerade eine Webseite aufruft ist es, die in dem Moment abgeschlossen ist, in welchem die Inhalte einer Webseite „verrutschen“. Der Prozess lässt sich wie folgt vereinfacht

5 *Boerman/Kruikemeier/Zuiderveen Borgesius* definieren personalisierte Werbung als „the practice of monitoring people's online behavior and using the collected information to show people individually targeted advertisements." *Boerman/Kruikemeier/Borgesius*, Journal of Advertising, 46(3), 363 (364).

6 *Heun*, Werbung, S. 2.

7 *Hwang* bezeichnet Werbung daher als Marktplatz für Aufmerksamkeit: „At its core, advertising is a *marketplace* for attention." *Hwang*, Subprime attention crisis, S. 12.

8 *Heun*, Werbung, S. 8.

9 Zur Kontextualisierung von Werbung auf Nichen-TV-Sendern vgl. *Karsten/Schütte*, Praxishandbuch Fernsehen: Wie TV-Sender arbeiten, S. 133.

darstellen: Im Rahmen der Konzeption einer Werbekampagne erfolgt seitens der Werbetreibenden eine Zielgruppenbestimmung hinsichtlich des zu bewerbenden Produkts.[10] Der Treppenlifthersteller könnte sich beispielsweise überlegen, eine Werbekampagne zu entwickeln, die sich vorzugsweise an ältere Menschen richtet, idealerweise solche, die in einem Haus mit Treppe leben und nicht in der körperlichen Verfassung sind, diese Treppe täglich ohne Probleme rauf und runter zu laufen. Die idealen Kund:innen für Treppenlifte lassen sich damit wie folgt beschreiben: alt, gebrechlich, wohnhaft in einem Mehretagenhaus. Der werbetreibende Treppenlifthersteller kann eine Werbebörse dann darüber informieren, dass er bereit ist, selbst hochpreisige Werbung für Treppenlifte zu schalten, sofern die Nutzer:innen, die die Webseite besuchen, den zuvor festgelegten Parametern entsprechen. Bei Aufruf einer Webseite durch eine Person im Rentenalter beginnt dann eine automatisierte Versteigerung der Werbeplätze, an der alle Werbetreibenden teilnehmen, die zuvor ähnliche Parameter ausgewählt haben, einschließlich des Treppenliftherstellers. Für diesen ist es vorteilhafter, dass seine Werbung nun ausschließlich von Personen gesehen wird, die die vorgegebenen Kriterien erfüllen, d.h. von gebrechlichen Menschen, die in einem Haus mit Treppe leben. Die „Trefferquote" für interessierte Kund:innen mag im Nachmittagsprogramm des öffentlich-rechtlichen Rundfunks ebenfalls beachtlich gewesen sein, allerdings wäre hier nicht auszuschließen, dass ein Großteil der Zuschauer:innen nicht in einem Mehretagenhaus, sondern in einer barrierefreien Wohnung lebt und daher kein Interesse am Kauf eines Treppenliftes hat.

Unbeantwortet bleibt jedoch bislang die Frage, wie die Nutzer:innen als richtige Zielgruppe für Werbeanzeigen identifiziert werden. Woher weiß eine Webseite, dass ein:e Rentner:in vor dem PC sitzt und nicht ein:e Teenager:in? Um auf den jeweiligen Interessen und Vorlieben von Nutzer:innen basierte Werbung schalten zu können, müssen diese zunächst identifiziert werden. Daher wird das Nutzungsverhalten von Besucher:innen nahezu aller Webseiten und Apps heutzutage beobachtet, aufgezeichnet und in individuellen Nutzer:innenprofilen zusammengetragen.[11] Auf die körperliche Verfassung einer Person können beispielsweise Rückschlüsse aufgrund der von ihr getätigten Bestellungen bei einer Online-Apotheke, dem

---

[10] Siehe hierzu ausführlich unten 2. Teil, B., III.

[11] Vertiefend zu den technischen Abläufen der Datenerhebung siehe unten unter 2. Teil, B., I. und II.

Besuch einer Webseite mit Gesundheitsbezug oder der Eingabe der eigenen Symptome in eine Suchmaschine gezogen werden.[12] Aus denen auf diese Weise erhobenen Daten können weiteren Informationen über die jeweiligen Nutzer:innen ermittelt werden, so dass umfangreiche Nutzer:innenprofile mit individuellen Vorlieben und Eigenschaften angelegt werden können.[13] Diese werden zum Zwecke personalisierter Online-Werbung an- und verkauft.

Personalisierte Online-Werbung hat das Internet in seiner heutigen Form so maßgeblich geprägt. Für die Betreiber:innen von digitalen Angeboten stellt sie eine Möglichkeit zur Finanzierung dar, entweder weil sie Werbeplätze anbieten oder weil sie Nutzer:innendaten erheben und verkaufen. Nutzer:innen haben sich inzwischen daran gewöhnt, dass sie digitale Dienste entgeltfrei, durch die Freigabe ihrer Daten nutzen können.[14] Die personalisierte Online-Werbung und die dahinterliegende Datenwirtschaft haben sich folglich zu einem eigenständigen Wirtschaftszweig entwickelt. So haben sich Unternehmen etabliert, deren Kerngeschäft das Handeln mit Daten, die Analyse von Daten, das Handeln von Werbeplätzen oder Werbeanzeigen ist.[15] Der IT-Forscher Tim Hwang hat personalisierte Online-Werbung aus diesem Grund als „dark beating heart of the internet" bezeichnet.[16] Denn obwohl personalisierte Online-Werbung ein lukratives Geschäftsmodell darstellt, wirft die dahinterstehende Datenwirtschaft Fragen der Rechtmäßigkeit auf. In diesem Kontext stellt sich insbesondere die Frage, ob die technischen Prozesse, die zum Ausspielen personalisierter Online-Werbung verwendet werden, datenschutzrechtlich zulässig sind.

Die noch relativ junge Branche sieht sich einem Flickenteppich an Regulierung gegenübergestellt. So kommen neben der Datenschutzgrundverordnung auch nationale spezialgesetzliche Regelungen zum Tragen. Des Weiteren haben die technischen Innovationen der Branche in den vergangenen Jahren eine Vielzahl an Rechtsprechungen und Entscheidungen europäischer Datenschutzbehörden hervorgebracht. Daher ist es erforderlich,

---

12 Vertiefend zur Herleitung gesundheitsbezogener Daten siehe unten unter 3. Teil, E., I., 5.

13 Siehe hierzu unten unter 2. Teil, B., II.

14 Hierzu am Beispiel von Facebook, BKartA, Beschluss vom 06.02.2019 - B6-22/16 Rn. 37.

15 Diese Akteure werden im 2. Teil unter B., III., 1. ausführlich vorgestellt.

16 *Hwang*, Subprime attention crisis, S. 3.

dieses Sammelsurium an Regulierung zu evaluieren und eine einheitliche Bewertung vorzunehmen. In diesem Kontext ist zu berücksichtigen, dass die Branche einem fortwährenden Wandel unterliegt. In der jüngeren Vergangenheit haben die Akteure der personalisierten Werbebranche, bereits Anpassungen ihrer Verfahren für Datenerhebung und -verarbeitung vorgenommen, um auf Entscheidungen zu reagieren und Rechtslücken auszunutzen. Die vorliegende Untersuchung nimmt daher eine umfassende Prüfung der datenschutzrechtlichen Zulässigkeit vor, selbst wenn einzelne Verarbeitungsvorgänge als rechtwidrig einzustufen sind und personalisierte Online-Werbung daher als unzulässig klassifizieren.

B. Ziel der Untersuchung und Aufbau der Arbeit

Im Rahmen der vorliegenden Arbeit erfolgt zunächst eine Darlegung der Hintergründe personalisierter Online-Werbung als Vorarbeit für die nachfolgende rechtliche Bewertung (2. Teil). Im Rahmen dieser Untersuchung müssen zunächst die Grundzüge dieser Werbeform (unter A.) herausgearbeitet sowie die technischen Abläufe (unter B.) dargestellt werden. Ein grundlegendes Verständnis der technischen Vorgänge, die im Rahmen der Datenwirtschaft vonstattengehen, ist erforderlich, um diese anschließend rechtlich zu prüfen. Im Anschluss erfolgt eine Untersuchung der mit personalisierter Online-Werbung und der umfangreichen Datenwirtschaft verbundenen Risiken (unter C.). Dieser Teil basiert auf der Auswertung interdisziplinären Forschungsergebnisse, um eine solide wissenschaftliche Grundlage für die Untersuchung zu schaffen. Ziel ist es, diese Erkenntnisse in späteren Interessenabwägungen berücksichtigen zu können.

Der Schwerpunkt dieser Ausarbeitung liegt auf der sich anschließenden Untersuchung der datenschutzrechtlichen Zulässigkeit personalisierter Online-Werbung (3. Teil). Da im Bereich des Datenschutzrechts europäische und nationale sowie einfach- und spezialgesetzliche Regelungen nebeneinanderstehen, werden zunächst die Anwendungsbereiche für die unionsrechtliche DSGVO und das nationale Telekommunikation-Digitale-Dienste-Datenschutz-Gesetz (TDDDG) geklärt (unter A. bis B.). Im nächsten Schritt wird der Frage nachgegangen, ob die Einwilligung der Nutzer:innen als Grundlage für die Datenverarbeitung, die zu Zwecken personalisierter Werbung erfolgt, herangezogen werden kann (unter C.). Die bestehende Rechtsprechung und Fachliteratur haben sich bereits eingehend mit der Zulässigkeit von Cookies befasst. Diese Arbeit wird die vorliegenden Erkenntnisse zusammenfassen, kritisch bewerten und ihre Anwendbarkeit auf andere Trackingtechnologien prüfen. Darüber hinaus wird die Praxis der Einholung von Einwilligungen über sog. Consent Banner einer genauen datenschutzrechtlichen Überprüfung unterzogen. Des Weiteren wird analysiert, ob zusätzliche Erlaubnistatbestände gem. Art. 6 Abs. 1 DSGVO als rechtliche Grundlage für die Datenverarbeitung zu Werbezwecken herangezogen werden können (unter D.). Ein weiterer Aspekt der Untersuchung betrifft den Umgang mit besonders sensiblen personenbezogenen Daten i.S.d. Art. 9 Abs. 1 DSGVO (unter E.). Hierbei wird insbesondere die kontrovers diskutierte Frage behandelt, unter welchen Umständen die Offenlegung von Nutzer:innendaten die Notwendigkeit zur Einholung einer expliziten Einwilligung entfallen lässt. Nachstehend erfolgt eine eingehende Untersuchung des sog. Profilings gem. Art. 22 DSGVO sowie anderer potenzieller datenschutzrechtlicher Verstöße, um die Leitfrage der Arbeit nach der datenschutzrechtlichen Zulässigkeit personalisierter Online-Werbung abschließend beantworten zu können.

Im vierten Teil der Arbeit erfolgt eine Untersuchung der Rechtsdurchsetzunginstrumente datenschutzrechtlicher Regelungen. Der Abschnitt beginnt mit einer Darstellung der aktuellen Rechtslage (unter A.). Dazu wird zunächst die bestehende Aufsichtsstruktur des Datenschutzrechts erläutert, bevor die bereitstehenden Sanktionsmöglichkeiten detailliert beleuchtet werden (unter B. bis C.). Anschließend werden spezifische Defizite im Rahmen der Rechtsdurchsetzung analysiert, wobei die Arbeit die Untersuchung nach verfahrensspezifischen und sanktionsspezifischen Mängeln untergliedert (unter D.). Es wird herausgearbeitet, aus welchem Grund nur eine geringe Anzahl von Verfahren im Datenschutzrecht zu einem erfolgreichen Abschluss gelangt und welche Faktoren für die übermäßige Dauer dieser Verfahren verantwortlich sind. Im Folgenden werden die sanktionsspezifischen Defizite beleuchtet. Außerdem wird untersucht, weshalb die datenschutzrechtlichen Sanktionen oftmals nicht die gewünschte Abschreckungs- und Schutzwirkung entfalten. Auf Basis der zuvor dargelegten Erkenntnisse wird im Folgenden der Kommissionsentwurf für eine DSGVO-Verfahrensverordnung präsentiert und evaluiert, inwiefern dieser in der Lage ist, die identifizierten verfahrensspezifischen Defizite zu beheben (unter E.).

Der fünfte Teil nimmt eine umfangreiche Bewertung der vorstehenden Untersuchungsergebnisse vor. Eingangs werden hierfür die berührten Grundrechtspositionen untersucht (unter A.). Wie diese gegeneinander abzuwägen sind, hängt maßgeblich von den Interessen der beteiligten Akteure ab, weshalb nachfolgend die Interessen der Advertiser, Publisher und Nutzer:innen aufgearbeitet werden (unter B.). Anschließend untersucht die Ausarbeitung weitere Aspekte, die für eine Regulierungsbedürftigkeit personalisierter Online-Werbung sprechen (unter C.) und erörtert andere Regulierungsansätze für diese Materie (unter D.). Die Bewertung endet mit einem Fazit, in welchem die Erkenntnisse zusammengefasst werden und ein Ausblick auf sich möglicherweise anschließende Untersuchungsthematiken gegeben wird (unter E.).

Im sechsten und abschließenden Teil der Arbeit erfolgt eine Zusammenfassung der gewonnenen Untersuchungsergebnisse sowie eine Formulierung wesentlicher Kernthesen.

2. Teil: Hintergründe zur personalisierten Online-Werbung

Rund um personalisiserte Online-Werbung hat sich ein komplexer Wirtschaftszweig etabliert. Für die nachfolgende rechtliche Bewertung ist es unerlässlich, zunächst einen Überblick über die Materie zu gewinnen. Zu diesem Zweck stellt die vorliegende Ausarbeitung zunächst die Grundzüge der personalisierten Online-Werbung dar, bevor auf die technischen Details und Risiken im Zusammenhang mit personalisierter Online-Werbung eingegangen wird.

A. Grundzüge personalisierter Online-Werbung

I. Die Rolle personalisierter Online-Werbung im digitalen Wirtschaftskreislauf

Der digitale Wirtschaftskreislauf hat personalisierte Online-Werbung zu einem zentralen Element der digitalen Ökonomie heranwachsen lassen und Daten einen monetären Wert verliehen.[17] Die Finanzierung[18] zahlreicher kostenloser digitaler Dienste basiert auf dem Handel von Daten zum Zweck personalisierter Online-Werbung.[19] Soziale Netzwerke, Suchmaschinen und Nachrichtenseiten offerieren ihre Dienstleistungen in der Regel kostenfrei für Nutzer:innen und refinanzieren sich stattdessen über Werbeeinnahmen.[20] Online-Werbung wird insofern personalisiert, als dass sie inhaltlich auf die (vermeidlichen) Interessen der Nutzer:innen zugeschnitten wird.[21] Hierfür müssen diese Interessen jedoch zunächst bekannt sein. Bekannt sein können diese Informationen entweder, weil Nutzer:innen ihre Interessen gegenüber den werbetreibenden Parteien unmittelbar offengelegt haben oder weil diese die Interessen anderweitig „ermitteln" konnten.[22] Dabei werden Rohdaten wie das Surfverhalten, demografische Angaben oder Standortinformationen in wertvolle Informationen umgewandelt,

---

17 Zu den Zusammenhängen vgl. statt vieler, *Hacker*, ZfPW 2019, 148 (151).

18 *Heun*, Werbung, S. 10.

19 „Overall, the above-described developments in online advertising, taken together with the spread of the Internet, have contributed to considerably more services such as maps, translations and much more being available online and being financed partly or even exclusively through advertising." *BKartA*, Online advertising, S. 3.

20 Hierzu am Beispiel von Facebook, BKartA, Beschluss vom 06.02.2019 - B6-22/16 Rn. 37.

21 Hierzu EuGH, Urteil vom 4.10.2024 – C-446/21, Rn. 12.

22 Hierzu *Martini et al.*, Automatisch erlaubt? - Fünf Anwendungsfälle algorithmischer Systeme auf dem juristischen Prüfstand, S. 73; *Höppner/Piepenbrock*, S. 1.

A. Mehlan, *Personalisierte Online-Werbung*, Juridicum – Schriften zum Medien-, Informations- und Datenrecht, https://doi.org/10.1007/978-3-658-49891-7_2

um so eine präzise Schaltung von Anzeigen sowie eine Effizienzmaximierung derselben zu ermöglichen.[23] Die Funktionsweise personalisierter Online-Werbung basiert auf Analysetechnologien. Algorithmen verarbeiten Nutzer:innendaten, um Profile zu erstellen, die Vorhersagen über individuelle Interessen, Kaufbereitschaft und mögliche Reaktionen auf bestimmte Werbeinhalte erlauben.[24] Das Ziel besteht in der Maximierung der Relevanz der Anzeigen. Die Präsentation von Anzeigen, die für die jeweiligen Nutzer:innen von persönlichem Interesse sind, soll dazu führen, dass die Wahrscheinlichkeit einer Konversion, beispielsweise eines Kaufs, erhöht wird.[25] In der Konsequenz etabliert sich ein Markt, auf dem eine hohe Nachfrage nach Nutzer:innendaten zu verzeichnen ist. Die resultierende Nachfrage führt zu einer weiteren Intensivierung der Datenverarbeitung.[26] Plattformen und digitale Dienste zeigen ein gesteigertes Interesse daran, Nutzer:innen möglichst lange „online" zu halten, um möglichst viele Daten von ihnen zu erfassen. Die Dauer der Online-Präsenz auf Plattformen sowie das Engagement der Nutzer:innen haben einen unmittelbaren Einfluss auf die Generierung von Daten durch die Plattformen. Dies führt zu einer direkten Korrelation zwischen der Zeit, die Nutzer:innen online verbringen, und der Lukrativität der jeweiligen Plattform. Dieser Zusammenhang wurde unter anderem durch die Facebook-Whistleblowerin *Francis Haughen* aufgedeckt.[27] Im Gegensatz zu klassischer, sprich kontextualisierter Online-Werbung verspricht personalisierte Online-Werbung diverse Vorteile. Die Effizienz der Werbemaßnahmen soll durch Reduzierung von Streuverlusten und eine gezielte Ansprache potenzieller Interessent:innen gesteigert werden.[28] Obgleich personalisierte Werbung eine wesentliche Einnahmequelle für digitale Dienstleistungen darstellt, ist sie nicht unumstritten. Neben den datenschutzrechtlichen Fragestellungen wird auch diskutiert, ob die

---

23 *Acquisti/Taylor/Wagman*, Journal of Economic Literature 2016, 54(2), 442 (464).

24 Zusammenfassung zur Bildung von Nutzer:innenprofilen mittels Datenanalyseverfahren, *Tufekci,* Colorado Technology Law Journal, 2015, 203 (210 f.)

25 *Nair*, What is Targeted Advertising, 25.01.2024, abrufbar unter: https://www.themediaant.com /blog/complete-guide-to-targeted-advertising/ [Stand August 2025].

26 *Hwang*, Subprime attention crisis, S. 3.

27 Hierzu *Hao*, The Facebook whistleblower says its algorithms are dangerous. Here's why., 05.10.2021, abrufbar unter: https://www.technologyreview.com/2021/10/05/1036519/facebook-whistleblower-frances-haugen-algorithms/ [Stand August 2025].

28 *Höppner/Piepenbrock*, S. 1.

Personalisierung von Werbung diskriminierende Folgen mit sich bringen könnte.[29] Ferner wird die Befürchtung geäußert, dass sich durch die erheblichen Datenverarbeitungen einzelner Digitalunternehmen Marktstrukturen etablieren könnten, die wettbewerbsrechtlich bedenklich sind.[30]

II. Begrifflichkeiten im Zusammenhang personalisierter Online-Werbung

Im Bereich der Online-Werbung haben sich viele verschiedene Werbeformen entwickelt.[31] Überall dort, wo Werbung der Finanzierung von digitalen Diensten und Angeboten dient, findet man sie in verschiedenen Erscheinungsformen, beispielsweise auf Suchmaschinen, sozialen Medien oder auf Nischenplattformen.[32] Die Werbeform kann sich anhand der Informationen unterscheiden, die zur Personalisierung der Werbung zur Verfügung stehen. Im Rahmen der suchbasierten Werbung geben Nutzer:innen selbst Informationen preis, die zur Personalisierung verwendet werden können.[33] Man spricht hier auch vom sog. Search Advertising.[34] Nutzer:innen legen dabei durch die eingegebenen Suchbegriffe, z.B. durch Eingabe in eine Suchmaschine wie Google, offen, wofür sie sich interessieren. Die eingegebenen Suchwörter (englisch: Keyword) werden dann verwendet, um hierzu passende Anzeigen in die Suchergebnisse einzubetten.[35] Man spricht deshalb auch von Keyword-Anzeigen.[36] Diese Form der Online-Werbung begegnet einem nicht nur bei den Ergebnissen, die Suchmaschinen fabrizieren. Auch Online-Marktplätze wie Amazon arbeiten damit.[37]

---

29 Hierzu vertiefend im 2. Teil unter C., I.

30 Hierzu vertiefend im 2. Teil unter C., II.

31 Vgl. hierz statt vieler *BKartA*, Online advertising, S. 4 f.

32 *Höppner/Piepenbrock*, S. 1.

33 Ebd.

34 *McCann/Stronge/Jones.*, The future of Online Advertising, S. 13; Teilweise werden auch die Begriffe *Search Engine Marketing*, *Keyword Advertising* oder *Keyword Buying* verwendet, wenngleich hierdurch nicht dieselbe Technik beschieben wird. Vgl. *Lichtnecker*, in: Paschke/Berlit/Meyer/Kröner, 28. Abschnitt, Rn. 28.

35 *Höppner/Piepenbrock*, S. 1; hierzu auch *Boemke*, in: Hoeren/Sieber/Holznagel, Teil 11, Rn. 47.

36 *Höppner/Piepenbrock*, S. 1; häufig auch engl. *Keyword Advertising,* hierzu *Boemke*, in: Hoeren/Sieber/Holznagel, Teil 11, Rn. 47; *Lichtnecker*, in: Paschke/Berlit/Meyer/Kröner, 28. Abschnitt, Rn. 28.

37 *Höppner/Piepenbrock*, S. 1; zur Verwendung des Keyword „Lush", High Court of Justice (Chancery Division), Entscheidung vom 10.02.2014 – [2014] EWHC 181 (Ch).

Hiervon zu unterscheiden ist die sog. Display-Werbung.[38] Diese findet typischerweise auf Webseiten oder in Apps statt, wenn Nutzer:innen keine Suchanfrage stellen.[39] Inhaltlich kann sie daher jedenfalls dann nicht unmittelbar aus der Partizipation der Nutzer:innen an deren Interesse angepasst werden. Haben Nutzer:innen ihre Interessen nicht unmittelbar gegenüber dem digitalen Dienst offengelegt, wie sie dies durch die Eingabe von Suchbegriffen tun, ist eine Personalisierung von Anzeigen nur möglich, wenn dem Dienst die Interessen von Nutzer:innen anderweitig vorliegen.[40] Dass diese allen Werbetreibenden dennoch zugänglich sind, wird im Rahmen dieser Arbeit noch zu erörtern sein.[41]

Nicht immer sind suchbasierte Anzeigen und Display-Werbung scharf voneinander zu trennen. Klassischerweise fand Search Advertising bei der Verwendung von Suchmaschinen statt, während Display-Werbung sich in Form von Videos und Bannern im „Rest des Internets" abspielte. Nutzer:innen wenden Suchmaschinen hingegen immer öfter den Rücken zu. Sie nehmen vermehrt plattform- oder dienstinterne Suchanfragen vor. Statt bei Google nach einer Antwort auf ihr Anliegen zu suchen, wenden Nutzer:innen sich dann direkt der Plattform oder dem Dienst zu, wo sie eine Antwort am ehesten vermuten. Wird beispielsweise eine Videoanleitung gesucht, verwendet man direkt die interne Suchfunktion von YouTube, sucht man eine Bastelanleitung oder Geschenkidee, wendet man sich Pinterest zu, usw. Besonders junge Nutzer:innen, der Generation Z,[42] verwenden digitale Dienste auf diese Weise. Beinahe 40 % dieser Kohorte nutzen für Suchanfragen nicht Google, sondern Social-Media-Plattformen – namentlich TikTok und Instagram.[43]

---

38 Aus dem Englischen, to display = anzuzeigen. „Die Display-Werbung ähnelt den bekannten Werbeformen der Presseanzeigen und Fernsehspots", *Lichtnecker*, in: Paschke/Berlit/Meyer/Kröner, 28. Abschnitt, Rn. 4.

39 *Höppner/Piepenbrock*, S. 1; *Lichtnecker*, in: Paschke/Berlit/Meyer/Kröner, 28. Abschnitt, Rn. 4.

40 Ebd.

41 Hierzu siehe unten unter 3. Teil, C., I., 3.

42 Die Gen Z beschreibt Menschen, die zwischen 1995 und 2010 geboren sind. Da sie schon früh mit digitalen Technologien aufwuchsen, werden die Gen Zs auch als Digital Natives bezeichnet, https://www.mckinsey.com/featured-insights/mckinsey-explainers/what-is-gen-z [Stand August 2025].

43 *Huang*, For Gen Z, TikTok Is the New Search Engine, New York Times, 16.09.2022, abrufbar unter: https://www.nytimes.com/2022/09/16/technology/gen-z-tiktok-search-engine.html [Stand August 2025].

Egal auf welcher Plattform Werbung ausgespielt wird, in der Regel ist Online-Werbung heute personalisiert.[44] Diese Arbeit spricht in der Folge daher zusammenfassend von personalisierter Online-Werbung. Gemeint ist damit stets Werbung, die den Versuch unternimmt, den Interessen und Vorlieben der Nutzer:innen zu entsprechen, denen sie angezeigt wird.[45] So sollen die Streuverluste, die bei Schaltung von Werbung auf klassische Weise dadurch erzeugt werden, dass die Werbung immer auch Personen angezeigt wird, die kein Interesse an ihrem Inhalt haben, vermieden werden.[46] Die Möglichkeit einer derartigen Personalisierung setzt voraus, dass die Interessen und Vorlieben der Personen, die als Zielgruppe für die Werbung definiert wurden, bekannt sind. Andererseits muss ein Weg existieren, wie diese Zielgruppe isoliert angesprochen werden kann. Diese Herausforderung ist die Werbeindustrie in den letzten Jahrzehnten angegangen und hat ein Verfahren etabliert, welches verspricht personalisierte Werbung in Echtzeit für alle Nutzer:innen und Werbenden schalten zu können. Hierzu wird auf partizipierenden Werbeflächen – wie Webseiten – Werbung geschaltet, die diese Seiten aufrufende:n Nutzer:innen ansprechen soll. Dieser Prozess wird als Real Time Advertising bezeichnet, da die Werbung mit jedem Aufruf einer Webseite in Echtzeit geschaltet wird. Die Schritte, die für diese Art der Werbung erforderlich sind, sind gleichsam komplex wie invasiv. Sie werden in dieser Untersuchung nachstehend ausführlich dargestellt[47] und sodann auf ihre datenschutzrechtliche Zulässigkeit hin überprüft.[48]

III. Zur Bedeutung von politischer Online-Werbung

Bei der Diskussion über personalisierte Online-Werbung wird häufig eine Assoziation zu politischer Werbung hergestellt. Dies lässt sich dadurch erklären, dass personalisierte Online-Werbung erst im Kontext der Rolle von Cambridge Analytica bei der US-amerikanischen Präsidentschaftswahl oder dem Brexit-Referendum in Großbritannien eine breite

---

44 *Hwang*, Subprime Attention Crisis, S. 13.

45 *Zeidler/Brüggemann*, CR 2014, 248 f.; *Katsivelas*, Das Geschäft mit der Werbung: Finanzierungsmechanismen, personalisierte Werbung und Adblocker, in: Albers/Katsivelas, S. 222.

46 *Hass/Willbrandt*, MedienWirtschaft 1/2011, 12 f.; *Katsivelas*, in: Albers/Katsivelas, S. 222 f.

47 Ausführlich hierzu im 2. Teil unter B., I. bis III.

48 Ausführlich hierzu im 3. Teil.

Wahrnehmung in der Gesellschaft erfahren hat. Dadurch ist diese Form der Werbung untrennbar mit den genannten Beispielen verbunden. Auch gegenwärtig besteht Anlass zur Sorge hinsichtlich des Einflusses personalisierter Online-Werbung mit politischem Inhalt. Gesamtgesellschaftlich viel diskutiert ist beispielsweise die Frage, inwiefern Russland über digitale Dienste Einfluss auf die europäische und insbesondere deutsche Bevölkerung ausübt.[49] Beispielhaft hierfür seien die Nachweise über russische Fake-News-Kampagnen genannt, die mittels Bots und Fake-Accounts in sozialen Medien verbreitet werden.[50] Obgleich politische Online-Werbung als eigenständiges Phänomen oder Risiko diskutiert und sogar vom Gesetzgeber reguliert wird,[51] stellt sie letztlich eine Form der personalisierten Online-Werbung dar. Der Terminus „personalisierte Online-Werbung" umfasst sämtliche Werbeformen, bei denen die jeweilige Anzeige aufgrund der individuellen Interessen oder Vorlieben der Nutzer:innen ausgespielt wird.[52] Der Inhalt der Anzeige ist dabei von untergeordneter Bedeutung. Unabhängig davon, ob es sich um eine Anzeige für kosmetische Produkte oder eine politische Partei handelt, ist die Art und Weise wie diese Anzeige auf den jeweiligen Endgeräten der Nutzer:innen angezeigt wird die gleiche.[53]

Wenn im Rahmen dieser Arbeit also von personalisiserter Online-Werbung die Rede ist, sind hierunter auch Werbeanzeigen politischen Inhaltes zu verstehen. Aus diesem Grund bedarf es keiner finalen Definition des Begrifft der politischen Werbung. Die Abgrenzung zwischen

---

[49] Beispielhaft hierfür die mediale Berichterstattung, *Siggelkow*, Wie Russland die EU-Bürger beeinflussen will, 12.04.2024, abrufbar unter: https://www.tagesschau.de/faktenfinder/kontext/russland-desinformatiom-europa-100.html; *Zeit Online,* Innenministerium warnt vor russischer Einflussnahme auf Landtagswahlen, 10.08.2024, abrufbar unter: https://www.zeit.de/politik/deutschland/2024-08/innenministerium-falschinformationen-russland-landtagswahlen; *Spiegel*, Warnung vom FBI – Deutschland wichtiges Ziel russischer Desinformation, 05.09.2024, abrufbar unter: https://www.spiegel.de/politik/deutschland/russland-warnung-vom-fbi-deutschland-wichtiges-ziel-russischer-desinformation-a286cc266-03ce-4581-9078-4406bcf05c09 [Stand August 2025].

[50] *Blum et. al,* Tiefe Einblicke in Putins Lügenmaschine, 16.09.2024, abrufbar unter: https://www.tagesschau.de/investigativ/ndr-wdr/russland-propaganda-fakenews-sda-deutschland-100.html [Stand August 2025].

[51] Die Verordnung gegen Tracking und politische Werbung wird im 5. Teil unter D., III. vorgestellt.

[52] Die Definition ist aus dem englischen Übernommen von *Boerman/Kruikemeier/Zuiderveen Borgesius* die personalisierte Werbung definitieren als „the practice of monitoring people's online behavior and using the collected information to show people individually targeted advertisements." *Boerman/Kruikemeier/Borgesius,* Online Behavioral Advertising: A Literature Reviewand Research Agenda, Journal of Advertising, 46(3), 363 (364).

[53] Siehe hierzu im 2. Teil unter B., III.

politischer Werbung und anderen Werbeformen ist ohnehin schwierig.[54] Die Abgrenzung zwischen politischen und unpolitischen Inhalten erweist sich insbesondere bei politisch diskutierten Themen, die per se keine eigene politische Agenda aufweisen als schwierig. Diesbezüglich seien die Klimakrise und Maßnahmen zu ihrer Bekämpfung sowie die Tätigkeit von Nichtregierungsorganisationen angeführt, die sich nur schwer unter den Begriff subsumieren lassen.[55] In Bezug auf personalisierte Online-Werbung mit politischem Inhalt stellt sich jedoch die gleiche Frage wie bei allen personalisierten Werbeanzeigen: Sind die hierfür erforderlichen Datenverarbeitungsprozesse mit dem geltenden Datenschutzrecht vereinbar?

B. Technische Abläufe

Um die Rechtmäßigkeit personalisierter Online-Werbung beurteilen zu können, ist es unerlässlich, die zugrunde liegenden technischen Prozesse zu verstehen, die im Kontext dieser Datenwirtschaft ablaufen. Im folgenden Kapitel werden daher die relevanten Abläufe dargelegt. Sie unterteilen sich in die Prozesse, die für die Datenerhebung erforderlich sind, in die Technologien, die zur Gewinnung zusätzlicher Daten eingesetzt werden und das sogenannte Real-Time-Bidding-Verfahren, mit welchem die Werbeplätze versteigert werden.

I. Technische Abläufe zur Datenerhebung

Die Verfügbarkeit einer signifikanten Menge an Daten stellt eine grundlegende Voraussetzung für die Schaltung personalisierter Online-Werbung dar. Diese Daten stellen das Fundament dar, auf welchem das Geschäftsmodell der personalisierten Werbung aufgebaut ist. Die Sammlung solcher Daten ermöglicht es Unternehmen der Werbebranche – hierzu gehören soziale Medien, Plattformen, Werbeagenturen etc. –, individuelle Präferenzen und vermutliches zukünftiges Verhalten von Nutzer:innen vorherzusagen und hierauf mit Werbung zu reagieren.[56] Daher existieren sog. Tracking-Technologien, die zum Sammeln von Nutzer:innendaten dienen. Beim

---

54 Siehe hierzu im 5. Teil unterD., III.

55 Ausführlich zum Begriff der politischen Werbung und dem sachlichen Anwendungsbereich der VO (EU) 2024/900 *Di Fabio*, MMR 2024, 467 (468 f.).

56 *The Economist*, Getting to know you, vom 11.09.2014, abrufbar unter: https://www.economist.com/special-report/2014/09/11/getting-to-know-you [Stand: August 2024].

Aufrufen einer Website werden nicht lediglich die Inhalte der Seite geladen, welche die Nutzer:innen sehen. Bei Aufrufen der Webseite eines Nachrichtensenders werden beispielsweise nicht nur die neusten Nachrichten als Inhalte der Seite geladen, sondern vermutlich auch eingebettete Werbung und Tracking-Technologien, welche das Nutzungsverhalten der Besucher:innen aufzeichnen.[57] Im Folgenden wird ein Überblick über einige dieser Tracking-Technologien gegeben.

1. Tracking mittels Browser-Cookies

Die im allgemeinen Sprachgebrauch häufig als Cookies bezeichneten Browser-Cookies stellen die am weitesten verbreitete Tracking-Technologie dar.[58] Diese sind nichts anderes als einfache Textdateien, die auf dem Endgerät der Nutzer:innen abgelegt werden, sodass Nutzer:innen wiedererkannt werden können.[59]

Der BGH definiert Cookies als

„Textdateien, die der Anbieter einer Internetseite auf dem Computer des Benutzers speichert und beim erneuten Aufrufen der Webseite wieder abrufen kann, um die Navigation im Internet oder Transaktionen zu erleichtern oder Informationen über das Nutzerverhalten abzurufen.“[60]

Genutzt wird also die Speicherfunktion des Endgerätes, um Nutzer:innen wiederzuerkennen. Bei dem Besuch einer Webseite werden durch diese kleine Datenstücke, beispielsweise Spracheinstellungen, Login-Daten oder Nutzer:innen-IDs, an den benutzten Browser übermittelt. Bei einem späteren Besuch der Webseite kann diese die gespeicherten Informationen aus dem Cookie auslesen. Hintergrund dieser Tracking-Technologie ist, dass das Internet-Protokoll „http“ selbst nicht den Austausch von Daten aus unterschiedlichen

---

57 *Ghosh/Scott,* Digital Deceit: The Technologies Behind Precision Propaganda on the Internet, S. 6.

58 „[…] betrifft praktisch fast jede Webseite“, *Schneider,* in: HK-TTDSG § 25 Rn. 5.

59 *John/Rennert,* DuD 2022, 643 (644).

60 BGH, Beschluss vom 05.10.2017 – I ZR 7/16, Rn. 15.

Serveranfragen ermöglicht.[61] Nachdem eine Serveranfrage abgeschlossen ist, beispielsweise eine Internetseite aufgerufen wurde, „vergisst" das Internet-Protokoll alle vorherigen Interaktionen. Mittels Browser-Cookies können solche Daten jedoch über mehrere Sitzungen hinweg erinnert werden.[62] Die Technologie wurde für diesen Zweck entwickelt.[63] Sie macht es z.B. möglich, dass auf der Webseite eines Online-Shops durchgehend der Bestand des Warenkorbes angezeigt wird, auch wenn die Seite aktualisiert wird oder weitere Unter-Seiten des Shops aufgerufen werden.[64] Außerdem kann die Internetseite sich an zuvor von Nutzer:innen getroffene Entscheidungen „erinnern", wie die ausgewählte Ausgabesprache. Neben solchen offensichtlich – auch für Nutzer:innen – nützlichen Vermerken, können Cookies diverse weitere Daten speichern. Es gilt daher klar anhand des Inhalts zu differenzieren. Browser-Cookies die zu vorgenannten Zwecken gesetzt werden, stellen keine „Tracking-Cookies"[65] nach dem allgemeinen Sprachgebrauch dar.[66]

Browser-Cookies sind mithin nach Anbietern, Speicherdauer und Nutzungszweck zu unterscheiden. Je nachdem von wem Browser-Cookies gesetzt werden, bezeichnet man diesen als First-Party- und Third-Party-Cookies. Erstere sind solche, die von der Domain[67] der Webseite, auf der sich die jeweiligen Nutzer:innen aktuell befinden, gesetzt werden.[68] Um Third-Party-Cookies handelt es sich immer dann, wenn nicht die Domain sie gesetzt hat, die den Nutzer:innen in der URL-Zeile angezeigt wird.[69] Während First-Party-Cookies meistens dazu dienen, Informationen wie Login-Status, Spracheinstellungen und Warenkorbdaten zu

61 *Schneider,* in: HK-TTDSG § 25 Rn. 3.

62 Zu den technischen Details zusammenfassend *Ludwig*, Cookie-Chaos auf Webseiten - ein Leitfaden zum technischen und datenschutzrechtlichen Umgang mit Cookies, S. 38 f.

63 Zur Entwicklungshistorie von Cookies vgl. *Jones*, Internet Histories, 2020, S. 87-104.

64 *Jandt*, in: Datenschutz im Internet, A., I. Rn. 36.

65 Vertiefend zur Abgrenzung von Tracking-Cookies, *Schmitz*, in: Hoeren/Sieber/Holznagel, Teil 16.2, Rn. 363-369.

66 *Eggers*, in: Den Wandel begleiten. IT-rechtliche Herausforderungen der Digitalisierung, S. 164.

67 Der Begriff „Domain" ist eine eindeutige Bezeichnung, die dazu dient, eine Website oder eine Ressource im Internet zu identifizieren, hierzu Hoeren, in: Hoeren/Sieber/Holznagel, Teil 18.2, Rn. 81 ff.

68 *Ghosh/Scott,* Digital Deceit: The Technologies Behind Precision Propaganda on the Internet, 23.01.2018, S. 6.

69 Ebd.

speichern und so die Funktionalität der Website zu optimieren, besteht der Hauptzweck von Third-Party-Cookies vorwiegend darin, das Nutzer:innenverhalten über verschiedene Websites hinweg zu verfolgen und zu analysieren.[70]

Cookies werden jedoch nicht ausschließlich zur initialen Datenerhebung verwendet. Die von Cookies gesammelten Nutzer:innendaten können direkt in dem Cookie gespeichert werden. Es handelt sich zumeist um sog. Session Cookies, die nur temporär gesetzt werden und es ermöglichen die Benutzer:innen während ihrer Sitzung zu erkennen und die notwendigen Sitzungsinformationen zu verwalten.[71] Die Speicherung im Cookies selber ermöglicht einen schnellen Zugriff und spart Webserver-Ressourcen. Nachteilhaft ist jedoch, dass die Speicherkapazität begrenzt ist. Sobald eine Sitzung beendet ist oder der Browser geschlossen wird, werden die Session-Cookies daher normalerweise gelöscht. Aus diesem Grund greifen Anbieter:innen vermehrt auf die Möglichkeit zurück, Cookies lediglich eine Laufnummer (Nutzer:innen-IDs) zukommen zu lassen. Diese Persistent-Cookies[72] können über einen längeren Zeitraum bestehen bleiben, bis sie ein programmiertes Ablaufdatum erreichen oder manuell gelöscht werden. Ihre Verwendung erfolgt häufig zur Speicherung von Nutzungspräferenzen und Anmeldeinformationen, sodass der:die Benutzer:in bei zukünftigen Besuchen wiedererkannt wird und so konsistent personalisierte Inhalte präsentiert bekommt. Die Profilinhalte, die dieser Nutzer:innen-ID dann zuzuordnen sind, werden auf einem Webserver gespeichert.[73] So kommt es zur individuellen Profilbildung aller Nutzer:innen.

Cookies kommen im gesamten Kreislauf der digitalen Werbewirtschaft zum Einsatz.[74] Werbetreibende können Cookies beispielsweise wiederum in die von ihnen geschalteten Anzeigen einbetten. Wenn Nutzer:innen eine Webseite besuchen, die solche Anzeigen enthält oder diese anklicken, können diese Cookies auf dem jeweiligen Endgerät platziert werden. Als

---

70 *Lowrey*, How Online Retailers Stay a Step Ahead of Comparison Shoppers, 11.12.2010, abrufbar unter: https://www.washingtonpost.com/wp-dyn/content/article/2010/12/11/AR2010121100143.html [Stand August 2025].

71 *Rauer/Ettig,* ZD 2014, 27 (30); ausführlich zu Session-Cookies vgl. *Schneider*, in: HK-TTDSG § 25 Rn. 43.

72 *Rauer/Ettig,* ZD 2014, 27 (30).

73 *Oelschläger*, Rechtshandbuch Online-Shop: E-Commerce - M-Commerce – Apps, S. 138, Rn. 2.558.

74 Hierzu *Schneider,* in: HK-TTDSG § 25 Rn. 5.

Third-Party-Cookies ermöglichen diese den Werbetreibenden, das Verhalten der Nutzer:innen auch außerhalb der eigentlichen Website zu verfolgen, auf der die Anzeige geschaltet wurde. Im Laufe dieses Kreislaufs können die Daten mittels des sog. Cookie-Matchings auch ausgetauscht werden, worauf die Untersuchung nachstehend eingehen wird.[75]

Im Kontext personalisierter Online-Werbung werden Cookies häufig als sog. Werbe-Cookies bezeichnet.[76] Diese Eigenschaft ist jedoch kein spezifisches Merkmal dieser Cookies. Vielmehr werden Eigenschaften, die Cookies ohnehin mit sich bringen, von Akteuren genutzt, um an Informationen zu gelangen, die aus marketingtechnischer Perspektive vorteilhaft sind.[77] Als Beispiel kann hier die Retargeting-Funktion[78] angeführt werden. Die Fähigkeit von Cookies, notwendige Informationen zu speichern, wie etwa den Stand eines Warenkorbes in einem Online-Shop, kann auch dafür genutzt werden, zu erkennen, ob Nutzer:innen eine Webseite verlassen haben, ohne einen angefangenen Einkauf abzuschließen. Diese Nutzer:innen können dann mit den im Warenkorb verbliebenen Produkten auf anderen Seiten werbend angesprochen werden.

2. Tracking mittels Fingerprinting

Auch wenn Cookies die bekannteste und meist verbreitetste Tracking-Technologie darstellen, existieren hierneben noch weitere Tracking-Technologien, welche alternativ oder parallel neben Cookies eingesetzt werden, sog. Cookieless-Tracking.[79]

Eine Technologie, die der Kategorie des Cookieless-Trackings unterfällt, ist das sog. Fingerprinting. Hierbei sammelt ein Dienst oder eine Seite kleine Informationen über die Geräte von Nutzer:innen und setzt diese einzelnen Teile zu einem einzigartigen Bild zusammen – einer

---

[75] Ausführlich hierzu unter 2. Teil, B., I., 1.

[76] Beipielhaft *Martini/Drews/Seeliger/Weinzier*, ZfDR 2021, 47 (54); *Möller,* VuR 2022, 449 (452); *Lessi/Amadori*, NVwZ 2024, 896 (897).

[77] *Schneider,* in: HK-TTDSG § 25 Rn. 5.

[78] Beispiele für das Retargeting durch Google oder Facebook finden sich bei *Jandt*, ZD, 2018, 405 (408).

[79] So etwa verwendet durch *Gola/Klug*, NJW 2023, 658, Rn. 12; *Schwartmann/Benedikt/Reif*, MMR 2021, 99 (99); *John/Rennert,* DuD 2022, 643.

Art digitalem Fingerabdruck.[80] Zu unterscheiden ist zwischen dem sog. Browser Fingerprinting und Device Fingerprinting. Fingerprinting ist unter den Methoden, die ohne Cookies auskommen, die am meisten verbreitete. Unter den 10.000 am häufigsten besuchten Webseiten des sog. Alexa-Rankings[81], nutzen ein Viertel diese Technologie.[82]

Beim Browser Fingerprinting werden Informationen durch und über den Browser der Nutzer:innen gesammelt.[83] Browser dienen Nutzer:innen als Einfallstor für das Internet. Um eine Internetseite abzurufen, sendet der Browser eine Anfrage an den Server der Webseite. Hierbei werden durch den Browser Informationen übermittelt, die notwendig sind, um die Webseite abzurufen, wie die IP-Adresse oder Informationen darüber, welcher Browser genutzt wird. Browser können darüber hinaus noch diverse weitere Daten übermitteln, beispielsweise CPU- oder GPU-Spezifikationen,[84] den Standort des Gerätes, Informationen zur Sprach- oder Zeiteinstellung.[85] Dieser Datenstrang wird, je länger er ist, immer einzigartiger. Es ist somit möglich, einzelne Endgeräte aufgrund der Einzigartigkeit der Einstellungen zu identifizieren.[86]

Das Device Fingerprinting funktioniert ähnlich wie das Browser Fingerprinting. Die übermittelten Informationen beziehen sich jedoch nicht auf den Browser, sondern auf das Endgerät der Nutzer:innen. Browser werden primär durch Endgeräte wie Laptops oder PCs genutzt. Mobile Endgeräte verwenden hingegen vorwiegend Apps. Auch die Apps übermitteln

---

80 *Herrmann/Federrath*, Unbemerktes Tracking im Internet: Unsere unerwünschte Identität, in: Hornung/Engemann, Der digitale Bürger und seine Identität, S. 142.

81 Der Alexa-Rang war ein globales Ranking-System (und ein Tochterunternehmen von Amazon.com), das Daten zum Webverkehr verwendete, um die beliebtesten Websites aufzulisten. Alexa.com wurde am 1. Mai 2022 von Amazon abgeschaltet, hierzu Duò, Alexa Rank: Everything You Need to Know About It, vom 30.05.2024, abrufbar unter: https://kinsta.com/blog/alexa-rank/ [Stand August 2025].

82 *John/Rennert*, DuD 2022, 643 (645); *Iqbal/Englehardt/Shafiq*, 2021 IEEE SP, 1143 (1143).

83 *Herrmann/Federrath*, Unbemerktes Tracking im Internet: Unsere unerwünschte Identität, in: Hornung/Engemann, Der digitale Bürger und seine Identität, S. 142.

84 Die CPU- und GPU-Spezifikationen eines Browsers beziehen sich auf die technischen Merkmale und Leistungsfähigkeit der zentralen Prozessoreinheit (CPU) und der Grafikprozessoreinheit (GPU), die von einem Webbrowser genutzt werden, um Webinhalte zu rendern und auszuführen. Diese Spezifikationen können je nach Browser und Gerät variieren und so zur Identifikation herangezogen werden.

85 Ausführlich zu den technischen Details *Moad, et al.*, Mobile Internet Security, S. 236 f.

86 *Herrmann/Federrath*, Unbemerktes Tracking im Internet: Unsere unerwünschte Identität, in: Hornung/ Engemann, Der digitale Bürger und seine Identität, S. 143.

während der Nutzung diverse Informationen. Diese beziehen sich in der Regel auf das jeweils genutzte Endgerät, beispielsweise Seriennummer, MAC-Adresse, IMEI-Nummer u.ä.[87] Hinzu kommt stets die Übermittlung der IP-Adresse.[88] Auch hier gilt: Je länger die Spezifikationsliste, desto unwahrscheinlicher wird es, dass ein weiteres Endgerät mit den gleichen Einstellungen existiert, sodass die Identifikation des Endgerätes möglich wird.[89]

Sowohl beim Browser als auch beim Device Fingerprinting werden grundsätzlich nur Endgeräte identifiziert. Die Technologie selbst ermöglicht es nicht, dass einzelne Nutzer:innen wiedererkannt werden. Selbst wenn die Spezifikationsliste derart einzigartig ist, dass ein Endgerät sicher identifiziert werden kann, so ist dies noch nicht mit der Identifikation von Nutzer:innen gleich zu setzen. Regelmäßig werden Smartphones zwar nur eine:n Endnutzer:in haben. Bei anderen Endgeräten wird dies hingegen nicht stets der Fall sein. So ist es nicht unüblich, dass Haushalte einen Rechner o.ä. teilen.

Die Identifizierung einzelner Nutzer:innen kann im Rahmen des Fingerprintings dennoch vorgenommen werden. Dies wird dadurch ermöglicht, dass die sowieso übermittelten Daten mit anderen Daten gekoppelt werden, die eine Identifizierung erlauben. Beispielhaft hierfür ist die Facebook-ID, die es ermöglicht Nutzer:innen auch auf Familiengeräten zweifelsfrei zu identifizieren.[90] Beim Browser Fingerprinting ist selbiges durch Login-Daten möglich. Das populärste Beispiel hierfür ist der Like-Button von Facebook bzw. dem Mutterkonzern Meta.

3. Zusammenfassung und Bewertung der Trackingtechnologien

Die meistverbreiteten Tracking-Technologien sind Cookies und das Fingerprinting. Die Technologien unterscheiden sich wesentlich in ihrer Erkennbarkeit. Während Cookies auf den Endgeräten der Nutzer:innen gespeichert werden, hinterlässt Fingerprinting keine Spuren auf

---

87 Diese und weitere Beispiele bei *Herrmann/Federrath*, Unbemerktes Tracking im Internet: Unsere unerwünschte Identität, in: Hornung/Engemann, Der digitale Bürger und seine Identität, S. 143; *Karg/Kühn*, ZD 2014, 285 (286).

88 BKartA, Beschluss vom 06.02.2019 – B6-22/16, Rn. 578 f.

89 *Karg/Kühn*, ZD 2014, 285 (286).

90 BKartA, Beschluss vom 06.02.2019 – B6-22/16, Rn. 99.

dem jeweiligen Gerät. Die Ziele, die durch den Einsatz der Technologien verfolgt werden, unterscheiden sich hingegen nicht. Auch die Möglichkeiten, die die Techniken ermöglichen, sind weitestgehend gleich. Dennoch ist aufgrund der dargestellten Unterscheidung eine weitergehende Differenzierung im Rahmen dieser Arbeit geboten. Durch Technologien, die auf den Endgeräten von Nutzer:innen gespeichert werden, findet ein Eindringen in die Sphäre der Nutzer:innen statt. Gleichzeitig sind diese Technologien für Nutzer:innen ersichtlich. Hinterlassen Tracking-Technologien, wie Cookies, auf Endgeräten Spuren, so ist das Vorgehen gegen dieselben für Nutzer:innen jedenfalls theoretisch möglich. Im Gegensatz hierzu mangelt es Technologien, die keine Speicherung auf Nutzer:innengerätzen vornehmen, an Transparenz. Mangelnde Transparenz birgt dabei immer das Risiko der Waffenungleichheit. Nutzer:innen werden sich gegen Technologien immer erst dann zur Wehr setzen können, wenn sie Kenntnis von diesen erlangen. Mithin ist das Kriterium der Erkennbarkeit von Tracking-Technologien bei der Bewertung dieser stets mitzudenken. Diese Erkenntnisse lassen sich auf andere Tracking-Technologien übertragen. Insbesondere wenn neue Tracking-Technologien von Unternehmen eingesetzt werden, kann auf diese Differenzierung zurückgegriffen werden. Das von Google einst angedachte kohortenbasierte Tracking[91] hätte beispielsweise ebenfalls keine Speicherung auf den Endgeräten vorgenommen und somit dem Fingerprinting – auch in der rechtlichen Bewertung – geähnelt.

II. Weitere Ableitung von Daten

Aus Daten, die Nutzer:innen bereit stellen oder die Verantwortliche beobachten, lassen sich weitere Erkenntnisse ableiten.[92] Die zuvor ermittelten Daten „z.B. besuchte Seiten, auf jeder Seite verbrachte Zeit, Anzahl der erneuten Verbindungen zu dieser Seite, Wörter, nach denen Nutzer:innen suchen, Hyperlinks, denen sie folgen, ‚Gefällt mir'-Markierungen, die sie

---

91 Diese Technologie sollte eine datenschutzkonforme und weniger invasive Alternative zu Third Party Cookies darstellen. Mittlerweile hat Google die Weiterentwicklung jedoch eingestellt und angekündigt, auf Kontextualisierung zu setzen. Hierzu *Kramer*, Themenbasierte Anzeigen statt Kohorten: Google begräbt Floc, vom 25.01.2022, abrufbar unter: https://t3n.de/news/google-floc-topics-privacy-sandbox-1446060/ [Stand August 2025].

92 *EDSA*, Leitlinie 8/2020 über die gezielte Ansprache von Nutzer:innen sozialer Medien, vom 13.04.2020, Rn. 79, abrufbar unter: https://www.edpb.europa.eu/system/files/2021-11/edpb_guidelines_082020_on_the_targeting_of_social_media_users_de_0.pdf; *Artikel-29-Datenschutzgruppe,* Leitlinien zum Recht auf Datenübertragbarkeit, WP 242, vom 05.04.2017, S. 11.

vergeben“ werden beispielsweise dazu verwendet die Interessen von Nutzer:innen zu ermitteln.[93] Die Ableitung kann mithin nur durch die Analyse von Primärdaten erfolgen. Um über die Interessen und Vorlieben von Nutzer:innen bestmöglich informiert zu sein, ist daher ein stetiges Targeting erforderlich. Je länger der Zeitraum der Beobachtung ist, desto besser, das heißt genauer können weitere Daten abgeleitet werden.[94] Diese Prozesse gelingen durch die Nutzung einer Datenanalyse. Hierzu werden häufig Datenanalyseunternehmen beauftragt.[95] Die Daten können aber auch direkt von den Akteuren analysiert werden, die sie erhoben haben. Eine solche Analyse bietet beispielsweise Meta an und kann von Advertisern direkt verwendet werden, um die eigene Werbung entsprechend auszurichten. Die von Facebook aggregierten Informationen werden in Form sog. Zielgruppen-Insights aufbereitet und für zwei unterschiedliche Personengruppen bereitgestellt.[96] Die Zielgruppen-Insights umfassen einerseits die Personen, die mit der Facebook-Seite eines Advertisers verbunden sind, sowie weitere auf Facebook aktive Personen.[97] Zu den bereitgestellten Informationen zählen Daten über die Demografie, darunter Altersgruppe, Geschlecht, Bildungsstand, Beruf, Beziehungsstatus, sowie über Interessen und Hobbys und die jeweiligen Lebensstile.[98] Darüber hinaus kombinieren die Zielgruppen-Insights auch den Beziehungsstatus der jeweiligen Nutzer:innen mit ihrem Standort.[99] Eine ähnliche Datenanalyse bieten auch andere Intermediäre an, beispielsweise LinkedIn.[100] Die Analyse von Daten erfolgt durch Algorithmen.[101] Mithin läuft die Kategorisierung automatisiert ab und ohne dass die Ergebnisse überprüft werden könnten.[102]

---

93 *EDSA*, Leitlinie 8/2020 über die gezielte Ansprache von Nutzer:innen sozialer Medien, vom 13.04.2020, Rn. 79.

94 *Lachenmann*, in: Koreng/Lachenmann, 7. Online-Werbung.

95 *Rapp/Roßnagel/Franke*, ZD 2023, 247 (250).

96 *Kreutzer*, Praxisorientiertes Online-Marketing, S. 459.

97 Ebd.

98 Ebd.

99 Ebd.

100 *Lammenett,* Praxiswissen Online-Marketing, S. 511.

101 Hierzu *Hoeren*, Big Data und Recht, S. 7 ff.

102 Zur Unüberprüfbarkeit der Entscheidungsprozesse beim Machine Learning *Aust*, Das Zeitalter der Daten, S. 7 ff.

Es lässt sich nur erahnen, welche Daten Analysefirmen oder Intermediäre selbst in der Lage sind, aus Rohdaten abzuleiten.[103] Forschenden ist es jedoch gelungen, den Facebook-Algorithmus zu modellieren, der auf der Basis von Rohdaten Nutzer:innenprofile erstellt. Durch die Analyse der Facebook-Likes von 58.000 freiwilligen Teilnehmer:innen einer Studie gelang es den Forscher:innen, latente Merkmale zu modellieren.[104] Die modellierten Merkmale, welche mit einer Übereinstimmungsrate von achtzig bis neunzig Prozent korrelierten, umfassten unter anderem die "sexuelle Orientierung, ethnische Zugehörigkeit, religiöse und politische Ansichten, Persönlichkeitsmerkmale, Intelligenz, Glück, Konsum von Suchtmitteln, Trennung der Eltern, Alter und Geschlecht".[105] Dabei ist zu beachten, dass der Algorithmus über keine weiteren Informationen zu den genannten Personen oder deren Eigenschaften verfügte.[106] Dennoch konnten in 82 % der Fälle Christ:innen und Muslim:innen korrekt ermittelt werden. Für die Einordnung in Demokrat:innen und Republikaner:innen wurden ähnliche Ergebnisse erzielt (85 %). Die sexuelle Orientierung ließ sich bei Männern (88 %) leichter bestimmen als bei Frauen (75 %).[107] Die Ermittlung weiterer Merkmale auf Basis von Rohdaten stellt zwar ein etabliertes Verfahren dar.[108] Die schiere Menge an Daten, die digital zum Zweck personalisierter Online-Werbung gesammelt werden, ermöglicht jedoch ganz neue Ergebnisse zu erreichen.[109] So können Daten und Erkenntnisse über Nutzer:innen gewonnen werden, die diese freiwillig nie bekannt geben würden.[110] Beispielsweise konnten

---

103 Es sei darauf hingewiesen, dass sich dies angesichts des neu statuierten Rechts des Zugangs zu Daten für Forscher:innen nach Art. 40 DSA ändern mag. Aus Sicht dieser Ausarbeitung ist die Regelung daher zu begrüßen, da sie voraussichtlich geeignet ist, die bestehenden Vermutungen durch die Bereitstellung von Daten zu konkretisieren.

104 *Kosinski/Stillwell/Graepel*, Proceedings of the National Academy of Sciences, 2013, 5802-5805.

105 Ebd., S. 5802.

106 *Tufekci,* Colorado Technology Law Journal, 2015, 203 (210).

107 *Kosinski/Stillwell/Graepel*, Proceedings of the National Academy of Sciences, 2013, 5802 (5803).

108 Beispiele hierfür finden sich im 2. Teil unter C., III., 1.

109 *Tufekci,* Colorado Technology Law Journal, 2015, 203 (211).

110 Ebd.

Forscher:innen bereits Personen identifizieren, die eine hohe Wahrscheinlichkeit für eine Depression aufweisen, bevor hierfür klinische Symptome auftraten.[111]

Die fortlaufende Akquise und Analyse von Daten resultiert in umfassenden Nutzer:innenprofilen, welche Informationen zu den Interessen der Nutzer:innen enthalten, jedoch auch sensible Merkmale wie die Sexualität oder Religion umfassen. Dies ermöglicht es Werbenden, ein detaillierteres Bild von Nutzer:innen zu gewinnen.

III. Vergabe von Werbeplätzen mittels Real Time Bidding

Die Personalisierung von Online-Werbung erfolgt durch die Anpassung der einzelnen Werbeanzeigen in Echtzeit an die individuellen Nutzer:innen. Zu diesem Zweck wird ein Verfahren eingesetzt, das unter dem Begriff „Real Time Bidding" bekannt ist. Bei dem Verfahren handelt es sich um eine automatisierte Auktion, im Rahmen derer Werbeflächen in Echtzeit versteigert werden. Erahnen lässt sich diese Methode beim Besuch einer Internetseite, etwa einer Tageszeitung, bei der kurz nach dem Laden der Seite Werbeanzeigen eingeblendet werden und die Inhalte sich daraufhin neu sortieren. Obgleich dieses Verfahren im Verborgenen stattfindet und den wenigsten Nutzer:innen bekannt sein wird, ist es ein Kernelement des digitalen Werbemarktes. Es stellt das Rückgrat der gesamten Online-Werbebranche dar. Mithin ist es wichtig, das Verfahren in seinen Grundzügen zu verstehen, um seine datenschutzrechtliche Zulässigkeit beurteilen zu können.

1. Akteure und ihre Rollen

Um den Ablauf des Real Time Biddings zu verstehen, müssen zunächst die Akteure bekannt sein, die in dieser Branche agieren.

Zunächst sind hier die sog. Publisher zu nennen. Publisher sind diejenigen Akteure, welche den Ort für Online-Werbung zur Verfügung stellen.[112] Publisher können somit alle

---

111 *De Choudhury/Counts/Horvitz,* Proceedings of the SIGCHI Conference on Human Factors in Computing System, S. 3267-3276.

112 *Brüggemann,* Die rechtliche Zulässigkeit von Online-Werbeblockern, S. 11 f.

Plattformbetreibenden sein, indem sie Advertisern die Möglichkeit einräumen, einen Platz auf ihrer Plattform zum Schalten von Werbung zu nutzen. Hierzu zählen Webseiten oder Apps von Medienunternehmen, soziale Medien oder Plattformen aber auch die Ergebnisseite von Suchmaschinen. Als Advertiser werden diejenigen Akteure bezeichnet, welche im Internet werben. Theoretisch können alle Unternehmen und natürliche Person zum Advertiser werden, indem sie das Internet als Werbefläche verwenden. In der Branche werden die freien Plätze für mögliche Werbeanzeigen als Inventar bezeichnet.[113] Selbst bei analoger Werbung gestaltet sich der Prozess, für einen Werbeplatz eine geeignete Werbung zu finden, als äußerst komplex. Während um den Preis für die Werbefläche und die Platzierung von Werbung auf einer Litfaßsäule oder in einer Tageszeitung jedoch noch in Person verhandelt werden konnte, ist dies bei personalisierten digitalen Anzeigen nicht mehr möglich. Aus diesem Grund hat sich zwischen Advertisern und Publishern ein hochkomplexes System entwickelt, an welchem diverse Akteure beteiligt sind.

Auf Seiten der Advertiser sind i.d.R. sog. Bidder tätig.[114] Sie werden auf sog. Demand Side Platforms (DSP) gebündelt. Bei DSPs handelt es sich um Einkaufsplattformen.[115] Sie übernehmen den Einkauf, das heißt die Ersteigerung von Werbeplätzen.[116] DSPs nutzen die Daten von Nutzer:innen um die potentiell geeignetste Zielgruppe für die Produkte zu finden, die die jeweiligen Publisher suchen.[117] Teilweise kaufen DSPs zu diesem Zweck externe Datensätze ein.[118]

Publisher bieten ihre Werbeplätze ebenfalls gebündelt an, über sog. Supply Side Platforms (SSP).[119] SSPs stellen Verkaufsplattformen dar, welche mit Hilfe technischer Standards

---

113 *Becker*, CR 2021, 87 (90).

114 Ebd.

115 *Brüggemann*, Die rechtliche Zulässigkeit von Online-Werbeblockern, S. 14; *Busch*, Das Realtime-Advertising-Prinzip, in: Busch, Realtime Advertising, S. 8; *Kreutzer*, Praxisorientiertes Online-Marketing, S. 209; *Neider/Römer*, Display Advertising, in: Beilharz, Der Online Marketing Manager, S. 249.

116 *Brüggemann*, a.a.O., S. 14; *Busch*, a.a.O., S. 217; *Neider/Römer* a.a.O.,, S. 326 f.

117 *Brüggemann*, a.a.O., S. 14; *Busch*, a.a.O., S. 8; *Kreutzer*, a.a.O., S. 217; *Neider/Römer*, a.a.O., S. 326.

118 *Brüggemann*, a.a.O., S. 14; *Kreutzer*, a.a.O., S. 215; *Neider/Römer*, a.a.O., S. 329.

119 *Becker*, CR 2021, 87 (90).

Anfragen für Gebote auf Werbeplätze aussenden.[120] Jede dieser Gebotsanfragen (sog. Bid Requests) enthält eine Vielzahl personenbezogener Informationen über die Person, die die Website oder App lädt.[121]

Zwischen den SSPs und DSPs sind die sog. AdExchange-Plattformen geschaltet. Sie sind vergleichbar mit einem Börsensaal, in dem sich SSPs und DSPs begegnen.[122]

2. Bildung von Nutzer:innenprofilen und Zielgruppen

Die Arbeit hat bereits einen ausführlichen Einblick in die Datenerhebung gegeben. Diese Daten sind ohne weitere Verarbeitungsvorgänge für den RTB-Prozess jedoch nicht nutzbar. Damit die Nutzer:innendaten als Marschrichtung für die Werbeanzeige auf ihrem Weg zu ihrem Werbeplatz der jeweiligen Nutzer:inenn verwendet werden können, müssen sie zuvor in Nutzer:innenprofilen zusammengefügt werden. Hier kommen die sog. Data Management Platforms (DMP) ins Spiel. Sie fungieren als eine Art Aktenschrank, in welchem Informationen über Nutzer:innen gespeichert werden.[123] Cambridge Analytica war beispielsweise eine Datenmanagementplattform. Auch Unternehmen wie Google betreiben jedoch derartige Plattformen. Die Nutzungsdaten und -profile können bei den DMPs im Laufe des RTB-Prozesses abgefragt werden.[124] Ein Werkzeug, welches diese Verknüpfung von Nutzer:innen mit ihren Profilen im RTB-Prozess ermöglicht, ist die sog. Cookie-Synchronisierung.[125] In seiner einfachsten Form bedeutet dies, dass ein Dritter mit einem Cookie (Tracker1) den Browser des:r jeweiligen Nutzer:innen dazu bringt, einen zweiten Dritten (Tracker2) mit einer URL abzufragen, die die Kennung von Tracker1 enthält. Da der Browser von Nutzer:innen

120 *Brüggemann*, a.a.O., S. 14; *Busch*, a.a.O., S. 7 ff.; *Kreutzer*, a.a.O., S. 209.

121 Ausführlich zum Bid Request im Standard OpenRTB: *Belgische Datenschutzbehörde*, Concerning: Complaint relating to Transparency & Consent Framework, Case number: DOS-2019-01377, vom 02.02.2022, S. 10.

122 *Becker*, CR 2021, 87 (90).

123 Ebd.

124 *Becker*, CR 2021, 87 (90); *Gharibshah/Zhu*, ACM Computing Surveys (CSUR), 2021, Volume 54, Issue 3, Article No. 64:10; *Urban et al.,* Towards Understanding Privacy Implications of Adware and Potentially Unwanted Programs, in: Lopez/Zhou/Soriano, S. 4.

125 Auch Cookie Synching (CSync) oder Cookie Matching genannt.

Tracker2 abfragt, kann Tracker2 seine eigenen Cookies auf der Website einsehen. Da die Abfrage die Kennung enthält, die Tracker1 gerade in seinen eigenen Cookies gesehen hat, hat dies den Effekt, dass Tracker2 beide Kennungen gleichzeitig besitzt und seine eigene Cookie-Kennung mit der Cookie-Kennung von Tracker1 verknüpft. Die beiden Parteien können dann über einen Rückkanal (sog. Server-zu-Server-Übertragung) Daten austauschen, um die bisher erstellten Profile miteinander zu verbinden.[126] Handelt es sich bei diesen beiden Parteien um Bidder und AdExchange, so können Nutzer:innen im Verlauf des RTB-Prozesses wiedererkannt und mit den über sie bereits vorhandene Daten, in Verbindung gebracht werden.[127] Die verschiedenen Akteure sind auf diese Weise darüber informiert, welche:r Nutzer:in Gegenstand der Auktion ist, d.h. hinter dem versteigerten Profil steht.[128]

Über verschiedene Domains hinweg entsteht sukzessive ein immer detaillierteres Bild der Nutzer:innen, das dann von Advertiser- und Technologie-Unternehmen genutzt werden kann. Um ein noch genaueres Bild von Nutzer:innen zu erlangen, können diese online gewonnen Daten zudem mit offline gewonnenen Daten verknüpft werden, wie z. B. Kundeninformationen, mit Online-Identifikatoren wie E-Mail-Adressen, Telefonnummern oder Postanschriften.[129] In Deutschland am bekanntesten ist das Unternehmen Payback, welches sich auf eben diese Datenverknüpfung spezialisiert hat.[130]

Neben den DMPs als Speicherstätte, gibt es sog. Customer Data Plattforms (CDP). Hierbei handelt es sich um eine Sammlung von Software, die eine dauerhafte, einheitliche Kund:innendatenbank erstellt, auf die andere Systeme zugreifen können.[131] Hierzu werden Daten aus mehreren Quellen gezogen, bereinigt und kombiniert, um ein einziges Kundenprofil

---

126 Zu den technischen Feinheiten *Bashir,* On the Privacy Implications of Real Time Bidding, S. 16.

127 *Becker*, CR 2021, 87 (90).

128 Ebd.

129 *Kamps/Schetter*, Performance Marketing, S. 275.

130 *Fischer*, Das System Payback, vom 15.02.2017, abrufbar unter: https://www.faz.net/aktuell/wirtschaft/unternehmen/wie-funktioniert-payback-kritik-am-geschaeftsmodell-mit-punkten-14876049.html [Stand August 2025].

131 *Earley*, IT Professional, 2018, Volume 20, Issue 1, 69 (69).

zu erstellen.[132] In CDPs sollen vor allem die sog. 1st-Party-Daten[133] gebündelt werden.[134] Hingegen speichern DMPs scheinbar vorwiegend 3rd-Party-Daten.[135] Dennoch werden sowohl auf CDPs als auch auf DMPs hochpersonalisierte Nutzer:innenprofile gebildet.[136] Diese Profile sind ein wesentlicher Bestandteil der digitalen Werbewirtschaft.

3. Ablauf des Real Time Biddings

Im Folgenden soll ein vereinfachter Überblick über den technischen Ablauf des RTB-Prozesses gegeben werden. Dieser kann für diese Untersuchung als Ausgangspunkt der späteren rechtlichen Bewertung der einzelnen Prozesse dienen.

Wenn Nutzer:innen eine App oder Webseite aufrufen, wird hierdurch der Prozess des Real Time Biddings ausgelöst. Vom Publisher gelangt die Meldung, dass Inventar zur Verfügung steht, über die SSPs auf die Ad Exchenge Plattform. Dort können DSPs für ihre Advertiser auf das Inventar bieten. Zu diesem Zweck erhalten die DSPs eine Kopie des Bid Requests als Gebotsanfrage. Diese enthält Informationen über die jeweilige Person, die die Anzeige später sehen wird. Diese Informationen sind je nach Spezifikation leicht unterschiedlich. Im Internet wird der Inhalt dieser „Gebotsanfrage" durch eine von zwei Spezifikationen bestimmt. Die erste ist Authorized Buyers, eine von Google festgelegte Spezifikation.[137] Die zweite ist OpenRTB/AdCOM, die von der Technologieabteilung des Interactive Advertising Bureau (IAB) gepflegt wird, einer Mitgliederorganisation großer und kleiner Werbefirmen, die von Google, Meta (vormals Facebook) und X (vormals Twitter) bis hin zu kleineren Akteuren reicht.[138]

---

132 Ebd.

133 Hierunter versteht man unternehmenseigene Daten, beispielsweise die von einem Shop erhobenen Daten zum Einkaufsverhalten seiner Kund:innen.

134 *Becker*, CR 2021, 87 (91).

135 Hierunter versteht man die von Dritten gehandelten Daten.

136 *Becker*, CR 2021, 87 (91).

137 *Digitale Gesellschaft e.V., et al.*, Beschwerde bei den deutschen Datenschutz-Aufsichtsbehörden wegen verhaltensbasierter Werbung im Internet, vom 04.06.2019, abrufbar unter: https://digitalegesellschaft.de/2019/06/beschwerde-gegen-dsgvo-widrige-verhaltensbasierte-werbung/ [Stand August 2025].

138 Ebd.; *Veale/Zuiderveen Borgesius*, German Law Journal 2022, Volume 23, 226 (231).

Auch wenn der Bid Request bereits personenbezogene Daten enthalten kann, ist die Person, die die Werbung später sehen soll, durch ihn allein nicht notwendig identifizierbar. Für Advertiser ist es jedoch wesentlich zu wissen, wer ihre Werbung später sehen wird. Nur so kann es überhaupt zum Ausspielen personalisierter Werbung kommen. Aus diesem Grund leiten die DSP*s*, den Bid Request an DMPs weiter. Diese stellen eine Art Data Warehouse dar, wo Daten zum einen gespeichert, aber auch sortiert und klassifiziert werden.[139] DMPs speichern vorwiegend die Cookie-IDs und nehmen eine Klassifizierung der Daten vor (z.B. Weinliebhaber:in), sodass auf diese Informationen im Werbeprozess einfach zurückgegriffen werden kann.[140] Im „Idealfall“ gelingt es DSPs die jeweiligen Nutzer:innen anhand der schon vorhandenen Informationen und den Informationen aus dem Bid Request zu identifizieren.

Gelingt dies nicht, kann jedenfalls mit den Informationen gearbeitet werden, die der Bid Request selbst enthält. Einige, für diese Ausarbeitung relevanten Informationen, die im Fall von Authorized Buyers und OpenRTB enthalten sind, sind:

- Standort
- URL der besuchten Seite
- Kategorie oder Thema der Website
- Gerät
- Betriebssystem
- Browser-Software und -Version
- Gerätehersteller, Modell
- Mobilfunkanbieter
- Abmessungen des Bildschirms
- Benutzer:innen
- Eindeutige Identifikatoren, die von Verkäufer:in und/oder Käufer:in festgelegt werden
- Eindeutiger Personenidentifikator der Werbebörse, oft aus dem Cookie der Werbebörse

---

139 *Kamps/Schetter*, Performance Marketing, S. 98.

140 Ebd.

- Cookie der Werbebörse
- Die Benutzer:innenkennung einer nachfrageseitigen Plattform, die oft aus dem Cookie der der Werbebörse entnommen wird, die mit einem Cookie von der Domain der nachfrageseitigen Plattform synchronisiert wurde
- Geburtsjahr
- Geschlecht
- Interessen
- Metadaten, die über die erteilte Zustimmung berichten
- Geografie
- Längengrad und Breitengrad
- Postleitzahl[141]

In einem weiteren Schritt senden die *DSPs* Gebotsanfragen an Datenverwaltungsplattformen, die diese anreichern, indem sie versuchen, den:die Nutzer:in in der Anfrage zu identifizieren.[142] Hierzu nutzen sie eine Vielzahl von Datenquellen, wie z.B. vom Werbetreibenden hochgeladene Daten (z.B. Kundenbeziehungsdatenbanken), aus anderen Quellen gesammelte Daten (z.B. eine Liste eines anderen Unternehmens) oder von Datenmaklern gekaufte Daten.[143] Die nachfrageseitige Plattform mit dem höchsten Gebot erhält durch den Zuschlag einerseits das Recht, die Anzeige über die angebotsseitige Plattform an die Person zu liefern.[144] Darüber hinaus ermöglicht der Zuschlag auch, die eigenen Cookies mit der Anzeigenbörse zu synchronisieren, um in Zukunft einfacher Daten verknüpfen und Profile von Nutzer:innen erstellen zu können.[145]

4. Consent Management Plattformen

Seit das Datenschutzrecht den digitalen Raum erreicht hat, erscheinen Nutzer:innen beim Besuch regelmäßig Pop-up-Fenster, die den Zugang zu Internetseiten blockieren. Diese

---

141 Aufzählung aus *Veale/Zuiderveen Borgesius*, German Law Journal 2022, Volume 23, 226 (232).

142 Ebd.

143 Ebd. (232 f.).

144 Ebd. (232).

145 Ebd. (233).

Schaltflächen, auf denen Nutzer:innen einstellen können, welche Daten eine Webseite sammeln und verarbeiten darf, bezeichnet man als Consent Managemet Platforms (CMP).[146] Eine CMP hat die Form eines Pop-up-Fensters, das bei der ersten Verbindung mit einer Website erscheint, um die Zustimmung der Internetnutzer:innen zur Platzierung von Cookies und anderen identifizierenden Informationen einzuholen.[147]

Ein wesentlicher Bestandteil des Eingriffs einer CMP ist die Erzeugung einer Zeichenkette, die aus einer Kombination von Buchstaben, Zahlen und anderen Zeichen besteht. Diese Zeichenfolge wird vom Interactive Advertising Bureau Europe (kurz: IAB Europe), ein internationaler Wirtschaftsverband der Onlinewerbebranche, als „TC String“ bezeichnet, was für „Transparency and Consent String“ steht.[148] Der TC-String dient dazu, die Präferenzen von Nutzer:innnen strukturiert und automatisiert zu erfassen, wenn diese eine Website oder App eines Publishers besuchen, der die CMP integriert hat.[149] Dies betrifft insbesondere die Erfassung der Zustimmung (oder Nicht-Zustimmung) zur Verarbeitung personenbezogener Daten für Marketing- und andere Zwecke, die Frage, ob personenbezogene Daten an Dritte (Adtech-Anbieter) weitergegeben werden sollen oder nicht, und die Ausübung oder Nichtausübung des Widerspruchsrechts.[150]

Die CMP kann die bevorzugten Daten eines Nutzers speichern und jederzeit abrufen und diese Informationen an Adtech-Anbieter weitergeben, die sie benötigen.[151] Die Anbieter entschlüsseln den TC-String, um festzustellen, ob sie über die erforderliche Rechtsgrundlage für die Verarbeitung der personenbezogenen Daten der jeweiligen Nutzer:innen für die angegebenen Zwecke verfügen. In ihrer Entscheidung gegen IAB Europe hat die belgische Datenschutzbehörde diesen Prozess in sechs Schritten beschrieben:[152]

---

146 *Becker*, CR 2021, 87 (87).

147 *Belgische Datenschutzbehörde*, Concerning: Complaint relating to Transparency & Consent Framework, Case number: DOS-2019-01377, vom 02.02.2022, S. 13, Rn. 40.

148 EuGH, Urteil vom 07.03.2024 – C-604/22, Rn. 21.

149 Ebd., Rn. 24.

150 *Belgische Datenschutzbehörde,* Case number: DOS-2019-01377, S. 13, Rn. 41.

151 Ebd., Rn. 42.

152 Ebd., S. 14, Rn. 43.

1. Ein:e Internetnutzer:in besucht die Website eines Publishers, z.B. eine Nachrichten-Website.
2. Der Publisher stellt sicher, dass eine CMP auf seiner Website oder in seiner App aktiviert ist, wenn der:die Benutzer:in ankommt.
3. Die CMP prüft, ob für diese:n Nutzer:in bereits ein TC-String existiert oder nicht. Hierzu wird auf die Datenbank von IAB Europe zurückgegriffen.
4. Ergibt der dritte Schritt, dass der TC-String noch nicht existiert oder nicht aktuell ist, zeigt die CMP dem:der Nutzer:in in einem vierten Schritt eine Benutzeroberfläche an, auf der er:sie der Erhebung und Weitergabe seiner personenbezogenen Daten zustimmen kann.
5. Der:die Internetnutzer:in trifft in der Benutzerschnittstelle eine Auswahl.
6. Die CMP generiert den TC-String und platziert ein Cookie auf dem Gerät des:der Nutzer:in oder aktualisiert das bestehende Cookie.

5. Zusammenfassung

Mit Real Time Advertising und insbesondere dem Verfahren des Real Time Biddings hat sich ein hochkomplexer und facettenreicher Markt entwickelt. Dieser hat wiederum neue Unternehmen mit eigenen und ebenfalls komplexen Strukturen hervorgebracht. Die Untersuchung hat gezeigt, dass die zunächst erhobenen Daten von Nutzer:innen durch viele Hände wandern, nachdem sie zum Zwecke der Online-Werbung erhoben wurden. Ob und inwieweit diese Verwendung mit datenschutzrechtlichen Vorgaben übereinzubringen ist, wird noch zu untersuchen sein.

C. Die Risiken personalisierter Werbung

Die Erhebung, Analyse und der Handel von Daten, welcher zum Zweck der personalisierten Online-Werbung erfolgt, sind mit erheblichen Risiken verbunden. Im Rahmen dieser Ausarbeitung ist eine Beleuchtung der mit personalisierter Online-Werbung verbundenen Risiken erforderlich, da diese unmittelbar auf den Schutzgedanken des Datenschutzrechtes zurückzuführen sind. Die DSGVO schützt nicht nur die personenbezogenen Daten, sondern auch die Grundrechte und Grundfreiheiten natürlicher Personen.[153] Mögliche Risiken, wie das Risiko der Diskriminierung marginalisierter Gruppen, müssen daher im Rahmen dieser Ausarbeitung beleuchtet werden, um im weiteren Verlauf Berücksichtigung finden zu können. Dabei ist es das Ziel, die diskutierten Risiken im Kontext personalisierter Online-Werbung objektiv zu analysieren. Dazu werden im Folgenden die Ergebnisse interdisziplinärer Forschung abgebildet.

I. Diskriminierung

Im Zusammenhang von algorithmischen Systemen kommt es immer wieder zum Vorwurf der Diskriminierung. In der Soziologie versteht man unter Diskriminierung die soziale Ungleichbehandlung bzw. Benachteiligung anderer Menschen durch Verhaltensweisen und Einstellungen.[154] Übernehmen algorithmische Systeme Entscheidungen, so ist es möglich, dass sie Unterscheidungen zwischen Menschen vornehmen, die zur Benachteiligung dieser führen. Vieldiskutiert ist dies, wenn algorithmische Systeme hochkomplexe Entscheidungen übernehmen, die einst Menschen trafen. Beispiele hierfür sind die Nutzung solcher Systeme im Strafprozess, bei Personalentscheidungen oder zur Vergabe von Darlehen. Auch bei personalisierter Online-Werbung kommen algorithmische Systeme zum Einsatz, deren Entscheidungen diskriminierende Ergebnisse erzeugen können.

Bereits 2015 ließ sich die Ungleichbehandlung bei zielgerichteter Werbung im Programm Google Mail nachweisen.[155] *Lecuyer et al.* konnten belegen, dass für die Schaltung personalisierter Werbung auch sensible geschützte Merkmale verwendet werden. Mittels Fallstudien wiesen sie nach, dass beispielsweise die ethnische Zugehörigkeit, der Gesundheitszustand, die religiöse Zugehörigkeit und Interessen, sexuelle Orientierung und eine

---

153 Art. 1 Abs. 2 DSGVO.

154 *Reinhold/Lamnek/Recker,* Soziologie-Lexikon, S. 120.

155 *Orwat,* Diskriminierungsrisiken durch Verwendung von Algorithmen, S. 46; *Lecuyer et al.,* CCS '15: Proceedings of the 22nd ACM SIGSAC Conference on Computer and Communications Security, 554 (561).

ernste finanzielle Situation mögliche Kriterien waren, mittels derer Zielpersonen werbend angesprochen werden konnten.[156]

Auch bei anderen Google-Diensten konnte die Ungleichbehandlung bei der Schaltung von Werbung nachgewiesen werden, so hat beispielsweise das Geschlecht von Nutzer:innen Auswirkungen auf die Werbung, mittels derer sie angesprochen werden.[157] Online wird weniger Werbung für hochbezahlte Stellen angezeigt, wenn das Geschlecht in den Profileinstellungen von „männlich" auf „weiblich" geändert wurde.[158]

Wie bereits die Ergebnisse der Studie von *Lecuyer et al.* zeigten, kann auch die ethnische Herkunft ein mögliches Kriterium für die Platzierung personalisierter Werbung sein.[159] Die Ungleichbehandlung nach ethnischer Herkunft bei der Platzierung von Werbung konnte gezielt von *Sweeney* nachgewiesen werden.[160] Untersucht wurden die per Google AdSense ausgespielte Werbung, wenn Nutzer:innen einen Namen in die Suchmaschine eingeben. Die Autorin untersuchte konkret die Möglichkeit, dass Werbung ausgespielt wurde, welche auf eine Webseite oder einen Onlinedienst verweist, der es ermöglicht, die Vorstrafen einer gesuchten Person abzufragen. Diese sog. „arrest records" sind in den USA häufig öffentlich einsehbar, sodass inzwischen Suchmaschinen auf dem Markt sind, die digital nach dem Vorstrafenregister einer Person suchen.[161] *Sweeney* wies nach, dass die Wahrscheinlichkeit, Werbung besagter

---

156 *Lecuyer et al.*, a.a.O., 554 (560).

157 *Orwat*, Diskriminierungsrisiken durch Verwendung von Algorithmen, S. 46 f.; *Datte/Tschantz/Datte*, Proceedings on Privacy Enhancing Technologies 2015, Vol. 1, S. 92-112.

158 *Datte/Tschantz/Datte*, a.a.O., (105).

159 *Lecuyer et al.*, CCS '15: Proceedings of the 22nd ACM SIGSAC Conference on Computer and Communications Security, 554 (561).

160 Zusammenfassend *Orwat*, Diskriminierungsrisiken durch Verwendung von Algorithmen, S. 47; *Sweeney*, Communication of the ACM, Vol. 56, Issue 5, S. 44-54.

161 „Criminal record information is increasingly available on the Internet. While a number of private companies make this information available for a fee, some states post it on their official websites. Currently, twenty-eight states allow Internet access to criminal records. Fourteen of these states make all conviction records available on the Internet. Six states make available on the Internet records of those who are currently serving criminal justice sentences, whether in prison or not, including people on probation and parole. Eight states place only the records of those who are currently incarcerated on the Internet. Unlike other means of obtaining criminal records which require a fee, information on the Internet is usually available free of charge." *Mukamal/Samuels*, Fordham Urban Law Journal, 2003, 1501 (1510 f.).

arrest-reccords-checking-Dienste angezeigt zu bekommen höher ist, sucht man über eine Suchmaschine einen Namen, der traditionell von Schwarzen getragen wird.[162] Auch wenn Google AdSense Anzeigen als Werbung gekennzeichnet sind, kann hierdurch die Assoziation erweckt werden, dass die Person, deren Namen man soeben gegoogelt hat, eine strafrechtlich relevante Vergangenheit hat. Die auf ethnischen Merkmalen beruhende Differenzierung bei der werbenden Ansprache kann dann unmittelbar zu Diskriminierung gegenüber eben diesen ethnischen Gruppen in der analogen Welt führen.

Auch auf Facebook konnte eine Ungleichbehandlung nach Geschlecht bei der Ausspielung von Werbung nachgewiesen werden.[163] Im Rahmen der der Studie wurden Werbeanzeigen testweise in 191 Ländern geschaltet, welche auf Jobangebote im sog. STEM-Bereich[164] aufmerksam machen sollten. Dabei wurde von den Autorinnen eine Werbeanzeige gestaltet, welche sich durch eine explizite Geschlechtsneutralität auszeichnet. Dennoch wurde Frauen die Anzeige seltener angezeigt als männlichen Nutzern.[165] Die Differenz muss zudem vor dem Hintergrund betrachtet werden, dass Frauen eine höhere click-trough-rate haben als männliche Nutzer, das heißt wenn sie die Anzeige sehen, klicken sie sie eher an.[166] Die Autorinnen verweisen darauf, dass diskriminierenden Erkenntnisse der Studie besorgniserregend sind, da heute immer noch weniger Frauen in STEM-Berufen tätig sind als Männer. Wenn Nutzerinnen zudem seltener Jobanzeigen solcher Berufsgruppen angezeigt werden, könne sich dies auch nicht ändern.[167]

Die Erkenntnisse von *Lambrecht* und *Tucker* lassen sich durch andere Studien belegen. *Ali et al.* untersuchten in ihrer Studie die Ungleichbehandlung nach Geschlecht durch Algorithmen

---

162 *Sweeney*, Communication of the ACM, Vol. 56, Issue 5, 44 (51).

163 *Orwat*, Diskriminierungsrisiken durch Verwendung von Algorithmen, S. 47 f.; *Lambrecht/Tucker*, Management Science, Vol. 65, No. 7, July 2019, 2966 (2967).

164 Abkürzung für Science, Technology, Engineering and Math, im Deutschen Wissenschaft, Technologie, Ingenieurwesen und Mathematik.

165 *Lambrecht/Tucker*, a.a.O., (2970).

166 Ebd., (2971).

167 *Lambrecht/Tucker*, a.a.O., (2971); grundsätzlich zur Unterrepresentation von Frauen in STEM-Berufen und den möglichen Gründen hierfür, vgl. *Diekman/Brown/Johnston/Clark*, Psychological Science, Vol. 21, Issue 8, August 2010, 1051-1057.

zur Werbeschaltung.[168] Hierfür beobachteten die Autor:innen wem Werbung ausgespielt wird, wenn nicht voreingestellt wird, ob sie männlichen oder weiblichen Nutzer:innen gezeigt werden soll.[169] Die Autor:innen bedienten sich hierfür stereotypischer männlicher oder weiblicher Werbeobjekte, wie Brautsträuße und Baumaschinen.[170] Teilweise waren die Objekte für das menschliche Auge nicht, für einen Bilderkennungsalgorithmus aber sehr wohl, erkennbar.[171] In jedem Fall wurden die Anzeigen der stereotypischen Zielgruppe angezeigt. Hieraus ließ sich schließen, dass der Algorithmus die Bilder analysiert und unabhängig von den Voreinstellungen nach eigenen Kriterien einer Zielgruppe zuordnet.[172] Diese algorithmischen Kriterien können diskriminierend sein.[173]

Neben diesen Beispielen ist denkbar, dass es zu einer aktiven Diskriminierung von Minderheiten bei der Schaltung personalisierter Werbung kommt. Die Tools, mittels derer Werbende die Zielgruppen für ihre Anzeigen bestimmen, können ebenso gut verwandt werden, um einzelne Gruppen von der Ansicht der Anzeigen auszuschließen. So können beispielsweise bei der Schaltung von Stellenanzeigen Adtech-Tools eingesetzt werden, um zu verhindern, dass diese von bestimmten Gruppen wie Frauen, Migrant:innen oder BIPoC[174] gesehen werden. Die Nachrichtenredaktion ProPublica wollte demonstrieren, wie dies funktionieren könnte, indem

---

168 Zusammenfassend *Orwat*, a.a.O., S. 48 f.; *Ali, et al.* Proceedings of the ACM on Human-Computer Interaction, 2019, Vol. 3, Article 199; *Matsakis*, Facebook's Ad System Might Be Hard-Coded for Discrimination, vom 06.04.2019, abrufbar unter: https://www.wired.com/story/facebooks-ad-system-discrimination/ [Stand August 2025].

169 *Ali, et al.*, Proceedings of the ACM on Human-Computer Interaction, 2019, Vol. 3, Article 199, S. 3.

170 Ebd. S. 3 f.

171 Ebd. S. 4.

172 Ebd.

173 Ebd. S. 25 f.

174 „BIPoC ist die Abkürzung von Black, Indigenous, People of Color und bedeutet auf Deutsch Schwarz, Indigen und der Begriff People of Color wird nicht übersetzt. All diese Begriffe sind politische Selbstbezeichnungen. Das bedeutet, sie sind aus einem Widerstand entstanden und stehen bis heute für die Kämpfe gegen diese Unterdrückungen und für mehr Gleichberechtigung." Erläuterung der Abkürzung BIPoc des Migrationsrates Berlin e.V. vom 02.04.2020, abrufbar unter: https://www.migrationsrat.de/glossar/bipoc/ [Stand August 2025]. Vgl. ausführlich zu der Entstehung und Bedeutung des Begriffes *Afeworki Abay,* Dekolonialisierung des Wissens, S. 45 ff.

sie Anzeigen für "zu vermietende Häuser" auf Facebook kaufte.[175] Sie nutzten dann die Facebook-eigenen Tools, um zu verlangen, dass die Anzeigen bestimmten Nutzer:innenkategorien nicht angezeigt werden, wie Afroamerikaner:innen, Müttern von High-School-Kindern, Menschen, die sich für Rollstuhlrampen interessieren, Personen jüdischen Glaubens, Auswanderer:innen aus Argentinien und Spanisch sprechenden Personen. Alle diese Ausschlüsse sind bereits nach einem bestimmten Teil des US-Wohnungsgesetzes, das Diskriminierung verbietet, unzulässig.[176] Trotz ihrer Rechtswidrigkeit wurden alle diese Anzeigen innerhalb von Minuten von Facebook genehmigt, was ernste Fragen über die Einhaltung der Antidiskriminierungs- und Antivoreingenommenheitsgesetze durch Facebook und das gesamte Adtech-Ökosystem aufwirft.[177]

Obwohl die von ProPublica verwendeten Tools inzwischen von Facebook deaktiviert wurden, haben Forscher:innen herausgefunden, dass Facebooks eigener Algorithmus zur Anzeigenschaltung möglicherweise voreingenommen ist. Eine kürzlich durchgeführte Studie der University of Southern California ergab, dass Facebooks Anzeigenauslieferungssystem Frauen und Männern unterschiedliche Stellenanzeigen anzeigt, obwohl die Stellen dieselben Qualifikationen erfordern.[178] Um zu testen, ob es zu Verzerrungen kommt, gaben die Suchenden Stellenanzeigen auf, die zwar dieselben Qualifikationen erforderten, sich aber in ihrer realen Demografie unterschieden, ohne jedoch eine gewünschte Zielgruppe für die Anzeigen anzugeben. Dies bedeutete, dass die Ausrichtung auf der Grundlage der eigenen algorithmischen Bewertung von Facebook erfolgte, um die besten Ergebnisse für die Anzeige zu erzielen. Es wurde festgestellt, dass die Stellen, die in der realen Welt von Frauen dominiert werden, mehr Frauen angezeigt wurden und umgekehrt.[179]

---

175 *Angwin/Tobin/Varner,* Facebook (Still) Letting Housing Advertisers Exclude Users by Race, 21.11.2017, abrufbar unter: https://www.propublica.org/article/facebook-advertising-discrimination-housing-race-sex-national-origin [Stand August 2025].

176 Ebd.

177 *McCann/Stronge/Jones*, The future of Online Advertising, S. 31.

178 *Hao*, Facebook's ad algorithms are still excluding women from seeing jobs. MIT Technology Review, 09.04.2021, abrufbar unter: https://www.technologyreview.com/2021/04/09/1022217/facebook-ad-algorithm-sex-discrimination/ [Stand August 2025].

179 *McCann/Stronge/Jones*, The future of Online Advertising, S. 32.

Im Ergebnis bergen die komplexen technischen Abläufe der personalisierten Online-Werbung das Risiko, diskriminierende Werbung zu erzeugen oder schon bestehende Diskriminierung zu verstärken.

II. Markt-Macht-Spirale

Als Markt-Macht-Spirale[180] wird in dieser Arbeit das Phänomen einer besonders dominanten Marktstellung bezeichnet, welche die jeweiligen Unternehmen mit erheblicher Macht ausstattet, Einfluss auf die gesamte Branche auszuüben.[181] Das Phänomen der Markmacht-Spirale ist kein auf den digitalen Werbemarkt beschränktes Phänomen. In diesem Kontext manifestiert sich das Phänomen jedoch in ausgeprägter Form und führt zu weiteren Probleme. An dieser Stelle soll daher ein kurzer Abriss erfolgen, um eine Verknüpfung mit den nachfolgenden Punkten zu ermöglichen.

Die Marktmacht-Spirale manifestiert sich in besonderem Maße im personalisierten Werbemarkt, da hierbei eine signifikante Menge an Daten akquiriert und generiert wird.[182] Um personalisierte Werbung und die digitale Werbebranche zu ermöglichen, müssen große Mengen an Nutzer:innendaten gesammelt werden. Nutzer:innen geben ihre Daten mehr oder weniger freiwillig für digitale Dienste preis, um eine kostenlose Gegenleistung zu erhalten.[183] Dadurch sind Daten zur Währung im digitalen Raum geworden.[184] Personalisierte Werbung basiert auf der Annahme, dass mehr Daten über Nutzer:innen zu besserer, das heißt personalisierterer, Werbung führen. Deshalb sind Tech-Unternehmen in der digitalen Werbewirtschaft unverzichtbar, da sie große Mengen an Nutzer:innendaten sammeln. Hierzu gehören beispielsweise soziale Netzwerke wie die Plattformen von *Meta* sowie Suchmaschinen wie

---

180 Den Begriff der Markt-Macht-Spirale in Bezug auf digitale Netzwerke und Plattformökonomien hat *Martini* geprägt. So etwa *Martini et al.*, Automatisch erlaubt? - Fünf Anwendungsfälle algorithmischer Systeme auf dem juristischen Prüfstand, S. 7; *Martini*, Blackbox Algorithmus, 2019, S. 62 ff.; *Martini et al.*, MMR-Beil. 2021, 3 (8).

181 *Hamelmann/Haucap*, ORDO, Band 67, Heft 1, 2016, 269 (277).

182 *Volmar*, Digitale Marktmacht, S. 234 f; *Monopolkommission*, Wettbewerbspolitik: Herausforderung Digitale Märkte, S. 39 ff.

183 Zu Daten als Gegenleistung vgl. *Hacker*, ZfPW 2019, 148 (158 f.).

184 Ebd. (163).

Google. Diese Unternehmen nutzen Nutzer:innendaten zur Personalisierung ihrer Angebote. Die Antworten, die die Suchmaschine Google den Nutzer:innen auf ihre Anfrage hin liefert, werden genauer und passender, wenn die Interessen der jeweiligen Nutzer bekannt sind.[185] Gleiches gilt auch für Vorschläge in sozialen Netzwerken. Die Daten können aber auch für die Schaltung personalisierter Werbung genutzt werden. Hierfür sind sie sogar unverzichtbar.[186] Unternehmen, die am digitalen Werbemarkt teilnehmen möchten, jedoch keine eigenen Nutzer:innendaten besitzen, sind auf die gesammelten Daten großer Tech-Unternehmen angewiesen. Diese Abhängigkeit ist der Grund, warum Unternehmen wie Google, Meta oder Amazon zu so erfolgreichen Unternehmen herangewachsen sind.[187] Die gesamte digitale Werbebranche ist auf einige wenige große Unternehmen angewiesen, was diesen Unternehmen eine besonders Marktmacht verleiht.[188] In diesen Fällen besteht immer das Risiko, dass diese Unternehmen ihre Marktmacht nutzen, um Einfluss auf den gesamten Markt zu nehmen und ihre Stellung zu sichern.[189] Eine Situation, die der Gesetzgeber versucht durch das Kartellrecht zu kontrollieren.[190] Im Falle digitaler Unternehmen und insbesondere der digitalen Werbewirtschaft gibt es jedoch Anzeichen dafür, dass diese wettbewerbsrechtliche Regulierung nur eine Symptombekämpfung ist und den besonderen Marktbedingungen nicht gerecht wird.

Das Phänomen der Markt-Macht-Spirale lässt sich anhand der kartellrechtlichen Entscheidung in Sachen Google-Preisvergleich verdeutlichen.[191] Im Jahr 2008 etablierte Google eine Strategie für den von der eigenen Suchmaschine durchgeführten Preisvergleich, welche nicht auf objektiven Kriterien basierte, sondern auf der marktbeherrschenden Stellung von Google im Bereich der allgemeinen Internetsuche.[192] Die EU-Kommission kam in ihrer Untersuchung

---

185 Bezeichnet wird dies als interne Netzwerkeffekte, die durch Daten begünstigt werden, vgl. *Volmar, Maximilian*, Digitale Marktmacht, S. 234 f.

186 Hierzu am Beispiel von Facebook EuGH, Urteil vom 04.07.2023 – C-252/21, Rn. 27.

187 Zusammen mit Apple bilden diese Unternehmen „the four“. Sie eint, dass sie durch Digitalisierung enorm profitiert und rasant gewachsen sind. Hierzu *Galloway*, The four: S. 7 ff.

188 *Monopolkommission*, Wettbewerbspolitik: Herausforderung Digitale Märkte, S. 49 f.

189 Zusammenfassend *Burchardi*, NZKart 2022, 610-616.

190 *Schmittmann*, in: Hoeren/Sieber/Holznagel, Teil 9 Plattformrecht, Rn. 99 ff.

191 EuG, Urteil vom 10.11.2021 – T-612/17.

192 Ebd., Rn. 54.

2017 daher zu dem Ergebnis, dass Google einerseits den eigenen Preisvergleich systematisch am besten platziert hätte.[193] Die Ergebnisse des Preisvergleichsdiensts von Google würden Nutzer:innen, die einen Begriff suchen, ganz oder sehr weit oben auf der Suchergebnisliste angezeigt werden.[194] Ferner benachteilige Google konkurrierende Preisvergleichsdienste aktiv, indem der am besten platzierte Wettbewerber im Durchschnitt erst auf Seite vier der Suchergebnisse von Google angezeigt werde.[195] Google verschaffe seinem eigenen Preisvergleichsdienst durch dessen Platzierung ganz oben in den Suchergebnissen und durch die schlechtere Platzierung seiner Wettbewerber einen erheblichen Vorteil gegenüber konkurrierenden Diensten.[196]

2017 verhängte die EU-Kommission gegen Google ein Bußgeld i.H.v. 2,42 Milliarden EUR, nachdem 2009 mehrere Beschwerden von Google-Konkurrenten anhängig geworden waren und die EU-Kommission bereits 2010 das Kartellverfahren eröffnet hatte.[197] Erst 2021 kam der Streit vor dem EuG zu einem Ende, der sich weitgehend der rechtlichen Würdigung der EU-Kommission anschloss.[198]

Die Zeitspanne von 13 Jahren ist in der Digitalwirtschaft eine Ewigkeit. Der Gang des Verfahrens verdeutlicht, dass das Kartellrecht gegenüber sehr großen Digitalkonzernen bei der Rechtsdurchsetzung hinterherhinkt.[199]

Die besondere Relevanz von Daten in einer digitalisierten Welt ist einerseits darauf zurückzuführen, dass die digitale Werbebranche die Erhebung und Verarbeitung von

[193] *Europäische Kommission,* Pressemitteilung vom 27.06.2017, abrufbar unter: https://ec.europa.eu/commission/presscorner/detail/de/IP_17_1784 [Stand August 2025].

[194] EuG, Urteil vom 10.11.2021 – T-612/17, Rn. 57.

[195] *Europäische Kommission*, a.a.O.

[196] EuG, Urteil vom 10.11.2021 – T-612/17, Rn. 65.

[197] *Europäische Kommission,* a.a.O.

[198] EuG, Urteil vom 10.11.2021 – T-612/17.

[199] So auch *Burchardi,* NZKart 2022, 610 (613); *Achleitner*, NZKart 2022, 359 (361); *Kumkar*, RDi 2022, 347 (348).

Nutzer:innendaten befördert und ermöglicht.[200] Die erhobenen Daten können jedoch für nahezu jede andere Branche relevant sein. Ein Beispiel hierfür sind die Datenmengen, die benötigt werden, um KI-Systeme zu trainieren, von denen sich aktuell jede Branche einen nutzbringenden Einsatz erhofft.[201] Die Marktmacht großer Unternehmen in der digitalen Werbebranche kann sich somit schnell auf andere Branchen ausdehnen. Beispielhaft ist hierfür die angestrebte Einführung eines KI-Systems durch *Meta*. Der Digitalkonzern strebte an, ein Konkurenzprodukt zum Chat-Bot ChatGPT von OpenAI auf den Markt zu bringen und dieses mit Nutzer:innendaten zu trainieren.[202] Es sollte jedoch nicht erst geprüft werden, ob ihre Marktstellung legitim ist, wenn ihre Marktmacht bereits gefestigt ist. Stattdessen sollte die Rechtmäßigkeit der Datenwirtschaft als Ursache für diese Marktmacht im Fokus der Überprüfung stehen.[203]

III. Demokratiegefährdende Risiken

Die Datenwirtschaft, welche zum Zweck personalisierter Online-Werbung betrieben wird, fördert und erzeugt darüber hinaus demokratiegefährdende Risiken. Zu diesen Risiken zählen das Microtargeting, Desinformation sowie Sicherheitsbedenken.

1. Microtargeting

Microtargeting meint die gezielte Ansprache von Personen oder Personengruppen mit Inhalten.[204] Geprägt wurde der Begriff und die dahinterstehende Strategie in der Politik.[205]

---

200 Zu den Zusammenhängen vgl. *Monopolkommission*, Wettbewerbspolitik: Herausforderung Digitale Märkte, S. 4 f.

201 Grundlegend zum Einsatz von Daten für KI-Systeme und den lauterkeitsrechtlichen Fragestellungen, die sich hieraus ergeben *Dornis*, GRUR 2023, 1729 (1730).

202 Hierzu *Mehlan*, MMR-Aktuell 2024, 01524. Inzwischen hat Meta das Vorhaben aufgrund starkem Widerstands in der EU gestoppt, *Zeit Online*, Facebook-Konzern Meta verschiebt Start seiner KI-Software, vom 14.06.2024, abrufbar unter: https://www.zeit.de/digital/datenschutz/2024-06/meta-stoppt-start-ki-assistent [Stand August 2025].

203 Als anschauliches Beispiel hierzu kann die Lobby-Arbeit gegen den DSA herangeführt werden. Hierzu vertiefen im 5. Teil unter D., I.

204 *EPRS*, Key social media risks to democracy: Risks from surveillance, personalisation, disinformation, moderation and microtargeting, S. 22, Ziffer 6.1, abrufbar unter: https://www.europarl.europa.eu/thinktank/en/document/EPRS_IDA(2021)698845 [Stand August 2025].

205 Zur Entwicklung von Microtargeting im digitalen Zeitalter vgl. *O'Neil*, Angriff der Algorithmen, S. 244 ff.

Losgelöst von digitaler Werbung wurde im politischen Wahlkampf bereits früh versucht, gezielt Wähler:innengruppen anzusprechen, um ihnen ein bestimmtes Bild von Kandidierenden zu präsentieren.[206] Die Digitalisierung ermöglicht es, diese personalisierte Ansprache in den digitalen Raum zu tragen oder Erkenntnisse aus digitalen Daten im analogen Wahlkampf zu nutzen. Bereits im Wahlkampf Barack Obamas 2012 wurde der Versuch unternommen, die Wähler:innen gezielt mit den Themen anzusprechen, die sie vermutlich interessierten.[207] Dafür wurde eine aus dem Markting stammende Datenanalyse verwendet, bei welcher versucht wird, auf der Grundlage bereits vorhandener Daten eine Prognose über das zukünftige Verhalten von Konsument:innen zu treffen.[208] Ein berühmtes Beispiel für ein solches prognosegestütztes Marketing ist der Fall der US-amerikanischen Supermarktkette Target, welche aufgrund des Einkaufsverhaltens einer Teenagerin annahm, diese sei schwanger und ihr hierauf abgestimmte Werbung zukommen ließ. Erst durch diese Werbung erfuhr der Vater von der Schwangerschaft seiner Tochter, was den Schluss zulässt, dass die Datenanalyse eine bessere Kenntnis von den Lebensumständen der werdenden Mutter hatte als nahe Familienangehörige.[209]

Microtargeting muss also nicht immer einen politischen Bezug aufweisen. Durch den Einsatz der Strategie im Rahmen politischer Kampagnen ist der Begriff jedoch erst allgemein bekannt geworden. Vor allem durch den Cambridge-Analytica-Skandal hat die Thematik Einzug in den öffentlichen Diskurs gehalten.[210] Die Datenanalysefirma half sowohl der republikanischen

---

206 Im Wahlkampf *Nixons* ging es Werbeberatern nicht darum das schon vorhandene Bild, was die Bevölkerung von dem Kandidaten hatte, zu verbessern. Mithilfe der neu verbreiteten Fernsehtechnolgie sollte vielmehr ein komplett neues, das heißt anderes Bild von *Nixon* gezeichnet werden. „Man kann die Fernsehgestalt mit einem Hohlkörper vergleichen. Sie ist ein williger, harmloser Behälter, in dem man Wissen, Verständnis, Mitleid oder Humor von anderen zur Schau stellen kann. […] Für einen Politiker mit oberflächlichem Charme, aber ohne eigene Ideen, stelltt das Fernseen das ideale Medium dar." *McGinniss*, So macht man Präsidenten, S. 21 f.

207 *O'Neil*, Angriff der Algorithmen, S. 257.

208 Für den Obama-Wahlkampf leitete der Informatikprofessor Rayid Ghani zwei Jahre eine Team vom 45 Datenanalyst:innen, welche die Daten von US-Bürger:innen auswerteten. *Quack*, Wie Obama die Wahl gewann, vom 11.06.2013, abrufbar unter: https://www.computerwoche.de/a/wie-obama-die-wahl-gewann,2539909 [Stand August 2025].

209 *Hill*, How Target Figured Out A Teen Girl Was Pregnant Before Her Father Did, vom 16.02.2012, abrufbar unter: https://www.forbes.com/sites/kashmirhill/2012/02/16/how-target-figured-out-a-teen-girl-was-pregnant-before-her-father-did/?sh=51e9d3b76668 [Stand August 2025].

210 *Flamme/Mehlan*, K&R 2022, 571 (571); Beispielhaft für die mediale Berichterstattung *Neudert/Koldehoff*, Social-Media-Studie zur Bundespräsidentenwahl: Mit jedem fünften Tweet „Junk News" verbreitet,

Partei im US-Wahlkampf 2016 als auch den Brexit-Befürworter:innen vor dem Referendum dabei, personalisierte Werbung auf Facebook zu schalten.[211] Um eine derartige Einflussnahme auf die Wahlen des EU-Parlamentes zu verhindern, sollte ursprünglich noch vor den Wahlen im Frühjahr 2024 die Verordnung über die Transparenz und das Targeting politischer Werbung (Targeting-VO) auf den Weg gebracht werden.[212]

Eine gezielte Ansprache mit politischen Botschaften ist jedoch nicht bloß auf Wähler:innen reduziert. Denkbar ist hingegen jegliche Ansprache von Entscheidungsträgern und damit auch eine Einflussnahme auf Entscheidungsprozesse. Mittels Microtargetings können beispielsweise auch Politiker:innen angesprochen werden. Eine derartige Kampagne fand u.a. vor der Abstimmung über den DSA statt.[213] Meta, die CCIA[214], das IAB[215] und Amazon schalteten Anzeigen, insbesondere auf X (vormals Twitter), in welchen sie die vermeidlichen Vorteile von personalisierter Werbung betonten und insbesondere die hohe Relevanz von personalisierter Werbung für kleinere, lokale Unternehmen betonten.[216] Sie zielten auf ein bestimmtes Publikum ab: entweder auf Personen, die als Akademiker:innen oder politische Entscheidungsträger:innen bezeichnet wurden, oder sie suchten nach Zielgruppen mit

30.03.2017, abrufbar unter: https://www.deutschlandfunk.de/social-media-studie-zur-bundespraesidentenwahl-mit-jedem-100.html; *Lobo*, Ein Desaster vor allem für Facebook, vom 23.05.2018, abrufbar unter: https://www.spiegel.de/netzwelt/netzpolitik/mark-zuckerberg-beim-europa parlament-desaster-fuer-facebook-a-1209061.html; *Strathmann,* Der geheime Facebook-Wahlkampf der Parteien, vom 20.08.2017, abrufbar unter: https://www.sueddeutsche.de/wirtschaft/bundestagswahl-der-geheime-facebook-wahlkampf-der-parteien-1.3634351 [Stand August 2025].

211 *Flamme/Mehlan*, K&R 2022, 571 (571).

212 COM (2021) 731 final, 2021/0381 (COD). Die inzwischen verabschiedete Verordnung über die Transparenz und das Targeting politischer Werbung gilt nun jedoch weitestgehend erst ab dem 10.10.2025.

213 *Corporate Europe Observatory,* How corporate lobbying undermined the EU's push to ban surveillance ads, 18.01.2022, abrufbar unter: https://corporateeurope.org/en/2022/01/how-corporate-lobbying-under mined-eus-push-ban-surveillance-ads [Stand August 2025].

214 Die Computer and Communications Industry Association (CCIA) ist eine internationale Interessenvertretung die u.a. die Interessen Amazons vertritt.

215 Das Interactive Advertising Bureau (IAB) ist ein internationaler Wirtschaftsverband der Onlinewerbebranche.

216 *Corporate Europe Observatory,* a.a.O.; *Bank/Duffy*, Amazon verstärkt Lobbyarbeit in der EU, 24.11.2023, abrufbar unter: https://www.lobbycontrol.de/macht-der-digitalkonzerne/amazon-verstaerkt-lobbyarbeit-in-der-eu-112726/ [Stand August 2025].

ähnlichen Profilen wie die Tech-Politik-Journalist:innen. In Deutschland wurden ähnliche Zielgruppen angesprochen, z.B. Konten, die denen von deutschen Ministerien ähneln.[217]

Wenn durch Microtargeting verschiedene Zielgruppen mit auf diese abgestimmte Informationen versorgt werden, bringt dies das Risiko von Filterblasen mit sich.[218] Filterblasen stellen „eine individuell zusammengestellte und vor allem solchermaßen sortierte Plattform- bzw. Medienseite“[219] dar, die Nutzer:innen „oftmals keine valide Aussage mehr über die überindividuelle gesellschaftliche Relevanz einer Thematik (‚Titelseitenäquivalent‘), sondern nur noch über das eigene vorherige Informations(konsum)muster von (Mehrheits-)Meinungen“[220] bietet. Nutzer:innen transformierten sich „zu einer endlosen Zeitschleife ihrer selbst, zu ihrem immerwährenden Status quo.“[221]

Wird das Microtargeting zum Bewerben einzelner Politiker:innen eingesetzt, lässt sich argumentieren, dass Wähler:innen keine informierte Entscheidung vor einer Wahl treffen können, wenn sie lediglich ein fragmentiertes Bild der Kandidierenden gezeigt bekommen.[222] Selbes gilt, wenn Microtargeting von Parteien verwendet wird. Im schlimmsten Fall könnte Microtargeting im Kontext von Wahlen dazu führen, dass Wähler:innen nur noch in eine Richtung informiert werden und so den Blick für die gesellschaftliche Pluralität verlieren könnten, welcher für das Prinzip der Öffentlichkeit von Wahlen aus Art. 38 Abs. 1 S. 1 GG i.V.m. Art. 20 Abs. 1 und 2 GG jedoch unabdingbar ist.[223] Denkbar ist dadurch auch, dass Microtargeting den Grundsatz der Freiheit der Wahl aus Art. 38 Abs. 1 GG untergräbt, wenn eine freie Information hierdurch erschwert wird.[224]

---

217 *Corporate Europe Observatory,* a.a.O.

218 Eine grundlegende Erklärung der Zusammenhänge findet sich bei *Hartmann,* Gefangen in der Filterblase, in: Klimczak/Petersen/Schilling, Maschinen der Kommunikation, S. 45 ff.

219 *Paal/Hennemann*, JZ 2017, 641 (644).

220 Ebd.

221 *Meckel*, Vielfalt im digitalen Medienensemble, S. 17.

222 Ebenso *O'Neil*, Angriff der Algorithmen, S. 255.

223 *Flamme/Mehlan,* K&R 2022, 571 (573); ebenso *Caspar*, ZRP 2024, 90 (91); so wohl auch *Trute*, in: von Münch/Kunig, GG Art. 38 Rn. 93.

224 *Flamme/Mehlan*, K&R 2022, 571 (574); ebenso *Caspar*, a.a.O. (91); ebenso *Rux*, in: BeckOK GG Art. 20 Rn. 80a.

Befürworter:innen von Microtargeting argumentieren, dass dies auch positiv verstärkend wirken könne.[225] So sei denkbar, dass durch gezielte Kampagnen die Wahlbeteiligung steige. Würde es gelingen, isoliert Personen zu bewerben, die gewöhnlich kein gesteigertes Interesse an Politik aufweisen und auch ihr Wahlrecht nicht ausüben, könnte dies dazu führen, dass diese Personen von dem Gang zur Wahlurne überzeugt werden könnten. Eine ähnliche Logik steckte hinter dem „I Voted Button" von Facebook, mit dem Nutzer:innen ihren Kontakten oder der ganzen Welt mitteilen konnten, dass sie gewählt hatten.[226] Die Aktion konnte die Wahlbeteiligung von Facebook-Nutzer:innen tatsächlich steigern.[227] Verwenden Befürworter:innen von Microtargeting dies als Pro-Argument, übersehen sie jedoch das erhebliche Risiko, welches mit dieser potentiellen Möglichkeit einher geht. Über die Möglichkeit einzelne Wähler:innengruppen zu mobilisieren, entscheiden dann letztendlich die sog. Gatekeeper, das heißt Plattformen wie Facebook, Instagram, X (Twitter) oder TikTok. Unabhängig von der Frage, ob die Annahme, Nichtwähler:innen ließen sich durch Microtargeting mobilisieren, zutrifft, ist die Frage zu stellen, ob digitale Plattformen über die Fähigkeit einer solchen partiellen Mobilisierung verfügen sollten.[228] Diese Frage kann im Rahmen dieser Ausarbeitung nicht beantwortet werden und ist vorrangig eine politische, keine juristische.[229] Dass Nutzer:innendaten die Möglichkeit zu Microtargeting bieten und diese Technologie wie zuvor beschrieben genutzt werden und so erhebliche Rsisiken bergen, muss jedoch auch für den Gegenstand dieser Arbeit und die Frage nach der Rechtmäßigkeit von Datenerhebungen zum Zweck personalisierter Werbung mitgedacht werden.

2. Desinformation

Die Funktionsweisen digitaler Dienste, die das Microtargeting ermögliche, stehen im direkten Zusammenhang mit dem Risiko der Desinformation. Die gezielte Ausrichtung von Werbung oder Botschaften an bestimmte Nutzer:innengruppen, birgt die Gefahr der Verbreitung von

---

225 *Papakyriakopoulos et al.*, Informatik Spektrum 40, 2017, 327 (334).

226 *O'Neil*, Angriff der Algorithmen, S. 245 f.

227 Ebd., S. 255.

228 Ebenso *O'Neil*, a.a.O., S. 255.

229 Zusammenfassend zu politischen Maßnahmen *Künast*, ZRP 2019, 62 (64).

Desinformation. Durch die Analyse des Nutzer:innenverhaltens und deren Interessen können gezielt Falschinformationen an empfängliche Zielgruppen ausgespielt werden.[230] Microtargeting ermöglicht es, gezielt bestimmte Nutzer:innengruppen mit individuell auf diese zugeschnittenen Botschaften zu erreichen.[231] Durch die Analyse des Nutzer:innenverhaltens auf Social-Media-Plattformen können Profile erstellt und zielgerichtete Werbung oder auch Falschnachrichten ausgespielt werden.[232] Dies birgt die Gefahr, dass Nutzer:innen in ihrer eigenen Filterblase isoliert und nur noch mit Informationen versorgt werden, die ihre bereits vorhandene Meinung bestätigen.[233] Die Rationalität der öffentlichen Debatte wird dadurch abgeschwächt, eine sachliche Auseinandersetzung mit kontroversen Themen wird erschwert.[234]

Insbesondere soziale Medien werden zunehmend für die gezielte Verbreitung von Falschnachrichten und Propaganda genutzt.[235] Ein Beispiel ist die russische Internet Research Agency, die während des US-Wahlkampfs 2016 gezielt polarisierende Botschaften an Trump-Unterstützer auf Facebook adressierte.[236] Auch während der Corona-Pandemie verbreiteten

---

230 Zu den Zusammenhängen zwischen von Microtargeting und Fake-News im Kontext von erstarkendem Meinungsextremismus vgl. *Caspar*, ZRP 2024, 90.

231 Beispiele gezielter Wähler:innenansprache im US-amerikanischen und deutschen Wahlkampf finden sich in *Kolany-Raiser/Radtke*, Microtargeting – Gezielte Wähleransprache im Wahlkampf, in: Phänomene des Big-Data-Zeitalters, Hoeren, S. 88 ff.

232 So am Beispiel von Cambridge Analytica *Kolany-Raiser/Radtke*, a.a.O., S. 89.

233 *Müller/Uphues,* Big Data for Policy Making – Herausforderungen algorithmischer Politikgestaltung, in: Phänomene des Big-Data-Zeitalters, Hoeren, S. 21 ff.

234 Zum Prozess der Meinungsbildung im digitalen Zeitalter vgl. grundlegend *Flamme*, Meinungsmacht der Algorithmen, S. 67 ff.

235 *Woolley/Howard*, Computational Propaganda Worldwide: Executive Summary, S. 8, abrufbar unter: https://demtech.oii.ox.ac.uk/wp-content/uploads/sites/12/2017/06/Casestudies-ExecutiveSummary.pdf [Stand August 2025].

236 "What is clear is that all of the messaging clearly sought to benefit the Republican Party – and specifically, Donald Trump. Trump is mentioned most in campaigns targeting conservative voters, where the messaging encouraged these groups to support his campaign. The main groups that could challenge Trump were then provided messaging that sought to confuse, distract, and ultimately discourage members from voting. While the IRA strategy was a long-term one, it is clear that activity between 2015 and 2016 was designed to benefit President Trump's campaign." *Howard/ Ganesh/ Liotsiou*, The IRA, Social Media and Political Polarization in the United States, 2012-2018, S. 20, abrufbar unter: https://demtech.oii.ox.ac.uk/research/posts/the-ira-and-political-polarization-in-the-united-states/ [Stand August 2025].

sich viele Falschinformationen und Verschwörungstheorien[237] über Social Media, die gezielt an bestimmte Nutzer:innengruppen adressiert waren.

Die Risiken von Desinformation durch Microtargeting sind vielfältig. Es droht eine Polarisierung der Gesellschaft durch Filterblasen und eine Abschwächung der Rationalität in der öffentlichen Debatte.[238] Auch die Beeinflussung demokratischer Wahlen und Prozesse ist denkbar. So wurde beispielsweise vor den Wahlen des Europäischen Parlaments im Jahr 2019 gezielt Desinformation verbreitet.[239] Da die Europäische Kommission mit sozialen Plattformen zusammenarbeitete, um vor allem äußere Einflüsse zu vermeiden, konnten Beweise gesichert werden, die die Europäische Kommission als anhaltende Desinformationsaktivität durch russische Akteure bezeichnete, um sowohl die Wahlbeteiligung als auch Wahlentscheidungen zu beeinflussen.[240]

Jüngst konnten Forscher:innen zudem nachweisen, dass über Facebook auch sog. Nanotargeting möglich ist, das heißt dass einzelne Personen gezielt angesprochen werden können.[241] Bis 2018 konnten auf Facebook einzelne Zielgruppen aus 20 Personen werbend angesprochen werden. Nach massiver Kritik wurde diese Zahl auf 1.000 erhöht.[242] Diese Größenordnung kann jedoch ganz einfach umgangen werden. Möglich gemacht wird die individuelle Ansprache mittels der Interessen, die Nutzer:innen über Facebook bekannt geben.[243] Die Interessen bilden neben dem Geschlecht, Alter oder Wohnort der Nutzer:innen diejenigen Parameter, welche Werbende dann auswählen können, um zu bestimmen, wem ihre

---

237 Die Falschinformationen, die über die Corona-Pandemie verbreitet wurden, haben vermutlich zu einer gesteigerten Fehleinschätzung der Erkrankung in der Bevölkerung geführt. *Arin et al.*, CESifo, Working Paper, No. 9066, S. 9.

238 *Flamme,* Meinungsmacht der Algorithmen, S. 115.

239 *Landesanstalt für Medien NRW*, Personalisieren und polarisieren – wie demokratisch sind Online-Wahlkämpfe?, Ausgabe 9, August 2021, S. 9, abrufbar unter: https://www.medienanstalt-nrw.de/fileadmin/user_upload/NeueWebsite_0120/Themen/Intermediaere/fyi-Forschungsmonitor-Intermediaere/Forschungsmonitor_fyi_Ausgabe9.pdf [Stand August 2025].

240 Ebd.

241 *González-Cabañas et al.*, IMC '21: Proceedings of the 21st ACM Internet Measurement Conference, S. 464-479.

242 Ebd., (465).

243 Ebd., (464).

Werbung angezeigt werden soll. Den Forscher:innen gelang es, die Identität von 2.390 Facebook-Nutzer:innen ausschließlich mithilfe dieses Interessendparameters zu bestimmen.[244] Die Identifikation konkreter Nutzer:innen auf Facebook kann bereits durch die Analyse von vier seltenen oder 22 willkürlichen Interessen erfolgen.[245] Die Autor:innen verweisen darauf, dass die Risiken von Nanotargeting psychische Beeinflussung, Nutzer:innenmanipulation oder Erpressung sein können.[246] Wenn nun also bereits das Microtargeting bei Facebook zur Verbreitung von Desinformation und der Beeinflussung von Entscheidungsträger:innen verwendet wird, ist dieses Risiko verstärkt im Rahmen des Nanotargetings vorhanden. So ist denkbar, dass gezielt einzelne Entscheidungsträger:innen mittels Nanotargeting angesprochen und beeinflusst werden. So hat die AfD über soziale Medien beispielsweise die Tätigkeit als Schöff:in bei ihren Anhänger:innen beworben, um sie für dieses Amt zu begeistern und so Einfluss auf gerichtliche Entscheidungen zu nehmen.[247] Man stelle sich vor, die Einflussnahme auf Schöff:innen wäre mittels Nanotargetings während Prozessen noch gezielter möglich. In einigen Konstellationen könnte hierdurch die Gewalt der Judikative ausgehebelt werden, indem die Entscheidungsfreiheit von Richter:innen untergraben würde, welche in Art. 97 GG verfassungsrechtlich zementiert ist.

3. Sicherheitsbedenken

Die vielfältigen Möglichkeiten, die sich aus der umfassenden Datenwirtschaft sowie der personalisierten Ansprache von Nutzer:innen ergeben, sind mit einem gewissen Missbrauchsrisiko verbunden. Diese Korrelation wird in zwei Berichten der irischen Datenschutzorganisation ICCL aus dem Jahr 2023 evident. Demnach ergeben sich sowohl für

---

244 Ebd., (467).

245 Ebd., (469).

246 Ebd., (475).

247 *Deutschlandfunk*, Schöffen gesucht! Wie Rechtsextreme versuchen, das Justizsystem zu unterwandern, 03.03.2023, abrufbar unter: https://www.deutschlandfunk.de/schoeffen-bewerbung-ehrenamt-rechtsextreme-100.html [Stand August 2025].

die Europäische Union[248] als auch für die USA[249] ernsthafte Sicherheitsbedrohungen aus dem, für die Schaltung personalisierter Werbung notwendigen, Real Time Bidding. In den Berichten deckt ICCL auf, dass der Handel mit Daten, wie er beim RTB-Prozess erfolgt, auch kompromittierende, sensible Daten über Führungskräfte und Militärangehörige der USA und EU mit einschließt.[250] Hierdurch würden diese den Risiken von Erpressung oder Hacking ausgesetzt, was die Sicherheit der jeweiligen Behörden und Staaten untergrabe.[251] Explizit belegen die Berichte, dass Google über den RTB-Prozess gewonnene Daten auch nach Russland oder China übersendet.[252]

Eine jüngst veröffentlichte Recherche von WIRED, dem Bayerischen Rundfunk und Netzpolitik.org verdeutlicht, dass aus den zu Werbezwecken erhobenen Daten detaillierte Profile von in Deutschland stationierten US-Militärs erstellt werden können. So ist beispielsweise die Erstellung von Bewegungsmustern möglich, aus denen die Wohnadresse von Soldat:innen, die Schulen ihrer Kinder, die Standorte von Flugzeugbunkern und Luftwaffenstützpunkten, inklusive solcher, in denen US-Atomwaffen gelagert werden, hervorgehen.[253] Für die Recherche wurde ein Datensatz ausgewertet, der bei einem in den USA ansässigen Databroker[254] erworben werden kann. Der Datensatz umfasst 3,6 Milliarden Standortdaten aus Deutschland von rund 11 Millionen verschiedenen Gerätekennungen, wobei sich diese lediglich auf einen Zeitraum von rund zwei Monaten Ende 2023 beziehen.[255] Zu

248 *Ryan/Christl*, Europe's hidden security crisis, abrufbar unter: https://www.iccl.ie/digital-data/europes-hidden-security-crisis/ [Stand August 2025].

249 *Ryan/Christl*, America's hidden security crisis, abrufbar unter: https://www.iccl.ie/digital-data/americas-hidden-security-crisis/ [Stand August 2025].

250 *Ryan/Christl*, America's hidden security crisis, S. 16 f.; *Ryan/Christl*, Europe's hidden security crisis, S. 16 f.

251 *Ryan/Christl*, America's hidden security crisis, S. 15; *Ryan/Christl*, Europe's hidden security crisis, S. 15.

252 *Ryan/Christl*, America's hidden security crisis, S. 8; *Ryan/Christl*, Europe's hidden security crisis, S. 8.

253 *Mehrotra/Cameron*, Anyone Can Buy Data Tracking US Soldiers and Spies to Nuclear Vaults and Brothels in Germany, 19.11.2024, abrufbar unter: https://www.wired.com/story/phone-data-us-soldiers-spies-nuclear-germany/ [Stand August 2025].

254 Databroke sind Akteure, die Daten über Nutzer:innen sammeln und an Dritte weiterverkaufen. Im Deutschen werden diese Akteure auch als Datenvermittler oder Datenhändler bezeichnert.

255 Angaben hat netzpolitik.org offengelegt. *Meineck/Dachwitz*, Die große Datenhändler-Recherche im Überblick, 16.07.2024, abrufbar unter: https://netzpolitik.org/2024/databroker-files-die-grosse-daten haendler-recherche-im-ueberblick/ [Stand August 2025].

diesen im Datensatz enthaltenen Geräte gehörten zahlreiche in mutmaßlichen NSA-Überwachungs- oder Signalanalyseeinrichtungen, mehr als tausend Geräte auf einem weitläufigen US-Gelände, auf dem im Jahr 2023 ukrainische Truppen ausgebildet wurden, und fast 2.000 weitere auf einem Luftwaffenstützpunkt, der amerikanische Drohneneinsätze entscheidend unterstützt.[256] Es ist somit nicht übertrieben, wenn kritisiert wird, dass aus dem Datenhandel zum Zwecke personalissierter Online-Werbung ein erhebliches Sicherheitsrisiko resultiert. Basierend auf den vorgenannten Rechercheergbenissen muss befürchtet werden, dass ausländische Regierungen diese Daten nutzen könnten, um Personen mit Zugang zu sensiblen Bereichen zu identifizieren. Terrorist:innen oder Kriminelle könnten entschlüsseln, wann US-Atomwaffen am wenigsten bewacht werden. Spion:innen und andere schädlichen Akteure könnten peinliche Informationen für Erpressungen nutzen.[257]

4. Bewertung

Die expansive Datenwirtschaft zum Zweck personalisierter Online-Werbung ist folglich mit demokratiegefährdenden Risiken verbunden. Diese Aspekte sind im Rahmen dieser Ausarbeitung zu berücksichtigen. Bereits bei der Datenerhebung sowie der nachfolgenden Verarbeitung ist regelmäßig eine Interessenabwägungen oder Risikobewertungen vorzunehmen. Obgleich Daten häufig zu simplen Werbezwecken, beispielsweise Anzeigen für Konsumgüter von einzelnen Akteuren, erhoben werden, ermöglicht die Werbeindustrie bewusst auch Akteuren aus Drittstaaten sowie politischen Akteuren die Nutzung dieser Daten. Somit stellen Microtargeting, Desinformation und Sicherheitsbedenken keine Risiken dar, die ausschließlich politische Werbung oder lediglich die Regulierung von Intermediären betreffen. Sie müssen vielmehr bei der Beurteilung datenschutzrechtlicher Fragestellungen stets mitgedacht werden.

D. Zusammenfassende Bewertung der Risiken

Personalisierte Online-Werbung übt einen maßgeblichen Einfluss auf die digitale Ökonomie aus. Dabei hat die Werbestrategie einen Markt für die Nachfrage nach Rohdaten über

---

256 *Mehrotra/Cameron*, a.a.O.

257 *Mehrotra/Cameron*, a.a.O.

Nutzer:innen geschaffen. Die erheblichen Mengen an Nutzer:innendaten, die für die Personalisierung von Werbung erforderlich sind, haben zur Etablierung umfangreicher Tracking-Technologien geführt, die in der Lage sind, das digitale Verhalten von Nutzer:innen lückenlos aufzuzeichnen. Für die weiteren Verarbeitungsprozesse hat sich eine digitale Werbebranche etabliert, in welcher diverse Akteure hoch komplexe Verarbeitungsprozesse vornehmen. Umfassende Nutzer:innenprofile werden angelegt, die nicht nur die Daten beinhalten, die Nutzer:innen durch ihr Verhalten offengelegt haben, sondern auch weitere Merkmale über Personen, die mittels hochkomplexer algorithmischer Analyseverfahren aus den Rohdaten abgeleitet werden. Dies erfolgt mit dem Ziel, personalisierte Online-Werbung zu ermöglichen. Im Rahmen der Versteigerung freier Werbeplätze werden diese Nutzer:innenprofile einer unbestimmten Anzahl von Akteuren eines Werbenetzwerkes offengelegt.

Die personalisierte Online-Werbung führt folglich zu einer Akkumulation von erstaunlichen Datenmengen und detaillierten Nutzer:innenprofilen. Des Weiteren eröffnet sie die Möglichkeit, Nutzer:innen individuell anzusprechen. Unter dem Deckmantel der Werbetreibenden kann nahezu jede Botschaft an einen potenziellen Interessentenkreis gebracht werden.

Die extensive Datenwirtschaft, welche hochkomplexe technische Verarbeitungsmethoden umfasst, birgt das Risiko, Diskriminierung zu ermöglichen oder zu fördern. Die hohe Nachfrage nach Rohdaten im personalisierten Werbemarkt hat dazu geführt, dass Unternehmen, die über den ersten und größten Zugriff auf derartige Daten verfügen, eine besonders mächtige Position einnehmen. Hierbei handelt es sich insbesondere um soziale Medien und Plattformen. Daher ist zu befürchten, dass diese Unternehmen ihre Macht missbrauchen könnten, beispielsweise indem sie die Nachfrage nach Daten für andere Märkte nutzen, wie bei der Entwicklung von KI-Systemen. Zudem ermöglicht die Technologie das Microtargeting bestimmter Nutzer:innengruppen und birgt daher das Risiko der Verbreitung von Desinformationen. Die genannten Risiken müssen bereits bei der Datenerhebung berücksichtigt werden, die der Erstellung personalisierter Online-Werbung dient. In diesem Zusammenhang ist zu untersuchen, ob die zuvor beschriebenen Verarbeitungsprozesse den Anforderungen des Datenschutzrechts genügen.

3. Teil: Datenschutzrechtliche Zulässigkeit personalisierter Online-Werbung

A. Rechtsgrundlagen

Diese Arbeit bezieht Rechtsgrundlagen aus verschiedenen Regelwerken ein. Im Folgenden soll ein Überblick über diese Normen gegeben werden und das Verhältnis der Normen zueinander soll kurz erläutert werden.

Die DSGVO ist hier das bedeutsamste Regelwerk. Sie löste die zuvor geltende DS-RL[258] ab und gilt seit dem 25.05.2018, Art. 99 Abs. 2 DSGVO. Als Verordnung gilt die DSGVO unmittelbar in den Mitgliedstaaten, das heißt sie bedarf nicht erst noch der Umsetzung in jeweiliges nationales Recht, Art. 288 Abs. 2 AEUV. Ohne den vielschichtigen und jahrelangen Diskurs um die DS-RL und DSGVO nachzeichnen zu wollen, sei darauf verwiesen, dass der Unionsgesetzgeber mit dem Erlass einer Datenschutzverordnung eine Harmonisierung des Datenschutzes in der Union beabsichtigte und insbesondere einen wirksamen unionsweiten Schutz personenbezogener Daten auf dem gesamten Binnenmarkt sicherstellen wollte.[259]

Teilweise sind jedoch spezifische nationale Vorschriften einschlägig. So stellt beispielsweise § 25 TDDDG ein Einwilligungserfordernis für das Tracking auf.[260] Daher soll kurz das Verhältnis des TDDDG zur DSGVO dargestellt werden. In Art. 95 DSGVO ist eine sog. Bereichsausnahme enthalten:

> *„Diese Verordnung erlegt natürlichen oder juristischen Personen in Bezug auf die Verarbeitung in Verbindung mit der Bereitstellung öffentlich zugänglicher elektronischer Kommunikationsdienste in öffentlichen Kommunikationsnetzen in der Union keine*

---

258 Richtlinie RL 95/46/EG zum Schutz natürlicher Personen bei der Verarbeitung personenbezogener Daten und zum freien Datenverkehr vom 24. Oktober 1995, Nr. L 281/31.

259 Vgl. statt vieler *Wolff/Brink*, in: BeckOK DatenschutzR, Einleitung zur DSGVO Rn. 8-15.

260 Ausführlich hierzu im 3. Teil unter C., II.

A. Mehlan, *Personalisierte Online-Werbung*, Juridicum – Schriften zum Medien-, Informations- und Datenrecht, https://doi.org/10.1007/978-3-658-49891-7_3

zusätzlichen Pflichten auf, soweit sie besonderen in der [ePrivacy-RL] festgelegten Pflichten unterliegen, die dasselbe Ziel verfolgen."

Mit dem TDDDG hat der deutsche Gesetzgeber 2021 – endlich – die ePrivacy-RL umgesetzt, sodass die Bereichsausnahme grds. in Frage kommt.[261] Sofern also das TDDDG anwendbar ist und für die Prozesse der personalisierten Online-Werbung besondere Vorgaben aufstellt, wird das TDDDG heranzuziehen sein.

Dem BDSG kommt für diese Arbeit somit keine Relevanz zu. Zum einen, da es ohnehin nur gilt, soweit die DSGVO keine unmittelbare Anwendung findet, § 1 Abs. 5 BDSG. Als nationales *lex generalis* ist es überdies nur heranzuziehen, sofern keine bereichsspezifischen Vorschriften existieren.[262]

B. Anwendbarkeit der Datenschutzgrundverordnung

I. Sachlicher Anwendungsbereich

Nach Art. 2 Abs. 1 DSGVO gilt die Datenschutzgrundverordnung „für die ganz oder teilweise automatisierte Verarbeitung personenbezogener Daten sowie für die nichtautomatisierte Verarbeitung personenbezogener Daten, die in einem Dateisystem gespeichert sind oder gespeichert werden sollen."

---

261 Nach dem Wortlaut des Art. 95 DSGVO muss es sich bei der fraglichen Norm jedoch um eine Vorschrift für öffentlich zugängliche Telekommunikationsdienste handeln (*Herrmann*, in: HK-TTDSG § 1 Rn. 21). Beim Tracking – beispielweise durch die Speicherung oder den Zugriff auf Cookies – sind jedoch nicht immer öffentliche Telekommunikationsdienste involviert (*Herrmann*, in: HK-TTDSG § 1 Rn. 21). Auch diese Ausarbeitung hat bereits gezeigt, dass das Tracking der Nutzer:innen nahezu durch jeden Akteur des digitalen Werbemarktes erfolgen kann. Legt man Art. 95 DSGVO getreu dem Wortlaut aus, so könnte die Bereichsausnahme jedenfalls nur für das Tracking durch öffentliche Telekommunikationsdienste herangezogen werden. ErwG 173 der DSGVO legt jedoch nahe, dass der Wortlaut des Art. 95 DSGVO zu eng gefasst ist und die Bereichsausnahme vielmehr für alle Regelungsinhalte der ePrivacy-RL gelten soll (Gierschmann ZD 2018, 297 (299); *Herrmann*, in: HK-TTDSG § 1 Rn. 21; a.A. *Sydow*, in: Sydow/Marsch, DSGVO/BDSG, DSGVO Art. 95 Rn. 9-13). Diese Ansicht vertritt wohl auch die nationale Rechtsprechung. § 25 TTDSG wurde bereits herangezogen, um die Rechtmäßigkeit der Cookie-Nutzung zu beurteilen, ohne dass hier ein öffentlicher Telekommunikationsdienst vorgelegen hätte (LG München I, Urteil vom 29.11.2022 – 33 O 14776/19).

262 Konkrete Beispiele und eine Abgrenzung zu diversen bereichsspezifischen Vorschriften finden sich bei *Gusy/Eichenhofer*, in: Wolff/Brink, BeckOK, BDSG § 1 Rn. 83; *Böken*, in: Sydow/Marsch, DSGVO/BDSG, BDSG § 1 Rn. 18-22; *Franzen,* in: ErfK, BDSG § 1 Rn. 13-15.

Zu untersuchen ist mithin, ob die Prozesse der Datenerhebung und Weiternutzung zum Zwecke personalisierter Online-Werbung eine derartige Verarbeitung darstellen und ob es sich um personenbezogene Daten handelt.

1. Verarbeitung i.S.d. DSGVO

Der Begriff der Verarbeitung ist in Art. 4 Nr. 2 DSGVO definiert als jede

> *„[...] mit oder ohne Hilfe automatisierter Verfahren ausgeführten Vorgang oder jede solche Vorgangsreihe im Zusammenhang mit personenbezogenen Daten wie das Erheben, das Erfassen, die Organisation, das Ordnen, die Speicherung, die Anpassung oder Veränderung, das Auslesen, das Abfragen, die Verwendung, die Offenlegung durch Übermittlung, Verbreitung oder eine andere Form der Bereitstellung, den Abgleich oder die Verknüpfung, die Einschränkung, das Löschen oder die Vernichtung."*

Die Prozesse der personalisierten Werbung, wie sie diese Arbeit zuvor herausgearbeitet hat, lassen sich unproblematisch unter diese Definition subsumieren. Das Tracking, das heißt dass Sammeln von Nutzer:innendaten, stellt einen Vorgang dar, durch den Daten erstmals in den Verfügungsbereich der Verantwortlichen gelangen und ist mithin als Erheben und Erfassen zu qualifizieren.[263] Wie diese Untersuchung gezeigt hat, findet danach eine Speicherung[264] und Organisation[265] durch die Akteure statt. Im weiteren Prozess werden die Daten dann sowohl

---

263 *Herbst*, in: Kühling/Buchner, DSGVO Art. 4 Nr. 2 Rn. 21.

264 Speicherung i.S.d. Art. 4 Nr. 2 DSGVO meint die Überführung des Informationsgehalts von Daten in eine verkörperte Form – beispielsweise auf Server – in einer Weise, die es den Verantwortlichen ermöglicht, die Daten aus dem Datenträger wiederzugewinnen. Vgl. hierzu *Herbst*, in: Kühling/Buchner, DSGVO Art. 4 Nr. 2 Rn. 24.

265 Organisation i.S.d. Art. 4 Nr. 2 DSGVO meint die Umgestaltung gespeicherter Daten, durch die der Informationsgehalt dieser Daten geändert wird. Vgl. hierzu *Herbst*, in: Kühling/Buchner, DSGVO Art. 4 Nr. 2 Rn. 25.

verwendet[266] als auch i.S.d. Art. 4 Nr. 2 DSGVO offengelegt.[267] Eine Verarbeitung i.S.d DSGVO kann für den gesamten Ablaufprozess der Forschungsmaterie – von der Datenerhebung bis hin zur Übermittlung der Nutzer:innenprofile – mithin bejaht werden.

2. Personenbezogene Daten

Ferner muss es sich bei den im Prozess verwendeten Daten um personenbezogene Daten handeln. Art. 4 Nr. 1 DSGVO definiert diese als

> *„alle Informationen, die sich auf eine identifizierte oder identifizierbare natürliche Person (im Folgenden „betroffene Person") beziehen; als identifizierbar wird eine natürliche Person angesehen, die direkt oder indirekt, insbesondere mittels Zuordnung zu einer Kennung wie einem Namen, zu einer Kennnummer, zu Standortdaten, zu einer Online-Kennung oder zu einem oder mehreren besonderen Merkmalen, die Ausdruck der physischen, physiologischen, genetischen, psychischen, wirtschaftlichen, kulturellen oder sozialen Identität dieser natürlichen Person sind, identifiziert werden kann."*

Wann die Grenze zu einem personenbezogenen Datum überschritten ist, ist mithin fließend und in jedem Einzelfall zu ermitteln. Dies gilt auch für die Daten, die zu Werbezwecken erhoben und verarbeitet werden und für diese Arbeit relevant sind. Jedenfalls dann, wenn das Datum eindeutig an die Identität einer Person gekoppelt ist, oder die Identifizierung über ein anderes Datum, welches dem Verantwortlichen ebenfalls vorliegt, möglich ist, kann der Personenbezug unproblematisch bejaht werden. Dies ist – für die Datenverarbeitung im Rahmen dieser Arbeit – bei den meisten IDs der Fall. Loggen Nutzer:innen sich in ihre Kund:innenkonten ein und diese sind beispielsweise mit Bankinformationen verknüpft, so liegt ein personenbezogenes Datum vor. Selbiges gilt, wenn Klarnamens- oder Identifikationspflichten für Nutzer:innen

---

266 Die Verwendung oder Nutzung i.S.d. Art. 4 Nr. 2 DSGVO stellt einen Unterfall der Verarbeitung und Auffangtatbestand dar. Vgl. hierzu *Herbst*, in: Kühling/Buchner, DSGVO Art. 4 Nr. 2 Rn. 28.

267 Die Offenlegung durch Übermittlung, Verbreitung oder eine andere Form der Bereitstellung i.S.d Art. 4 Nr. 2 DSGVO meint, dass Daten anderen Stellen in der Weise zugänglich gemacht werden, dass diese Kenntnis vom Informationsgehalt der betreffenden Daten erlangen können. Vgl. hierzu *Herbst*, in: Kühling/Buchner, DSGVO Art. 4 Nr. 2 Rn. 29.

bestehen, die gerade den Zweck haben, Nutzer:innen eindeutig zu identifizieren und so jeglicher Anonymisierung oder Pseudonymisierung entgegenwirken. Für den TC-String[268] hat der EuGH[269] die Entscheidung der belgischen Datenschutzbehörde[270] bestätigt, die den Personenbezug hier eindeutig bejahte. Der TC-String stelle ein personenbezogenes Datum i.S.d. Art. 4 Nr. 1 DSGVO dar.[271] Die Begründung des EuGH ist an dieser Stelle uneindeutig. Er verweist darauf, dass der Begriff „personenbezogene Daten" nicht nur die von dem Verantwortlichen erhobenen und gespeicherten Daten umfasst, sondern auch alle Informationen über eine identifizierte oder identifizierbare Person einschließe, die aus einer Verarbeitung personenbezogener Daten resultieren.[272] Eben solche Daten seien auch im TC-String enthalten.[273] Welche das jedoch sind, erläutert der EuGH nicht. Dennoch betont er, dass der TC-String selbst Elemente enthält, die eine direkte Identifizierung der betroffenen Person ermöglichen, indem er darauf verweist, dass selbst wenn dies nicht der Fall wäre, ein Personenbezug noch zu bejahen wäre.[274] Dies begründet der EuGH damit, dass die in dem TC-String enthaltenen Präferenzen der Nutzer:innen zum Tracking Informationen i.S.d. Art. 4 Nr. 1 DSGVO seien „die sich auf eine [...] natürliche Person [...] beziehen."[275] Sofern Informationen dann mit einer IP-Adresse verknüpft werden könnten, ermöglichten sie die individuelle Identifizierbarkeit[276] und müssten als personenbezogene Daten qualifiziert werden.[277]

Diese Rechtsprechung des EuGH lässt sich auf die zuvor im Rahmen dieser Untersuchung erörterten Tracking-Technologien übertragen. Die Ausarbeitung hat gezeigt, dass die

---

268 Der TC-String ist eine Zeichenfolge, mittels welcher Nutzer:innenpräferenzen strukturiert und automatisch erfasst werden. Insb. wird hierbei erfasst, ob Nutzer:innen auf einer Consent-Management-Platform zugestimmt haben oder nicht. Ausführlich hierzu siehe oben unter: 2. Teil, B., III., 4.

269 EuGH, Urteil vom 07.03.2024 – C-604/22.

270 *Belgische Datenschutzbehörde*, Concerning: Complaint relating to Transparency & Consent Framework, Case number: DOS-2019-01377, vom 02.02.2022.

271 EuGH, Urteil vom 07.03.2024 – C-604/22, Rn. 50.

272 EuGH, Urteil vom 07.03.2024 – C-604/22, Rn. 41; EuGH, Urteil vom 22.06.2023, C-579/21, Rn. 45.

273 EuGH, Urteil vom 07.03.2024 – C-604/22, Rn. 42.

274 Ebd., Rn. 43.

275 Ebd., Rn. 43.

276 Ebd., Rn. 44.

277 Ebd., Rn. 45.

Technologie darauf fußt, zunächst anonymisierte Nutzer:innenkennungen zu erzeugen, so etwa die Cookie-ID oder die beim Fingerprinting entstehende Kennfolge.[278] Sofern die mit dieser Kennziffer verbundenen Daten Personenbezug aufweisen, werden diese selbst zu personenbezogenen Daten. Dies ist nach der Rechtsprechung des EuGH jedenfalls dann der Fall, wenn eine Verknüpfung mit der IP-Adresse erfolgt.[279] Wie zuvor aufgezeigt, kommt es beim Einsatz der Tracking-Technologien im Zusammenhang mit personalisierter Online-Werbung stets zur Übermittlung der IP-Adresse. Der pauschale Verweis auf die IP-Adresse als personenbezogenes Datum ist dabei durchaus kritikfähig.[280] Diese Arbeit hat jedoch den Anspruch, die aktuell existierenden Werbetechnologien auf ihre Rechtmäßigkeit hin zu überprüfen und orientiert sich folglich an der nun erneut bestätigten Rechtsprechung des EuGH. Des Weiteren erübrigt sich im Rahmen dieser Ausarbeitung eine detaillierte Differenzierung des Moments, ab welchem erhobene Daten einen Personenbezug aufweisen. Dies ist darin begründet, dass die Erhebung von Daten, auch wenn sie nicht personenbezogen sind, den Voraussetzungen einer Einwilligung gemäß der Datenschutzgrundverordnung (DSGVO) unterliegt.[281] Sofern es sich also nicht um vollständig anonymisierte Daten handelt, ist davon auszugehen, dass es für die technischen Verfahren der personalisierten Online-Werbung – unmittelbar oder mittelbar – zur Anwendung der DSGVO kommt.

II. Räumlicher Anwendungsbereich

Damit eine Verarbeitung dem Schutzmechanismus der DSGVO unterfällt, muss ein hinreichender Unionsbezug bestehen.[282] Wann dieser vorliegt, regelt Art. 3 DSGVO. Zuvorderst kann dieser bejaht werden, wenn der Ort der Niederlassung eines Verantwortlichen oder Auftragsverarbeiters in der EU liegt, Art. 3 Abs. 1 DSGVO.[283] Wenngleich es an einer Legaldefinition des Niederlassungsbegriffs in der DSGVO fehlt, kann aus

---

278 Ausführlich zu den technischen Details siehe oben im 2. Teil unter B., I.

279 EuGH, Urteil vom 07.03.2024 – C-604/22, Rn. 45.

280 Hierzu ausführlich *Wildberg/Lee-Wunderlich*, CCZ 2023, 281.

281 Auch das Einwilligungserfordernis des § 25 Abs. 1 TDDDG setzt die Voraussetzungen einer Einwilligung nach der DSGVO voraus. Hierzu ausführlich im 3. Teil unter C., II.

282 *Hanloser*, in: BeckOK DatenschutzR, DSGVO Art. 3 Rn. 1.

283 Ebd., Rn. 2.

Erwägungsgrund 22 S. 2 DSGVO abgeleitet werden, dass es sich um eine „feste Einrichtung" handeln muss.[284] Für diese Arbeit lässt sich festhalten, dass Verarbeitungen im Zusammenhang mit personalisierter Online-Werbung immer dann erfasst sind, wenn die Verantwortlichen oder Auftraggebenden ihre Niederlassung in der EU haben. Für die wichtigsten Akteure des digitalen Werbemarktes kann dies unproblematisch bejaht werden. Die Unternehmen, die am meisten Nutzer:innendaten sammeln sind Google, X (vormals Twitter), Amazon, Meta und Apple.[285] Meta – der Mutterkonzern von Facebook – hat seinen europäischen Sitz in Irland.[286] Dort sitzen auch Google,[287] X[288] und Apple.[289] Amazon hat seinen Sitz in Luxemburg.[290] Inzwischen dürfte sich auch TikTok hier einreihen. Auch das chinesische Unternehmen hat einen Sitz in Irland.[291] Im Bezug auf die Datenerhebung lässt sich also festhalten, dass ein Unionsbezug in den meisten Fällen bejaht werden kann. Selbiges gilt für die weitere Datenverarbeitung. Für den RTB-Prozess werden Werbenetzwerke benötigt. Branchenführend sind dabei IAB – mit dem Standard OpenRTB – und Googles AdExchange. Beide Unternehmen haben ebenfalls einen Sitz in der EU, denn IAB Europe hat seinen Sitz in Belgien.[292] Regelmäßig kann somit bereits über Art. 3 Abs. 1 DSGVO der Unionszusammenhang für Verarbeitungen zu Werbezwecken bejaht werden.

---

284 *Lewinski/Rüpke/Eckhardt*, Datenschutzrecht, S. 130, Rn. 7; so auch *Klar*, in: Kühling/Buchner, DSGVO Art. 3 Rn. 43; *Ernst,* in: Paal/Pauly, DSGVO Art. 3 Rn. 6.

285 *Vigderman/Turner,* The Data Big Tech Companies Have On You, vom 07.06.2024, abrufbar unter: https://www.security.org/resources/data-tech-companies-have/ [Stand August 2025].

286 Kontaktinformationen auf der Webseite von Meta, abrufbar unter: https://www.meta.com/de/ [Stand August 2025].

287 Standortinformationen auf der Webseite von Google, abrufbar unter: https://www.google.com/intl/de/about/datacenters/locations/dublin/#:~:text=Wir%20von%20Google%20sind%20stolz,der%20Stadt%20gebaut%20zu%20haben [Stand August 2025].

288 Standortinformationen auf der Webseite von Twitter, abrufbar unter: https://legal.twitter.com/de/imprint [Stand August 2025].

289 Standortinformationen auf der Webseite von Apple, abrufbar unter: https://www.apple.com/de/contact/ [Stand August 2025].

290 Standortinformationen auf der Webseite von Amazon, abrufbar unter: https://www.amazon.de/gp/help/customer/display.html?nodeId=GF4WKPX3G65RNNRJ.

291 Standortinformationen auf der Webseite von TikTok, abrufbar unter: https://www.tiktok.com/legal/page/global/impressum/de-DE [Stand August 2025].

292 Standortinformationen auf der Webseite von IAB Europe, abrufbar unter: https://iabeurope.eu/contact-us/ [Stand August 2025].

Als weiteren Anknüpfungspunkt nennt Art. 3 Abs. 2 DSGVO den Unionsaufenthalt der betroffenen Personen.[293] Die Norm erfasst zwei Konstellationen. In Art. 3 Abs. 2 lit. a) DSGVO hat der Gesetzgeber das Marktortprinzip niedergeschrieben.[294] Unabhängig davon, ob die Verantwortlichen oder Auftraggebenden eine Niederlassung in der EU haben, ist ein Unionszusammenhang demnach anzunehmen, wenn die Datenverarbeitung im Zusammenhang damit steht, betroffenen Personen in der Union Waren oder Dienstleistungen anzubieten. Relevanz erlangt die Norm vor allem für kleinere Publisher. Bei ihnen kann sich eine derartige Angebotsabsicht beispielsweise aus der Sprache ergeben, in der das Digitalangebot gemacht wird.[295]

Möglicherweise noch bestehende Rechtslücken, hat der Gesetzgeber durch Art. 3 Abs. 2 lit. b) DSGVO geschlossen. Danach werden auch Verarbeitungen erfasst, die darauf gerichtet sind, das Verhalten betroffener Personen zu beobachten, soweit ihr Verhalten in der Union erfolgt.[296] Für diese Arbeit lässt sich letzten Endes ein Unionsbezug immer dann bejahen, wenn Nutzer:innen in der EU ihre Daten als Währung einsetzen – egal ob bewusst oder durch heimliches Tracking. Im Ergebnis wird daher für die Thematik dieser Untersuchung jedenfalls immer dann ein Unionsbezug bejaht werden können, wenn die betroffenen Personen sich in der EU aufhalten oder die Datenverarbeitenden oder Auftraggebenden ihren Sitz in der EU haben.

C. Auf einer Einwilligung beruhende Verarbeitung

Die Einwilligung nimmt im Datenschutzrecht eine besondere Stellung ein. Der Gesetzgeber versucht durch sie einen Ausgleich zwischen der selbstbestimmten Freigabe von Daten durch betroffene Personen und dem grundrechtlich verbürgten Schutz personenbezogener Daten zu

---

293 *Hanloser*, in: BeckOK, DatenschutzR, DSGVO Art. 3 Rn. 1.

294 *Lewinski/Rüpke/Eckhardt,* Datenschutzrecht, S. 130, Rn. 9; *Ernst*, in: Paal/Pauly, DSGVO Art. 3 Rn. 15-17; *Ennöckl*, in: Sydow/Marsch DSGVO/BDSG, DSGVO Art. 3 Rn. 11.

295 Zur Sprache als wertendes Kriterium *Klar*, in: Kühling/Buchner, DSGVO Art. 3 Rn. 16; *Jotzo*, MMR 2009, 232 (237).

296 *Klar*, in: Kühling/Buchner, DSGVO Art. 3 Rn. 23-25; *Ennöckl*, in: Sydow/Marsch DSGVO/BDSG, DSGVO Art. 3 Rn. 15; *Schmidt*, in: Taeger/Gabel, DSGVO Art. 3 Rn. 25-29.

schaffen.[297] In der Praxis findet sie am häufigsten Anwendung durch die verantwortlichen Stellen, um die Verarbeitung personenbezogener Daten zu rechtfertigen. Denn der Gesetzgeber hat in Art. 6 Abs 1 DSGVO ein grundsätzliches Verbot der Verarbeitung personenbezogener Daten statuiert. Die Verarbeitung personenbezogener Daten ist folglich nur unter Berufung auf einen der in Art. 6 Abs. 1 S. 1 lit. a) bis f) DSGVO normierten Erlaubnisgründe zulässig.[298] Die Einwilligung stellt den ersten dieser Erlaubnistatbestände dar, Art. 6 Abs. 1 S. 1 lit. a DSGVO. Danach ist es betroffenen Personen grundsätzlich möglich, selbstbestimmt über ihre Daten zu verfügen und diese gegebenenfalls auch frei zu geben.[299] Um potenziellen Risiken eines unkontrollierten Datenhandels vorzubeugen, hat der Gesetzgeber jedoch ein Mindestmaß an Freiwilligkeit, Informiertheit und Unmissverständlichkeit vorgesehen und verlangt, dass die Einwilligung dem Prinzip der Zweckbindung unterliegt.[300]

Gleichzeitig kann die Einwilligung gem. § 25 Abs. 1 TDDDG jedoch auch zwingend von Verantwortlichen einzuholen sein. Denn danach ist die Speicherung von Informationen in Endeinrichtungen von Endnutzer:innen oder der Zugriff auf Informationen, die bereits in Endeinrichtungen gespeichert sind, nur zulässig, sofern die jeweiligen Endnutzer:innen auf der Grundlage von klaren und umfassenden Informationen eingewilligt haben. § 25 Abs. 2 TDDDG verweist insoweit auf die Voraussetzungen für eine Einwilligung nach der DSGVO.

Zusammenfassend kann die Einwilligung gem. Art. 6 Abs. 1 S. 1 lit. a) DSGVO damit als ein möglicher Erlaubnistatbestand von Verantwortlichen herangezogen werden, wenn sie personenbezogene Daten verarbeiten möchten oder die Einwilligung muss gegebenenfalls herangezogen werden, wenn Informationen i.S.d. § 25 Abs. 1 TDDDG verarbeitet werden, unabhängig davon, ob es sich um personenbezogene Daten handelt. Aus diesen Gründen erfolgt im Folgenden eine Prüfung, ob die Verarbeitung von personenbezogenen Daten im Kontext personalisierter Online-Werbung die Anforderungen des Art. 6 Abs. 1 S. 1 lit. a) DSGVO

---

297 *Albers/Veit,* in: BeckOK DatenschutzR, DSGVO Art. 6 Rn. 29; grundlegend hierzu auch *Bunnenberg,* JZ 2020, 1088-1097.

298 Grund hierfür ist, dass das generelle Verbot mit Erlaubnisvorbehalt bereits in Art. 8 Abs. 2 GRCh angelegt ist, *Ingold*, in: Sydow/Marsch, DSGVO Art. 7 Rn. 9.

299 Hierzu grundlegend *Tinnefeld/Conrad*, ZD 2018, 391-398.

300 Art. 4 Nr. 11 i.V.m. Art. 7 Abs. 2, Abs. 4 DSGVO.

erfüllt. Im Anschluss wird die Anwendbarkeit des § 25 TDDDG für Tracking-Technologien, welche bei der Datenerhebung zum Zwecke personalisierter Online-Werbung zum Einsatz gelangen untersucht. Dabei ist insbesondere zu eruieren, ob mittels der in der Praxis verwendeten CMP die Einholung einer datenschutzrechtlichen Einwilligung möglich ist.

I. Die Einwilligung als Erlaubnisgrund zur Datenverarbeitung zum Zweck personalisierter Online Werbung i.S.d. Art. 6 Abs. 1 S. 1 lit. a) DSGVO

Nach Art. 6 Abs. 1 S. 1 lit. a) DSGVO ist eine Datenverarbeitung rechtmäßig, wenn „die betroffene Person […] ihre Einwilligung zu der Verarbeitung der sie betreffenden personenbezogenen Daten für einen oder mehrere bestimmte Zwecke gegeben [hat]."

Den Begriff der Einwilligung hat der Gesetzgeber in Art. 4 Nr. 11 DSGVO legaldefiniert als

> *„jede freiwillig für den bestimmten Fall, in informierter Weise und unmissverständlich abgegebene Willensbekundung in Form einer Erklärung oder einer sonstigen eindeutigen bestätigenden Handlung, mit der die betroffene Person zu verstehen gibt, dass sie mit der Verarbeitung der sie betreffenden personenbezogenen Daten einverstanden ist."*

Weitere Bedingungen bestimmt Art. 7 DSGVO. Welche Merkmale für eine wirksame Einwilligung regelmäßig erforderlich sind, ergibt sich mithin erst aus dem Zusammenspiel der Art. 4 Nr. 11, Art. 6 Abs. 1 lit. a) und Art. 7 DSGVO i.V.m. einzelnen Erwägungsgründen.[301] Im Folgenden werden die Merkmale der Freiwilligkeit, Zweckbindung, Informiertheit und Unmissverständlichkeit im Hinblick auf die Anwendungsfälle der personalisierten Werbung beleuchtet.

1. Freiwilligkeit

Was dem Gesetzgeber unter einer freien bzw. freiwillig handelnden, betroffenen Person vorschwebte, lässt sich Erwägungsgrund 42 DSGVO entnehmen. Danach wird die

---

301 *Buchner/Petri* in: Kühling/Buchner, DSGVO Art. 6 Rn. 18.

Einwilligung frei abgegeben, wenn die betroffene Person „eine echte oder freie Wahl hat und somit in der Lage ist, die Einwilligung zu verweigern oder zurückzuziehen, ohne Nachteile zu erleiden.“ Eindeutig nicht freiwillig sind folglich Einwilligungen, die von der betroffenen Person unter Drohung oder Zwang abgegeben werden.[302] Diese Fälle sind für den Untersuchungsgegenstand jedoch nicht von Belang. Relevanter – und deutlich komplizierter – sind die Fälle des sog. Machtungleichgewichts und der Kopplung.

a. Machtungleichgewicht

Im Rahmen der Beurteilung der Freiwilligkeit ist zu berücksichtigen, ob zwischen den Parteien ein Ungleichgewicht besteht.[303] In Erwägungsgrund 43 DSGVO hat der Gesetzgeber dieses Ungleichgewicht am Beispiel der Verarbeitung von Daten zwischen Bürger:innen und einer Behörde verdeutlicht. Der Gesetzgeber trägt durch dieses Beispiel jedoch der Tatsache Rechnung, dass die Privatautonomie durch eine ungleiche Machtstruktur beeinträchtigt sein kann.[304] Der Gesetzgeber hat ein ungleiches Machtverhältnis damit insbesondere in zwei Fällen angenommen: Zum einen wenn die Einwilligung gegenüber einer Behörde erfolgt.[305] Der jeweils einwilligenden Person steht regelmäßig keine realistische Alternative zur Einwilligung in die Verarbeitungsbedingungen dieser Verantwortlichen offen.[306] Der zweite Fall, den der Gesetzgeber im Blick hatte, ist derjenige eines Beschäftigungsverhältnisses zwischen den Parteien.[307] Arbeitnehmer:innen haben im Falle der Verweigerung der Einwilligung in die Datenverarbeitung gegenüber ihren Arbeitgeber:innen regelmäßig die berechtigte Sorge, dass sie hierdurch Nachteile erleiden.[308] Auch wenn der Gesetzgeber die vorgenannten Anwendungsfälle vor Augen hatte, ist der Ausschlussgrund des ungleichen Machtverhältnisses

---

302 Vgl. hierzu statt vieler *Ingold*, in: Sydow/Marsch, DSGVO Art. 7 Rn. 26-29.

303 *EDSA*, Leitlinie 05/2020 zur Einwilligung gemäß Verordnung 2016/679, S. 8, Nr. 14.

304 Ebenso *Albers/Veit,* in: BeckOK DatenschutzR, DSGVO Art. 6 Rn. 31.

305 Vgl. ErwG 43 S. 1 DSGVO.

306 *EDSA*, Leitlinien 05/2020 zur Einwilligung gemäß Verordnung 2016/679, S. 9, Nr. 16.

307 Der im Kommissionsentwurf (ErwG 34 COM(2012) 11 final) noch vorgesehene Ausschluss der Einwilligung für alle Abhängigkeitskonstellationen, unter besonderer Nennung von Arbeitnehmer:innen-Arbeitgeber:innen-Konstellationen hat hingegen keinen Einzug in die endgültige Fassung der DSGVO genommen. Hierzu *Ingold*, in: Sydow/Marsch, DSGVO Art. 7 Rn. 6.

308 *EDSA*, Leitlinien 05/2020 zur Einwilligung gemäß Verordnung 2016/679, S. 10, Nr. 21.

keinesfalls auf diese Fälle beschränkt. Vielmehr ist nur dann von einer freiwilligen Einwilligung auszugehen, wenn der betroffenen Person eine tatsächliche Wahlmöglichkeit zukommt und kein Risiko einer Täuschung, Einschüchterung, Nötigung oder beträchtlicher negative Folgen, wie z.B. erhebliche Zusatzkosten, bestehen.[309]

In der digitalen Welt haben sog. Gatekeeper[310] eine derartige Machtposition gegenüber Nutzer:innen inne.[311] Wer als Gatekeeper fungiert, ist in Art. 3 Abs. 1 DMA geregelt. Danach muss ein Unternehmen kumulativ drei Voraussetzungen erfüllen, Art. 3 Abs. 1 lit. a) bis lit. c) DMA:[312] Erstens muss es einen erheblichen Einfluss auf den Binnenmarkt haben; zweitens muss es mindestes einen Plattformdienst bereitstellen, durch welchen gewerbliche Nutzer:innen Zugang zu Endnutzer:innen erlangen; und drittens muss es eine gefestigte und dauerhafte Position innehaben, oder es muss absehbar sein, dass es eine solche Position in naher Zukunft erlangen wird. Nach diesen neuen unionsrechtlichen Regeln sind u.a. Alphabet (Google), Amazon, Apple, Meta und Microsoft als solche Gatekeeper zu qualifizieren.[313] Diese Unternehmen haben auf dem digitalen Markt eine derartig mächtige Stellung inne, dass zwischen ihnen und Nutzer:innen ein Ungleichgewicht besteht.

Der EuGH hat hierzu festgestellt,

> *„dass der Umstand, dass der Betreiber eines sozialen Online-Netzwerks eine beherrschende Stellung auf dem Markt für soziale Online-Netzwerke einnimmt, für sich genommen nicht ausschließt, dass die Nutzer eines solchen Netzwerks im Sinne von Art. 4 Nr. 11 DSGVO wirksam in die Verarbeitung ihrer personenbezogenen Daten durch diesen Betreiber einwilligen können. Gleichwohl ist dieser Umstand ein wichtiger*

309 Ebd., S. 8.

310 Im Deutschen auch „Torwächter".

311 Ebenso *Albers/Veit*, in: BeckOK DatenschutzR, DSGVO Art. 6 Rn. 31.

312 *Käseberg/Gappa*, in: HK-DMA, Art. 3 Rn. 5.

313 *Podszun/Bongartz/Kirk*, NJW 2022, 3249 (3250).

Aspekt für die Prüfung, ob die Einwilligung tatsächlich wirksam, insbesondere freiwillig, erteilt wurde, wofür der betreffende Betreiber die Beweislast trägt.“[314]

Ein bestehendes Ungleichgewicht hat mithin nicht automatisch zur Folge, dass unter keinen Umständen eine freiwillige Abgabe einer Einwilligung angenommen werden kann.[315] Vielmehr gilt es in jedem Einzelfall zu prüfen, inwiefern sich das bestehende Machtverhältnis auf die abgegebene Willenserklärung ausgewirkt hat.[316] Trotz Machtdisparität kann die Einwilligung wirksam sein, wenn die Verarbeitung im Interesse der betroffenen Person war und diese keinerlei Nachteile erleidet, wenn sie die Einwilligung verweigert.[317] Auch gegenüber den zuvor genannten Gatekeepern kann somit theoretisch eine freiwillige Einwilligung durch Nutzer:innen abgegeben werden. In diesen Fällen sehen sich die Verantwortlichen jedoch der Beweislast ausgesetzt und müssen in Zweifelsfällen beweisen, dass die Nutzer:innnen tatsächlich freiwillig gehandelt haben.[318]

Im Hinblick auf Facebook hatte die Kartellamtspräsidentin *Mundt* ein „obligatorisches Häkchen“, mittels welchem Nutzer:innen den Nutzungsbedingungen der Plattform zustimmen sollten, als ein derartigen Machtungleichgewichts eingestuft. Angesichts der Marktmacht Facebooks hätten die Nutzer:innen „nur die Wahl, entweder eine umfassende Datenverarbeitung zu akzeptieren oder aber auf die Nutzung des sozialen Netzwerks zu verzichten.“[319] Eine derartige „Zwangssituation“ stünde einer Freiwilligkeit im Wege.[320]

---

314 EuGH, Urteil vom 04.07.2023 – C-252/21, Rn. 154.

315 So auch der GA in Schlussanträgen vom 20.09.2022 beim EuGH - C-252/21, Rn. 75. Zum einen sei die Marktmacht eines Unternehmens nicht erforderlich, um überhaupt ein Machtungleichgewicht und somit auch eine unfreiwillige Einwilligung abzugeben. Zum anderen führt die Bejahung der Marktmacht nicht automatisch zur Annahme des Vorliegens ungleicher Machtverhältnisse.

316 *Stemmer,* in: BeckOK DatenschutzR, DSGVO Art. 7 Rn. 53.

317 *Conrad/Treeger*, in: Auer-Reinsdorff/Conrad, Handbuch IT- und Datenschutzrecht, § 34 Rn. 471.

318 Dies folgt aus der Rechenschaftspflicht nach Art. 5 Abs. 2 DSGVO. Hierzu *Schantz*, in: BeckOK DatenschutzR, DSGVO Art. 5 Rn. 37-39.

319 *BKartA*, Pressemitteilung vom 07.02.2019, abrufbar unter: https://www.bundeskartellamt.de/SharedDocs/Meldung/DE/Pressemitteilungen/2019/07_02_2019_Facebook.html [Stand August 2025].

320 Ebd.

Die Frage, wann eine Plattform ihre Marktmacht gegenüber Nutzer:innen dazu nutzt, eine Einwilligung zu erlangen, lässt sich nur anhand einer Einzelfallprüfung letztgültig beantworten. Das bloße Vorliegen dieser Machtposition stellt jedoch keinen Grund dar, weshalb Plattformen eine Datenverarbeitung zum Zwecke der personalisierten Online-Werbung nicht auf eine Einwilligung der Nutzer:innen stützen dürften.

b. Kopplungsverbot

Nach Art. 7 Abs. 4 DSGVO besteht zudem ein allgemeines[321] Kopplungsverbot.

> *„Bei der Beurteilung, ob die Einwilligung freiwillig erteilt wurde, muss dem Umstand in größtmöglichem Umfang Rechnung getragen werden, ob unter anderem die Erfüllung eines Vertrags, einschließlich der Erbringung einer Dienstleistung, von der Einwilligung zu einer Verarbeitung von personenbezogenen Daten abhängig ist, die für die Erfüllung des Vertrags nicht erforderlich sind."*

Demnach kann es gegen die Freiwilligkeit einer abgegebenen Einwilligung sprechen, wenn die Erfüllung eines Vertrags von der Einwilligung in eine Datenverarbeitung abhängig gemacht wird, die für die Vertragserfüllung nicht erforderlich ist.[322] Das Kopplungsverbot beschränkt sich folglich auf Anwendungsfälle, in denen die Verarbeitung nicht zur Erfüllung eines Vertrages erforderlich ist. Dieser Ausschluss ergibt sich – neben der direkten Nennung in Art. 7 Abs. 4 DSGVO – schon aus der Systematik der Art. 6 Abs. 1 lit. a) und lit. b) DSGVO. Denn nach Art. 6 Abs. 1 lit. b) DSGVO ist die Verarbeitung personenbezogener Daten zulässig, wenn sie zur Erfüllung eines Vertrages erforderlich ist.[323] Folglich bedarf es in diesen Fällen auch nicht der Einwilligung der betroffenen Person. Die Frage, wie das Merkmal „zur Erfüllung eines Vertrages" auszulegen ist, ist hochumstritten und wird im Rahmen dieser Arbeit

---

[321] Das heißt nicht nur branchenspezifisches oder bereichsspezifisches Kopplungsverbot, vgl. *Stemmer,* in: BeckOK DatenschutzR, DSGVO Art. 7 Rn. 42; *Schulz* in: Gola/Heckmann, DSGVO Art. 7 Rn. 22; aA. Frenzel, in: *Paal/Pauly*, DSGVO Art. 7 Rn. 18.

[322] *Stemmer*, in: BeckOK DatenschutzR, DSGVO Art. 7 Rn. 42.

[323] Zu diesem Anwendungsbereich vgl. *Engeler*, ZD 2018, 55 (55 f.).

noch ausführlich diskutiert.[324] An dieser Stelle sei pauschal darauf verwiesen, dass die Datenverarbeitung zu Werbezwecken in aller Regel nicht hierunter fällt – selbst dann nicht, wenn personalisierte Werbung der Finanzierung der Angebote dient.[325] Somit ist für die für diese Ausarbeitung relevanten Formen der Datenverarbeitung das Kopplungsverbot zu beachten.

Dieses ist zweifelsohne anzunehmen, wenn die Verarbeitung einseitig in Nutzungsbedingungen – allgemeinen Geschäftsbedingungen – festgeschrieben wird.[326] In diesen Fällen haben die betroffenen Personen keinerlei Wahlmöglichkeit mehr, sodass die Freiwilligkeit offensichtlich nicht gegeben ist. Der EDSA formuliert hierfür das Beispiel einer App zur Bildbearbeitung, bei welcher verlangt wird, dass Nutzer:innen in das Auslesen der GPS-Daten und der Verwendung der Daten für verhaltensbasierte Werbung zustimmen. Andernfalls funktioniere die App nicht. Der EDSA stellt sodann klar, dass weder verhaltensbezogene Werbung noch GPS-Tracking für die Bildbearbeitungsfunktion erforderlich seien. Mithin sei die Einwilligung als rechtswidrig anzusehen, da sie unfreiwillig abgegeben worden wäre.[327]

Was der EDSA als fiktives Beispiel heranführt, gibt es in der Praxis so zuhauf. Eine solch einseitige Festlegung findet sich u.a. regelmäßig in den allgemeinen Geschäftsbedingungen von Social-Media-Plattformen. So hatte Facebook bis zum Inkrafttreten der DSGVO argumentiert, dass Nutzer:innen der Plattform in die Datenverarbeitung für Werbezwecke eingewilligt hätten.[328] Diese Einwilligungsklausel aus den Nutzungsbedingungen von Facebook hatte das LG Berlin für rechtswidrig und daher unwirksam erklärt.[329] Dass Nutzer:innen im Rahmen der

---

324 Ausführlich hierzu im 3. Teil unter D., I.

325 Ausführlich hierzu im 3. Teil unter D., I.

326 *EDSA*, Leitlinie 05/2020, zur Einwilligung gemäß Verordnung 2016/679, S. 8, Nr. 13; *Albers/Veit,* in: BeckOK DatenschutzR, DSGVO Art. 6 Rn. 34.

327 *EDSA*, Leitlinien 05/2020 zur Einwilligung gemäß Verordnung 2016/679, S. 8, Nr. 15.

328 *EDPB*, Binding Decision 3/2022 on the dispute submitted by the Irish SA on Meta Platforms Ireland Limited and its Facebook service (Art. 65 GDPR), vom 05.12.2022, S. 112, Nr. 456.

329 LG Berlin, Urteil vom 16.01.2018 – 16 0341/15; Zur teilweisen Rechtswidrigkeit der Datenschutzrichtlinie von Apple, KG Berlin Urteil vom 27.12.2018 – 23 U 196/15; *Schindova/Schneider*, DSB 2019, 84.

Registrierung bei der Plattform die Nutzungsbedingungen und Datenschutzrichtlinien gelesen hätten, könne nicht unterstellt werden.[330]

Ein erweitertes Argument ergibt sich aus Erwägungsgrund 43 DSGVO.[331] Danach gilt eine Einwilligung auch dann nicht als freiwillig, wenn keine separate Einwilligung für verschiedene Verarbeitungsvorgänge personenbezogener Daten erteilt werden kann, obwohl dies im Einzelfall angebracht ist. Der Gesetzgeber hat hiermit abermals klargestellt, dass die betroffenen Personen eine freiwillige und informierte Entscheidung treffen sollen, ohne dass diese durch unangemessene Mittel beeinflusst wird.

Soll die Datenverarbeitung zu Werbezwecken auf eine Einwilligung gestützt werden, zwingt das Kopplungsverbot Verantwortliche somit dazu, dies den betroffenen Personen mitzuteilen.

Kommt es bei der Einwilligung dennoch zu einer Kopplung, hat dies nicht automatisch die Unwirksamkeit derselbigen zur Folge. Der Gesetzgeber hat durch den Wortlaut des Art. 7 Abs. 4 DSGVO – „muss dem Umstand in größtmöglichem Umfang Rechnung getragen werden" – zwar verdeutlicht, dass dies in der Regel der Fall sein soll, die Formulierung ist dennoch offen dafür, unter Berücksichtigung der Umstände des jeweiligen Einzelfalls, die Freiwilligkeit an- oder abzulehnen.[332] Eine pauschale Aussage kann – auch für den Gegenstand dieser Arbeit – mithin unmöglich getroffen werden. In der Praxis werden die Einwilligungen hauptsächlich durch sog. Consent Banner eingeholt. Diese lassen eine, vom Gesetzgeber verlangte, Einzelfallbetrachtung zu und werden im Rahmen dieser Arbeit noch untersucht.[333]

2. Zweckbindung

Nach Art. 6 Abs. 1 lit. a) DSGVO muss die Einwilligung „für einen oder mehrere bestimmte Zwecke" abgegeben werden. Ein solcher Ausgangs- oder Ursprungszweck muss dafür zunächst

---

[330] LG Berlin Urteil vom 16.01.2018 – 16 0341/15; hierzu *Conrad/Treeger*, in: Auer-Reinsdorff/Conrad, § 34, Rn. 478.

[331] *Stemmer*, in: BeckOK DatenschutzR, DSGVO Art. 7 Rn. 50.

[332] So *Stemmer*, in: BeckOK DatenschutzR, DSGVO Art. 7 Rn. 46.

[333] Ausführlich hierzu im 3. Teil unter C., II., 4.

definiert werden. Dies ergibt sich für alle Verarbeitungen jedoch bereits aus den Grundsätzen des Art. 5 DSGVO.[334] Sofern von diesem Zweck dann bei der weiteren Verarbeitung abgewichen wird, ist dies nur unter den Voraussetzungen des Art. 6 Abs. 4 DSGVO möglich. Dies ist für diese Untersuchung von besonderer Relevanz. Regelmäßig werden die ursprünglich für andere Zwecke erhobenen Daten nämlich erst später zum Zwecke der personalisierten Werbung weiterverarbeitet. So können beispielsweise Standortdaten, die von einer Online-Zeitung dazu verwendet werden lokale Nachrichten anzuzeigen später verwendet werden, um lokale Dienstleistungen zu bewerben.

An den Stellen, an denen schon nicht auf den Zweck der Verarbeitung – im Fall dieser Arbeit die Verarbeitung zu Marketingzwecken – hingewiesen wird oder von den Verantwortlichen ein falscher Zweck herangezogen wird, kann bereits keine wirksame Einwilligung erfolgen, für den Gegenstand dieser Arbeit also immer dann, wenn Verantwortliche nicht deklarieren, dass die Verarbeitung zu Werbezwecken erfolgt, entweder weil sie keinen Zweck angeben oder weil ein anderer Zweck vorgeschoben wird. Denkbar ist demnach, dass Verantwortliche angeben, dass die Verarbeitung nur zu internen Erfolgsanalysen vorgenommen wird, während die Daten tatsächlich an Dritte weiterverkauft werden, um zu Nutzer:innenprofilen zusammengepflegt zu werden.

3. Informiertheit

Nach Art. 4 Nr. 11 DSGVO hat die betroffene Person die Einwilligung „in informierter Weise“ zu erklären, das heißt die betroffene Person muss die Konsequenzen ihres Handels kennen, damit sie die Einwilligung vollends selbstbestimmt abgeben kann.[335] Das Kriterium der Informiertheit präzisiert damit den Transparenzgrundsatz aus Art. 5 Abs. 1 lit. a) DSGVO.[336]

---

334 Ausführlich hierzu im 3. Teil unter G., I.

335 *Stemmer*, in: BeckOK DatenschutzR, DSGVO Art. 7 Rn. 55; *Kühling/Buchner*, in: Buchner/Kühling DSGVO Art. 7 Rn. 59; *Arning/Rothkegel*, in: Taeger/Gabel, DSGVO Art. 4 Rn. 335; *Ingold*, in: Sydow/Marsch, DSGVO Art. 4 Rn. 176.

336 *Stemmer*, in: BeckOK DatenschutzR, DSGVO Art. 7 Rn. 55; *Arning/Rothkegel*, in: Taeger/Gabel, DSGVO Art. 4 Rn. 335; *Kühling/Buchner*, in: Buchner/Kühling DSGVO Art. 7 Rn. 60; Ausführlich hierzu im 3. Teil unter G., I.

Obgleich das Konzept auf den ersten Blick als einfach und nachvollziehbar erscheint, zeigt sich in der Praxis häufig ein anderes Bild. Der Grat zwischen Nutzer:innen, die aufgrund einer Fülle an Informationen überfordert sind, und solchen, die nicht ausreichend informiert wurden, ist äußerst schmal. Eine Studie aus 2023 analysierte die Zweckbeschreibung in verschiedenen Cookie-Bannern und befragte Nutzer:innen zu ihrer Wahrnehmung und ihrem Verständnis der angegebenen Zwecke.

Im Rahmen dieser Ausarbeitung ist zunächst zu klären, welche Informationen Nutzer:innen zwingend zur Verfügung zu stellen sind, um die Anforderungen an eine informierte Einwilligung zu erfüllen. Die Informationen werden dabei bereits nach ihrer für die Untersuchung bestehenden Relevanz gefiltert. In einem zweiten Schritt muss dann der Frage nachgegangen werden, welche speziellen Anforderungen sich für diese Arbeit vor dem Hintergrund der Verarbeitung von Daten zum Zweck personalisierter Werbung ergeben.

Nach Art. 12 Abs. 1 DSGVO müssen der betroffenen Person zunächst alle Informationen gem. Art. 13 und 14 DSGVO sowie alle Mitteilungen gem. Artt. 15 bis 22 und Art. 34 DSGVO übermittelt werden.

Erwägungsgrund 42 konkretisiert, dass die einwilligende Person „mindestens wissen [muss], wer der Verantwortliche ist und für welche Zwecke ihre personenbezogenen Daten verarbeitet werden sollen.“

Der EDSA hat hieraus eine Liste an Mindestinformationen[337] erstellt, die Verantwortliche den betroffenen Personen zur Verfügung stellen müssen. Der EDSA vertritt die Auffassung,

> *„dass mindestens folgende Informationen erforderlich sind, damit eine Einwilligung gültig ist:*
>
> *i. die Identität des Verantwortlichen,*[338]

---

[337] *EDSA*, Leitlinien 05/2020 zur Einwilligung gemäß Verordnung 2016/679, S. 17, Nr. 64.

[338] Der EDSA leitet das aus dem ErwG 42 DSGVO her, vgl. *EDSA*, Leitlinien 05/2020 zur Einwilligung gemäß Verordnung 2016/679, S. 17, Nr. 64.

ii. *der Zweck jedes Verarbeitungsvorgangs, für den die Einwilligung eingeholt wird,*[339]

iii. *die (Art der) Daten, die erhoben und verwendet werden,*[340]

iv. *das Bestehen eines Rechts, die Einwilligung zu widerrufen,*[341]

v. *gegebenenfalls Informationen über die Verwendung der Daten für eine automatisierte Entscheidungsfindung gemäß Art. 22 Abs. 2 lit. c) DSGVO und*[342]

vi. *Angaben zu möglichen Risiken von Datenübermittlungen ohne Vorliegen eines Angemessenheitsbeschlusses und ohne geeignete Garantien nach Art. 46 DSGVO*[343]*“*[344]

Bereits der erste Punkt bereitet für diese Forschungsmaterie Schwierigkeiten. Wie die Untersuchung gezeigt hat, steht hinter der Verarbeitung zu Werbezwecken nicht ein:e Verantwortliche:r. Vielmehr sind an den Prozessen der digitalen Werbebranche unzählige Akteure beteiligt.[345] Die einst erhobenen Daten durchlaufen also viele Hände, bis am Ende eine, auf ihnen basierende, Werbeanzeige geschaltet wird. Für einen solchen Fall

> *„in dem sich mehrere (gemeinsame) Verantwortliche auf die ersuchte Einwilligung stützen wollen, oder wenn die Daten an andere Verantwortliche übermittelt oder von anderen Verantwortlichen verarbeitet werden sollen, die sich auf die ursprüngliche Einwilligung stützen möchten“*[346]

---

339 Ebd.

340 Siehe auch *Artikel-29-Datenschutzgruppe*, Stellungnahme 15/2011 zur Definition von Einwilligung (WP187), S. 22-23.

341 Der EDSA leitet das aus Art. 7 Abs. 3 DSGVO ab, vgl. *EDSA*, Leitlinien 05/2020 zur Einwilligung gemäß Verordnung 2016/679, S. 17 f., Nr. 64.

342 Siehe auch *Artikel-29-Datenschutzgruppe*, Leitlinien zu automatisierten Entscheidungen im Einzelfall einschließlich Profiling für die Zwecke der Verordnung (EU) 2016/679 (WP251), Abschnitt IV.B, S. 23 ff; *EDSA,* Leitlinien 05/2020 zur Einwilligung gemäß Verordnung 2016/679, S. 17 f., Nr. 64.

343 Gem. Art. 49 Abs. 1 lit. a) DSGVO sind spezifische Informationen über das Fehlen der in Art. 46 DSGVO beschriebenen Garantien erforderlich, wenn eine ausdrückliche Einwilligung eingeholt werden soll, vgl. *Artikel-29-Datenschutzgruppe* Stellungnahme 15/2011 zur Definition von Einwilligung (WP187), S. 22; *EDSA*, Leitlinien 05/2020 zur Einwilligung gemäß Verordnung 2016/679, S. 17 f., Nr. 64.

344 *EDSA*, Leitlinien 05/2020 zur Einwilligung gemäß Verordnung 2016/679, S. 17 f., Nr. 64.

345 Siehe hierzu oben im 2. Teil unter B., III., 1. und 3.

346 *EDSA*, Leitlinien 05/2020 zur Einwilligung gemäß Verordnung 2016/679, S. 18, Nr. 65.

hat der EDSA festgestellt, dass „alle diese Organisationen zu nennen sind.“[347] Die für die Datenerhebung verantwortliche Stelle muss also noch vor der Erhebung alle späteren Akteure nennen, die möglicherweise Zugriff auf die Daten haben werden. Hierunter fallen neben den Publishern und Advertisern auch die DSPs und SSPs. Wie die Untersuchung gezeigt hat, wird beim RTB-Prozess der Platz für eine Online-Anzeige innerhalb von Sekunden an den meistbietenden Advertiser versteigert. Im Rahmen dieses Prozesses haben alle Advertiser des jeweiligen Werbenetzwerkes Zugriff auf das jeweilige Profil des:der Nutzer:in. All diese Advertiser müssen der betroffenen Person also genannt werden, damit die Voraussetzung an eine informierte Einwilligung erfüllt sein kann.

In der Praxis wird versucht dieser Komplexität mittels sog. Consent Managemet Platforms (CMP)[348] Herr zu werden.[349] Dennoch erhalten im Rahmen der Versteigerungsprozesse eine Vielzahl von Dritten Zugriff auf die zuvor angelegten Profile.[350] Wie viele Dritte tatsächlich Zugriff auf das jeweils zur Versteigerung gehörende Profil erhalten, ist schwer einzuschätzen. Letztendlich hängt dies von der Größe des jeweiligen Werbenetzwerkes und der Anzahl der *Bidder* ab. Interne Dokumente der IAB Europe belegen jedoch, dass der Werbekonzern – jedenfalls noch 2019 – davon ausging, dass es technisch unmöglich sei, Nutzer:innen vorab Informationen über alle Datenverantwortlichen bereitzustellen, die an einem Real-Time-Bidding-Szenario (RTB) beteiligt sind.[351]

---

347 Ebd.

348 Im Deutschen: Plattformen zur Verwaltung von Einwilligungen.

349 Siehe hierzu oben im 2. Teil unter B., III., 4.

350 *Spirit Legal*, Klage von Dr. Johnny Ryan, vom 24.03.2021, S. 15 ff., abrufbar unter: https://www.iccl.ie/wp-content/uploads/2021/06/GERMAN-LANGUAGE-ORIGINAL-Schriftsatz-an-das-Landgericht-Hamburg.pdf [Stand August 2025].

351 Einem internen Schreiben lässt sich entnehmen, dass IAB Europe davon ausging, dass eine DSGVO-konforme Einwilligung von Nutzer:innen daher nicht zu erhalten sei: „As it is technically impossible for the user to have prior information about every data controller involved in a real-time bidding (RTB) scenario, programmatic trading, the area of fastest growth in digital advertising spend, would seem, at least prima facie, to be incompatible with consent under GDPR – and, as noted above, if a future ePrivacy Regulation makes virtually all interactions with the Internet subject solely to the consent legal basis, and consent is unavailable, then there will be no legal be no basis for such processing to take place or for media to monetise their content in this way.“ Vgl. *Lomas*, Even the IAB warned adtech risks EU privacy rules, Tech Chrunch, vom 21.02.2019, abrufbar unter: https://techcrunch.com/2019/02/21/even-the-iab-warned-adtech-risks-eu-privacy-rules/ [Stand August 2025].

Die belgische Datenschutzbehörde ist hinsichtlich des TCF von IAB Europe zu dem Ergebnis gelangt, dass dieser den datenschutzrechtlichen Anforderungen nicht genügt.[352] Die große Anzahl von Dritten, das heißt Adtech-Anbietern, die potenziell die in der Angebotsanfrage enthaltenen personenbezogenen Daten von Nutzer:innen auf der Grundlage der von ihnen angegebenen Präferenzen erhalten und verarbeiten werden, seien weder mit der Bedingung einer hinreichend informierten Einwilligung noch mit der umfassenderen Transparenzverpflichtung der DSGVO vereinbar.[353]

Fraglich ist, ob dies anders zu beurteilen wäre, wenn die Anzahl der zugriffsberechtigten Dritten kleiner wäre. So wäre denkbar, dass die maximale Anzahl der am Versteigerungsverfahren teilnehmenden Bidder zuvor begrenzt wird. So könnte theoretisch eine Anzahl festgelegt werden, die Nutzer:innen noch in einer informierten Weise vermittelbar wäre. Naturgemäß müsste sodann jedoch die Frage beantwortet werden, welche Anzahl beteiligter Dritter Nutzer:innen noch mitgeteilt werden kann. Der Kreis der Beteiligten müsste einerseits groß genug sein, um zu garantieren, dass sich genügend interessierte Bietende für das jeweilige Nutzer:innenprofil finden. Gleichzeitig dürfte die Zahl die „Aufnahmekapazität" des:der Nutzer:in nicht überschreiten. Hiermit ist die Anzahl der Beteiligten gemeint, über die Nutzer:innen auf informierte Art und Weise in Kenntnis gesetzt werden können, das heißt der Personenkreis von dem sich Nutzer:innen einerseits die Identität und andererseits den Zweck der Verarbeitung merken können. Pauschal lässt sich hier wohl kaum eine Grenze ziehen. Folglich ist nicht davon auszugehen, dass die CMPs in der Praxis so gestaltet werden können, dass Nutzer:innen tatsächlich eine informierte Einwilligung treffen können. In Konsequenz lässt sich feststellen, dass das RTB-Verfahren als datenschutzwidrig einzustufen ist. Gemäß dem derzeitigen Stand der Technik kann von Nutzer:innen keine Einwilligung in die Verarbeitung ihrer Daten zum Zweck personalisierter Online-Werbung eingeholt werden. Der Vollständigkeit halber sowie unter Berücksichtigung der Möglichkeit einer jederzeitigen

---

352 *Belgische Datenschutzbehörde*, Concerning: Complaint relating to Transparency & Consent Framework, Case number: DOS-2019-01377, vom 02.02.2022, Rn. 473.

353 Ebd., Rn. 472.

Veränderung des Stands der Technik, wird die Prüfung der Voraussetzungen einer wirksamen Einwilligung i.S.d. Art. 6 Abs. 1 S. 1 lit. a) DSGVO dennoch fortgesetzt.

4. Unmissverständlichkeit

Nutzer:innen müssen die Einwilligung des Weiteren unmissverständlich abgeben. Dies ist zunächst durch Abgabe einer Erklärung möglich.[354] Die Erklärung kann schriftlich erfolgen, muss sie jedoch nicht.[355] Für den digitalen Bereich relevanter ist jedoch die elektronische Erklärung. Erwägungsgrund 32 DSGVO nennt diese Form der Erklärung ausdrücklich: „Wird die betroffene Person auf elektronischem Weg zur Einwilligung aufgefordert, so muss die Aufforderung in klarer und knapper Form und ohne unnötige Unterbrechung des Dienstes, für den die Einwilligung gegeben wird, erfolgen.“[356]

Für diese Arbeit von größter Bedeutung ist hingegen die Abgabe der Erklärung in Form einer sonstigen eindeutigen bestätigenden Handlung. Denn eine eindeutige Handlung kann auch in einer sonst eindeutigen bestätigenden Weise, mithin konkludent durch schlüssiges Handeln erteilt werden.[357] Eine derartige Handlung kann das Anklicken entsprechender Schaltflächen auf Webseiten darstellen, beispielsweise, wenn Nutzer:innen ein CMP-Banner angezeigt wird.[358] Diese Banner müssen dann jedoch wiederum die Anforderungen erfüllen, die die DSGVO an sie stellt. Ob und wann sie dies tun, wird im Rahmen dieser Arbeit noch untersucht. Zunächst lässt sich jedoch feststellen, dass Nutzer:innen theoretisch unmissverständlich durch das Anklicken von Einwilligungsschaltflächen in die Verarbeitung ihrer Daten einwilligen könnten.

---

[354] *Ernst*, in: Paal/Pauly, DSGVO Art. 4 Rn. 88.

[355] In der Vergangenheit war nach deutschem Recht die Erteilung einer schriftlichen Einwilligung die Regel, wobei Ausnahmen hiervon nur in begründeten Fällen zulässig waren. Mit der Einführung der Datenschutz-Grundverordnung (DSGVO) wurde das Schriftformerfordernis jedoch als nicht länger erforderlich erachtet. Hierzu *Krohm*, ZD 2016, 368.

[356] ErwG 32 S. 6 DSGVO.

[357] *Ernst*, in: Paal/Pauly, DSGVO Art. 4 Rn. 90.

[358] Ebenso wohl auch *Kühling/Sauerborn*, ZfDR 2022, 339 (259); *Schulz*, in: Gola/Heckmann, DSGVO Art. 7 Rn. 44.

5. Zwischenergebnis: Einwilligungsanforderungen

Stützen sich Verantwortliche bei der Verarbeitung von personenbezogenen Daten zum Zwecke personalisierter Online-Werbung auf die Einwilligung von Nutzer:innen, müssen diese den datenschutzrechtlichen Anforderungen gerecht werden. Nutzer:innen müssten gem. Art. 4 Nr. 11 DSGVO eine freiwillig für den bestimmten Fall, in informierter Weise und unmissverständlich eine Willensbekundung in Form einer Erklärung oder einer sonstigen eindeutigen bestätigenden Handlung, abgeben, mit der sie zu verstehen geben, dass sie mit der Verarbeitung der sie betreffenden personenbezogenen Daten einverstanden sind. Unabhängig von der Frage, ob die in der Praxis eingeholten Einwilligungen diesen Anforderungen entsprechen, war zunächst zu fragen, ob die von der Werbeindustrie geschaffenen Prozesse theoretisch diesen Anforderungen nachkommen können. Die Untersuchung hat gezeigt, dass die komplexen und vielverzweigten Strukturen es jedoch nicht ermöglichen, die Nutzer:innen bei Einwilligung über alle Parteien zu informieren, die Zugriff auf die personenbezogenen Daten erlangen. Mithin kann im Rahmen des RTB-Prozesses bereits keine informierte Einwilligung von Nutzer:innen erlangt werden. Nutzer:innen können folglich nicht wirksam in die Verarbeitung ihrer Daten zum Zwecke personalisierter Online-Werbung einwilligen. Eine wie zuvor dargestellte Verarbeitung personenbezogener Daten ist mithin datenschutzrechtlich unzulässig, wenn die Verantwortlichen keinen anderen Rechtfertigungsgrund für die Verarbeitung heranziehen können.

II. Die Einwilligung zum Schutz der Privatsphäre, § 25 TDDDG

Obgleich die vorangehende Untersuchung festgestellt hat, dass Nutzer:innen im Rahmen des Real Time Biddings keine umfassende Information über alle Parteien bereitgestellt werden, die Zugriff auf deren Nutzer:innenprofile erhalten und eine informierte Einwilligung der Nutzer:innen in die Datenverarbeitung i.S.d. Art. 6 Abs. 1 Art. 1 S. 1 lit. a) DSGVO somit nicht möglich ist,[359] lassen sich dennoch gute Gründe für eine Untersuchung des Einwilligungserfordernisses gem. § 25 TDDDG anführen. Denn gem. § 25 Abs. 1 S. 1 TDDDG besteht ein Einwilligungserfordernis für sämtliche Daten, sofern Informationen in der

---

359 Diese Untersuchung findet sich oben im 2. Teil unter C., I.

Endeinrichtung gespeichert werden oder auf Informationen zugegriffen wird, die in der Endeinrichtung der Nutzer:innen gespeichert sind. Soweit § 25 Abs. 1 S. 1 TDDDG auf die Erhebung von Daten zum Zweck personalisierter Online-Werbung Anwendung findet, ist es daher unerheblich, ob es sich um personenbezogene Daten gem. Art. 4 Nr. 1 DSGVO handelt. Daher muss untersucht werden, ob es sich bei den zum Zweck personalisiserter Online-Werbung eingesetzten Tracking-Technologien um solche handelt, die i.S.d. § 25 Abs. 1 S. 1 TDDDG auf Informationen zugreifen oder diese speichern. Cookies und Fingerprinting müssten dann unter das Einwilligungserfordernis des § 25 Abs. 1 S. 1 TDDDG fallen und dürften gleichzeitig nicht nach § 25 Abs. 2 TDDDG von dem grundsätzlichen Einwilligungserfordernis ausgenommen sein. Des Weiteren ist zu berücksichtigen, dass sich der Stand der Technik jederzeit ändern kann.[360] Es besteht die Möglichkeit, dass Akteure des digitalen Werbemarktes zukünftig auf das RTB verzichten oder eine neue Praktik zur Vergabe der Werbeplätze etablieren. In diesem Fall stellt sich die Frage, ob die Anforderungen an eine Einwilligung bei der Datenerhebung weiterhin erfüllt sind. Insbesondere muss untersucht werden, ob die CMP die Anforderungen den Vorgaben des § 25 Abs. 1 TDDDG entsprechen.

1. Normengeschichte und Zweck des § 25 Abs. 1 TDDDG

Der Einsatz von Trackingtechnologien ist in den letzten Jahren immer wieder Gegenstand von Rechtsprechung und Gesetzgebung gewesen. Hierdurch kam es zu einer Vielzahl nebeneinander stehender Regelungen und von der Rechtsprechung entwickelten Grundsätzen, die bei den Nutzer:innen, Rechtsanwender:innen und Verwender:innen der Technologie für Rechtsunsicherheit sorgten.[361] Dieser Situation der Rechtsunsicherheit konnte durch das Telekommunikation-Telemedien-Datenschutz-Gesetz (TTDSG) entgegengewirkt werden. Im Mai 2024 wurde das TTDSG durch das Telekommunikation-Digitale-Dienste-Datenschutz-Gesetz (TDDDG) abgelöst. Inhaltliche Unterschiede ergeben sich hierdurch jedoch kaum. Der Begriff „Telemedien“ wird jedoch durch den Begriff „digitale Dienste“ ersetzt, was u.a. zur

---

360 Als Reaktion auf die zunehmende Rechtsprechung, die Techniken der personalisierten Werbung als unzulässig einstuft, wird in der Praxis bereits über alternative Werbemodelle nachgedacht. Überblicksartig zu dieser Entwicklung *Engel*, transfer, 2021, Vol. 67, 33-39.

361 Hierzu *Schneider*, in: HK-TTDSG § 25 Rn. 6-11; *Hanloser*, in: Gierschmann/Baumgartner, TTDSG § 25 Rn. 3-6;

Namensänderung des Gesetzes führt.[362] Durch das TTDSG wurde nach mehr als zehn Jahren erstmals die sog. Cookie-Richtlinie[363] in nationales Recht umgesetzt. Diese hatte Art. 5 Abs. 3 der ePrivacy-RL[364] so abgeändert, dass die Nutzung von Cookies und anderen Technologien, die Informationen in den Endeinrichtungen der Endnutzer:innen speichern oder auf solche Informationen zugreifen, nur noch nach vorheriger Einwilligung zulässig war. Zuvor reichte eine klare und umfassende Information über die Zwecke der Verarbeitung und die Einräumung einer Widerspruchsmöglichkeit aus.[365]

Die Formulierung aus der Cookie-Richtlinie hat nun durch § 25 Abs. 1 S. 1 TTDSG bzw. TDDDG in das nationale Recht Einzug genommen. Dieser lautet:

> *„Die Speicherung von Informationen in der Endeinrichtung des Endnutzers oder der Zugriff auf Informationen, die bereits in der Endeinrichtung gespeichert sind, sind nur zulässig, wenn der Endnutzer auf der Grundlage von klaren und umfassenden Informationen eingewilligt hat."*

Damit statuiert § 25 Abs. 1 S. 1 TDDDG immer dann eine Einwilligung von Nutzer:innen als erforderlich, wenn Informationen in einer Endeinrichtig von Nutzer:innen gespeichert oder auf schon dort gespeicherte Informationen zugegriffen wird. Nach § 2 Abs. 2 Nr. 6 TDDDG sind Endeinrichtungen alle direkt oder indirekt an die Schnittstelle eines öffentlichen Telekommunikationsnetzes angeschlossene Einrichtungen zum Aussenden, Verarbeiten oder

---

362 Mit der Einführung des Digitale-Dienste-Gesetzes am 14.05.2024 wurde die bisherige Bezeichnung Telekommunikation-Telemedien-Datenschutzgesetz (TTDSG) in Telekommunikation-Digitale-Dienste-Datenschutz-Gesetz (TDDDG) geändert, Art. 8 ÄndG vom 06.05.2024. Inhaltliche Unterschiede ergeben sich kaum. Der Begriff „Telemedien" wird jedoch durch den Begriff „digitale Dienste" ersetzt, was u.a. auch die Formulierung in § 25 Abs. 2 TTDSG betrifft.

363 Richtlinie 2009/136/EG des Europäischen Parlaments und des Rates vom 25. November 2009 zur Änderung der Richtlinie 2002/22/EG über den Universaldienst und Nutzerrechte bei elektronischen Kommunikationsnetzen und -diensten, der Richtlinie 2002/58/EG über die Verarbeitung personenbezogener Daten und den Schutz der Privatsphäre in der elektronischen Kommunikation und der Verordnung (EG) Nr. 2006/2004 über die Zusammenarbeit im Verbraucherschutz.

364 Richtlinie 2002/58/EG des Europäischen Parlaments und des Rates vom 12. Juli 2002 über die Verarbeitung personenbezogener Daten und den Schutz der Privatsphäre in der elektronischen Kommunikation (Datenschutzrichtlinie für elektronische Kommunikation), ABl. EG 2002 Nr. L 201/37.

365 *Ettig*, in: Taeger/Gabel, TTDSG § 25, Rn. 1; *Schneider*, in: HK-TTDSG § 25 Rn. 9.

Empfangen von Nachrichten. Erfasst sind damit insbesondere, aber nicht ausschließlich, zur Telefon- oder Internetkommunikation dienende Geräte.[366] Die vorliegende Arbeit hat bereits dargelegt, dass Daten von Nutzer:innen mittels Tracking-Technologien erhoben werden, um personalisierte Online-Werbung zu ermöglichen.[367] Dazu zählen insbesondere Cookies und das sog. Fingerprinting. Es gilt daher zu untersuchen, ob diese beiden Technologien i.S.d. § 25 Abs. 1 S. 1 TDDDG auf Informationen zugreifen oder diese speichern und daher bei ihrer Verwendung grundsätzlich eine Einwilligung der Nutzer:innen erforderlich ist.

2. Bestehen eines Einwilligungserfordernises beim Tracking mittels Cookies

a. Grundsätzliches Einwilligungserfordernis nach § 25 Abs. 1 TDDDG

Sofern Cookies eine Technologie darstellen, bei der Informationen auf der Endeinrichtung von Endnutzer:innen gespeichert werden oder es zum Zugriff auf dort gespeicherte Informationen kommt, ist für deren Einsatz grundsätzlich eine Einwilligung der Nutzer:innen erforderlich, § 25 Abs. 1 S. 1 TDDDG. Wie zuvor dargelegt, handelt es sich bei Cookies um Textdateien, welche vom Anbieter:innen einer Internetseite beispielsweise auf dem Computer von Benutzer:innen gespeichert werden und beim erneuten Aufrufen der Webseite wieder abgerufen werden können.[368] Dadurch wird die Navigation im Internet oder Transaktionen erleichtert und Informationen über das Nutzungsverhalten abgerufen. Im Rahmen der personalisierten Online-Werbung erfolgt die Zuweisung und Verknüpfung von Nutzerdaten durch die Verwendung von User-IDs, auch als Cookies-IDs bezeichnet. Diese einmalig vergebene Nummer wird Nutzer:innen zum Zweck der Wiedererkennung zugeordnete, da Cookies lediglich über eine begrenzte Speicherkapazität verfügen.[369] Die IDs werden in Cookies implementiert und im Webspeicher des jeweiligen Browsers auf dem Endgerät gespeichert. Sie stellen somit eine Endgeräteinformation dar.[370] Werden mittels Cookies also

---

[366] Endeinrichtungen sind vielmehr auch alle Endeinrichtungen im Internet der Dinge, vgl. *Ettig*, in: Taeger/Gabel, § 25, Rn. 20; BT-Drs. 19/27441, S. 38.

[367] Siehe hierzu oben im 2. Teil unter B., I.

[368] BGH, Beschluss vom 05.10.2017 – I ZR 7/16, Rn. 15.

[369] Siehe hierzu oben im 2. Teil unter B., I., 1.

[370] *Halder/Maluszak*, MMR 2023, 222 (224).

Daten zum Zweck der personalisierten Online-Werbung erhoben, bedarf es gemäß § 25 Abs. 1 S. 1 TDDDG grundsätzlich der Einwilligung der jeweiligen Nutzer:innen. Dieses Ergebnis ist nicht überraschend, da der Gesetzgeber die Cookie-Technologie bei der Implementierung[371] und Novellierung[372] der ePrivacy-RL und damit auch der nationalen Umsetzung ins TTDSG bzw. TDDDG ausdrücklich im Blick hatte.[373]

b. Entbehrlichkeit der Einwilligung beim Einsatz von Cookies

Spannender ist damit die Frage, wann Nutzer:innen in die Verwendung der Technologie ausnahmsweise nicht einwilligen müssen und ob diese Ausnahmen für den Gegenstand dieser Untersuchung heran gezogen werden können.

Nach § 25 Abs. 2 Nr. 2 TDDDG ist dies der Fall,

> *„wenn die Speicherung von Informationen in der Endeinrichtung des Endnutzers oder der Zugriff auf bereits in der Endeinrichtung des Endnutzers gespeicherte Informationen unbedingt erforderlich ist, damit der Anbieter eines digitalen Dienstes einen vom Nutzer ausdrücklich gewünschten digitalen Dienst zur Verfügung stellen kann."*

Der Ausnahmetatbestand des § 25 Abs. 2 Nr. 2 TDDDG besteht mithin im Wesentlichen aus zwei Komponenten, dies sind „einen vom Nutzer ausdrücklich gewünschten digitalen Dienst" und „unbedingt erforderlich".[374] Die Merkmale stehen in Wechselwirkung zueinanderstehen. Folglich muss die Frage der unbedingten Erforderlichkeit davon abhängig

---

371 Bereits die e-Privacy-RL von 2002 hatte die Regulierung dieser Technologie angestrebt. So erwähnt der Gesetzgeber die Technologie mehrmals in Erwägungsgrund 25 e-Privacy-RL und stellt klar, dass Nutzer:innen Gelegenheit haben sollten, die Speicherung eines Cookies oder eines ähnlichen Instruments in ihrem Endgerät abzulehnen, ErwG 25 S. 3 e-Privacy-RL.

372 Vgl. hierzu Amtsblatt der EU vom 18.7.2008, C 181/8, 43.

373 Ebenso *Schneider,* in: HK-TTDSG § 25 Rn. 2;

374 Noch zum Merkmal „Telemediendienst" *DSK*, Orientierungshilfe der Aufsichtsbehörden für Anbieter:innen von Telemedien, Stand Dezember 2022bt, S. 21.

gemacht werden, ob Nutzer:innen einen digitalen Dienst ausdrücklich wünschen.[375] Das Tracking mittels Cookies zu Werbezwecken könnte danach in zwei Konstellationen von dem Einwilligungserfordernis nach § 25 Abs. 2 Nr. 2 TDDDG ausgenommen sein. Entweder wenn personalisierte Online-Werbung ein von den Nutzer:innen ausdrücklich gewünschten digitalen Dienst darstellen und die Datenerhebung mittels Cookies zur Bereitstellung unbedingt erforderlich ist oder wenn personalisierte Online-Werbung und damit auch die initiale Datenerhebung mittels Cookies für die Bereitstellung andere ausdrücklich gewünschter digitale Dienste unbedingt erforderlich sind.

aa. Personalisierte Online-Werbung als von Nutzer:innen ausdrücklich gewünschte digitale Dienste

Für die erste Konstellation müsste personalisierte Online-Werbung ein von Nutzer:innen ausdrücklich gewünschter digitaler Dienst darstellen. Dieser Begriff muss zunächst definiert werden. Das TDDDG enthält keine Legaldefinition des Begriffs. Der Begriff wurde jedoch als Reaktion auf den DSA ins TDDDG aufgenommen. Das Digitale-Dienste-Gesetz, welches zur nationalen Umsetzung des DSA dient, bedient sich in § 1 Abs. 4 Nr. 1 DDG für die Definition des Begriffs „digitaler Dienst" des Art 1 Nr. 1 b) RL (EU) 2015/1535. Danach ist hierunter „eine Dienstleistung der Informationsgesellschaft, d.h. jede in der Regel gegen Entgelt elektronisch im Fernabsatz und auf individuellen Abruf eines Empfängers erbrachte Dienstleistung" zu verstehen.

Es ließe sich insofern argumentieren, dass auch personalisierte Online-Werbung auf einer Website oder in einer App Teil des betreffenden Dienstes ist. So hat beispielsweise Facebook die Bereitstellung personalisierter Werbung ausdrücklich als eine Dienstleistung des Unternehmens auf der Plattform in seine AGB aufgenommen.[376] Werbung war hier als ein von Facebook bereitgestellter Inhalt definiert worden, der - wie alle Inhalte, die die Nutzer:innen

---

375 Ebd., S. 21.

376 Ausführlich hierzu im 3. Teil unter D., I.

ausgespielt bekommen - an ihre persönlichen Profile angepasst werde.[377] Die Datenschutzkonferenz (DSK) bezeichnet diese weite Auslegung des Begriffs „digitaler Dienst" als „globale" Betrachtung.[378] Nach diesem Verständnis wären alle Inhalte einer Website oder App als digitaler Dienst anzusehen.[379] Für soziale Medien wie Facebook würde dies die Funktionen des Hauptfeeds, Direktnachrichten inklusive (Video-)Anrufe, implementierte Shopping-Möglichkeiten und vieles mehr bedeuten.

Der Großteil der Literatur[380] und die DSK[381] lehnen eine solche Auslegung ab. Aus den Wechselwirkungsvoraussetzungen des § 25 Abs. 2 Nr. 2 TDDSG ließe sich ableiten, dass die Definition des „digitalen Dienstes" von der Vorstellung der jeweiligen Nutzer:innen abhängig sei. Nur soweit Nutzer:innen die Funktion des digitalen Dienstes vor Augen hätten, könnten sie diese auch wünschen.[382] Daher sei eine „granulare" Betrachtung des Begriffs erforderlich, die zwischen den verschiedenen Möglichkeiten einer Plattform oder Website differenziere.[383] Nutzer:innen hätten regelmäßig nur den sog. Basisdienst vor Augen.[384] Als Basisdienst seien die Funktionen eines Dienstes zu verstehen, die Nutzer:innen bei Aufrufen einer Webseite oder App vor Augen haben.[385] Nur hinsichtlich dieses Basisdienstes könne durch das Verhalten der Nutzer:innen - das Aufrufen des Dienstes - der Wunsch zur Nutzung abgeleitet werden.[386] Bei einer Nachrichtenseite liegt der Basisdienst danach beispielsweise in der Darstellung von

377 Die Nutzungsbedingungen finden sich auszugshalber in der Entscheidung der DPC. „Provide a personalized experience for you: Your experience on Facebook is unlike anyone else's: from the posts, stories, events, ads, and other content you see in News Feed or our video platform to the Pages you follow and other features you might use, such as Trending, Marketplace, and search." *DPC,* Inquiry Reference: IN-18-5-5, vom 31.12.2022, S. 7.

378 DSK, S. 22; ebenso *Nebel*, CR 2021, 666 (671 f.).

379 Ebd.

380 So ohne Begründung, *Ettig*, in: Taeger/Gabel, § 25 TDDDG, Rn. 42; *Piltz/Kühner*, ZD 2021, 123 (126); a.A. *Hanloser*, ZD 2021, 399 (401).

381 DSK, a.a.O., S. 23.

382 DSK, a.a.O., S. 22 f.

383 DSK, a.a.O., S. 23; so auch schon *Artikel-29-Datenschutzgruppe*, Stellungnahme 4/2012 zur Ausnahme von Cookies von der Einwilligungspflicht (WP 194), S. 4.

384 DSK, a.a.O., S. 23.

385 Ebd.

386 So wohl auch *Ettig*, in: Taeger/Gabel, § 25 TDDDG, Rn. 43; *Piltz/Kühner*, ZD 2021, 123 (126).

Nachrichteninhalten, bei einem sozialen Netzwerk in der Verknüpfung verschiedener Kontakte und der Darstellung von Bildern oder Videos.[387] Personalisierte Online-Werbung ist danach kein Teil des Basisdienstes von Webseiten oder Apps und somit auch kein von den Nutzer:innen ausdrücklich gewünschter digitaler Dienst i.S.d. § 25 Abs. 2 Nr. 2 TDDDG.

bb. Unbedingte Erforderlichkeit von Cookies

Es könnte jedoch argumentiert werden, dass Cookies unerlässlich sind, um die von den Nutzern gewünschten digitalen Dienste bereitzustellen. Das Sammeln von Daten steht in direktem Zusammenhang mit dem Finanzierungsmodell der digitalen Dienste. So ist die Datenerhebung zweifellos notwendig, um die Schaltung personalisierter Online-Werbung zu ermöglichen. Diese wiederum dient der kostenlosen Bereitstellung der von Nutzer:innen gewünschten digitalen Dienste, etwa der Finanzierung von Presseangeboten oder auch den Basisdiensten sozialer Medien. Fraglich ist, ob eine solche „Erforderlichkeitskette" den Ausnahmetatbestand des § 25 Abs. 2 Nr. 2 TDDSG erfüllt.[388]

Dagegen spricht, dass dies den Anwendungsbereich des § 25 Abs. 2 Nr. 2 TDDDG erheblich erweitern würde, während dieser als Ausnahmetatbestand grundsätzlich eng auszulegen ist.[389] Auch scheint der Gesetzgeber bei der Schaffung des Ausnahmetatbestandes eine solche „Erforderlichkeitskette" nicht vor Augen gehabt zu haben. Denn er hat in der Gesetzesbegründung darauf hingewiesen, dass die Frage der Zulässigkeit der weiteren Verwendung der Daten durch die Datenschutz-Grundverordnung beantwortet werden soll. Daraus ist zu schließen, dass sich § 25 TDDDG nur auf den ursprünglichen Zweck der Datenerhebung bezieht und alle weiteren Verarbeitungserwägungen sowie die Frage eines übergeordneten Erhebungszwecks außer Betracht bleiben sollen.[390] Cookies können damit nur

---

[387] Ausführlich hierzu zu dem Kriterium der Erforderlichkeit i.S.d. Art. 6 Abs. 1 S. 1 lit. b) DSGVO im 3. Teil unter D., I.

[388] So wohl *Nebel*, der „weitere Zwecke" auch von dem Ausnahmetatbestand umfassen lassen möchten, *Nebel,* CR 2021, 666 (672).

[389] Dieser Grundsatz (*singularia non sunt extendenda)* hat seinen Ursprung im römischen Recht und wird regelmäßig in nationalen Urteilen aber auch von EuGH bei der Auslegung von Ausnahmetatbeständen herangezogen. Vgl. hierzu *Möllers*, Juristische Methodenlehre, § 4, Rn. 123 f., 140 ff.

[390] BT-Drs. 19/27441 S. 38.

dann i.S.d. § 25 Abs. 2 Nr. 2 TDDDG erforderlich sein, wenn eine *technische* Erforderlichkeit vorliegt.[391] Daher rührt auch das in der Literatur häufig verwendete Beispiel des Cookies, das den Zwischenstand eines Warenkorbs in einem Online-Shop speichert und dann keiner Einwilligung bedarf.[392]

All dies spricht dagegen, eine Erforderlichkeitskette, bei der Cookies für die Schaltung personalisierter Online-Werbung erforderlich sind, die wiederum für die Finanzierung der von den Nutzer:innen gewünschten digitalen Dienste erforderlich ist, unter die Ausnahme des § 25 Abs. 2 Nr. 2 TDDSG fallen zu lassen.[393]

Darüber hinaus könnte auch die Erforderlichkeit personalisierter Online-Werbung für die Finanzierung bezweifelt werden. Die Erforderlichkeit könnte nur dann bejaht werden, wenn bei Wegfall der Finanzierungsmöglichkeit durch personalisierte Online-Werbung auch der digitale Dienst nicht mehr verfügbar wäre.[394] Selbst wenn man annimmt, dass personalisierte Online-Werbung die lukrativste Finanzierungsmöglichkeit für digitale Diensteanbieter:innen darstellt,[395] wäre dieses Erfordernis nicht erfüllt. Für Plattformen oder Webseiten bieten sich andere Finanzierungsmöglichkeiten an, wie etwa nicht-personalisierte Werbung zu schalten oder von den Nutzer:innen ein Entgelt zu verlangen.[396]

c. Zwischenergebnis zum Einwilligungserfordernis beim Tracking mittels Cookies

Werden mittels Cookies Daten zu Werbezwecken erhoben, so stellt dies eine Technologie dar, welche gemäß § 25 Abs. 1 S. 1 TDDDG Informationen auf dem Endgerät von Nutzer:innen speichert. Da personalisierte Werbung weder als von Nutzer:innen ausdrücklich gewünschter digitaler Dienst betrachtet werden kann, noch Cookies zum Zweck personalisierter Online-

---

391 Ebenso *Zech/Räther,* in: Moosmayer/Lösler, § 27, Rn. 91; *Jandt/Karg*, in: Jandt/Seidle, V. Internet-spezifische Datenverarbeitung, Rn. 115.

392 So verwendet von *Ettig*, in: Taeger/Gabel, § 25 TTDSG, Rn. 42; *Schneider*, in: HK-TTDSG § 25 Rn. 38 f.; *Hanloser*, ZD 2021, 399 (402).

393 a.A. *Nebel,* CR 2021, 666 (672).

394 Vgl. *Schneider*, in: HK-TTDSG § 25 Rn. 36 sowie *Ettig*, in: Taeger/Gabel, § 25 TTDSG, Rn. 44.

395 Hieran muss jedoch bereits gezweifelt werden. Vertiefen hierzu im 5. Teil unter B., II.

396 Hierzu vertiefend im 5. Teil unter B., II.

Werbung für die Bereitstellung gewünschter digitaler Dienste erforderlich sind, findet auch die Ausnahme des § 25 Abs. 2 Nr. 2 TDDDG keine Anwendung. Werden Daten zum Zwecke personalisierter Online-Werbung mittels Cookies erhoben, bedarf es somit nach § 25 Abs. 1 S. 1 TDDDG immer der Einwilligung der Nutzer:innen.

3. Bestehen eines Einwilligungserfordernisses beim Tracking mittels Fingerprinting

Wie die vorangegangene Darstellung gezeigt hat, kann die Datenerheben mittels verschiedener Technologien stattfinden. Fingerprinting ist die vorherrschende Methode dieses sog. Cookieless Trackings. Folglich stellt sich die Frage, ob auch in diesem Fall ein Einwilligungserfordernis nach § 25 Abs. 1 TDDDG besteht.

a. Grundsätzliches Einwilligungserfordernis nach § 25 Abs. 1 TDDDG

Dann müssten durch das Fingerprinting entweder Informationen in der Endeinrichtung von Endnutzer:innen vorgenommen werden (§ 25 Abs. 1 S. 1 Alt. 1 TDDDG) oder es müsste auf bereits in der Endeinrichtung gespeicherte Informationen zugegriffen werden (§ 25 Abs. 1 S. 1 Alt. 2 TDDDG). Beim Tracking mittels Fingerprinting kommt es gerade nicht zu einer Speicherung von Informationen auf den Endgeräten.[397] Anders als beim Tracking mittels Cookies kommt das Fingerprinting ohne eine Speicherung von Textdateien o.ä. aus. Ein Einwilligungserfordernis entsteht damit jedenfalls nicht nach § 25 Abs. 1 S. 1 Alt. 1 TDDDG.

Dieses könnte sich jedoch aus § 25 Abs. 1 S. 1 Alt. 2 TDDDG ergeben, wenn es durch die Technologie zu einem Zugriff auf bereits in der Endeinrichtung gespeicherte Informationen kommt. Beim Fingerprinting werden Informationen über die Soft- und Hardwareeinstellungen abgegriffen. So wird beim sog. Canvas Fingerprinting auf lokal gespeicherte Informationen zugegriffen, um den digitalen Fingerabdruck einer:s Nutzer:in zu erstellen.[398]

---

[397] Siehe zu den technischen Details oben im 2. Teil unter B., I., 2.

[398] Beim Canvas-Fingerprinting kann der Webseitenbetreiber auf die lokal gespeicherten Anzeigeoptionen für das HTML-5-Element "<canvas>" zugreifen, um Informationen über die Grafikfähigkeiten des Geräts und den Browser des:der Nutzer:in zu erhalten, *John/Rennert,* DuD 2022, 643 (645).

Es müsste sich ferner um einen Zugriff i.S.d. § 25 Abs. 1 S. 1 Alt. 2 TDDDG handeln. Der Wortlaut „Zugriff" legt nahe, dass der Gesetzgeber eine aktive Handlung der datenerhebenden Person voraussetzt. Fraglich ist demnach, ob das einfache Abfangen von Informationen, die ohnehin übermittelt werden, ein solches Zugreifen darstellt. Der Wortlaut der ePrivacy-RL ist im Deutschen gleichlautend und steht einer derartigen Auslegung insofern nicht entgegen. In der englischsprachigen Fassung lautet Art. 5 Abs. 3 ePrivacy-RL „to gain access to information". Dies kann sowohl mit „Zugang bekommen", als auch mit „sich Zugang verschaffen" übersetzt werden. Auch die italienische Fassung (avere accesso a informazioni) und die französische Fassung (d'accéder à des informations) sind hier nicht eindeutig. Insofern wäre es verfehlt, ausschließlich aktive Zugriffe unter § 25 Abs. 1 S. 1 Alt. 2 TDDDG fallen zu lassen und dies mit dem Wortlaut zu begründen.[399]

Etwas anderes könnte sich aus der Systematik der Norm ergeben. § 25 TDDDG ist der erste von zwei Paragrafen des zweiten Kapitels in Teil 3 des TDDDG. Das zweite Kapitel beschäftigt sich mit Endeinrichtungen. Hieraus ließe sich schlussfolgern, dass es dem Gesetzgeber primär darum ginge die Integrität der Endeinrichtung zu schützen.[400] Würde man nun hieraus jedoch ableiten, dass nur ein aktives Zugreifen[401] auf Informationen, die in der Endeinrichtung gespeichert sind, unter § 25 Abs. 1 S. 1 Alt. 2 TDDDG fallen, würde das die Schutzfunktion desselbigen und die Intention des Unionsgesetzgebers untergraben. Richtig ist zwar, dass es dem Gesetzgeber darum geht, die Integrität von Endeinrichtungen zu schützen.[402] Der Gesetzgeber intendiert diesen Schutz jedoch nicht um des Schutzes Willen für die Endeinrichtung selbst. Primär verfolgt er das Ziel, die Privatsphäre der Endnutzer:innen zu schützen. Dies wird in der nationalen Umsetzung durch die Überschrift des § 25 TDDDG verdeutlicht, der lautet „Schutz der Privatsphäre bei Endeinrichtungen". Der Unionsgesetzgeber

---

399 So auch *Nebel*, CR 2021, 666 (671); a.A. *Hanloser*, in: Gierschmann/Baumgartner, TTDSG § 25 Rn. 62, die das passive Fingerprinting aus diesem Grund nicht unter § 25 TDDDG fallen lassen.

400 *Schneider*, in: HK-TTDSG § 25, Rn. 23; *Kühling*, ZD 2021, 76 (78); *Benedikt*, DSB 2021, 76 (78); vgl. *Hanloser*, ZD 2021, 121.

401 So differenzierend, *DSK*, Orientierungshilfe der Aufsichtsbehörden für Anbieter:innen von Telemedien, Stand: 1. Dezember 2022, S. 9 f.

402 So *Schneider*, in: HK-TTDSG § 25, Rn. 23.

hatte dieses Ziel eindeutig in Erwägungsgrund 24 der ePrivacy-RL formuliert.[403] Der Unionsgesetzgeber hat erkannt, dass die Privatsphäre der Nutzer:innen durch Tracking-Technologien gefährdet ist. In Erwägungsgrund 24 S. 2 der ePrivacy-RL werden Spyware, Web-Bugs und Hidden Identifier also solche Tracking-Technologien aufgezählt. Die Aufzählung ist jedoch bewusst nicht abschließend und lässt so auch Platz für neuere und auch weniger invasive Technologien, wie das Fingerprinting. Das lässt sich auch aus Erwägungsgrund 24 S. 3 ePrivacy-RL folgern, in dem der Gesetzgeber die wesentlichen Punkte festgelegt hat, die bei der Verwendung solcher Instrumente zu beachten sind. Danach ist deren Einsatz nur für rechtmäßige Zwecke und mit dem Wissen der betreffenden Nutzer:innen gestattet. Von entscheidender Bedeutung ist somit, dass jeglicher Einsatz von Tracking-Technologien nicht ohne Wissen der Nutzer:innen erfolgt. Dieses Informationserfordernis ist fundamental für den Schutz der Privatsphäre. Nur informierte Nutzer:innen können eine vollumfassende Entscheidung über ihr weiteres Nutzungsverhalten treffen. Eben weil die Technologie des Fingerprintings keine Spuren auf den Endgeräten hinterlässt, kommt dem Kriterium der Informiertheit besonderes Gewicht zu. Wenn bereits über den Einsatz von Technologien wie Cookies informiert werden muss, selbst wenn diese auf dem Endgerät gespeichert werden und deren Einsatz für Nutzer:innen damit einfacher zu erkennen ist, so muss dies erst recht für verstecktere Technologien gelten. Der Einsatz von Fingerprinting stellt mithin einen Zugriff auf Informationen, die auf dem Endgerät gespeichert sind, dar und unterliegt damit nach § 25 Abs. 1 S. 1 Alt. 2 TDDDG grundsätzlich dem Einwilligungserfordernis.[404]

b. Entbehrlichkeit der Einwilligung beim Fingerprinting

Das Einwilligungserfordernis könnte nach § 25 Abs. 2 TDDDG entbehrlich sein. In Betracht kommt hier lediglich der Ausnahmetatbestand des § 25 Abs. 2 Nr. 2 TDDDG, welcher besagt, dass das Einwilligungserfordernis entbehrlich ist, sofern es sich um einen ausdrücklich von den

---

403 Nach ErwG 24 S. 1 sind die Endgeräte von Nutzer:innen elektronischer Kommunikationsnetze und in diesen Geräten gespeicherte Informationen Teil der Privatsphäre der Nutzer:innen, die dem Schutz aufgrund der Europäischen Konvention zum Schutze der Menschenrechte und Grundfreiheiten unterliegt.

404 So wohl auch *Schneider*, in: HK-TTDSG § 25, Rn. 23, der den automatischen Download von Daten ohne Erklärung unter § 25 Abs. 1 fallen lässt; so auch schon für Art. 5 Abs. 3 ePrivacy-RL die *Artikel-29-Datenschutzgruppe*, WP 224, 2014, S. 12; a.A. *Hanloser*, in: Gierschmann/Baumgartner TTDSG § 25 Rn. 62; i.E. so auch *Jandt/Karg*, in: Jandt/Steidle, V. Internetspezifische Datenverarbeitung, Rn. 111.

Nutzer:innen gewünschten digitalen Dienst handelt, für den eine Funktion unbedingt erforderlich ist.

aa. Von Nutzer:innen ausdrücklich gewünschte digitale Dienste

In Bezug auf den von Nutzer:innen ausdrücklich gewünschten digitalen Dienst kann auf die vorherigen Ausführungen verwiesen werden. Der Begriff bedarf einer detaillierten Betrachtung. Demnach kann personalisierte Werbung nicht als Bestandteil eines von Nutzer:innen gewünschten digitalen Dienstes betrachtet werden.[405] Als von Nutzer:innen gewünschte digitale Dienste i.S.d. § 25 Abs. 2 Nr. 2 TDDDG können nur die Basisfunktionen der jeweiligen Plattform oder Webseite verstanden werden.[406]

bb. Unbedingte Erforderlichkeit von Fingerprinting

In Bezug auf die Frage der unbedingten Erforderlichkeit des Fingerprintings können die vorangegangenen Untersuchungsergebnisse herangezogen werden. Es muss eruiert werden, ob die Technologie des Fingerprintings für von Nutzer:innen gewünschte Basisdienste unbedingt erforderlich ist. Dabei muss es sich um eine technische Erforderlichkeit handeln. Die Fingerprinting-Technologie dient, wie zuvor bereits gezeigt, technisch notwendigen Funktionen.[407] In diesem Kontext sei beispielsweise auf die Anpassung der Benutzeroberfläche verwiesen.[408] Um festzustellen, ob die Mobilansicht einer Webseite ausgespielt werden soll, ist die Übermittlung von Informationen zur Browserversion, Bildschirmauflösung und dem Betriebssystem des Gerätes, mit dem eine Webseite aufgerufen wird, an die Betreiber:innen der Webseite erforderlich.[409] In solchen Fällen kann die technische Erforderlichkeit mithin bejaht werden.

---

405 Vertiefen hierzu siehe oben im 3. Teil unter C., II., 2.

406 *DSK*, Orientierungshilfe der Aufsichtsbehörden für Anbieter:innen von Telemedien, Stand 1. Dezember 2022, S. 23.

407 Siehe zu den technischen Details oben im 2. Teil unter B., I., 2.

408 Vgl. *Artikel-29-Datenschutzgruppe*, Stellungnahme 4/2012 zur Ausnahme von Cookies von der Einwilligungspflicht vom 07.06.2012, WP 194, S. 9; *Nebel*, CR 2021, 666 (672).

409 Vgl. *Engeler/Felber,* ZD 2017, 251 (255); *Nebel*, CR 2021, 666 (672); kritisch *Steinrötter,* in: Specht/Mantz, Handbuch Europäisches und deutsches Datenschutzrecht, Teil A. § 5 Rn. 35.

In der Literatur findet sich teilweise die Auffassung, dass die zu technisch notwendigen Zwecken mittels Fingerprinting erhobenen Daten für andere Zwecke weiterverarbeitet werden können sollten, wobei dies ebenfalls durch den Ausnahmetatbestand des § 25 Abs. 2 Nr. 2 TDDDG erfasst sei. Dies ließe sich aus der Systematik und dem Wortlaut der Ausnahmetatbestände § 25 Abs. 2 Nr. 1 und Nr. 2 TDDDG folgern.[410] In § 25 Abs. 2 Nr. 1 TDDDG ist ausdrücklich davon die Rede, dass eine Einwilligung entbehrlich ist, wenn „der alleinige Zweck" des Zugriffes die Durchführung der Übertragung einer Nachricht über ein öffentliches Telekommunikationsnetz ist. An einer solchen Eingrenzung fehlt es in § 25 Abs. 2 Nr. 2 TDDDG, was für eine weite Auslegung des Ausnahmetatbestandes sprechen könnte.[411] Dann dürften, neben dem Zweck der Zurverfügungstellung des digitalen Dienstes, mit dem Zugriff grundsätzlich noch weitere Zwecke angestrebt werden.[412] Neben den ursprünglichen Zweck, beispielsweise die Identifikation des Gerätetypes zur Ausspielung des richtigen Browserformates, könnte dann ein weiterer treten, etwa die Identifikation eines Endgerätes zu Werbezwecken.[413]

Eine derartige Zweck-Kopplung läuft jedoch der Systematik des § 25 TDDDG im Allgemeinen entgegen. Danach ist für den Zugriff auf das Endgerät oder darauf gespeicherte Informationen grundsätzlich eine Einwilligung erforderlich, § 25 Abs. 1 TDDDG. Hiervon kann nur unter Vorliegen der Ausnahmetatbestände des § 25 Abs 2 TDDDG abgewichen werden, die aus diesem Grund eng auszulegen sind. Dieser Grundsatz (*singularia non sunt extendenda*) ist in der Rechtsauslegung des EuGH etabliert.[414] Dieser geht davon aus, dass das Unionsrecht grundsätzlich die Grundfreiheiten und Grundrechte schützt. Ausnahmen von Tatbeständen sind daher immer ein Momentum, in dem der Gesetzgeber einen stärkeren Eingriff in diese

410 *Nebel,* CR 2021, 666 (672).

411 Ebd.

412 Ebd.

413 Ebd.

414 EuGH, Urteil vom 04.10.2024 – C-446/21, Rn. 76; EuGH, Urteil vom 15.05.1986 – C-222/84, Rn. 36; EuGH, Urteil vom 15.5.1986 – C-222/84, Rn. 21; *Anweiler*, Auslegungsmethoden des Gerichtshofes der Europäischen Gemeinschaften, S. 231 ff.

Freiheiten und Grundrechte gewährt. Insofern hält es der EuGH für geboten, die Ausnahmetatbestände eng auszulegen, um die Verhältnismäßigkeit der Eingriffe zu wahren.[415]

Diese Gebotenheit einer engen Auslegung kann auch nicht damit entkräftet werden, dass durch eine weite Auslegung keinerlei Schutzlücken entstünden. In der Literatur wird hierfür teilweise auf Art. 6 Abs. 4 DSGVO verwiesen,[416] welcher Vorgaben für eine zulässige Zweckänderung enthält. Jedoch stehen das TDDDG und die DSGVO aufgrund ihrer verschiedenen Anwendungsbereiche und Schutzrichtungen nebeneinander. Die Vorgaben des TDDDG umgehen zu wollen, indem die Normen der DSGVO als Auffangtatbestand herangezogen werden, verstößt gegen den ausdrücklichen Willen des Gesetzgebers zum Konkurrenzverhältnis der Vorschriften.[417]

Mit dieser Frage hat sich bereits die Artikel-29-Datenschutzgruppe im Hinblick auf Art. 5 Abs. 3 e-Privacy-RL befasst.[418] Für den Fall der Anpassung von Benutzungsoberflächen und der hierfür erhobenen Daten mittels Fingerprinting, hält sie eine Einwilligung nicht für erforderlich. Vielmehr unterliege dieser Sachverhalt dem Kriterium der technischen Erforderlichkeit. Werden diese Informationen jedoch auch für sekundäre Zwecke verwendet, greift diese Ausnahme nicht mehr.[419]

c. Zwischenergebnis zum Einwilligungserfordernis beim Tracking mittels Fingerprinting

Auch das Tracking mittels Fingerprinting-Technologie unterfällt dem grundsätzlichen Einwilligungserfordernis nach § 25 Abs. 1 TDDDG, da hierbei auf Informationen zugegriffen wird, die auf dem Endgerät der Nutzer:innen gespeichert sind. Sofern die Informationen zu Hard- und Softwareeinstellungen erforderlich sind, um einen von Nutzer:innen gewünschten

---

415 *Möllers*, Juristische Methodenlehre, § 4, Rn. 123 f., 140 ff.

416 Ebd.

417 Zum Verhältnis der Normen zueinander siehe oben im 3. Teil unter A.

418 Vgl. *Artikel-29-Datenschutzgruppe,* Stellungnahme 9/2014 zur Anwendung der Richtlinie 2002/58/EG auf die Nutzung des virtuellen Fingerabdrucks, vom 15.11.2014, WP 224.

419 Ebd., S. 12.

digitalen Dienst bereit zu stellen, können diese Daten auch ohne Einwilligung der Nutzer:innen erhoben werden. Die Daten können jedoch dann nicht für andere Zwecke weiterverwendet werden, ohne dass die Notwendigkeit der Einwilligung erneut zu prüfen und ggf. einzuholen wäre. Im Ergebnis bedarf es daher beim Tracking mittels Fingerprinting nach § 25 Abs. 1 TDDDG stets einer Einwilligung von Nutzer:innen, wenn die Daten zum Zweck personalisiserter Online-Werbung eingesetzt werden.

4. Consent-Banner in der Praxis – Rechtlich zulässig?

Dass der Einsatz der vorgestellten Tracking-Technologien die Einwilligung von Nutzer:innen erfordert, ist bei den Verwender:innen mittlerweile angekommen. Mithin begrüßen sog. Consent-Banner Nutzer:innen auf nahezu allen Webseiten, um deren Einwilligung einzuholen. Die Banner sind jedoch häufig verschieden ausgestaltet. Dies wirft die Frage auf, welchen Anforderungen die Banner in der Praxis gerecht werden müssen, um eine wirksame Einwilligung nach § 25 Abs. 1 TDDDG einholen zu können. Nur wenn die Banner den datenschutzrechtlichen Anforderungen genügen, kann die Datenerhebung und weitere Nutzung der Daten rechtmäßig sein.

§ 25 Abs. 1 S. 2 TDDDG legt fest, dass die Information der Endnutzer:innen und die Einwilligung nach der DSGVO zu erfolgen haben. Nutzer:innen müssen also nach Art. 4 Nr. 11 DSGVO eine freiwillige Willenserklärung für den bestimmten Fall, in informierter Weise und unmissverständlich abgegeben haben – entweder als Erklärung oder durch eine sonstige eindeutige bestätigenden Handlung, mit der sie zu verstehen geben, dass sie mit der Verarbeitung der sie betreffenden personenbezogenen Daten einverstanden sind.

Ob diese Voraussetzungen gegeben sind, muss in jedem Einzelfall und für jeden Banner einzeln untersucht werden. Für diese Arbeit lassen sich die Banner jedoch aufgrund wesentlicher gemeinsamer Gestaltungscharakteristika in Gruppen einteilen und dann auf ihre datenschutzrechtliche Zulässigkeit hin untersuchen.

a. Hinweis auf Verwendung von Tracking-Technologien

Mittlerweile selten weisen Verantwortliche schlicht auf die Verwendung von Cookies – manchmal auch das allgemeine Tracking – hin. Nutzer:innen wird dann bei Besuch der Webseite mitgeteilt, dass die einschlägige Webseite Cookies verwendet und sie dieser Verwendung durch die Weiternutzung der Webseite zustimmen würden. Diesem Vorgehen liegt wohl die Annahme zugrunde, dass Nutzer:innen dann wohl konkludent in die Verarbeitung einwilligen würden. In einer derartigen Weiternutzung kann jedoch keine eindeutig bestätigende Handlung gesehen werden, wie sie für eine Einwilligung erforderlich ist.[420]

Diese Auslegung trägt dem Privacy Paradox Rechnung. Dieses beschreibt die Diskrepanz zwischen der hohen Bedeutung, die Menschen dem Schutz ihrer persönlichen Daten beimessen, und ihrem tatsächlichen Verhalten, das oft dem Datenschutz zuwiderläuft.[421] Auch Studien, die sich explizit mit der Einwilligungsbereitschaft von Nutzer:innen bei Cookies beschäftigen haben gezeigt, dass die Informationen, die Nutzer:innen auf der ersten Seite eines Consent-Banners zur Verfügung gestellt bekommen, so gut wie keinen Einfluss darauf haben, ob sie in die Verarbeitung ihrer Daten einwilligen oder nicht.[422] So gaben überhaupt nur 29 % der Teilnehmenden an, den Text eines Cookie-Banners gelegentlich zu lesen und 7 % gaben an, diesen immer zu lesen.[423] Der Gesetzgeber scheint insofern davon auszugehen, dass Nutzer:innen sich eher mit dem Inhalt auseinandersetzen, wenn sie gestalterisch zu einem aktiven Handeln gezwungen werden, wie beispielsweise dem Setzten eines Hakens. Ob diese Prämisse aufgeht, ist nach den vorgenannten Ergebnissen fraglich, für die rechtliche Bewertung der Consent-Banner jedoch unerheblich.

---

420 So schon LG Köln, Beschluss vom 13.04.2021 – 31 O 36/21; hierzu *Eickmann/Schöner*, IR 2021, 185.

421 *Denga*, ZfDR 2022, 229 (232); *Gerber/Gerber/Volkamer*, Explaining the privacy paradox: A systematic review of lite-rature investigating privacy attitude and behavior, in: Computers & Security 2018, S. 226.; *Martini*, in: Paal/Pauly, Art. 25 DSGVO, Rn. 12; *Norberg/Horne*, Journal of Consumer Affairs, 2007, S. 100.

422 Vgl. hierzu statt vieler *Bielova/Santos/Gray,* Harvard Journal of Law & Technology, Volume 37, 1265 (1314).

423 *Giese/Stabauer*, Factors that Influence Cookie Acceptance, HCI in Business, Government and Organizations, Nah/Siau (Hrsg.), S. 282.

b. Cookie Walls

Teilweise haben Nutzer:innen bei Besuch einer Webseite nur die Möglichkeit, der Platzierung von Cookies zuzustimmen, sofern sie die Dienstleistung weiter nutzen wollen. Man spricht in diesen Fällen von sog. Cookie Walls.[424] Eine Cookie Wall erscheint normalerweise als Pop-up oder Banner, das die gesamte oder einen Teil der Bildschirmfläche überdeckt, wenn ein Besucher eine Website zum ersten Mal besucht oder nachdem bestimmte Aktionen durchgeführt wurden. Teil des Banners oder Pop-ups ist bei den Cookie Walls eine Schaltfläche, die den Schriftzug „Cookies erlauben“ oder „Akzeptieren“ trägt. Durch Anklicken dieser Schaltfläche sollen die Nutzer:innen ihr Einverständnis zum Ausdruck bringen. Erst hierdurch verschwindet dann jedoch das Banner oder Pop-up und der eigentliche Inhalt der Webseite ist wieder sicht- und nutzbar.

In diesen Fällen mangelt es der Einwilligung der Nutzer:innen an der nötigen Freiwilligkeit.[425] Denn Nutzer:innen können hier nicht frei wählen, ob sie einer Verarbeitung zustimmen oder nicht.[426]

Da die Anbieter:innen sich auch nicht auf einen der Ausnahmetatbestände des § 25 Abs. 2 TDDDG berufen können,[427] sind derartige Banner als unzulässig zu qualifizieren. Noch vor einigen Jahren hat die Rechtsprechung auch derartige Hinweise teils genügen lassen, wenn die Anbieter:innen erst nach Einwilligung der Nutzer:innen das Tracking aktivieren.[428] Durch die nun eindeutige nationale Regelung des § 25 Abs. 1 TDDDG, der auf die DSGVO verweist,

---

424 Der Begriff ist inzwischen geläufig und wird beispielweise verwendet in *Munz*, in: Graf von Westphalen/Thüsing/Pamp, Vertragsrecht und AGB-Klauselwerke, Rn. 110; *Ettig*, in: Taeger/Gabel TTDSG § 25 Rn. 31-33; *Schneider*, in: HK-TTDSG § 25 Rn. 31.

425 Schlussanträge des GA vom 21.03.2019 – C-673/17, Rn. 74; *EDSA*, Guidelines 05/2020 on consent under Regulation 2016/679 vom 04.05.2020, Rn. 39; *Hellenic Data Protection Authority,* Guidelines on cookies and trackers, englische Zusammenfassung abrufbar unter: https://iaS.org/news/a/greek-dpa-issues-guidelines-on-cookies-and-trackers/ [Stand August 2025].; *Ettig*, in: Taeger/Gabel, § 25, Rn. 31-32; So auch *Kessler/Oberlin*, CB 2020, 63, 67; a.A. *Haberer*, MMR 2020, 810 (813) der dies insoweit für zulässig erachtet, als Nutzer:innen nicht auf den Zutritt zur Website angewiesen sind, die Anbieter:innen der jeweiligen Website marktbeherrschend sind oder Nutzer:innen für den Dienst anderweitig bezahlen.

426 *Riechert*, in: Riechert/Wilmer, § 25 Rn. 26.

427 Siehe hierzu oben im 3. Teil unter C., II., 1., b.

428 So noch zu § 15 Abs. 3 TMG, OLG Brandenburg, Beschluss vom 13.10.2020 – 6 W 95/20.

besteht ein derartiger Spielraum jedoch nicht mehr. Der EDSA hat klargestellt, dass der Zugang zu Diensten und Funktionen nicht von der Einwilligung von Nutzer:innen in die Speicherung von Informationen in deren Geräten oder dem Zugang zu bereits darin gespeicherten Informationen abhängig gemacht werden darf.[429] Diese Auslegung wird auch vom Generalanwalt *Szpunar*[430] und der griechischen Datenschutzbehörde[431] geteilt.[432]

c. Pay or Okay

Regelmäßig stoßen Nutzer:innen auf Internetseiten auf Banner, die sie vor die Wahl stellen, entweder das Setzen von Cookies zu akzeptieren oder für den digitalen Service der Seite zu zahlen. Man spricht in diesen Fällen von sog. Paywalls.[433]

Fraglich ist, ob in diesen Fällen die Freiwilligkeit der Entscheidung bei Nutzer:innen noch gegeben ist. Sowohl die DSK als auch der EDSA haben sich mit dieser Frage im Rahmen der Bewertung von Pur-Abo-Modellen[434] beschäftigt. Sicherzustellen sei demnach, dass Nutzer:innen bei einem Bezahl-Modell eine gleichwertige Alternative zu der Leistung erhalten, die sie über die Einwilligung bekämen.[435]

> *„Ob die Bezahlmöglichkeit – also z.B. ein Monats-Abo – als eine gleichwertige Alternative zur Einwilligung in das Tracking zu betrachten ist, hängt insbesondere davon ab, ob den Nutzenden gegen ein marktübliches Entgelt ein gleichwertiger Zugang*

---

429 *EDSA*, Leitlinien 05/2020 zur Einwilligung gemäß Verordnung 2016/679, S. 13, Rn. 39.

430 Schlussanträge des GA vom 21.03.2019 – C-673/17, Rn. 74; *EDSA*, Guidelines 05/2020 on consent under Regulation 2016/679 vom 4. 5. 2020, Rn. 39.

431 *Hellenic Data Protection Authority*, Guidelines on cookies and trackers, englische Zusammenfassung abrufbar unter: https://iaS.org/news/a/greek-dpa-issues-guidelines-on-cookies-and-trackers/ [Stand August 2025].

432 *Ettig*, in: Taeger/Gabel, TTDSG § 25 Rn. 31.

433 Der Begriff der Pay Wall wird im Zusammenhang mit Cookie-Bannern so beispielsweise verwendet durch *Herrmann*, in: HK-TTDSG § 1 Rn. 23; *Stroscher*, ZD-Aktuell 2021, 05337.

434 *DSK*, Bewertung von Pur-Abo-Modellen auf Websites, Beschluss vom 22.3.2023, S. 1; *EDSA*, Stellungnahme 08/2024 zur „Wirksamkeit von Einwilligungen im Kontext von „Consent or Pay“--Modellen großer Online-Plattformen“, vom 17.04.2024.

435 *DSK*, a.a.O.., S. 1; *EDSA*, Stellungnahme 08/2024, S. 24, Rn. 73.

zu derselben Leistung eröffnet wird. Ein gleichwertiger Zugang liegt in der Regel vor, wenn die Angebote zumindest dem Grunde nach die gleiche Leistung umfassen."[436]

Die Zulässigkeit des Abo-Modells und damit auch der Paywall wäre demnach durch einen Marktvergleich verschiedener Anbieter zu ermitteln, die einen vergleichbaren Dienst anbieten. In der Literatur wurde hierauf aufbauend beispielsweise das Abo-Modell von Instagram und Facebook, mittels welchem Nutzer:innen für 12,99 EUR monatlich die Meta-Dienste werbefrei nutzen können, als rechtmäßig eingestuft.[437] Dieser Preis könne als marktüblich angesehen werden, da Abonnements bei großen deutschen Tageszeitungen zwischen 5 EUR und 10 EUR monatlich betrügen.[438] Es kann bereits angezweifelt werden, ob zwischen diesen beiden Vergleichsgruppen – die Meta-Dienste als Social-Media-Plattform und Tageszeitungen als journalistische Presseerzeugnisse – eine Vergleichbarkeitsprüfung vorgenommen werden kann. Diese Frage kann jedoch dahinstehen, da der Ansatz, wie auch die DSK ihn wählt, die datenschutzrechtliche Rechtmäßigkeit eines Abo-Modells anhand eines Vergleichs mit marktüblichen Anbietern zu beurteilen, nicht überzeugt.

Die Frage der Freiwilligkeit der Einwilligung von Nutzer:innen hängt vielmehr davon ab, ob noch angenommen werden kann, dass Nutzer:innen eine echte und freie Wahl haben und somit in der Lage sind, die Einwilligung zu verweigern oder zurückzuziehen, ohne Nachteile zu erleiden.[439] Auf den ersten Blick lässt sich ein Nachteil für Nutzer:innen in der finanziellen Belastung durch das Bezahlmodell erkennen. Allein den finanziellen Aspekt zur Auslegung der Freiwilligkeit heranzuziehen, greift jedoch zu kurz. Es muss vielmehr bedacht werden, dass Nutzer:innen eine entgeltliche Leistung erbringen, egal welche „Bezahlvariante" sie wählen. Die Publisher erhalten entweder durch die Offenlegung der personenbezogenen Daten oder durch monetäre Bezahlung einen entgelten Gegenwert für ihre digitale Leistung. Eine echte und freie Wahl kann also grundsätzlich auch noch dann bestehen, wenn den Nutzer:innen ein

---

436 *DSK*, a.a.O.., S. 1.

437 *Woerlein*, ZD-Aktuell 2023, 01467.

438 *Woerlein*, ZD-Aktuell 2023, 01467.

439 So die Definition der Freiwilligkeit in ErwG 42 a.E. DSGVO.

alternatives Bezahlmodell angeboten wird.[440] Wirklich frei in ihrer Entscheidung sind Nutzer:innen jedoch nur dann, wenn die Bezahlvariante in einem angemessenen Verhältnis zu dem kostenlosen Modell steht. Um die Frage der Angemessenheit zu beurteilen, müssen beide Modelle miteinander verglichen werden. Hier gilt es mehrere Aspekte zu berücksichtigen: Einerseits ist hinlänglich bekannt, dass Nutzer:innen selbst dann zum Einwilligen in Datenverarbeitungen tendieren, wenn dies eigentlich ihren Interessen widerstrebt. Das sog. Privacy Paradox bezeichnet das Phänomen, dass Menschen persönliche Informationen teilen, wenngleich sie sich große Sorgen um ihre Privatsphäre machen.[441] Diese Handlung wird durch Überforderung der Nutzer:innen und zeitlichem Druck im Umgang mit digitalen Technologien verstärkt. Des Weiteren darf nicht verkannt werden, dass Nutzer:innen sich in verschiedenen finanziellen Ausgangslagen befinden, wenn sie sich mit der Entscheidung konfrontiert sehen, der Verarbeitung ihrer Daten zuzustimmen. Würde man den Vergleichbarkeitsmaßstab der Angemessenheit weniger restriktiv auslegen – so wie die DSK es andeutet – so bestünde das Risiko, dass individueller Datenschutz zu einem Luxusgut würde. Dass Datenschutz jedoch gerade kein Recht ist, was man sich leisten können muss, lässt sich dem grundrechtlichen Schutz personenbezogener Daten entnehmen, Art. 8 Abs. 1 GRCh. Demzufolge ist das Merkmal der Angemessenheit in diesem Fall grds. streng auszulegen.

Um jedoch eine faire Abwägung vorzunehmen, sind auch die Interessen der Anbieter:innen zu berücksichtigen. Dem Sinn und Zweck der datenschutzrechtlichen Regelungen würde es nicht entsprechen, nur die Interessen der Nutzer:innen zu berücksichtigen. Der Grund, wieso Anbieter:innen überhaupt auf das Modell der werbefinanzierten Angebote zurückgreifen und am digitalen Werbemarkt partizipieren, ist, dass sie hierdurch ihre digitalen Angebote finanzieren.[442] Nicht selten handelt es sich bei Anbieter:innen der Pay Walls um mediale und journalistische Angebote, die sich ohnehin in einer prekären finanziellen Situation befinden.[443] Die finanziellen Interessen der Publisher sind bei der Angemessenheitsprüfung folglich zu

440 Ebenso *EDSA*, Stellungnahme 08/2024, S. 36, Rn. 134.

441 Zum Privacy Paradox vgl. *Gerber/Gerber/Volkamer*, Computers & Security Vol. 77, 2018, S. 226-261; *Martini*, in: Paal/Pauly, DSGVO Art. 25, Rn. 13; *Norberg/Horne/Horne*, Journal of Consumer Affairs, 2007, S. 100-126.

442 Hierzu vertiefend im 5. Teil unter B., II.

443 Hierzu vertiefend im 5. Teil unter C., III.

berücksichtigen. Die Publisher sollten also nicht schlechter gestellt werden, wenn Nutzer:innen das Bezahlmodell wählen, als wenn diese der Verarbeitung der personenbezogenen Daten zustimmen. Diese Arbeit hat bereits ausführlich beleuchtet, welche Einnahmen Publisher durch ihre Partizipation am digitalen Werbemarkt verbuchen können. So fallen die Einnahmen von Publishern für gewöhnlich äußerst gering aus, während die großen Konzerne des Werbemarktes – namentlich Google und Meta – einen Großteil der Einnahmen auf sich verbuchen können. Selbst wenn man jedoch einmal annimmt, dass der gesamte Werbeumsatz bei den Publishern landet, besteht zwischen den Bezahlmodellen und den werbefinanzierten Angeboten in den meisten Fällen ein großes Missverhältnis. *Noyb* hat dieses für zwei Beschwerden gegen Publisher ausgerechnet. Die Datenschutzorganisation hat in ihrer Beschwerde gegen heise.online errechnet, dass selbst wenn man die gesamten Online-Werbeumsatz personalisierter Werbeeinahmen heise.online zuordnen würde, sich die Erträge lediglich auf 2,92 EUR pro Leser im Jahr beliefen.[444] Demgegenüber sollte das Abo von heise.online 59,40 EUR (brutto) bzw. 49,92 EUR (netto) pro Jahr kosten, was das 17,11-fache des erzielten Erlöses aus personalisierter Werbung darstellt.[445] Ähnliche Ergebnisse ergaben sich für Rechnungen mit den Abo-Modellen von spiegel.de,[446] zeit.de,[447] FAZ.net,[448] derStandard.at[449] und krone.at.[450]

---

444 *Noyb*, Beschwerde Fallnummer: C-048, S. 22, abrufbar unter: https://noyb.eu/sites/default/files/2021-08/heise_Beschwerde_PUBLIC.pdf [Stand August 2025].

445 *Noyb*, Beschwerde Fallnummer: C-048, S. 22.

446 Das PUR-Abo vom Spiegel ist über 656-mal teurer als Erlöse durch Einwilligung, vgl. *Noyb*, Beschwerde Fallnummer: C-045, S. 21 ff., abrufbar unter: https://noyb.eu/sites/default/files/2021-08/SPIEGEL_Beschwerde_PUBLIC.pdf [Stand August 2025].

447 Das PUR-Abo der Zeit ist knapp 975-mal teurer als Erlöse durch Einwilligung, vgl. *Noyb*, Beschwerde Fallnummer: C-047, S. 22 ff., abrufbar unter: https://noyb.eu/sites/default/files/2021-08/ZEIT_Beschwerde_PUBLIC.pdf [Stand August 2025].

448 Das PUR-Abo der FAZ ist 847-mal teurer als Erlöse durch Einwilligung, vgl. *Noyb*, Beschwerde Fallnummer: C-051, S. 25 ff., abrufbar unter: https://noyb.eu/sites/default/files/2021-08/FAZ_Beschwerde_PUBLIC.pdf [Stand August 2025].

449 Das PUR-Abo des Standards ist 288-mal teurer als Erlöse durch Einwilligung, vgl. *Noyb*, Beschwerde Fallnummer: C-046, S. 19 ff., https://noyb.eu/sites/default/files/2021-08/STANDARD_Beschwerde_PUBLIC.pdf [Stand August 2025].

450 Das PUR-Abo der Krone-Zeitung ist 142-mal teurer als Erlöse durch Einwilligung, vgl. *Noyb*, Beschwerde Fallnummer: C-049, S. 15 ff., abrufbar unter: https://noyb.eu/sites/default/files/2021-08/Krone_Beschwerde_PUBLIC.pdf [Stand August 2025].

Gegenüber heise.online und dem Standard haben die Datenschutzbehörden mittlerweile Entscheidungen erlassen. Beide Consent-Banner wurden jedoch aus anderen Gründen für unzulässig erklärt und die Behörden ließen die Frage der Angemessenheit ungeklärt.[451]

Für wen die Pay-or-Okay-Modelle jedoch lukrativ sind, sind die großen Plattformen, namentlich Google und Meta. Diebezüglich hat der EDSA zu Bedenken gegeben, dass bei der Erteilung einer Einwilligung gegenüber diesen Akteuren das Machtungleichgewicht zum Tragen kommen kann.[452]

> *„Zu den zu würdigenden Faktoren zählen unter anderem die Stellung der großen Online-Plattform auf dem Markt, das Vorhandensein von ‚Lock-in'- oder ‚Netzwerkeffekten', das Ausmaß, in dem die betroffene Person auf den Dienst angewiesen ist und die Hauptzielgruppe des Dienstes."*[453]

Daher postuliert der EDSA, dass große Plattformen vorzugsweise kontextualisierte Online-Werbung als alternatives Finanzierungsmodell für Online-Inhalte in Erwägung ziehen sollten.[454] Obgleich die Frage der Freiwilligkeit im jeweiligen Einzelfall zu prüfen ist, ließen die überwiegenden Argumente den Schluss zu, dass Bezahlmodelle von großen Plattformen nicht als „gleichwertige Alternative" für die mittels der Freigabe von Daten zur Verfügung stehenden Dienste betrachtet werden könnten.[455]

---

[451] Auf heise.online wurde die Verarbeitung bereits vor der Einwilligung eingeleitet und Nutzer:innen gaben ihre Einwilligung nicht informiert, spezifisch und freiwillig ab, vgl. hierzu Entscheidung der Niedersächsischen Beauftragten für Datenschutz, vom 17.05.2023, abrufbar unter: https://noyb.eu/sites/default/files/2023-07/11VerwarnungPurAboModellfinalgeschwrztp_Redacted.pdf [Stand August 2025].. In der Entscheidung der Österreichischen Datenschutzbehörde vom 29.03.2023 gegenüber dem Standard wurde bemängelt, dass keine Pauschaleinwilligung möglich ist, abrufbar unter: https://noyb.eu/sites/default/files/2023-04/Standard_Bescheid_geschwärzt.pdf [Stand August 2025].

[452] *EDSA*, Stellungnahme 08/2024, S. 31, Rn. 107.

[453] Ebd., S. 4.

[454] Ebd., S. 47, Rn. 181.

[455] Ebd., S. 48, Rn. 1812.

Für diese Arbeit kann damit festgehalten werden, dass die Bezahl-Modelle nur eine tatsächliche Alternative darstellen, wenn sie in finanzieller Hinsicht vergleichbar sind und den Nutzer:innen somit eine echte Wahlmöglichkeit zwischen den Modellen bleibt. Andernfalls können Nutzer:innen keine freiwillige Einwilligung in die Datenverarbeitung geben und diese ist in der Folge rechtswidrig.

d. Nudging und Dark Patterns

Die Frage der freiwilligen Einwilligung stellt sich ebenfalls, wenn Anbieter:innen versuchen, das Verhalten von Nutzer:innen mittels designerischer Gestaltung der Consent-Banner zu beeinflussen. Nutzer:innen werden hier entweder im Kontext der Zustimmungsgebung gezielt beeinflusst (sog. Nudging) oder sogar unter Umständen entgegen ihrer eigenen Interessen verleitet eine Einwilligung zu erteilen (sog. Dark Patterns). Die genaue Abgrenzung dieser Thematiken gestaltet sich als anspruchsvoll. Die rechtliche Bewertung ist zudem davon abhängig, wie stark die Einflussnahme auf eine freie Entscheidung angestrebt wird bzw. gelingt.

Am bekanntesten sind in dieser Rubrik Consent-Banner, welche den Nutzer:innen auf der primären Entscheidungsebene keine authentische Wahlfreiheit gewähren. Dieses Problem tritt auf, wenn das Banner Nutzer:innen auf der ersten Ebene nur die Möglichkeit gibt, allen Verarbeitungen zuzustimmen oder sich für weitere Einstellungen durch nachgeschaltete Ebenen zu klicken. In solchen Szenarien ist die Möglichkeit, die Einwilligung zu verweigern, mindestens einen Interaktionsschritt weiter entfernt als die Zustimmung.[456] Eine Untersuchung aus dem Jahr 2019[457] konnte nachweisen, dass die Zustimmung der Nutzer:innen zur Verarbeitung ihrer Daten signifikant erhöht wird, wenn eine Schaltfläche mit der Beschriftung „Alle akzeptieren“ in einer hervorgehobenen Farbe dargestellt wird. Die Studie kommt zudem zu dem Ergebnis, dass die Nutzer:innen im Nachhinein häufig zu Protokoll geben, der Verarbeitung ihrer Daten zugestimmt zu haben.[458]

---

456 *Ettig*, in: Taeger/Gabel, TTDSG § 25 Rn. 30.

457 *Machuletz/Böhme*, PoPETs 2020, 481-498.

458 Ebd.

Hinzutreten können daneben noch gestalterische Aspekte auf der primären Ebene des Banners, mit dem Anbieter:innen Nutzer:innen durch die farbliche Hervorhebung eines Button zur Zustimmung bewegen wollen. Dann ist der Button, mit dem Nutzer:innen ihre Akzeptanz zum Ausdruck bringen, farblich oder anderweitig gestalterisch hervorgehoben. Demgegenüber ist der Button, mit welchem Nutzer:innen eine differenziertere Auswahl treffen könnten, kleiner, dezenter und dadurch schwieriger zu erkennen. In diesen Fällen kann die Freiwilligkeit der Nutzer:innen nicht angenommen werden.[459]

Uneindeutiger gestaltet sich das Hervorhebung einzelner Schaltflächen mittels variierender Farbgebung oder Schriftgröße, wenn eine Wahlmöglichkeit auf der primären Bannerebene sehr wohl besteht. In diesen Fällen haben Nutzer:innen eine faktische Wahlmöglichkeit, sodass sie frei in die Datenverarbeitung einwilligen können. Außer Frage steht jedoch, dass Anbieter auch hier versuchen, die Entscheidung von Nutzer:innen zu beeinflussen.[460] Aufgrund des zeitlichen Drucks, dem Nutzer:innen sich für gewöhnlich ausgesetzt sehen, wenn sie mit einem Consent-Banner konfrontiert sind, könnten sie also dennoch eine Handlung vornehmen, die sie nicht unternommen hätten, wäre eine entsprechend farbliche oder andere designerische Gestaltung nicht gegeben gewesen. Datenschutzbehörden sehen die gestalterische Einflussnahme aus diesem Grund durchaus kritisch.[461]

Die vorgenannten Gründe sprechen mithin dafür, eine Freiwilligkeit der Nutzer:innenhandlung eher abzulehnen. Tatsächlich kann dies jedoch nur für den jeweiligen Einzelfall beantwortet

---

459 LG München I, Urteil vom 29.11.2022 – 33 O 14776/19.

460 Zu den gestalterischen Aspekten und der Absicht zur Beeinflussung vgl. *Martini/Drews/Seeliger/Weinzierl*, ZfDR 2021, 47 (50): „[Die Verwender:innen] können manipulieren, täuschen, nötigen oder Nutzer steuern. Der überwiegende Teil der beobachteten Phänomene macht sich verhaltens-ökonomische bzw. -psychologische Effekte zunutze. Scarcity- und Countdown-, Preselection- sowie Trick Question-Patterns etwa instrumentalisieren Biases und Heuristiken der Entscheider. Andere Dark Patterns basieren auf Elementen der (empirischen) Designforschung oder disziplinübergreifenden Mischgebilden."

461 *Ettig*, in: Taeger/Gabel, TTDSG § 25 Rn. 30; *CNIL*, Empfehlung Nr. 2020-092 vom 17.09.2020, Rn. 34; *Hellenic Data Protection Authority*, Guidelines on cookies and trackers, englische Zusammenfassung abrufbar unter: https://iaS.org/news/a/greek-dpa-issues-guidelines-on-cookies-and-trackers/ [Stand August 2025].; *DPC*, Guidance Note: Cookies and other tracking technologies, S. 9; *ICO*, Guidance on the use of cookies and similar technologies, abrufbar unter: https://ico.org.uk/for-organisations/guide-to-pecr/guidance-on-the-use-of-cookies-and-similar-technologies/ [Stand August 2025].

werden. Einerseits da die gestalterischen Aspekte der Banner stark differieren können. Andererseits reagieren aber auch die einzelnen Nutzer:innen auf diese Gestaltung individuell und lassen sich verschieden stark von einem Bannerdesign beeinflussen.[462] „Attribute wie etwa der Bildungsstatus oder die politische Einstellung sowie (wohl) auch das Geschlecht korrelieren stark mit dem Grad der generellen und situativen Beeinflussbarkeit eines Nutzers sowie der Wirksamkeit spezieller Patterns.“[463]

Dieser Befund wird von neueren Studien gestützt, die zeigen, dass die Verwendung spezifischer Sprache in Consent-Bannern Einfluss auf die Zustimmung der Nutzer:innen zur Datenverarbeitung hat. Eine Untersuchung aus 2021 analysierte dazu 400 Cookie-Banner auf englischsprachigen Websites mit einer Zielgruppe in der EU.[464] Im Rahmen der Analyse wurden die Zwecke von Cookie-Bannern und die Art und Weise, wie diese Zwecke ausgedrückt wurden, untersucht. Ein besonderes Augenmerk wurde auf die Verwendung von irreführenden oder vagen Formulierungen sowie der Verwendung von Fachjargon gelegt. Die Ergebnisse der Studie zeigen, dass 89 % der untersuchten Cookie-Banner gegen geltendes Recht verstießen. Insbesondere wurde bei 61 % der untersuchten Banner das Erfordernis der Zweckbestimmtheit verletzt, indem vage Zwecke genannt wurden, darunter u.a. „Verbesserung der Benutzererfahrung“. Darüber hinaus wurde bei 30 % der untersuchten Banner ein positives Framing verwendet, wodurch das Erfordernis der freien und informierten Zustimmung verletzt wurde.[465]

III. Zwischenergebnis: Auf einer Einwilligung beruhende Verarbeitung

Nur wenn Consent-Banner Nutzer:innen bereits auf der ersten Ebene eine echte Wahlmöglichkeit bieten, der Verarbeitung ihrer Daten zuzustimmen oder dies abzulehnen, ohne hierdurch Nachteile zu erleiden, wäre eine Verarbeitung – ungeachtet der zuvor

---

462 *Martini/Drews/Seeliger/Weinzierl*, ZfDR 2021, 47 (50 f.).

463 Ebd.

464 *Santos et. al.*, Cookie Banners, What's the Purpose? Analyzing Cookie Banner Text Through a Legal Lens, WPES '21, Kim/Kim (Hrsg.), S. 187-194.

465 *Santos et. al.*, Cookie Banners, What's the Purpose? Analyzing Cookie Banner Text Through a Legal Lens, WPES '21, Kim/Kim (Hrsg.), S. 187.

festgestellten Rechtswidrigkeitsaspekte – datenschutzrechtlich zulässig. Die in der Praxis aktuell verwendeten Consent-Banner entsprechen diesen Anforderungen gestalterisch größtenteils nicht.[466]

Schon die erste Datenerhebung bedarf nach § 25 Abs. 1 TDDDG der Einwilligung der jeweiligen Nutzer:innen. Hierfür sind die Einwilligungserfordernisse nach Art. 7 Abs. 1 i.V.m. Art. 4 Nr. 11 DSGVO einzuhalten. Wie die Arbeit zuvor festgestellt hat, können die Anforderungen an die Informiertheit beim RTB-Verfahren nicht eingehalten werden, da die Parteien, die letztendlich Zugang zu den verarbeiteten Daten bekommen, nicht bekannt sind und somit nicht benannt werden können.[467] Überdies entsprechen die in der Praxis verwendeten Consent-Banner zumeist nicht den gestalterischen Anforderungen, um eine Einwilligung nach § 25 Abs. 1 TDDDG einzuholen. Würden die Anforderungen, die die DSGVO an eine wirksame Einwilligung stellt von den Verantwortlichen bei der Gestaltung von Consent-Bannern eingehalten werde, würden weniger als 0,1% der Nutzer:innen in die Verarbeitung ihrer Daten einwilligen.[468]

Die Einwilligung nach Art. 6 Abs. 1 lit. a) DSGVO kann beim aktuellen Stand der Technik nicht wirksam von Nutzer:innen erteilt werden. Mangels einer vollumfassenden Information über die am Verarbeitungsprozess beteiligten Parteien sind die Nutzer:innen nicht in der Lage eine wirksame Einwilligung abzugeben. Die komplexen Prozesse des Real Time Biddings machen es den Verantwortlichen unmöglich Nutzer:innen umfassend über die Verarbeitung zu informieren. Mithin lässt sich für diese Arbeit feststellen, dass die Einwilligung als Erlaubnistatbestand ungeeignet ist, wenn eine Datenverarbeitung zum Zwecke personalisierter Online-Werbung vollzogen wird.

Bereits die Datenerhebung mittels Tracking-Technologie bedarf nach § 25 Abs. 1 S. 1 TDDDG gleichwohl der Einwilligung der Nutzer:innen. Die in der Praxis aktuell verwendeten Consent-

---

466 Hierzu ausführlich *Utz et al.*, CCS '19: Proceedings of the 2019 ACM SIGSAC Conference on Computer and Communications Security, 973-900.

467 Vertiefend zur Voraussetzung der Informiertheit siehe oben im 3. Teil unter C., I., 3.

468 *Utz et al.*, a.a.O., 973 (986).

Banner entsprechen jedoch häufig nicht den datenschutzrechtlichen Vorgaben und sind mithin nicht geeignet eine wirksame Einwilligung von Nutzer:innen einzuholen. Ist zudem bereits bei Erhebung bekannt, dass die Daten zum Zwecke personalisierter Werbung erhoben werden, scheitert die Einwilligung aus den vorgenannten Gründen aufgrund mangelnder Informiertheit der Nutzer:innen.

D. Auf weiteren Erlaubnistatbeständen der DSGVO beruhende Verarbeitungen

In vielen Fällen werden Daten zu Beginn mit einem anderen Ziel als der Personalisierung von Online-Werbung erhoben. Sobald diese Daten jedoch zu Nutzer:innenprofilen hinzugefügt werden sollen, anhand derer die Personalisierung von Werbung erfolgt, stellt dies eine Weiterverarbeitung im Sinne der DSGVO dar, die grundsätzlich verboten ist. Die Einwilligung kann nicht als Erlaubnistatbestand herangezogen werden, da nach dem aktuellen Stand der Technik keine Einwilligung in das RTB-Verfahren möglich ist. Art. 6 Abs. 1 DSGVO hält jedoch weitere Erlaubnistatbestände bereit, auf welche Verantwortliche die Verarbeitung zum Zweck personalisierter Online-Werbung stützen können.[469] Diesbezüglich sind insbesondere die Verarbeitung zur Erfüllung eines Vertrages gemäß Art. 6 Abs. 1 lit. b) DSGVO sowie das berechtigte Interesse an der Verarbeitung gemäß Art. 6 Abs. 1 lit. f) DSGVO von praktischer Relevanz.[470]

I. Verarbeitung zur Erfüllung eines Vertrages, Art. 6 Abs. 1 lit. b) DSGVO

Nach Art. 6 Abs. 1 lit. b) DSGVO ist eine Datenverarbeitung zulässig, wenn sie zur Erfüllung eines Vertrages oder zur Durchführung vorvertraglicher Maßnahmen erforderlich ist. Für diese Arbeit ist die erste Variante dieses Erlaubnistatbestandes relevant. In der Praxis argumentieren Unternehmen des digitalen Werbemarktes vielfach mit der Vertragserfüllung, wenn die Daten

---

469 „Die Rechtmäßigkeit dieser (Folge-)Verarbeitungen richtet sich nach den Anforderungen der Datenschutz-Grundverordnung (DS-GVO).“ *Spiecker gen. Döhmann/Bretthauer*, in: Spiecker gen. Döhmann/Bretthauer, G 2.4.122, Einführung.

470 So etwa durch *Meta* bei der Datenverarbeitung zum Training ihrer hauseigenen Künstlichen Intelligenz. Hierzu *Jürgens*, Komm, gib mir deine Daten!, vom 14.06.2024, abrufbar unter: https://www.zeit.de/2024/26/meta-kuenstliche-intelligenz-daten-facebook-instagram-eu [Stand August 2025].

von Nutzer:innen zu Werbezwecken erhoben oder verarbeitet wurden.[471] Die Absicht des Unternehmens, Daten zu Marketingzwecken und insbesondere für personalisierte Werbung zu nutzen, wird regelmäßig in den allgemeinen Geschäftsbedingungen (AGB) festgeschrieben. Von Nutzer:innen wird dann, z.B. bei Erstellung eines Accounts für ein soziales Netzwerk, die Zustimmung zu den AGB verlangt. Für die Untersuchung ist zu fragen, ob diese Praxis rechtmäßig ist und welche Anforderungen dieses Verfahren zu erfüllen hat. Sofern es Unternehmen des digitalen Werbemarktes möglich ist, sich auf die Vertragsbeziehung und damit auf den Erlaubnistatbestand des Art. 6 Abs. 1 lit. b) DSGVO zu berufen, wenn sie die Datenverarbeitung zu Werbezwecken anstreben, ist die Einholung der Einwilligung von Nutzer:innen nicht mehr geboten.

Hintergrund des Art. 6 Abs. 1 lit. b) DSGVO ist der Grundsatz der Privatautonomie, welcher inhärenter Bestandteil des Vertragsrechts ist.[472] Da die Vertragsparteien in dem Abschluss ihres Vertrages frei agieren, lässt sich unterstellen, dass auch die damit einhergehende Datenverarbeitung in ihrem Sinne ist.[473] Mit Blick auf die Rechenschaftspflicht der Datenverarbeitenden gem. Art. 5 Abs. 2 DSGVO haben Datenverarbeitende somit nachzuweisen, dass ein Vertrag besteht, dass dieser nach dem geltenden nationalen Vertragsrecht gültig ist, und dass die Verarbeitung für die Erfüllung des Vertrages objektiv erforderlich ist.[474] In der Praxis wirft jedoch bereits die Überprüfbarkeit, ob ein nach nationalem Recht wirksamer Vertrag vorliegt, erhebliche Fragen auf. In einem Beschwerdeverfahren vor der irischen Datenschutzbehörde (Data Protection Commission, kurz: DPC), sah sich diese mit der Frage konfrontiert, ob der Vertrag zwischen der österreichischen Beschwerdeführerin und der in Irland ansässigen Meta Platforms Ireland Limited (ehemals Facebook) rechtmäßig zustande gekommen sei. Die DPC vertrat die Auffassung, dass diese Fragen nicht von ihren

---

471 So in der Vergangenheit etwa Meta, worauf nachfolgend noch eingegangen wird.

472 *Albers/Veit*, in: BeckOK DatenschutzR, DSGVO Art. 6 Rn. 41; *Buchner/Petri*, in: Kühling/Buchner, DSGVO Art. 6 Rn. 26.

473 *Albers/Veit*, a.a.O., Rn. 41; *Buchner/Petri*, a.a.O., Rn. 26.

474 *EDSA*, Leitlinien 2/2019 für die Verarbeitung personenbezogener Daten gemäß Artikel 6 Absatz 1 Buchstabe b DSGVO im Zusammenhang mit der Erbringung von Online-Diensten für betroffene Personen, vom 08.10.2019, S. 8.

Kompetenzen als nationale Datenschutzbehörde gedeckt seien[475] und vertragsrechtliche Fragen von Beschwerdeführer:innen vor nationalen Gerichten zu klären wären.[476] Der EDSA[477] hielt dem entgegen, dass die Überwachungsaufgaben, die die DSGVO den Aufsichtsbehörden überträgt, eine begrenzte Zuständigkeit für die Bewertung der allgemeinen Gültigkeit eines Vertrags impliziere, soweit dies für die Erfüllung ihrer Aufgaben nach der DSGVO relevant ist.[478] Andernfalls würden die Aufsichtsbehörden ihre Überwachungs- und Durchsetzungsaufgabe gem. Art. 57 Abs. 1 lit. a) DSGVO in einem Fall wie dem vorliegenden auf Maßnahmen wie die Überprüfung der Frage, ob die fragliche Verarbeitung für die Erfüllung eines Vertrags erforderlich sei, beschränkt sehen.[479] Nach der Auslegung des DPC wären die Datenschutzbehörden somit verpflichtet, einen Vertrag stets als gültig zu betrachten, selbst in Situationen, in denen dies offensichtlich nicht der Fall sei.[480] Führt man sich Beispiele der offensichtlichen Unwirksamkeit von Verträgen vor Augen, z.B. weil das Schriftformerfordernis nicht gegeben ist oder weil der Vertrag mit einer nicht geschäftsfähigen Person geschlossen wurde, wird die Unhaltbarkeit der Ansicht des DPC deutlich. Insbesondere vor dem Hintergrund, dass die Beweislast der datenverarbeitenden Partei zukommt (Art. 5 Abs. 2 DSGVO), käme es einer Aushöhlung des Datenschutzes gleich, verschlössen Datenschutzbehörde vor derart offensichtlichen Unwirksamkeitsgründen für einen Vertrag die Augen. In der Konsequenz haben Datenschutzbehörden jedenfalls hinsichtlich offensichtlich unzulässiger Verträge eine Prüfungskompetenz, auch wenn diese Verträge unter anderem nationalen Recht geschlossen wurden.

---

[475] *DPC,* Inquiry Reference: IN-18-5-5, vom 31.12.2022, S. 24 f.

[476] Ebd., S. 25.

[477] Nachdem der Beschlussentwurf des DPC an die betroffenen Aufsichtsbehörden weitergeleitet worden war, um ihnen gemäß Art. 60 Abs. 3 DSGVO Gelegenheit zur Stellungnahme zu geben, erhoben die Aufsichtsbehörden Österreichs, Deutschlands, Frankreichs, Italiens, der Niederlande, Norwegens, Polens, Portugals und Schwedens Einwände in der Angelegenheit. Nach Prüfung der Begründetheit dieser Einwände erließ die EDSA einen verbindlichen Beschluss: *EDSA*, Verbindlicher Beschluss 3/2022 zu der von der irischen Aufsichtsbehörde vorgelegten Streitigkeit über Meta Platforms Ireland Limited und deren Facebook-Dienst (Artikel 65 DSGVO), vom 05.12.2022.

[478] *EDSA*, a.a.O.. 108.

[479] Ebd., Rn. 109.

[480] Ebd.

Besteht hinsichtlich des Vorliegens eines wirksamen Vertrages kein Zweifel, ist zu fragen, ob die Datenverarbeitung zur Erfüllung des Vertrages notwendig ist.[481] Die Notwendigkeit ist zu bejahen, wenn die Nichtdurchführung des Vertragsbestandteils zur Folge hätte, dass der Vertrag nicht erfüllt wäre.[482] Was für die Vertragserfüllung erforderlich ist, muss mit Hinblick auf die unionsrechtlichen und insbesondere datenschutzrechtlichen Bestimmungen hier eigenständig bestimmt werden. Nicht möglich ist die Zugrundelegung unseres deutsch-nationalen Erfüllungsverständnisses.[483] Die Notwendigkeit kann sich zudem nicht allein aus den vertraglichen Bedingungen ergeben.[484] Um die Frage beantworten zu können, ob die Datenverarbeitung zur Erfüllung des Vertrages erforderlich war, ist vielmehr zunächst der Zweck des Vertrages zu ermitteln.[485] Erst wenn die Datenverarbeitung objektiv für einen bestimmten Zweck erforderlich und „integraler Bestandteil" der Erbringung dieser vertraglichen Dienstleistung für die betroffene Person ist, lässt sich die Verarbeitung auf Art. 6 Abs. 1 lit. b) DSGVO stützen.[486] Zu identifizieren ist jeweils der objektive, hauptsächliche Zweck eines Vertrages. Nur weil ein Zweck in den vertraglichen Bestimmungen benannt ist, ist dieser noch lange nicht objektiv als Vertragszweck zu verstehen. Dies muss insbesondere gelten, wenn vertragliche Bestimmungen einseitig gestellt oder auferlegt wurden, wie dies bei AGB der Fall ist. Gerade wenn zwischen den Parteien ein Machtgefälle existiert, ist zu fragen, ob ein vertraglicher Zweck für beide Vertragsparteien notwendig ist. Die Erforderlichkeit ist bereits dann abzulehnen, wenn es eine gleich effektive, aber weniger intensive Maßnahme zur Erreichung des jeweiligen Zweckes gibt.[487] Teilweise enthalten Verträge mehrere, variierende Bestandteile und daher auch Zwecke. So etwa, wenn eine Plattform wie Facebook diverse Funktionen anbieten und personalisierte Werbung als einen

---

481 Auch als „objektiv Erforderlichkeit" bezeichnet, *EDSA*, Verbindlicher Beschluss 3/2022 vom 05.12.2022, Rn. 111.

482 *Albers/Veit*, in: BeckOK DatenschutzR, DSGVO Art. 6 Rn. 43.

483 Ebd., Rn. 42.

484 Ebd., Rn. 46.

485 *Albers/Veit*, in: BeckOK DatenschutzR, DSGVO Art. 6 Rn. 44; so wohl auch Reimer, in: Sydow/Marsch, DSGVO Art. 6 Rn. 31; ebenso *Taeger*, in: Taeger/Gabel, DSGVO Art. 6 Rn. 57.

486 *EDSA*, Verbindlicher Beschluss 3/2022 vom 05.12.2022, Rn. 112; *Artikel-29-Datenschutzgruppe*, WP 217, vom 09.04.2014, S. 22.

487 So auch *Albers/Veit*, in: BeckOK DatenschutzR, DSGVO Art. 6 Rn. 42.

dieser Zwecke nennt. Die Bündelung von Zwecken ist an sich datenschutzrechtlich nicht zu beanstanden.[488] Jedoch muss in einem solchen Fall jeder Zweck einzeln auf die Erforderlichkeit der Datenverarbeitung hin überprüft werden. Damit der Erlaubnistatbestand herangezogen werden kann, muss die Verarbeitung der jeweiligen personenbezogenen Daten für den jeweiligen (Haupt-)Gegenstand des Vertrages erforderlich sein. Zur Beantwortung der Frage, ob Art. 6 Abs. 1 lit. b) DSGVO anwendbar ist, hat der EDSA folgende Leitfragen entwickelt:

- *„Welche Art von Dienst wird der betroffenen Person erbracht? Welches sind seine Unterscheidungsmerkmale?*
- *Welches ist der genaue Beweggrund des Vertrags (das heißt sein Inhalt und sein grundlegendes Ziel)?*
- *Was sind die wesentlichen Elemente des Vertrags?*
- *Welches sind die gegenseitigen Perspektiven und Erwartungen der Vertragsparteien? Wie wird der Dienst der betroffenen Person gegenüber angepriesen oder beworben? Würde ein normaler Nutzer des Dienstes vernünftigerweise erwarten, dass in Anbetracht der Art des Dienstes die geplante Verarbeitung erfolgt, um den Vertrag zu erfüllen, dessen Partei er ist?“* [489]

Wenn nun personenbezogene Daten im Kontext personalisierter Werbung verwendet werden, könnte dies gem. Art. 6 Abs. 1 lit. b) DSGVO zulässig sein, sofern die Verarbeitung vertraglich erforderlich ist. Zunächst ist daher der Zweck des jeweiligen Vertrages zu ermitteln. Wie die Ausarbeitung gezeigt hat, wird personalisierte Werbung nahezu von jedem digitalen Dienstleister verwendet. Mithin kann ein entsprechender Vertrag schlichtweg jeden Zweck aufweisen, beispielsweise den An- oder Verkauf, wenn man an Online-Händler:innen denkt, die Kommunikation zwischen Personen, wenn es um Messanger-Dienste geht oder die Information von Nutzer:innen, wenn es sich um News-Portale handelt. In diesen Fällen dient

488 Differenzierend zwischen Haupt- und Nebenzwecken eines Vertrages, *Taeger*, in: Taeger/Gabel, DSGVO Art. 6 Rn. 65.

489 *EDSA*, Leitlinien 2/2019 zur Verarbeitung personenbezogener Daten gemäß Artikel 6 Absatz 1 Buchstabe b DSGVO im Zusammenhang mit der Bereitstellung von Online-Diensten für betroffene Personen, vom 08.10.2019, Rn. 33.

personalisierte Werbung – wie zuvor aufgezeigt – der Finanzierung dieser Dienst-leistungen.[490] Fraglich ist, ob eine solche Finanzierung Teil des Vertragszwecks sein kann und damit die Heranziehung des Erlaubnistatbestandes rechtfertigt. Der EDSA hat dies in seinen Leitlinien zu Art. 6 Abs. 1 lit. b) DSGVO abgelehnt.[491] Nur weil eine Dienstleistung durch verhaltensbezogene Werbung finanziert wird, kann der Erlaubnistatbestand nicht als Legitimation der Verarbeitung von personenbezogenen Daten verwandt werden.[492] Der Finanzierungsaspekt allein reiche nicht aus, um die Erforderlichkeit der Datenverarbeitung zu begründen.[493]

Fraglich ist, ob etwas anderes gelten kann, wenn die Verarbeitung von personenbezogenen Daten und die Ausspielung personalisierter Werbung als Zweck in den Vertrag aufgenommen wurden. So hatte Meta die Ausspielung personalisierter Werbung explizit in seine AGB aufgenommen, nachdem die DSGVO in Kraft trat.[494] Das Unternehmen argumentierte in der Folge, dass dies die Verarbeitung personenbezogener Daten gem. Art. 6 Abs. 1 lit. b) DSGVO rechtfertige.[495] Allein die Aufnahme der Ausspielung personalisierter Werbung in die AGB kann diese jedoch nicht zum Vertragszweck machen.[496] Vielmehr gilt es zu untersuchen, ob Ausspielung personalisierter Werbung tatsächlich ein Zweck des Vertrages zwischen der Social-Media-Plattform und seinen Nutzer:innen darstellt.[497] Das setzt voraus, dass verhaltensbezogene Werbung für Meta objektiv notwendig ist, um den jeweiligen Nutzer:innen

490 Vertiefend hierzu oben im 2. Teil unter A., I. und unten im 5. Teil unter B., II.

491 *EDSA*, Leitlinien 2/2019, vom 08.10.2019, Rn. 53.

492 *EDSA*, Leitlinien 2/2019, vom 08.10.2019, Rn. 53.

493 *EDSA*, a.a.O., Rn. 53.

494 Die Nutzungsbedingungen finden sich auszugshalber in der Entscheidung der DPC. „Provide a personalized experience for you: Your experience on Facebook is unlike anyone else's: from the posts, stories, events, ads, and other content you see in News Feed or our video platform to the Pages you follow and other features you might use, such as Trending, Marketplace, and search." *DPC,* Inquiry Reference: IN-18-5-5, vom 31.12.2022, S. 7.

495 „Facebook argues that there is no basis to contend that Facebook, in clearly relying on a contract with the user, has attempted to mislead the user and to ‚infer' consent from a user. Facebook's position is that the condition of necessity for contractual performance ‚does not mean that processing must be essential to the performance of the contract, or the only way to perform the underlying contract'." *DPC,* Inquiry Reference: IN-18-5-5, vom 31.12.2022, S. 28.

496 Ebenso *Albers/Veit*, in: BeckOK DatenschutzR, DSGVO Art. 6 Rn. 46.

497 *EDSA*, Verbindlicher Beschluss 3/2022 vom 05.12.2022, Rn. 112.

seinen Facebook-Dienst auf der Grundlage der Facebook-Nutzungsbedingungen und der Art des Dienstes anzubieten.[498] Wenngleich Meta dies aufgrund der wirtschaftlichen Relevanz des Werbekonzeptes bejaht, ist der Zweck nicht nur mittels der Sichtweise des für die Verarbeitung Verantwortlichen zu ermitteln, sondern auch aus Sicht einer vernünftigen betroffenen Person beim Abschluss des Vertrags.[499] Aus Sicht von Nutzer:innen ist Facebook eine Plattform, die ihnen die Kommunikation mit anderen Nutzer:innen ermöglicht und so präsentiert sich das Unternehmen auch auf den ersten Blick nach außen.[500] Folglich ist dies als Hauptzweck des Vertrages zu sehen. Hierfür spricht auch die Tatsache, dass die Facebook-Nutzungsbedingungen keine vertragliche Verpflichtung vorsehen, die Meta dazu verpflichtet, den Facebook-Nutzer:innen personalisierte Werbung anzubieten, und auch keine Vertragsstrafe für den Fall, dass Meta dies nicht tut.[501] Dies zeigt, dass die Datenverarbeitung zum Zwecke der personalisierten Werbung zumindest aus der Sicht von Facebook-Nutzer:innen nicht zur Erfüllung des Vertrags erforderlich ist.[502]

Auch durch die Aufnahme der Ausspielung von personalisierter Online-Werbung in die AGB kann ein Unternehmen diese folglich nicht zum Vertragszweck machen.[503] Dieses Ergebnis ist schon denklogisch geboten, wenn man sich vorstellt, welche Konsequenz es hätte, würde diese einseitige Zweckbestimmung die Heranziehung von Art. 6 Abs. 1 lit. b) DSGVO ermöglichen. Da personalisierte Werbung heutzutage die Norm von Online-Werbung darstellt und nahezu alle digitalen Dienste an diesem Markt partizipieren, würde der Datenschutz vollends ausgehöhlt werden, ließe man diese Praxis zu. Könnten alle Anbietenden personalisierte Werbung in ihren AGB zum Vertragszweck machen, bräuchte es fortan nie wieder eine andere Ermächtigungsgrundlage zur Datenverarbeitung. Dies kann im Hinblick auf den

498 Ebd., Rn. 111.

499 *EDSA*, Verbindlicher Beschluss 3/2022 vom 05.12.2022, Rn. 113; *EDSA*, Verbindlicher Beschluss 2/2022 zur Streitigkeit nach Artikel 65 Absatz 1 Buchstabe a der DSGVO über den Beschlussentwurf der irischen Aufsichtsbehörde bezüglich Meta Platforms Ireland Limited (Instagram), vom 28.07.2022, Rn. 90.

500 *EDSA*, Verbindlicher Beschluss 3/2022 vom 05.12.2022, Rn. 117.

501 Ebd., Rn. 118.

502 Ebd., Rn. 124.

503 Ebd., Rn. 123.

grundrechtlichen Schutz personenbezogener Daten aus Art. 8 Abs. 1 der EU-Grundrechtecharta nicht rechtmäßig sein.

Der EuGH bezeichnet diese Voraussetzung als „objektive Unerlässlichkeit:“

> *„Damit eine Verarbeitung personenbezogener Daten als für die Erfüllung eines Vertrags erforderlich im Sinne dieser Bestimmung angesehen werden kann, muss sie objektiv unerlässlich sein, um einen Zweck zu verwirklichen, der notwendiger Bestandteil der für die betroffene Person bestimmten Vertragsleistung ist.“*[504]

Damit hat sich der EuGH in seiner Entscheidung den Ausführungen des Generalanwalts angeschlossen,[505] der sich in seinen Schlussanträgen an den Leitlinien des EDSA orientiert hatte.[506] Hinsichtlich der Personalisierung führt der EuGH in Bezug auf alle Inhalte eines sozialen Netzwerkes aus, dass diese zwar für die Nutzer:innen von Nutzen sein können, als dass diesen dann eher Inhalte angezeigt werden würden, die ihren Interessen entsprechen.[507] Jedoch sei diese nicht für einen Zweck erforderlich, „um einen Zweck zu verwirklichen, der notwendiger Bestandteil der Dienste ist.“[508] Wenn der EuGH die Personalisierung von Inhalten grundsätzlich als nicht für den Vertrag erforderlich einstuft, muss dies erst recht für die Personalisierung von Werbung gelten. Diese ist, anders als etwa mediale Inhalte oder Kommunikation auf sozialen Netzwerken, nicht einmal Hauptzweck des jeweiligen Vertrages. Der Zweck der Finanzierung kann im Übrigen auch unproblematisch durch nicht personalisierte Werbung gesichert werden.[509]

Art. 6 Abs. 1 lit. b) DSGVO kann mithin nicht als Erlaubnistatbestand für die Erhebung oder Verarbeitung personenbezogener Daten im Kontext personalisierter Werbung genutzt werden.

---

504 EuGH, Urteil vom 04.07.2023 – C-252/21, Rn. 98.

505 Vgl. EuGH, Urteil vom 04.07.2023 – C-252/21, Rn. 100.

506 Schlussanträge des GA vom 20.09.2022 – C-252/21, Rn. 69.

507 EuGH, Urteil vom 04.07.2023 – C-252/21, Rn. 102.

508 Ebd..

509 Vertiefend hierzu im 5. Teil unter B., II.

II. Berechtigtes Interesse an der Verarbeitung, Art. 6 Abs. 1 lit. f) DSGVO

Gemäß Art. 6 Abs. 1 lit. f) DSGVO ist die Verarbeitung personenbezogener Daten auch zulässig, wenn sie zur Wahrung der berechtigten Interessen des:r Verantwortlichen oder einer dritten Person erforderlich ist und die datenschutzbezogenen Interessen, Grundrechte und Grundfreiheiten der betroffenen Person nicht entgegenstehen.[510] Der Erlaubnistatbestand besteht mithin aus drei Komponenten. Zunächst muss ein berechtigtes Interesse gegeben sein.[511] Das Interesse ist nicht gleichbedeutend mit dem datenschutzrechtlichen Begriff des Zwecks.[512] Während letzterer den spezifischen Grund darstellt, aus dem Daten verarbeitet werden, ist der Begriff des Interesses weiter zu verstehen. Umfasst wird das breitere Interesse, das für die Verarbeitung Verantwortliche an der Verarbeitung haben können, sowie den Nutzen, den die für die Verarbeitung Verantwortlichen oder die Gesellschaft aus der Verarbeitung ziehen.[513] Dieses Interesse muss hinreichend klar formuliert sein, damit eine Abwägung mit den Interessen und Grundrechten der betroffenen Person vorgenommen werden kann. Erforderlich ist ein reales und gegenwärtiges Interesse, das mit aktuellen Aktivitäten oder in naher Zukunft zu erwartenden Vorteilen einhergeht.[514] Daher reicht ein zu vages oder spekulatives Interesse nicht aus.[515]

Auch reicht nicht das Vorliegen eines jeden Interesses. Es muss sich um ein berechtigtes Interesse handeln. Ist das Interesse der für die Verarbeitung Verantwortlichen unrechtmäßig, ist die anfängliche Schwelle für die Anwendung des Erlaubnistatbestandes nicht erreicht.[516]

---

510 *Albers/Veit*, in: BeckOK DatenschutzR, DSGVO Art. 6, Rn. 63.

511 *Taeger*, in: Gabel/Taeger, DSGVO Art. 6 Rn. 117.

512 *Albers/Veit*, in: BeckOK DatenschutzR, DSGVO Art. 6, Rn. 68.

513 So kann beispielsweise ein Unternehmen ein Interesse daran haben, die Gesundheit und Sicherheit seiner Mitarbeiter in seinem Kernkraftwerk zu gewährleisten. In diesem Zusammenhang kann das Unternehmen die Durchführung spezifischer Zugangskontrollverfahren als Zweck haben, was die Verarbeitung bestimmter personenbezogener Daten rechtfertigt, um die Gesundheit und Sicherheit des Personals zu gewährleisten, *Artikel-29-Arbeitsgruppe*, Opinion 06/2014 on the notion of legitimate interests of the data controller under Article 7 of Directive 95/46/EC, WP 217, vom 09.04.2014, S. 24.

514 Hierzu *Albers/Veit*, in: BeckOK DatenschutzR, DSGVO Art. 6 Rn. 86; EuGH, Urteil vom 11.12.2019 – C-708/18, Rn. 44.

515 *Artikel-29-Datenschutzgruppe*, Stellungnahme 06/2014 zum Begriff des berechtigten Interesses des für die Verarbeitung Verantwortlichen gemäß Artikel 7 der Richtlinie 95/46/EG, WP 217, vom 09.04.2014, S. 31.

516 *Artikel-29-Datenschutzgruppe*, WP 217, S. 31.

Nach Ansicht der Datenschutzgruppe kann der Begriff des berechtigten Interesses ein breites Spektrum von Interessen umfassen, seien es triviale oder sehr zwingende, einfache oder eher umstrittene.[517] Ein berechtigtes Interesse muss aber rechtmäßig sein, das heißt im Einklang mit geltendem EU-Recht und nationalem Recht stehen.[518] Ferner muss es hinreichend klar formuliert sein, um eine Abwägung mit den Interessen und Grundrechten der betroffenen Person vornehmen zu können.[519] Zuletzt muss es sich auch um ein tatsächliches und aktuelles Interesse handeln, das heißt, dass es insbesondere nicht spekulativ sein darf.[520] Das Interesse der am digitalen Werbemarkt beteiligten Parteien, die Finanzierung ihrer Geschäftsmodelle zu gewährleisten, ist folglich als legitimes Interesse einzustufen, sofern es sich bei dem Geschäftsmodell nicht um ein illegitimes handelt. Dass das Werbemodell ein berechtigtes Interesse darstellt, kann der DSGVO direkt entnommen werden. In Erwägungsgrund 47 hat der Gesetzgeber „Direktwerbung" als legitimes Interesse aufgenommen.[521] Insofern scheint der Gesetzgeber dieses Interesse der Werbenden allgemein anzuerkennen.

Zweite Voraussetzung des Erlaubnistatbestands ist, dass die Verarbeitung für die Wahrung des berechtigten Interesses erforderlich ist.[522] Diese Bedingung erfordert einen Zusammenhang zwischen der Verarbeitung und den verfolgten Interessen. Nicht ausreichend ist es, wenn die Verarbeitung für die verantwortliche Person lediglich von Nutzen ist.[523] Dieses Erfordernis der Erforderlichkeit findet sich auch bei anderen Erlaubnistatbeständen, ist aber im Fall von Art. 6 Abs. 1 lit. f) DSGVO besonders wichtig, um sicherzustellen, dass die Verarbeitung von Daten auf der Grundlage berechtigter Interessen nicht zu einer unangemessen weiten Auslegung der Notwendigkeit der Datenverarbeitung führt.[524] Wie auch bei Art. 6 Abs. 1 lit. b)

---

517 Ebd., S. 63.

518 Ebd., S. 32.

519 Ebd., S. 32.

520 Ebd., S. 32.

521 Hierzu *Albers/Veit,* in: BeckOK DatenschutzR, DSGVO Art. 6 Rn. 86; *Taeger*, in: Gabel/Taeger, DSGVO Art. 6 Rn. 113.

522 *Taeger*, in: Gabel/Taeger, DSGVO Art. 6 Rn. 117.

523 EuGH GA (Generalanwalt Priit Pikamäe), ZVI 2023, 197 (205).

524 *Albers/Veit,* in: BeckOK DatenschutzR, DSGVO Art. 6 Rn. 89; *Reimer*, in: Sydow/Marsch, DSGVO Art. 6 Rn. 81.

DSGVO bedeutet das, dass zu prüfen ist, ob andere, mildere Mittel zur Verfügung stehen, um denselben Zweck zu erreichen.[525] Das Kriterium ist mithin immer dann abzulehnen, wenn die Verarbeitung nicht auf das Notwendigste begrenzt wird.[526] Regelmäßig ist das der Fall, wenn auf einer Webseite Tools von Dritten eingebunden werden. Ein Beispiel hierfür ist die Einbindung von Analyse-Tools auf Webseiten. Wollen Webseitenbetreibende wissen, wie sie ihre Werbeangebote verbessern können und wollen hierzu das Verhalten von Nutzer:innen auf ihrer Webseite tracken, stehen ihnen hierfür diese Analyse-Tools zur Verfügung. Das Interesse der Betreiber:innen, das Webangebot zu verfolgen und schließlich zu verbessern, kann durchaus als berechtigtes Interesse i.S.d. Art. 6 Abs. 1 lit. f) DSGVO eingestuft werden.[527] Greifen Webseitenbetreibende jedoch auf ein Analyse-Tool zurück, welches Daten über das Nutzungsverhalten betroffener Personen an Dritte weitergibt – beispielsweise an soziale Netzwerke oder externe Analysedienste, die Nutzungsdaten über die Grenze der Webseite hinweg mit Daten von anderen Webseiten zusammenführen – ist dies nicht mehr erforderlich, da den Anbieter:innen auch mildere Mittel zur Verfügung stünden.[528] Wird von Parteien der digitalen Werbewirtschaft also versucht, die Verarbeitung auf den Erlaubnistatbestand des berechtigten Interesses zu stützen, ist bereits die Erforderlichkeit anzuzweifeln. In Anbetracht der Tatsache, dass diese Arbeit gezeigt hat, dass beim Großteil aller personalisierten Werbeanzeigen die großen Plattformen – Meta und Google – involviert sind, ist davon auszugehen, dass regelmäßig die Tools von Dritten einbezogen werden.[529] In diesen Fällen wird es regelmäßig auch zu einer Weitergabe von Daten an eben diese Parteien kommen und die Erforderlichkeit kann nicht mehr angenommen werden.

Als letzte Voraussetzung des Erlaubnistatbestands ist zu fragen, ob die Interessen sowie Grundrechte und Grundfreiheiten der Nutzer:innen gegenüber dem jeweiligen berechtigten Interesse der verantwortlichen Stelle überwiegen. Die frühere Artikel-29-Datenschutzgruppe

---

525 *Taeger*, in: Gabel/Taeger, DSGVO Art. 6 Rn. 139.

526 *DSK*, Orientierungshilfe der Aufsichtsbehörden für Anbieter:innen von Telemedien, Stand: 1. Dezember 2021, S. 13.

527 Ebd.

528 Ausführlich zu diesem Fall: *DSK*, a.a.O., S. 13.

529 Zum Marktanteil von Google und Meta siehe unten im 5. Teil unter B., II.

hat in ihren Leitlinien Kriterien aufgestellt, wie die Abwägung vorzunehmen ist.[530] Danach ist erstens das berechtigte Interesse des:r für die Verarbeitung Verantwortlichen, zweitens die Folgen für die betroffenen Personen, drittens das vorläufige Gleichgewicht der widerstreitenden Rechte und Interessen und zuletzt die von dem:r für die Verarbeitung Verantwortlichen angewendeten zusätzlichen Schutzmaßnahmen zur Verhinderung unangemessener Folgen für die betroffenen Personen zu untersuchen.[531]

Zu den Nutzer:inneninteressen gehören einerseits das Recht auf Schutz personenbezogener Daten gem. Art. 8 GRCh,[532] aber auch das Recht auf die Vertraulichkeit der Kommunikation (Art. 7 GRCh).[533] Eine Verletzung des Rechts auf die Vertraulichkeit der Kommunikation kann z.B. gegeben sein, wenn auf den Endgeräten von Nutzer:innen Identifier platziert werden, durch welche sie in Zukunft erkannt werden.[534] Darüber hinaus schützt das Recht auf Vertraulichkeit der Kommunikation auch vor der Verwendung eindeutiger Identifikationsmerkmale, wie IMEI-Nummer, IMSI-Nummer, MAC-Adresse oder auch Ad-IDs.[535] Ferner ist auch die Freiheit der Meinungsäußerung sowie das Interesse an einer freien Informationsgewinnung zu bedenken, Art. 11 GRCh.[536] Darüber hinaus sind weitere Interessen und Freiheiten der betroffenen

---

530 *Artikel-29-Datenschutzgruppe*, Stellungnahme 06/2014 zum Begriff des berechtigten Interesses des für die Verarbeitung Verantwortlichen gemäß Artikel 7 RL 95/46/EG, WP 217 vom 09.04.2014, Abschnitt III.3.4 („Schlüsselfaktoren, die bei der Anwendung der Prüfung der Ausgewogenheit der Interessen zu berücksichtigen sind").

531 *Artikel-29-Datenschutzgruppe*, Stellungnahme 06/2014, WP 217 vom 09.04.2014, S. 43.

532 Nach ErwG 1 dient die DSGVO dem Schutz personenbezogener Daten und somit dem Schutz eines Grundrechts (S. 1). Die DSGVO berücksichtigt, dass nach Art. 8 Abs. 1 der GRCh sowie Art. 16 Abs. 1 AEUV jede Person das Recht auf Schutz der sie betreffenden personenbezogenen Daten hat (S. 2). Hierzu hat EuGH klargestellt, „dass ein Rechtsakt der Union nach einem allgemeinen Auslegungsgrundsatz so weit wie möglich in einer seine Gültigkeit nicht in Frage stellenden Weise und im Einklang mit dem gesamten Primärrecht und insbesondere mit den Bestimmungen der Charta auszulegen ist. Lässt eine Vorschrift des abgeleiteten Unionsrechts mehr als eine Auslegung zu, ist daher die Auslegung, bei der die Bestimmung mit dem Primärrecht vereinbar ist, derjenigen vorzuziehen, die zur Feststellung ihrer Unvereinbarkeit mit dem Primärrecht führt", EuGH, Urteil vom 21.06.2022 – C-817/19, Rn. 86.

533 *Artikel-29-Datenschutzgruppe*, Stellungnahme 06/2014, WP 217,vS. 44. Auch einfachgesetzlich müssen Verantwortliche die Persönlichkeitsrechte der betroffenen Person wahren, vgl. *Taeger*, in: Gabel/Taeger, DSGVO Art. 6 Rn. 141. Zur Berücksichtigung des Art. 8 Abs. 1 GRCh vgl. *Reimer*, in: Sydow/Marsch, DSGVO Art. 6 Rn. 83.

534 *DSK*, Orientierungshilfe der Aufsichtsbehörden für Anbieter von Telemedien, S. 13.

535 Ebd.

536 Ebd.

Personen zu berücksichtigen, beispielsweise das Interesse, keinen wirtschaftlichen Nachteil zu erleiden, wie dies regelmäßig durch personalisierte Preisbildung erfolgt.[537]

Die auf beiden Seiten ermittelten Interessen sind sodann gegenüberzustellen und gegeneinander abzuwiegen.[538] Kern dieser Interessenabwägung ist die Untersuchung der Ausgestaltung der Verarbeitung der personenbezogenen Daten und die konkreten Auswirkungen, die die Verarbeitung auf die betroffene Person hat. Für die Interessenabwägung können keine allgemeinen Regeln aufgestellt werden.[539] Allerdings existieren einige Grundsätze, an denen sich Verantwortliche orientieren können und die folglich auch diese Arbeit berücksichtigt. So muss beispielsweise berücksichtigt werden, dass das Recht auf den Schutz personenbezogener Daten durch Art. 8 GRCh grundrechtlich verankert ist. Steht auf Seiten der Verarbeitung hingegen nur ein Recht, welches einfachgesetzlich verankert ist, kann dies als Indiz dafür verstanden werden, dass das Interesse hinter dem Datenschutz zurücksteht.[540] Liegt die Verarbeitung hingegen nicht nur im Interesse der verarbeitenden Partei, sondern auch im Interesse der Allgemeinheit – z.B. weil die Verarbeitung zu medizinischen Forschungszwecken erfolgt – deutet dies auf eine unterliegendes Interesse der betroffenen Person hin.[541] Am Fall von personalisierter Werbung kann eine solche Überschneidung der Interessen der Allgemeinheit und der verarbeitenden Partei denkbar sein, wenn der Inhalt der Werbung einem besonders überragenden Zweck dient. Zu denken wäre etwa an eine gezielte Ansprache zur Bewerbung einer Impfung im Pandemie-Fall. Im Regelfall ist der Inhalt personalisierter Werbung jedoch konvertibel. Der vordergründige Zweck personalisierter Online-Werbung ist die Finanzierung anderer Digitalangebote. Zu fragen ist mithin, anhand welcher Kriterien die Interessenabwägung im Einzelfall vorgenommen werden soll, wenn keiner der zuvor dargestellten Fälle vorliegt. Den Erwägungsgründen der DSGVO kann eine Reihe von Kriterien entnommen werden:

---

537 Ebd.

538 *Reimer*, in: Sydow/Marsch, DSGVO Art. 6 Rn. 82; *Taeger*, in: Gabel/Taeger, DSGVO Art. 6 Rn. 140; *Frenzel*, in: Paal/Pauly, DSGVO Art. 6 Rn. 26; *Albers/Veit,* in: BeckOK DatenschutzR, DSGVO Art. 6 Rn. 63; *Spindler/Dalby*, in: Spindler/Schuster, DSGVO Art. 6 Rn. 18.

539 Zur Notwendigkeit einer Einzelfallprüfung *Albers/Veit,* in: BeckOK DatenschutzR, DSGVO Art. 6 Rn. 71.

540 *DSK*, Orientierungshilfe der Aufsichtsbehörden für Anbieter von Telemedien, S. 14.

541 Ebd.

Erwägungsgrund 47 DSGVO schreibt vor, dass die vernünftigen Erwartungen der betroffenen Person, die auf ihrer Beziehung zu dem:r Verantwortlichen beruhen, berücksichtigt werden müssen. Demnach ist zum einen zu fragen, was objektiv vernünftigerweise zu erwarten ist und welche subjektiven Erwartungen die betroffene Person hat.[542] Welche Erwartungen Nutzer:innen haben, hängt von dem Wissensstand derselben ab. In Bezug auf digitale Produkte ist dieser Wissensstand zwischen verschiedenen Teilen der Bevölkerung sehr unterschiedlich. Man spricht insofern von „digitaler Spaltung" oder „digitaler Kluft".[543] Allgemein kommen jüngere Nutzer:innen mit digitalen Technologien besser zurecht, als ältere Nutzer:innen.[544] Es kann davon ausgegangen werden, dass sich dieser Wissensstand auf den Bereich personalisierter Online-Werbung übertragen lässt. Wie hoch der Wissensstand von Nutzer:innen in diesem Bereich tatsächlich ist, ist schwer einzuschätzen. Eine Studie aus 2022[545] deutet darauf hin, dass Nutzer:innen ein mittleres Wissen und Verständnis für personalisierte Online-Werbung haben.[546] Insbesondere waren die Befragten hinsichtlich der Vorschriften für die Verfolgung und Speicherung der Online-Informationen von Personen unsicher.[547] Ob und inwieweit diese Erkenntnisse auf europäische Nutzer:innen übertragbar sind, ist unklar. Studienergebnisse aus den USA und Europa legen jedoch ähnliche Ergebnisse nahe. In einer niederländischen Studie aus 2014 füllten 2022 niederländische Befragte eine Umfrage zu personalisierter Online-Werbung aus.[548] Die Ergebnisse zeigen, dass die meisten

---

[542] Hierzu *Reimer*, in: Sydow/Marsch, DSGVO Art. 6 Rn. 85; *Taeger*, in: Gabel/Taeger, DSGVO Art. 6 Rn. 140; *Frenzel*, in: Paal/Pauly, DSGVO Art. 6 Rn. 26; *Albers/Veit,* in: BeckOK DatenschutzR, DSGVO Art. 6 Rn. 67; *Spindler/Dalby*, in: Spindler/Schuster, DSGVO Art. 6 Rn. 19.

[543] *BMFSFJ*, Ältere Menschen und Digitalisierung, S. 13, abrufbar unter: https://www.bmfsfj.de/resource/blob/159704/3dab099fb5eb39d9fba72f6810676387/achter-altersbericht-aeltere-menschen-und-digitalisierung-data.pdf [Stand August 2025].

[544] Laut einer Schweizer Umfrage zur Kompetenz in digitalen Technologien aus 2022 gaben insgesamt 55 % der 19- bis 39-Jährigen an, diese gut bis sehr zu beherrschen. Unter den Befragten über 65 Jahren schätzten sich hingegen nur insgesamt 23 % ihre Beherrschung solcher Technologien als gut bzw. sehr gut ein, *Peter, et al.*, Digital-Radar Schweiz – Monitor Bank WIR 2023, S. 41, abrufbar unter: https://monitor-digitale-schweiz.ch/wp-content/uploads/2023/05/Digital-Radar-Schweiz-2023-Monitor-Bank-WIR.pdf [Stand August 2025].

[545] *Jain/Purohit*, Business Analyst Journal Vol. 43 No. 1, 2022, S. 1-12.

[546] Ebd., S. 6.

[547] Ebd.

[548] *Segijn/Ooijenb*, Journal of Marketin Communications 2022, Vol. 28, No. 2, S. 207–226.

Befragten (87,8 %) wussten, dass Werbung dazu beiträgt, dass Online-Inhalte und -Dienste kostenlos angeboten werden, und dass der Browserverlauf von Nutzer:innen bestimmen kann, welche Werbung sie bei ihrem nächsten Besuch sehen werden (82,5 %).[549] Nicht nur das Alter, sondern auch der Bildungsgrad und der berufliche Hintergrund von Nutzer:innen beeinflussen deren Wissen zur Funktionsweise des personalisierten Werbemarktes.[550] Insgesamt legen interdisziplinäre Forschungsergebnisse nahe, dass der Wissenstand von Nutzer:innen ihnen häufig nicht ermöglicht zu realisieren, wann und durch wen ihre Daten verarbeitet werden.[551] Selbst die werbende Ansprache identifizieren Nutzende häufig nicht als solche.[552]

Zusammenfassend lässt sich festhalten, dass, je neuer und komplexer Technologie ist, desto weniger Wissen kann von Nutzer:innen vorausgesetzt werden. Während Nutzer:innen die Datenerhebung mittels Cookies noch ansatzweise verstehen – jedenfalls doch begreifen, dass und wieso hier von ihnen Nutzungsdaten erhoben werden – ist dies für andere Tracking-Technologien anders zu bewerten.[553] Kein Wissen kann von Nutzer:innen außerdem hinsichtlich des sehr komplexen und bisher nur wenig diskutierten Real-Time-Bidding-Prozesses vorausgesetzt werden. Die Datenschutzkonferenz sieht es deshalb kritisch, wenn mehrere Akteure zusammenarbeiten und nicht klar ist wie die datenschutzrechtlichen Beziehungen unter diesen aussehen.[554]

> *„Im Hinblick auf die Einbindung von Diensten Dritter erwartet ein Nutzer üblicherweise nicht, dass an diese Dritten, zu denen der Nutzer regelmäßig keine Beziehungen unterhält, Informationen darüber weitergegeben werden, welche Websites er besucht oder welche Apps er nutzt. Jedenfalls dann, wenn die Dritten die Nutzerdaten zu eigenen Zwecken weiterverarbeiten, sind die Folgen und potentiellen Risiken für die*

---

549 Ebd., 207 (210).

550 Ebd., 207 (211).

551 *Fourberg et al.*, Online advertising: the impact of targeted advertising on advertisers, market access and consumer choice, S. 33, abrufbar unter: https://www.europarl.europa.eu/thinktank/en/document/IPOL_STU(2021)662913 [Stand August 2025].

552 Ebd., S. 33.

553 Ebenso *Taeger*, in: Gabel/Taeger, DSGVO Art. 6 Rn. 132.

554 *DSK*, Orientierungshilfe der Aufsichtsbehörden für Anbieter von Telemedien, S. 16.

Interessen, Grundfreiheiten und Grundrechte der betroffenen Personen weder einschätz- noch bewertbar. Dies betrifft insbesondere das Risiko beim Besuch anderer Dienste oder der Nutzung anderer Geräte (wieder-)erkannt zu werden und dadurch z. B. bei der Informationsgewinnung fremdgesteuert zu werden."[555]

Auch der EuGH[556] lehnt Art. 6 Abs. 1 lit. f) DSGVO im Ergebnis als Erlaubnistatbestand für die Verarbeitung personenbezogener Daten zum Zwecke der Online-Werbung ab. Einerseits müsse bei der Erforderlichkeitsprüfung der Grundsatz der Datenminimierung bedacht werden, der sich aus Art. 5 Abs. 1 lit. c) DSGVO ergibt.[557] Ferner sei die Kommerzialisierung von Daten gegenüber den datenschutzrechtlichen Interessen der Nutzer:innen klar weniger gewichtet, sodass Nutzer:innen nicht damit rechnen müssten, dass Verantwortliche die Daten verarbeiteten, nur weil der von ihnen genutzte Dienst unentgeltlich sei.[558]

III. Zwischenergebnis zu den sonstigen Erlaubnistatbeständen

Weder Art. 6 Abs. 1 lit. b) DSGVO noch Art. 6 Abs. 1 lit. f) DSGVO greifen für den Gegenstand dieser Arbeit als Erlaubnistatbestände. Da – wie die Arbeit zuvor festgestellt hat – eine Einwilligung nach Art. 6 Abs. 1 lit. a) DSGVO nicht wirksam eingeholt werden kann, existiert für die Verarbeitung personenbezogener Daten zum Zwecke der Online-Werbung folglich keine Rechtsgrundlage. Die Verarbeitung – von der Erhebung über die Weiterverarbeitung im Rahmen des RTB-Prozesses – ist mithin rechtswidrig.

E. Die Verarbeitung von Daten besonderer Kategorien, Art. 9 DSGVO

Nicht an jede Verarbeitung personenbezogener Daten stellt die DSGVO die gleichen Anforderungen. Art. 9 DSGVO knüpft erhebliche Voraussetzungen an die Verarbeitung besonders sensibler Daten. Nach Art. 9 Abs. 1 DSGVO ist die Verarbeitung solcher Daten grundsätzlich verboten. Art. 9 Abs. 2 DSGVO listet hiervon bestehende Ausnahmen

---

555 *DSK*, Orientierungshilfe der Aufsichtsbehörden für Anbieter von Telemedien, S. 16.

556 EuGH, Urteil vom 04.07.2023 – C-252/21.

557 EuGH, Urteil vom 04.07.2023 – C-252/21, Rn. 109.

558 EuGH, Urteil vom 04.07.2023 – C-252/21, Rn. 117.

abschließend auf. Der Gesetzgeber hat also – wie schon bei Art. 6 Abs. 1 DSGVO – ein Verbot mit Erlaubnisvorbehalt aufgestellt. Nach Art. 9 Abs. 1 DSGVO sind besonders sensible Daten solche „aus denen die rassische und ethnische Herkunft, politische Meinungen, religiöse oder weltanschauliche Überzeugungen oder die Gewerkschaftszugehörigkeit hervorgehen“ sowie genetische und biometrische „Daten zur eindeutigen Identifizierung einer natürlichen Person, Gesundheitsdaten oder Daten zum Sexualleben oder der sexuellen Orientierung einer natürlichen Person.“

Hinsichtlich dieser Kategorien nimmt der Gesetzgeber ein gesteigertes Schutzbedürfnis der betroffenen Personen an.[559] Dem Erwägungsgrund 51 der DSGVO kann entnommen werden, dass dies daran liegt, dass der Gesetzgeber annimmt, dass diese Daten dem „Wesen nach hinsichtlich der Grundrechte und Grundfreiheiten besonders sensibel sind, […] da im Zusammenhang mit ihrer Verarbeitung erhebliche Risiken für die Grundrechte und Grundfreiheiten auftreten können.“[560]

Es stellt sich daher zunächst die Frage, welche Kategorien besonders sensibler Daten aus Art. 9 Abs. 1 DSGVO im Kontext personalisierter Online-Werbung verarbeitet werden. Anschließend ist zu eruieren, ob eine Verarbeitung unter den Voraussetzungen des Art. 9 Abs. 2 DSGVO möglich ist.

I. Daten besonderer Kategorien im Kontext personalisierter Online-Werbung

1. Daten, aus denen die rassische und ethische Herkunft hervorgeht

Zuvorderst nennt Art. 9 Abs. 1 DSGVO hier Daten, aus denen die rassische und ethische Herkunft hervorgeht. Der Gesetzgeber ist sich der Divergenz um den Begriff der „Rasse“ dabei durchaus bewusst. Dies geht aus Erwägungsgrund 51 S. 2 DSGVO hervor.

---

559 *Albers/Veit,* in: BeckOK DatenschutzR, DS-VO Art. 9 Rn. 2.

560 Siehe auch EuGH, Urteil vom 24.09.2019 – C-136/17 Rn. 44; für Art. 10 s. auch EuGH, Urteil vom 22.06.2021 – C-439/19 Rn. 74 f.; *Albers/Veit,* in: BeckOK DatenschutzR, DSGVO Art. 9 Rn. 2.

„Diese personenbezogenen Daten sollten personenbezogene Daten umfassen, aus denen die rassische oder ethnische Herkunft hervorgeht, wobei die Verwendung des Begriffs ‚rassische Herkunft' in dieser Verordnung nicht bedeutet, dass die Union Theorien, mit denen versucht wird, die Existenz verschiedener menschlicher Rassen zu belegen, gutheißt."

Vielmehr möchte der Gesetzgeber durch diese Kategorie dem verfassungsrechtlichen Achtungsgebot der Vielfalt von Kulturen und Sprachen (Art. 22 GRCh) und dem Diskriminierungsverbot (Art. 21 GRCh) treu bleiben.[561] Dem Merkmal unterfallen demnach „Informationen über physiognomische Merkmale, die Rückschlüsse auf die Zugehörigkeit zu einer ‚Rasse' bzw. einer Ethnie im Sinne eines Volks oder einer Volksgruppe mit einer einheitlichen Kultur zulassen, wie Augenfarbe und -form, Haartyp oder Hautfarbe"[562] verstanden werden. Solche Rückschlüsse können aufgrund von Muttersprache, dem Geburtsort, aber auch allgemeinen Daten wie etwa dem Namen[563] oder dem Wohnort einer Person, geschlossen werden.[564] Um eine Diskriminierung durch die Verarbeitung von Daten dieser Kategorien auszuschließen müssen letztendlich immer die Grundrechte der betroffenen Person mitgedacht werden.[565]

Zuvor wurde aufgezeigt, dass im Rahmen personalisierter Online-Werbung gleich mehrere Daten erhoben werden, die unter diese Kategorie fallen könnten.[566] Teilweise wurde „Race" als eigenständige Kategorie zur Personalisierung von Werbung angeboten.[567] Selbst wenn Anbieter:innen auf eine derartige unmittelbare Klassifizierung verzichten, kann es jedoch zu

561 *Albers/Veit,* in: BeckOK DatenschutzR, DSGVO Art. 9 Rn. 34.

562 Ebd.

563 Hierzu sehr differenziert *Mester*, in: Taeger/Gabel, DSGVO Art. 9 Rn. 7.

564 *Albers/Veit,* in: BeckOK DatenschutzR, DSGVO Art. 9 Rn. 34.

565 Ebd.

566 Vertiefend hierzu im 2. Teil unter C., I.

567 Meta hat diese Kategorisierung inzwischen – aufgrund der lauten Kritik – eingestellt. Hierzu *Griffin*, Tackling Discrimination in Targeted Advertising, vom 23.06.2022, abrufbar unter: https://verfassungsblog.de/targeted-ad/ [Stand August 2025].

mittelbarer Ansprache aufgrund „rassischer“ oder ethnischer Zugehörigkeit kommen.[568] Ein Beispiel hierfür ist die angezeigte Werbung beim Suchen eines Namens in einer Suchmaschine, die dem:der Suchenden sog. „criminal record search engines“ vorschlägt.[569] Ob der Name einer Person unter die Kategorie der Daten, aus denen die „rassische“ und ethnische Herkunft hervorgeht, fällt, kann abschließend nur nach einer Einzelfallprüfung beurteilt werden. Einerseits lässt ein Name zwar Rückschlüsse auf die „rassische“ oder ethnische Herkunft zu, jedoch werden Namen auch über Generationen hinweg weitergegebe, sodass ein unmittelbarer Zusammenhang zur „rassischen“ oder ethnischen Herkunft nicht garantiert ist.[570] Es ist auf den jeweiligen Kontext abzustellen und so die Schutzwürdigkeit der betroffenen Person zu ermitteln.[571] In Einzelfällen kann man jedoch zur Bejahung der Kategorie gelangen, wenn der Zweck der Datenverarbeitung gerade dazu dient, derartige Rückschlüsse zu ermöglichen.[572]

Es gilt daher zu differenzieren: Wenn Personen ihre „rassische“ oder ethnische Zugehörigkeit offenlegen oder diese anderweitig offensichtlich wird,[573] so liegt eindeutig ein besonders sensibles Datum nach Art. 9 Abs. 1 Var. 1 DSGVO vor. Dies kann der Fall sein, weil Personen sich z.B. in sozialen Netzwerken selbst als BIPoc[574] bezeichnen. Häufig wird die „rassische“ oder ethnische Herkunft jedoch mittelbar vermutet, beispielweise aufgrund des Namens einer Person oder der Sprache, welche diese online verwendet. Auch das Online-Verhalten von Personen kann Rückschlüsse auf diese Kategorie zulassen, z.B. weil die betroffene Person Aktivist:innen folgt, Gruppen in sozialen Medien für Minderheiten beitritt oder eindeutige Suchanfragen formuliert. Googelt eine Person beispielsweise welche Rechte sie hat, wenn sie

568 Vertiefend hierzu im 2. Teil unter C., I.

569 Vertiefend hierzu im 2. Teil unter C., I.

570 *Mester*, in: Taeger/Gabel, DSGVO Art. 9 Rn. 7.

571 *Wedde*, in: Däubler/Wedde/Weichert/Sommer, DSGVO Art. 9 Rn. 18.

572 *Schiff*, in: Ehmann/Selmayr, DSGVO Art. 9 Rn. 18; *Mester*, in: Taeger/Gabel, DSGVO Art. 9 Rn. 7.

573 In den USA wird hingegen (immernoch) häufig die Angabe einer „Race“ von Personen verlangt, beispielsweise bei der Beantragung von Krediten (Ilja Trojanow im Gespräch mit Jasper Barenberg, „Sie müssen in den USA ganz oft Ihre ‚Rasse‘ angeben“, vom 20.07.2012, abrufbar unter: https://www.deutschlandfunk.de/sie-muessen-in-den-usa-ganz-oft-ihre-rasse-angeben-100.html [Stand August 2025].). Es ist also durchaus denkbar, dass Personen diese Daten international offengelegt haben und gleichfalls unter den Schutz der DSGVO fallen, z.B. weil sie sich inzwischen in der EU aufhalten. Das grenzenlose Tracking wird das Datum jedoch erfasst haben und in das Profil der Person zugeordnet haben.

574 Siehe für eine Definition des Begriffes im 2. Teil unter C., I.

Opfer sog. Racial Profilings[575] geworden ist, lässt sich hieraus vermuten, dass die Person eben jenes Erscheinungsbild aufweist, welches sie zum Opfer solch rassistischer Handlungen werden lässt. Handelt es sich um die Verarbeitung von Daten, die mittelbare Rückschlüsse auf die „rassische" oder ethnische Herkunft zulassen, so ist der Zweck der Datenerhebung ausschlaggebend, um zu beurteilen, ob die Daten vom erhöhten Schutz des Art. 9 DSGVO erfasst werden sollen.[576] Je mehr Kriterien Verantwortliche oder Auftraggebende insgesamt kombinieren, „die in ihrer Gesamtschau auf eine ‚Selektion' nach der ‚rassischen' oder ethnischen Herkunft hindeuten"[577] desto eher spricht dies ferner für ein „Hervorheben" im Sinne der Norm. Diese Arbeit konnte bereits zeigen, dass die Prozesse der personalisierten Online-Werbung darauf angelegt sind, schlichtweg alle möglichen Daten zu sammeln und auszuwerten, um so ein möglichst genaues Bild der jeweiligen Nutzer:innen zu erhalten.[578] Facebook hatte in seinen Nutzungsbedingungen von 2018 auf diesen Prozess hingewiesen, was verdeutlicht, auf welche Art und Weise mittelbar erlangte besonders sensible Daten zum Schalten von personalisierter Online-Werbung genutzt werden. Unter dem Abschnitt „Data with special protections" hieß es: „You can choose to provide information in your Facebook profile fields or Life Events […]. This and other information (such as racial or ethnic origin, […]) is subject to special protections under EU law."[579] Facebook beschreibt hier, dass das Unternehmen u.a. Daten über „rassische" und ethische Herkunft sammelt. Des Weiteren weist Facebook – wenn auch sehr unspezifisch – auf die Verarbeitungszwecke dieser Daten hin. Die Daten dienen demnach der Bereitstellung, Personalisierung und Verbesserung der Produkte von

575 „Mit ‚Racial Profiling' wird die Methode bezeichnet, das physische Erscheinungsbild, etwa Hautfarbe oder Gesichtszüge, einer Person als Entscheidungsgrundlage für polizeiliche Maßnahmen wie Personenkontrollen, Ermittlungen und Überwachungen heranzuziehen." *Cremer*, „Racial Profiling" – Menschenrechtswidrige Personenkontrollen nach § 22 Abs. 1 a Bundespolizeigesetz Empfehlungen an den Gesetzgeber, Gerichte und Polizei, Deutsches Institut für Menschenrechte, Juni 2013, abrufbar unter: https://www.institut-fuer-menschenrechte.de/fileadmin/Redaktion/Publikationen/Racial_Profiling_Menschenrechtswidrige_Personenkontrollen_nach_Bundespolizeigesetz.pdf [Stand: August 2024].

576 *Schiff*, in: Ehmann/Selmayr, DSGVO Art. 9 Rn. 18; So auch *Frenzel*, in: Paal/Pauly, DSGVO Art. 9 Rn. 9.

577 *Schiff*, a.a.O.

578 Zu den technischen Verfahen im 2. Teil unter B.

579 Facebook Terms of Service, Section 5, paragraph 1; entnommen aus *EDSA*, Verbindlicher Beschluss 3/2022 vom 05.12.2022, S. 48.

Facebook.[580] Außerdem weist Facebook darauf hin, dass hierdurch die Auswahl und Personalisierung von Anzeigen, Angeboten und anderen gesponserten Inhalten, die Nutzer:innen angezeigt werden, möglich wird.[581] Daten, aus denen die „rassische" oder ethische Herkunft abgeleitet werden kann, werden mithin gesammelt und weiterverarbeitet, um personalisierte Online-Werbung zu schalten.

Wird Werbung dann anhand dieser Daten personalisiert, birgt dies ganz erhebliche Risiken. Die Arbeit konnte zeigen, dass das Diskriminierungsrisiko mittels personalisierter Online-Werbung in diversen Studien bereits nachgewiesen wurde.[582] In der Vergangenheit kam es immer wieder zur Diskriminierung marginalisierter Gruppen aufgrund der Kriterien, anhand welcher die Personalisierung von Werbung vorgenommen wird.[583] Um diesem Diskriminierungsrisiko entgegenzutreten, ist es notwendig, bereits die Verarbeitung besonders sensibler Daten zu hinterfragen. Wenn BIPoc-Nutzer:innen andere Jobanzeigen sehen, als weiße Nutzer:innen, kann dies nur mit dem Wissen um die Hautfarbe der Nutzer:innen begründet werden. Dabei ist es auch unerheblich, ob die erhobenen Daten richtig sind oder nicht.[584] Im Übrigen gebieten das verfassungsrechtliche Achtungsgebot der Vielfalt von Kulturen und Sprachen (Art. 22 GRCh) und das Diskriminierungsverbot (Art. 21 GRCh) den Schutzgedanken des Art. 9 Abs. 1 Var. 1 DSGVO weit zu ziehen. Folglich müssen auch Daten, die mittelbar Rückschlüsse auf die „rassische" oder ethische Herkunft zulassen, von dem Verarbeitungsverbot des Art. 9 Abs. 1 DSGVO erfasst sein.

---

580 Übersetzt aus dem Englischen „Provide, personalize and improve our products", Facebook Terms of Service, Section 5, paragraph 1; entnommen aus *EDSA*, Verbindlicher Beschluss 3/2022 vom 05.12.2022, S. 48.

581 Übersetzt aus dem Englischen „to select and personalize ads, offers and other sponsored content that we show you" Facebook Terms of Service, Section 5, paragraph 1; entnommen aus EDSA, Verbindlicher Beschluss 3/2022 vom 05.12.2022, S. 48.

582 Vertiefend hierzu im 2. Teil unter C., I.

583 Vertiefend hierzu im 2. Teil unter C., I.

584 EuGH, Urteil vom 04.07.2023 – C-252/21, Rn. 69.

2. Daten, aus denen politische Meinung hervorgeht

Als besonders sensible Daten stuft Art. 9 Abs. 1 Var. 2 DSGVO solche ein, aus denen eine politische Meinung hervorgeht. Eine Definition des Begriffs „politische Meinung" liefert die DSGVO nicht.[585] Jedoch ist der Begriff der „Meinung" im Hinblick auf Art. 11 GRCh, Art. 10 EMRK grundsätzlich weit auszulegen, sodass hiervon Werturteile, Stellungnahmen, Ansichten und Überzeugungen erfasst sind.[586] Häufig lassen sich aus Verhaltensweisen der betroffenen Personen Hinweise auf ihre politische Haltung ableiten, etwa durch die Unterstützung bzw. Zugehörigkeit zu einer Partei oder einer weltanschaulichen Organisation.[587] Eine politische Meinung i.S.d. Art. 9 Abs. 1 Var. 2 DSGVO wird sich folglich häufig aus dem Online-Verhalten von Nutzer:innen ableiten lassen. Beispiele hierfür sind ein Abonnement einer Zeitung oder Zeitschrift mit einer politischen Ausrichtung,[588] der Konsum einschlägiger digitaler Inhalte,[589] die Teilnahme an einer (Online-)Petition[590] oder das Einkaufverhalten von Nutzer:innen.[591]

„Hervorgehen" i.S.d. Art. 9 Abs. 1 DSGVO kann auch hier nicht bedeuten, dass zweifelsfrei eine politische Meinung von Nutzer:innen festgestellt werden kann. „Ein Hervorgehen liegt daher bereits dann vor, wenn in Ansehung des betroffenen Datums die politische Meinung mit hinreichender Wahrscheinlichkeit abgeleitet werden kann."[592] Demnach ist bei einem Abonnement zu differenzieren, ob der Inhalt der Zeitung oder Zeitschrift ohne weiteres auf eine

---

585 *Schiff*, in: Ehmann/Selmayr, DSGVO Art. 9 Rn. 19.

586 *Bernsdorff*, in: Meyer/Hölscheidt, GRCh, Art. 11 Rn. 12; *Schiff*, in: Ehmann/Selmayr, DSGVO Art. 9 Rn. 19; *Cornils*, in: BeckOK InfoMedienR, EMRK Art. 10 Rn. 14 f.

587 *Mester*, in: Taeger/Gabel, DSGVO Art. 9 Rn. 8; für weitere Beispiele vgl. *Weichert*, in: Kühling/Buchner, DSGVO Art. 9 Rn. 27.

588 *Mester*, a.a.O.

589 Diese Arbeit konnte bereits aufzeigen, wie der Konsum digitaler Inhalte zum Risiko des Microtargetings führt, wenn Nutzer:innen beispielsweise Videos schauen oder Blog-Beiträge lesen, die eine einschlägige politische Meinung vermitteln, siehe hierzu oben unter 2. Teil, C., II.

590 *Weichert*, in: Kühling/Buchner, DSGVO Art. 9 Rn. 27; *Mester*, in: Taeger/Gabel, DSGVO Art. 9 Rn. 8.

591 So lässt beispielsweise der Kauf einer palästinischen oder israelischen Flagge in einem Online-Handel auf die Einstellung des:der Nutzer:in zum Nahostkonflikt schließen. Gleiches gilt für Werbematerialien politischer Parteien oder politischer Strömungen, wie Fan-Artikeln rechter Rock-Bands.

592 *Schiff*, in: Ehmann/Selmayr, DSGVO Art. 9 Rn. 21.

politische Meinung schließen lässt. Dies kann bei einer Parteizeitschrift der Fall sein, während es für gewöhnliche Pressemedien wohl abzulehnen ist.[593] Bei individuellen Handlungen der betroffenen Person lässt sich hingegen im Rahmen einer kontext-sensitiven Betrachtung und unter Berücksichtigung der Umstände des Einzelfalles, eher eine politische Meinung ermitteln.[594] Mithin muss das Liken, Teilen, Kommentieren oder anderweitiges Interagieren mit digitalen Beiträgen, die politischer Natur sind, als besonders sensibles Datum i.S.d. Art. 9 Abs. 1 Var. 2 DSGVO zu verstehen sein.[595] Auch das Tracking des Scroll- oder Zuschauverhaltens von Nutzer:innen ist als Datum zu verstehen, aus welchem eine politische Meinung hervorgeht, wenn es sich um politische Inhalte handelt.

3. Daten, aus denen religiöse und weltanschauliche Überzeugung hervorgeht

Der Schutz von Daten, aus denen religiöse und weltanschauliche Überzeugungen hervorgehen, durch Art. 9 Abs. 1 Var. 3 DSGVO, ist zum einen Ausfluss des Diskriminierungsverbots (Art. 21 Abs. 1 GRCh) zum anderen des Gebotes religiöser Vielfalt (Art. 22 GRCh) und des Schutzes der Glaubens- und Gewissensfreiheit (Art. 10 GRCh).[596] Unter Art. 9 Abs. 1 Var. 3 DSGVO fallen somit Informationen, „die auf die innere religiöse Einstellung oder die äußere Betätigung des freien Glaubens bzw. Bekenntnisse ausgerichtet sind."[597] Äußere Merkmale werden vom Schutz des Art. 9 Abs. 1 DSGVO jedoch nur erfasst, wenn die Auswertungsabsicht genau darauf gerichtet ist.[598] Weitergehend ist hingegen der Begriff der weltanschaulichen Überzeugung. Dieser „erfasst die Gesamtheit der persönlichen Wertungen, Vorstellungen und Sichtweisen".[599] Nicht erfasst sind hingegen Merkmale individueller

---

593 Ebd., Rn. 22.

594 Ebd.

595 Ebenso *Schiff*, in: Ehmann/Selmayr, DSGVO Art. 9 Rn. 22.

596 Siehe auch *Weichert*, in: Kühling/Buchner, DSGVO Art. 9 Rn. 28; *Mester*, in: Taeger/Gabel, DSGVO Art. 9 Rn. 9.

597 *Mester*, a.a.O.

598 *Schulz*, in: Gola/Heckmann, DSGVO Art. 9 Rn. 13, Rn. 16.

599 *Schulz*, a.a.O., Rn. 16.

Lebensgestaltungen oder schlichte Einstellungen, wie das Leben als Vegetarier[600] oder die Haltung als Pazifist.[601]

Daten, die zum Zweck personalisierter Online-Werbung erhoben wurden, können unmittelbar eine religiöse oder weltanschauliche Überzeugung wiedergeben, beispielsweise durch die Verwendung gewisser Symbole. Auf sozialen Plattformen oder in Dating-Apps können Nutzer:innen ihre Konfession auch direkt angeben. Auch kann die Verwendung religiöser Emojis als eine Art Selbstbezeichnung dienen, wenn diese z.B. in der Bio[602] eines Nutzer:innenprofils oder hinter einem Nutzer:innennamen eingefügt werden. In solchen Fällen handelt es sich eindeutig um ein sensibles Datum i.S.d. Art. 9 Abs. 1 Var. 3 DSGVO. Teil dieser Verarbeitung ist auch die Kategorisierung von Nutzer:innen nach ihrer Religionszugehörigkeit.

4. Daten, aus denen die Gewerkschaftszugehörigkeit hervorgeht

Die Einstufung von Daten, aus denen die Gewerkschaftszugehörigkeit hervorgeht, als besonders sensible Daten, dient dem Schutz der Koalitionsfreiheit (Art. 28 GRCh) und dem Diskriminierungsverbot (Art. 21 GRCh).[603] Auch hier ist das Vorliegen eines besonders sensiblen Datums aufgrund der Wahrscheinlichkeit eine Ableitung der Gewerkschaftszugehörigkeit im jeweiligen Verarbeitungskontext zu beurteilen.[604] Die Literatur verweist hier auf das Beispiel des Besuchs einer Gewerkschaftsveranstaltung, der auch aus reinem Interesse geschehen könne und nicht notwendig auf eine Gewerkschaftszugehörigkeit schließen lasse.[605] Wie schon bei den anderen Kategorien sensibler Daten, kann es hierauf aber nicht ankommen. Relevant ist allein, ob die verarbeitende Partei die Daten als solche einstuft,

---

600 So Employment Tribunal Norwich, 3.1.20, Case Number 3331129/2018, das „ethischen Veganismus" als Weltanschauung eingeordnet hat; *Mester*, in: Taeger/Gabel, DSGVO Art. 9 Rn. 11.

601 *Weichert*, in: Kühling/Buchner, DSGVO Art. 9 Rn. 28; *Schulz*, in: Gola/Heckmann, DSGVO Art. 9 Rn. 16; *Mester*, in: Taeger/Gabel, DSGVO Art. 9 Rn. 11.

602 Hierunter versteht man den Bereich – bei Instagram unterhalb des Nutzer:innennamens – in dem Nutzer:innen ihr Profil bzw. sich mit wenigen Zeichen beschreiben können.

603 Vgl. statt vieler *Albers/Veit*, in: BeckOK DatenschutzR, DSGVO Art. 9 Rn. 40.

604 Ebd.

605 Ebd.

aus denen sich die Gewerkschaftszugehörigkeit ableiten lässt. Dann ist es auch egal, ob diese Annahme richtig ist.[606] Dies wäre für den Gegenstand dieser Arbeit beispielsweise möglich, wenn es Advertisern ermöglicht wird, die Gewerkschaftszugehörigkeit von Nutzer:innen als Kriterium zu wählen, um diesen entweder personalisierte Werbung anzuzeigen oder ihnen diese vorzuenthalten. Die Annahme, dass Nutzer:innen einer Gewerkschaft zugehörig sind kann sich durchaus aus deren Online-Verhalten ableiten lassen. So ist denkbar, dass Nutzer:innen regelmäßig mit Social-Media-Beiträgen von Gewerkschaften interagieren, ihren Standort auf einer gewerkschaftlichen Demonstration teilen oder einschlägige Artikel online kaufen.[607]

5. Genetische Daten, biometrische Daten zur eindeutigen Identifizierung und Gesundheitsdaten

Art. 9 Abs. 1 Var. 5 DSGVO stuft auch genetische Daten, biometrische Daten und Gesundheitsdaten als besonders sensible und damit besonders schutzbedürftige Daten ein. Diese drei Datenkategorien haben für diese Arbeit unterschiedlich hohe Relevanz. Zwar können genetische Daten auch digitalisiert und in Nutzer:innenprofilen gesammelt werden. Dies ist jedoch auf Einzelfälle beschränkt, beispielsweise wenn Nutzer:innen zu privaten Zwecken einen DNA-Test durchführen und diese Ergebnisse online teilen.[608]

Biometrische Daten haben für diese Ausarbeitung eine höhere Relevanz. Nach Art. 4 Nr. 14 DSGVO fallen hierunter,

„mit speziellen technischen Verfahren gewonnene personenbezogene Daten zu den physischen, physiologischen oder verhaltenstypischen Merkmalen einer natürlichen

---

606 Der EuGH hat betont, dass es irrelevant ist, ob die aus dem Verhalten abgeleiteten Daten über Nutzerinnen richtig sind, oder nicht. EuGH, Urteil vom 04.07.2023 – C-252/21, Rn. 69.

607 So betreibt beispielsweise Verdi einen Fan-Shop, abrufbar unter: https://verdifanshop.scholz promotion.shop [Stand August 2025].

608 Derartige Tests sind insbesondere in den USA sehr beliebt. Nutzer:innen soll ermöglicht werden, mittels eines Tests, den man zuhause durchführen kann, z.B. um Erbkrankheiten auszuschließen oder unbekannte Verwandtschaft zu entdecken. Vertiefend hierzu *Müller*, Dieses persönliche Schicksal zeigt die Vor- und Nachteile von Gentests, vom 31.07.2019, abzurufen unter: https://www.handelsblatt.com/technik/digitale-revolution-dieses-persoenliche-schicksal-zeigt-die-vor-und-nachteile-von-gentests/24851966.html [Stand August 2025].

Person, die die eindeutige Identifizierung dieser natürlichen Person ermöglichen oder bestätigen, wie Gesichtsbilder oder daktyloskopische Daten."

Lichtbilder sollen nach Erwägungsgrund 51 S. 3 DSGVO von dieser Definition jedoch nur erfasst werden, „wenn sie mit speziellen technischen Mitteln verarbeitet werden, die die eindeutige Identifizierung oder Authentifizierung einer Person ermöglichen." Der Gesetzgeber stuft also einerseits solche Daten als biometrische und damit besonders schutzwürdige Daten ein, die immer eine genaue Identifikation einer natürlichen Person ermöglichen – so etwa Gesichtsbilder oder daktyloskopische Daten. Andererseits erfasst die Definition auch weitere Daten – z.B. Lichtbilder –, wenn die Verarbeitung mittels spezieller technischer Verfahren letztendlich auch eine eindeutige Identifizierung oder Authentifi-zierung der natürlichen Person ermöglicht. Unzweifelhaft unterfallen daher Gesichtsbilder und daktyloskopische Maßnahmen der Definition der biometrischen Daten nach Art. 4 Nr. 14 DSGVO. Diese Daten liegen den Akteuren der digitalen Werbewirtschaft vor, wenn Nutzer:innen Bilder posten oder Funktionen nutzen, wie die Möglichkeit, das eigene Endgerät mittels Fingerabdruck zu entsperren.

Fraglich ist jedoch, ob auch das individuelle Verhalten von Nutzer:innen online in seiner Gesamtheit als biometrisches Datum i.S.d. Art. 9 Abs. 1 DSGVO aufzufassen ist. Gemeint ist hiermit das Verhalten, was sich passiv beobachten lässt und aufgrund dessen sich Erkenntnisse über die Nutzer:innen gewinnen lassen, wie lange Nutzer:innen bestimmte Beiträge lesen, auf welche Werbung sie reagieren oder welche Influencer:innen sie blockieren. Die Untersuchung konnte zeigen, dass beispielsweise mittels des Trackings via „Fingerprinting" Nutzer:innen wiedererkannt werden können.[609] Für eine derart weite Auslegung könnte der Sinn und Zweck des Merkmals in Art. 9 DSGVO sprechen. Die Kategorie der biometrischen Daten wurde neu in Art. 9 Abs. 1 DSGVO aufgenommen, um die systematische Zusammenführung von Daten mit Hilfe moderner technischer Mittel zu verhindern.[610] Der EDSA hat zur Prüfung des Kriteriums der biometrischen Daten drei Kriterien aufgestellt: die Art der Daten, die Mittel und

---

609 Siehe hierzu im 2. Teil unter B., I., 2.

610 *Weichert*, in: Kühling/Buchner, DSGVO Art. 9 Rn. 32.

Wege der Verarbeitung und den Zweck der Verarbeitung.[611] Demnach ist zunächst zu prüfen, ob die Art der Daten erfasst ist.[612] Art. 9 Abs. 1 DSGVO schütze nur Daten über physische, physiologische oder verhaltensbezogene Eigenschaften einer natürlichen Person. Der Datenstrang, der beim Tracking mittels Fingerprinting erhoben wird, setzt sich jedoch aus Hard- und Softwaredaten des Endgerätes der jeweiligen Nutzer:innen zusammen.[613] Auch wenn der digitale „Fingerabruck" letztendlich also die Identifikation einzelner natürlicher Personen ermöglicht, unterfällt er nicht der Definition der biometrischen Daten und ist in der Folge auch nicht i.S.d. Art. 9 Abs. 1 DSGVO als sensibles Datum besonders schutzwürdig.

Das Verhalten von Nutzer:innen wird jedoch auch anderweitig getrackt. Ein Beispiel hierfür ist Software, die die Verweildauer oder die Maus-Bewegungen von Nutzer:innen auf den jeweiligen Beiträgen verfolgt.[614] In diesem Fall ist das erste Kriterium „Art der Daten" zu bejahen, da es sich um Daten über verhaltensbezogene Eigenschaften einer natürlichen Person handelt. Auch das Zweite Kriterium, nämlich die Mittel und Wege der Verarbeitung, kann in diesem Fall bejaht werden, da die Erkenntnisse „mit speziellen technischen Verfahren gewonnenen" werden.[615] Die beschriebene Software stellt gerade ein spezielles technisches Verfahren dar. Jedoch kann der Zweck der Verarbeitung nicht angenommen werden, da diese Daten nicht zur eindeutigen Identifizierung einer natürlichen Person erhoben werden.[616]

Eine besonders hohe Relevanz für diese Arbeit hat hingegen die Schutzkategorie der Gesundheitsdaten. Nach Art. 4 Nr. 15 DSGVO sind hierunter „personenbezogene Daten, die sich auf die körperliche oder geistige Gesundheit einer natürlichen Person, einschließlich der Erbringung von Gesundheitsdienstleistungen, beziehen und aus denen Informationen über deren Gesundheitszustand hervorgehen" zu verstehen. Wenn sich Informationen über den

---

611 *EDSA*, Leitlinien 3/2019 zur Verarbeitung personenbezogener Daten durch Videogeräte, vom 29.01.2020, Rn. 76.

612 Ebd.

613 Siehe hierzu oben unter 2. Teil, B., I., 2.

614 Die Technik wird als Mouse Tracking bezeichnet. Hierzu *Leiva/Arapakis/Iordanou*, My Mouse, My Rules, CHIIR 2021, S. 51-61.

615 *EDSA*, Leitlinien 3/2019, vom 29.01.2020, Rn. 76.

616 Ebd.

körperlichen oder geistigen Zustand einer natürlichen Person unmittelbar aus Daten entnehmen lassen, so fallen diese unzweifelhaft unter den Schutz des Art. 9 Abs. 1 DSGVO.[617] Dennoch ist eine Grenzziehung zwischen Unmittelbarkeit und Mittbarkeit schwierig und von den individuellen Verarbeitungsumständen – wie Personen, Stellen oder Zweck der Verarbeitung – abhängig.[618] Beispiele für eindeutig medizinische Daten sind konkrete Befunddaten, der Aufenthalt in Klinken oder eine ärztliche Diagnose oder medizinische Bewertung.[619] Auch Telekommunikationsdaten zwischen Betroffenen und Gesundheitseinrichtungen fallen hierunter.[620] Wenn die Telekommunikationsdaten als sensibles Datum einzustufen sind, muss selbiges auch für Web-Daten gelten. Als Gesundheitsdaten besonders schutzwürdig sind folglich auch Daten über den Kontakt zwischen Betroffenen und Gesundheitseinrichtungen, die digital erfolgen. Hierunter fallen die Daten über den Besuch einer Webseite von Ärzt:innen oder medizinischen Einrichtungen. Erfasst sind daneben auch die Daten aus Terminvergabe-Apps, wie *Doctolib*.

Für Daten, die mittels anderen Tracking-Technologien erhoben werden, ist fraglich, ab wann diese mittelbar einen Schluss auf den körperlichen oder geistigen Zustand einer Person zulassen. Ein nahezu unmittelbarer Zusammenhang kann sich aus dem Online-Verhalten von Nutzer:innen ergeben, wenn diese z.B. Symptome googeln oder medizinische Webseiten oder Webseiten mit medizinischen Beiträgen besuchen. So ist am LG Hamburg aktuell eine Klage des irischen Datenschützers *Johnny Ryan* anhängig, die die Verarbeitung von Gesundheitsdaten als datenschutzrechtlich unzulässig rügt.[621] Der Kläger hatte eine Webseite besucht, auf der sich ein Artikel befand, mit dem Titel „Gefährdet mein Job meine Gesundheit – Corona, Rückenschmerzen und Stress als Risikofaktoren am Arbeitsplatz".[622] Der Kläger konnte durch

617 *Weichert*, in: Kühling/Buchner, DSGVO Art. 9 Rn. 37.

618 Ebd.

619 Für eine umfangreiche Auflistung von Beispielen vgl. *Weichert*, in: Kühling/Buchner, DSGVO Art. 9 Rn. 37.

620 Ebd.

621 *Spirit Legal*, Klage von Dr. Johnny Ryan, vom 24.03.2021, abrufbar unter: https://www.iccl.ie/wp-content/uploads/2021/06/GERMAN-LANGUAGE-ORIGINAL-Schriftsatz-an-das-Landgericht-Hamburg.pdf [Stand August 2025].

622 *Spirit Legal*, Klage von Dr. Johnny Ryan, S. 95.

Auszüge der Website-Archivdatei belegen, dass sein Besuch getrackt und als Information im Rahmen des RTB-Verfahrens verarbeitet wurde.[623] Der Kläger argumentiert, es handele sich um die Verarbeitung sensibler Informationen im Gesundheitskontext, ohne jegliche Einhaltung der Vorgaben der DSGVO, insbesondere unter Missachtung des Art. 9 Abs. 1 DSGVO.

Derartige Daten können mittelbar den Gesundheitszustand der Nutzer:innen preisgeben. Die größten Advertiser nutzen Gesundheitsdaten, um Werbeanzeigen zu personalisieren. So ist bei der Norwegischen Datenschutzbehörde[624] eine Beschwerde einer:s Betreuer:in eines Kindes betreffend eine Werbeanzeige auf Facebook anhängig. Die Person hatte sich an die Behörde gewandt, weil sie in ihrem Facebook-Feed Inhalte erhalten hat, in denen Brillen für Menschen mit einer bestimmten Krankheit beworben wurden.[625] Die betreffende Person ist Mitglied einer Facebook-Gruppe, die sich mit der in der Anzeige angesprochenen Krankheit befasst.[626] Die Person wandte sich an das Unternehmen, das die Anzeige geschaltet hatte, woraufhin dieses antwortete, dass es keine sensiblen Kategorien angegeben hatte, als es die Anzeige schaltete.[627] Allerdings hatte die Organisation die automatisierten Tools von Meta zur Anzeigenoptimierung genutzt.[628] Seitens Meta muss mithin eine Kategorisierung nach besonders sensiblen, in diesem Fall medizinischen, Daten durchgeführt worden sein.

Eine Studie aus 2021 untersuchte die Häufigkeit in der gesundheitsbezogene Werbung Nutzer:innen auf Facebook aufgespielt wurden. Im Rahmen der Studie wurden über 2.000 Anzeigen, welche den Teilnehmern über einen Zeitraum von zwei Monaten zwischen Mitte Mai und Mitte Juli 2021 im Feed präsentiert wurden, einer Analyse unterzogen. Hierbei zeigte

623 Ebd., S. 95 ff.

624 Die DSGVO gilt seit dem 20.07.2018 auch in Staaten des Europäischen Wirtschaftsraums (EWR) und damit auch in Norwegen. Der EWR-Ausschuss hat am 6. Juli 2018 die Übernahme der DSGVO in das EWR-Abkommen beschlossen, vgl. Beschluss des gemeinsamen EWR-Ausschusses vom 06.07.2018, Nr. 154/2018, Amtsblatt der Europäischen Union vom 19.07.2018, L 183/23.

625 *Norwegische Datenschutzbehörde*, Entscheidung 21/03530-16 vom 14.07.2023, S. 21.

626 Ebd.

627 Ebd.

628 Ebd.

sich, dass etwa jede fünfte Anzeige einen Bezug zu Gesundheitsthemen aufwies.[629] In anderen Studien konnte darüber hinaus nachgewiesen werden, dass diese als problematisch eingestuften Inhalte vorwiegend an ältere Menschen, Menschen mit Behinderung oder Minderheiten ausgespielt werden.[630]

Da der Gesetzgeber bei den Kategorien personenbezogener Daten dieser Gruppe (Art. 9 Abs. 1 Var. 5 DSGVO) bereits deren Aussageinhalt als solches als schutzbedürftig ansieht,[631] sind an die Verarbeitung besonders hohe Ansprüche zu stellen. Für diese Arbeit kann festgestellt werden, dass einerseits bereits die Erhebung von Daten unter Art. 9 Abs. 1 DSGVO fällt, wenn auch nur eine mittelbare Herleitung zum Gesundheitszustand ermöglicht wird.[632] Andererseits ist die weitere Verarbeitung und insbesondere das Einstufen in Kategorien oder das Schalten von Werbung anhand gesundheitlicher Merkmale in jedem Fall unter Art. 9 Abs. 1 DSGVO als besonders sensibles Datum besonders schutzwürdig.

6. Daten zum Sexualleben oder zur sexuellen Orientierung

Als letzte Kategorie schützt Art. 9 Abs. 1 Var. 6 DSGVO Daten zum Sexualleben und zur sexuellen Orientierung. Die DSGVO enthält für beide Begriffe keine Legaldefinition. Die Kategorie ist jedoch als Ausfluss des Diskriminierungsverbotes aus Art. 21 GRCh und des Anspruchs auf Achtung des Privatlebens nach Art. 7 GRCh zu verstehen.[633] Vor diesem Hintergrund würde eine strenge Wortlautauslegung den Schutzbereich des Art. 9 Abs. 1 DSGVO zu sehr verkürzen. Neben Daten zum Sexualleben und zur sexuellen Orientierung müssen folglich auch Daten zur Geschlechtsidentität erfasst sein.[634] Geschützt sind demnach

---

629 *Głowacka/Szymielewicz/Sapieżyński,* Algorithms of trauma #2, 2021, S. 6, abrufbar unter: https://en.panoptykon.org/sites/default/files/2023-12/panoptykon_algorithms-of-trauma-2_case-study-report_dec-2023.pdf [Stand August 2025].

630 *Ali et al.,* 32nd USENIX Security Symposium 2023, 5665 (5665).

631 *Albers/Veit,* in: BeckOK DatenschutzR, DSGVO Art. 9 Rn. 46.

632 Zur Herleitung von Daten, mittels derer eine Person als depressiv eingestuft werden kann, noch bevor klinische Symptome auftreten, vgl. *De Choudhury/Counts/Horvitz,* Proceedings of the SIGCHI Conference on Human Factors in Computing System, S. 3267-3276.

633 *Albers/Veit,* in: BeckOK DatenschutzR, DSGVO Art. 9 Rn. 47.

634 So wohl auch *Albers/Veit,* in: BeckOK DatenschutzR, DSGVO Art. 9 Rn. 47.

alle Daten, die Auskunft über eine queere[635] Lebensform geben, insbesondere darüber, ob und dass betroffene Personen der LGBTQIA+-Community[636] angehören.

Daten, die einen unmittelbaren Aussagegehalt hinsichtlich des Sexuallebens oder der sexuellen Orientierung haben, sind als besonders sensible Daten mithin zweifelsohne schutzwürdig. Hierzu gehören Daten über Bestellungen in Sexshops,[637] intime Bildaufnahmen,[638] die Information, dass eine Person als Sexarbeiter:in tätig ist[639] oder unmittelbare Informationen über Sexualpartner:innen.[640] Erfasst sind im Rahmen dieser Arbeit mithin Daten, die einen unmittelbaren Aussagegehalt hinsichtlich des Sexuallebens einer Person oder der sexuellen Orientierung aufweisen. Denkbar ist, dass zum Zweck personalisierter Werbung beispielsweise Daten über den Besuch oder Abonnements auf pornografischen Internetseiten gewonnen werden. Aber auch die Information, dass Personen auf diesen Seiten selbst tätig sind, kann hierunter fallen.[641]

Wie weit sich die Schutzwürdigkeit erstreckt, ist hingegen fraglich. Diese Frage stellt sich, wenn die Daten keine unmittelbare Aussage zum Sexualleben oder zur sexuellen Orientierung

---

635 „Queer" ist ein Sammelbegriff der Personen beschreibt, die unter eine oder mehrere der nachstehenden Kategorien fallen: Personen, die eine andere, als eine heterosexuelle Orientierung haben. Personen, die eine andere, als eine cisgender Geschlechtsidentität haben. Personen, die eine andere, als eine binäre Geschlechtsidentität haben.

636 Abkürzung von englisch: lesbian, gay, bisexual, transgender, queer, inter- und a-sexual. „+" steht für weitere Geschlechtsidentitäten und Sexualpräferenzen.

637 *Kampert*, in: Sydow/Marsch, DSGVO Art. 9 Rn. 10.

638 Ebd.

639 *Kampert*, a.a.O.; *Weichert*, in: Däubler/Klebe/Wedde/Weichert, BDSG § 3 Rn. 65; In diesem Kontext sei auch auf das Prostituiertenschutzgesetz (ProstSchG) hingewiesen, dessen § 3 eine Meldepflicht für Prostituierte vorsieht und dessen § 34 Vorgaben für den Datenschutz enthält. Dazu OVG Münster, Beschluss vom 17.01.2020 – 13 B 1282/19.

640 Etwa im Rahmen der Klärung der Vaterschaft, so *Kampert*, in: Sydow/Marsch, DSGVO Art. 9 Rn. 10; Zum Anspruch des Scheinvaters gegen die Mutter auf Nennung der für die biologische Vaterschaft in Frage kommenden Sexualpartner siehe BGH, Urteil 09.11.2011 – XII ZR 136/09.

641 Da sexuelle oder sexualisierte Inhalte gegen die Community Guidelines der populären sozialen Netzwerke verstoßen, existieren inzwischen soziale Netzwerke, die sich auf das Darstellen dieser Inhalte spezialisiert haben. Die bekannteste dieser Plattformen ist *Onlyfans*. Es ist für Content Creater die auf diesen Seiten aktiv sind, eine gängige Praxis, diese auf populären Plattformen – beispielsweise Instagram – zu bewerben und zu verlinken. In diesen Fällen erhält dann auch Instagram (bzw. Meta) die sensible Information, dass die betroffene Person auf *Onlyfans* tätig ist. Wenn Instagram-Nutzer:innen direkten Verlinkungen auf die Beiträge folgen, werden auch diese Aufrufe von Instagram erfasst.

der betroffenen Person enthalten. Während der Gesetzgeber die ersten Kategorien in Art. 9 Abs. 1 DSGVO bereits als schutzwürdige sensible Daten einstuft, wenn diese nur aus der Verarbeitung „hervorgehen", spricht die Norm hier von Daten „zum" Sexualleben und „zur" sexuellen Orientierung. Der EuGH hat zu dieser Auslegungsfrage bereits Stellung genommen:

> *„Wie der Generalanwalt [...] ausgeführt hat, spricht die Verwendung des Verbs ‚hervorgehen' in diesen Bestimmungen dafür, dass eine Verarbeitung erfasst ist, die sich nicht nur auf ihrem Wesen nach sensible Daten bezieht, sondern auch auf Daten, aus denen sich mittels eines Denkvorgangs der Ableitung oder des Abgleichs indirekt sensible Informationen ergeben, wohingegen aber die Präpositionen ‚zu' und ‚über' bzw. die Verwendung eines Kompositums zum Ausdruck zu bringen scheinen, dass eine direktere Verbindung zwischen der Verarbeitung und den betreffenden Daten, bei denen auf ihr originäres Wesen abzustellen ist, bestehen muss."*[642]

Eine derart strenge Wortlautauslegung entspricht, wie auch der EuGH sodann feststellt, jedoch nicht dem Sinn und Zweck des Art. 9 DSGVO, der darin bestehe, einen erhöhten Schutz vor Datenverarbeitungen zu gewährleisten.[643] Aus Erwägungsgrund 33 der Datenschutz-RL[644] und Erwägungsgrund 51 der DSGVO leitet der EuGH überdies ab, dass Verarbeitungen besonders sensibler Daten einen „besonders schweren Eingriff in die durch die Art. 7 und 8 der Charta garantierten Grundrechte auf Achtung des Privatlebens und auf Schutz personenbezogener Daten darstellen können."[645]

> *„Folglich können diese Bestimmungen nicht dahin ausgelegt werden, dass die Verarbeitung personenbezogener Daten, die indirekt sensible Informationen über eine natürliche Person offenbaren können, von der in diesen Bestimmungen vorgesehenen verstärkten Schutzregelung ausgenommen ist, da andernfalls die praktische Wirksamkeit dieser*

---

642 EuGH, Urteil vom 01.08.2022 – C-184/20, Rn. 123.

643 Ebd., 126.

644 Richtlinie 95/46/EG des Europäischen Parlaments und des Rates vom 24. Oktober 1995 zum Schutz natürlicher Personen bei der Verarbeitung personenbezogener Daten und zum freien Datenverkehr.

645 EuGH, Urteil vom 01.8.2022 – C-184/20, Rn. 126.

Regelung und der von ihr bezweckte Schutz der Grundrechte und Grundfreiheiten natürlicher Personen beeinträchtigt würden.“[646]

Der EuGH sieht mithin auch „personenbezogene[r] Daten, die geeignet sind, die sexuelle Orientierung einer natürlichen Person indirekt zu offenbaren,“ als besonders sensible Daten i.S.d. Art. 9 Abs. 1 DSGVO an.[647] Hierzu gehören für den Gegenstand dieser Arbeit insbesondere Daten, die sich aus dem Nutzer:innenverhalten ergeben und derartige Rückschlüsse – beispielsweise auf die sexuelle Orientierung – zulassen. Davon erfasst ist die Interaktion von Nutzer:innen mit Beiträgen queeren Inhalts, die Verwendung entsprechender Bezeichnungen und Symbole – insbesondere das Verwenden von Regenbogenemojis – oder das Einkaufsverhalten.[648]

Sobald Verantwortliche dieses Online-Verhalten dahingehend auswerten, dass Nutzer:innen der queeren Community angehören und hierauf basierend Werbeanzeigen personalisieren, kann die Frage, ob diese Annahmen richtig sind, dahinstehen.[649]

Dass Meta die Daten von Nutzer:innen auswertet, um unter anderem Rückschlüsse auf die sexuelle Orientierung zu erhalten, hat der EuGH in seinem Schrems-III-Urteil[650] festgehalten:

> *„So erhielt Herr Schrems zum einen Werbung für eine österreichische Politikerin. Diese Werbung beruhte auf der Analyse von Meta Platforms Ireland, wonach er Gemeinsamkeiten mit anderen Nutzern aufweise, die diese Politikerin mit „Gefällt mir“ markiert hatten. Zum anderen erhielt Herr Schrems auch regelmäßig Werbung, die auf ein homosexuelles Publikum abzielte, und Einladungen zu entsprechenden Veranstaltungen, obwohl er sich zuvor für diese Veranstaltungen nicht interessiert hatte und den Veranstaltungsort nicht kannte. Diese Werbungen und Einladungen*

---

646 Ebd., Rn. 127.

647 Ebd., Rn. 128.

648 Der Kauf einer Regenbogenflagge in einem Online Shop.

649 EuGH, Urteil vom 04.07.2023 – C-252/21, Rn. 69.

650 EuGH, Urteil vom 04.10.2024 – C-446/21.

orientierten sich nicht unmittelbar an der sexuellen Orientierung des Kl. des Ausgangsverfahrens oder seiner ‚Freunde', sondern an der Analyse deren Interessen, vorliegend an der Tatsache, dass einer der Freunde von Herrn Schrems ein Produkt durch Betätigung der Schaltfläche ‚Gefällt mir' markiert habe."[651]

Facebook hätte unter anderem auch Daten außerhalb der Plattform gesammelt, die die sexuelle Orientierung erkennen lassen, so der EuGH. Hierzu gehörten beispielweise „Anwendungen und Internetseiten für die Partnersuche für Homosexuelle sowie die Website einer österreichischen politischen Partei."[652] Damit stuft der EuGH sowohl Daten, die unmittelbar auf die sexuelle Orientierung schließen lassen – die Dating-Plattformen – als auch Daten, die hierauf nur mittelbar schließen lassen – die Verbindung mit einer politischen Partei – als als schützenswerte Daten i.S.d. Art 9 Abs. 1 Var. 6 DSGVO ein. Der EuGH scheint dadurch zu unterstellen, dass das Datum einer besonderen Kategorie vorliegt, wenn auch die personalisierte Anzeige ebenjenes Datum enthält.[653]

II. Ausnahmen von der Unzulässigkeit, Art. 9 Abs. 2 DSGVO

Art. 9 Abs. 2 DSGVO enthält eine Auflistung von Fällen, in denen das strenge Verarbeitungsverbot aus Art. 9 Abs. 1 DSGVO nicht gilt.[654] Die meisten dieser Verarbeitungsausnahmen sind für den Gegenstand dieser Arbeit nicht relevant. Einzig die ausdrückliche Einwilligung nach Art. 9 Abs. 2 lit. a) DSGVO und der Fall, dass die Daten offenkundig öffentlich gemacht werden, Art. 9 Abs. 2 lit. e) DSGVO, könnten die Verarbeitung besonders sensibler Daten zum Zwecke der personalisierten Online-Werbung rechtfertigen.

---

651 Ebd., Rn. 23

652 Ebd., Rn. 24.

653 Ebd. Rn. 69.

654 *Albers/Veit*, in: BeckOK DatenschutzR, DSGVO Art. 9 Rn. 51.

1. Ausdrückliche Einwilligung, Art. 9 Abs. 2 lit. a) DSGVO

Der Gesetzgeber stellt an die Einwilligung nach Art. 9 Abs. 2 lit. a) DSGVO noch höhere Anforderungen, als an die Einwilligung nach Art. 6 Abs. 1 lit. a) DSGVO.[655] Die betroffene Person muss demnach für einen oder mehrere festgelegte Zwecke ausdrücklich in die Verarbeitung der in den besonderen Kategorien genannten personenbezogenen Daten eingewilligt haben.[656] Wie zuvor aufgezeigt wurde, ist schon die Einwilligung nach Art. 6 Abs. 1 lit. a) DSGVO zum Zwecke personalisierter Online-Werbung nicht wirksam einzuholen.[657] Die Prozesse des Real Time Biddings ermöglichen es nicht, dass die Verantwortlichen die Nutzer:innen vollumfänglich über die Verarbeitung informieren. Insbesondere ist eine Nennung der Parteien, die Zugang zu den Daten erhalten, nicht möglich.[658] Wenn schon die allgemeine Einwilligung zur Verarbeitung personenbezogener Daten nicht wirksam eingeholt werden kann, so kann die Verarbeitung besonders sensibler Daten erst Recht nicht auf eine Einwilligung der Nutzer:innen gestützt werden.

2. Offenkundig öffentlich gemachte Daten, Art. 9 Abs. 2 lit. e) DSGVO

Das Verarbeitungsverbot aus Art. 9 Abs. 1 DSGVO gilt nicht, wenn sich die Verarbeitung auf personenbezogene Daten bezieht, die die betroffene Person offensichtlich öffentlich gemacht hat (Art. 9 Abs. 2 lit. e) DSGVO). Der Gesetzgeber hat das Merkmal des Öffentlichmachens nicht weiter definiert.[659] Gemeint ist hiermit das Bereitstellen von Daten für einen unbestimmten Empfängerkreis.[660] Dieser Vorgang kann sowohl digital – etwas durch Posts im Internet[661] – als auch analog – durch öffentliche Verlautbarungen oder Eintragungen in

655 Ebd., Rn. 57.

656 Ebd.

657 Siehe hierzu oben im 3. Teil unter C., I.

658 Siehe hierzu oben im 3. Teil unter C., I., 3.

659 *Weichert*, in: Kühling/Buchner, DSGVO Art. 9 Rn. 78.

660 *Weichert*, in: Kühling/Buchner, DSGVO Art. 9 Rn. 78. Zu Chat-Gruppen im Internet *Jaspers/Mühlenbeck/Schwartmann*, in: Jaspers/Schwartmann/Thüsing/Kugelmann Art. 9 Rn. 164.

661 So etwa, wenn die eigene Relegionszugehörigkeit in einem Profil in den sozialen Medien mitgeteilt wird. Siehe hierzu oben unter 4. Teil, E., I., 3.

öffentliche Verzeichnisse – geschehen.[662] Das Merkmal der Offenkundigkeit soll dabei sicherstellen, dass betroffene Personen den Schutz nicht verlieren, wenn Informationen durch eine:n Dritte:n in die Öffentlichkeit getragen werden.[663] Ob Daten offenkundig öffentlich gemacht wurden, ist aus Sicht eines äußeren Beobachters zu beurteilen.[664] Zu bejahen ist die Offenkundigkeit demnach nicht allein, weil die Daten sich in einem öffentlichen Raum befinden.[665]

Fraglich ist demnach, welche Bereiche des dieser Ausarbeitung zugrunde liegenden Gegenstandes von der Ausnahme des Art. 9 Abs. 2 lit. e) DSGVO erfasst sind. Wie die Arbeit gezeigt hat, ergeben sich sensible Daten häufig unmittelbar oder mittelbar aus dem digitalen Nutzer:innenverhalten. Hierzu gehören Postings von Nutzer:innen in sozialen Medien, die einer der besonders sensiblen Datenkategorien zugeschrieben werden können, beispielsweise durch die Verwendung von Emojis oder Statusangaben.[666] Bei derartigen Postings ist zu differenzieren, ob diese von öffentlichen Nutzer:innenaccounts vorgenommen werden. Haben Nutzer:innen Privatsphäreeinstellungen vorgenommen, so kann bereits nicht von einer öffentlichen Bekanntgabe der Daten ausgegangen werden. In diesen Fällen machen die jeweiligen Nutzer:innen die Daten einem ausgewählten Personenkreis – nämlich ihren Freund:innen bzw. Follower:innen – und den Betreibenden der Plattform zugänglich.[667] Anders könnte der Sachverhalt zu beurteilen sein, wenn es sich um öffentliche Nutzer:innenprofile handelt. Setzten Nutzer:innen zuvor beschriebene Postings von Profilen ab, die diese Meldungen für jedermann sichtbar erscheinen lassen, da die Nutzer:innen gerade keine Privatsphäreeinstellungen vorgenommen haben, kann das Öffentlichmachen der Daten durchaus bejaht werden. Die Offenkundigkeit dieses Öffentlichmachens ist jedoch separat zu prüfen. Von Art. 9 Abs. 2 lit. e) DSGVO werden öffentlich zugängliche Daten nur erfasst,

---

662 *Weichert*, in: Kühling/Buchner, DSGVO Art. 9 Rn. 78.

663 *Weichert*, a.a.O., Rn. 79; *Frenzel*, in: Paal/Pauly, DSGVO Art. 9 Rn. 36; *Kampert*, in: Sydow/Marsch, DSGVO Art. 9 Rn. 31.

664 *Weichert*, a.a.O., Rn. 80.

665 *Weichert*, a.a.O., Rn. 82; *Kampert*, in: Sydow/Marsch, DSGVO Art. 9 Rn. 31.

666 So etwa beim Kauf einer Flagge, die die politische Überzeugung offenlegt. Siehe hierzu oben unter 3. Teil, E., I., 2.

667 So auch Generalanwalt beim EuGH (Rantos), Schlussantrag vom 20.09.2022 – C-252/21, Rn. 42 ff.

wenn die betroffene Person deren Veröffentlichung wollte bzw. wusste, dass diese für die Öffentlichkeit bereitgestellt werden.[668] Dies kann jedoch nicht mehr gelten, wenn die Verarbeitungsprozesse derart komplex sind, dass die betroffenen Personen diese unmöglich überblicken können. Wenn beim RTB also hoch komplexe Nutzer:innenprofile erstellt werden oder die Verantwortlichen aus einst naiv veröffentlichten Daten sensible Daten mittels Analyseverfahren gewinnen, kann hiervon nicht mehr ausgegangen werden.[669] So hat der EuGH sich auch im Hinblick auf die Verwendung sog. Off-Side-Daten geäußert. Daten, die ein soziales Netzwerk über Nutzer:innen mittels Cookies oder anderen Tracking-Technologien erhebe, könnten nicht als offensichtlich öffentlich bekannt gemacht gelten.[670]

Art. 9 Abs. 2 lit. e) DSGVO ist folglich auf solche Fälle zu beschränken, in denen Nutzer:innen für jedermann sichtbare Informationen geteilt haben, deren Preisgabe nicht mehr interpretationsbedürftig ist.[671]

Fraglich ist, wie sich nicht digitale Informationspreisgaben auf Art. 9 Abs. 2 lit. e) DSGVO auswirken. Diese Frage liegt dem EuGH seit 2021 zur Vorabentscheidung[672] nach Art. 267 AEUV vor. Vorlagefrage Nr. 4 lautet:

> *„Ist […] Art 9 Abs. 2 lit. e DSGVO dahin auszulegen, dass eine Äußerung über die eigene sexuelle Orientierung für die Zwecke einer Podiumsdiskussion die Verarbeitung von anderen Daten zur sexuellen Orientierung für Zwecke der Aggregation und Analyse von Daten zum Zwecke der personalisierten Werbung erlaubt?“*[673]

Die Vorlagefrage ergibt sich aus folgendem Sachverhalt: Der Kläger, *Max Schrems*, hatte zuvor seine sexuelle Orientierung als homosexueller Mann im Rahmen eines Vortrags bei der

---

668 *Weichert*, in: Kühling/Buchner, DSGVO Art. 9 Rn. 79; *Spindler*, DB 2016, 937 (944).

669 So auch *Weichert*, a.a.O.; *Petri,* in: Simitis/Hornung/Spiecker, DSGVO Art. 9 Rn. 61.

670 EuGH, Urteil vom 04.07.2023 – C-252/21, Rn. 84.

671 So auch EuGH, Urteil vom 04.07.2023 – C-252/21, Rn. 85.

672 ÖOGH, Beschluss vom 23.06.2021 – Akz. 6 Ob 56/21k.

673 Ebd., S. 3.

Europäischen Kommission in Österreich öffentlich gemacht.[674] Da der Kläger ein Facebook-Konto besitzt und ihm dort personalisierte Werbung angezeigt wird, stellt sich die Frage, ob die Verarbeitung des sensiblen Datums seiner Sexualität auf Art. 9 Abs. 2 lit. e) DSGVO gestützt werden kann.

Für diese Fälle, in denen die Bekanntgabe der Daten in einer analogen Öffentlichkeit erfolgt, muss zunächst der Begriff der Öffentlichkeit spezifiziert werden. Die Öffentlichkeit i.S.d. Art. 9 Abs. 2 lit. e) DSGVO setzt voraus, dass jedermann Zugriff auf die Daten erlangen kann. Mithin scheiden kleinere Öffentlichkeiten – wie die lokale Bekanntmachung – oder beschränkte Öffentlichkeiten aus.[675] Für den Fall *Schrems* kann eine Öffentlichkeit jedoch sehr wohl bejaht werden, da dieser sich im Rahmen einer Podiumsdiskussion äußerte, die öffentlich zugänglich war und live übertragen wurde.[676]

Neben diese objektive Betrachtung des Merkmals „Öffentlich machen“, muss in subjektiver Hinsicht die Offenkundigkeit berücksichtigt werden.[677] Danach müsste die betroffene Person in Kenntnis der Sachlage das Öffentlichmachen bezwecken.[678] Der Generalanwalt hat dieses Merkmal im Falle *Schrems* bejaht. Die Äußerung des Klägers stellten eine Handlung dar, mit der dieser in voller Kenntnis der Sachlage seine sexuelle Orientierung offensichtlich öffentlich macht, wenngleich die Äußerungen beiläufig im Rahmen eines umfassenderen und kritischen Beitrags über die Verarbeitung sensibler Daten durch Meta Platforms Ireland offengelegt wurden.[679] Begründet wird dies mit dem Zweck des Art. 9 Abs. 1 DSGVO. Dieser bestünde

---

674 Zitat Schrems: „Ich gebe Ihnen jetzt ein ganz banales Beispiel: Anhand von meiner Freundesliste können Sie meine sexuelle Orientierung hochrechnen. Ich habe auf Facebook nie angegeben, dass ich schwul bin. Das ist bei mir, seitdem ich 14 bin, geoutet und stressfrei und was weiß ich. Aber das ist zum Beispiel etwas, was ich öffentlich nicht permanent rundherum erzähle, weil ich ma denk, ja, ich red lieber über den Datenschutz, sonst bist dann wieder in der Kategorie drinnen. Und das lenkt ab vom Datenschutz.“ Vgl. ÖOGH, Beschluss vom 23.06.2021 – Akz. 6 Ob 56/21k, Rn. 64.

675 Ein Klassenzimmer oder anderweitig durch Zugangsschranken und soziale Erwartungen abgegrenzte Räume sind keine „Öffentlichkeit“ i.S.d Art. 9 Abs. 2 lit. e) DSGVO, vgl. *Albers/Veit*, in: BeckOK DatenschutzR, DSGVO Art. 9 Rn. 76; auch OVG Hamburg Urteil vom 07.10.2019 – 5 Bf 279/17 Rn. 87; VG Schwerin Urteil vom 26.11.2020 – 1 A 1598/19 SN Rn. 49.

676 Schlussanträge des GA vom 25.04.2024 – C-446/21, Rn. 14, Fn. 11.

677 Ebd., Fn. 40.

678 Ebd., Fn. 40.

679 Ebd., Fn. 41.

darin, „dass die betroffene Person nachteiligen Folgen (wie insbesondere öffentlicher Stigmatisierung oder diskriminierenden Handlungen) ausgesetzt [werde], die sich u. a. aus einer negativen Wahrnehmung der dort aufgeführten Situationen aus sozialer oder wirtschaftlicher Sicht ergeben."[680] In Fällen, in denen die betroffene Person, eines der Merkmale aus der Kategorie des Art. 9 Abs. 1 DSGVO jedoch selbst öffentlich mache, habe sie selbst entschieden, dass dieser Schutz nicht länger erforderlich sei.[681]

Diese Argumentation kann jedoch nicht überzeugen, da sie schon die Systematik und Zielsetzung des Art. 9 DSGVO verkennt. Als Ausnahmeregelungen sind alle Tatbestände des Art. 9 Abs. 2 DSGVO grundsätzlich eng auszulegen.[682] Zudem ist der Sinn und Zweck des Art. 9 Abs. 1 DSGVO zu berücksichtigen und bei Auslegung der Ausnahmetatbestände ist richtigerweise dem Umstand Rechnung zu tragen, dass Art. 9 Abs. 1 DSGVO Ausfluss des Diskriminierungsverbotes und je nach Merkmal anderer Grundrechte[683] ist. Um diese Grundrechte zu schützen, müssen sie in die Auslegung des Art. 9 Abs. 2 DSGVO einfließen. Erfolgt die Öffentlichmachung von Daten im Kontext dieser Grundrechte, so kann dies nicht zur Anwendung von Art. 9 Abs. 2 lit. e) DSGVO führen. Andernfalls müssten betroffene Personen sich zwischen der Aufgabe ihres Grundrechts auf Datenschutz und der Ausübung anderer Grundrechte entscheiden. Anerkannt ist, dass aus diesem Grund die Teilnahme an einer öffentlichen Demonstration nicht als offenkundiges Öffentlichmachen von personenbezogenen Daten gelten kann.[684] Selbiges muss im digitalen und analogen Raum für die Ausübung weiterer Grundrechte gelten. Art. 9 Abs. 2 lit. e) DSGVO ist mithin dahingehend einzuschränken, dass ein offenkundiges Öffentlichmachen nicht entgegen dem tatsächlichen, erkennbaren Bestreben

---

680 Ebd., Fn. 44.

681 Ebd., Fn. 44.

682 EuGH, Urteil vom 04.07.2023 – C-252/21, Rn. 76; EuGH, Urteil vom 04.10.2024 – C-446/21, Rn. 76.

683 Die Meinungsfreiheit findet sich in Art. 11 GRCh und Art. 10 EMRK. Durch die Kategorie „rassische" und ethnische Herkunft möchte der Gesetzgeber auch dem verfassungsrechtlichen Achtungsgebot der Vielfalt von Kultur und Sprache aus Art. 22 GRCh dienen. Der Schutz von Daten aus denen religiöse und weltanschauliche Überzeugung hervorgeht ist auch Ausfluss des Gebotes religiöser Vielfalt, Art. 22 GRCh. Der Schutz von Daten, aus denen die Gewerkschaftszugehörigkeit hervorgeht dient dem Schutz der Koalitionsfreiheit nach Art. 28 GRCh. Daten zum Sexualleben oder zur sexuellen Orientierung sind Ausfluss des Anspruchs auf Achtung des Privatlebens nach Art. 7 GRCh.

684 *Weichert*, in: Kühling/Buchner, DSGVO Art. 9 Rn. 79.

der betroffenen Person angenommen werden darf. Zu fragen ist vielmehr, ob es sich bei der Offenlegung der Daten vorrangig um die Ausübung eines Grundrechts handelt oder um die freiwillige Preisgabe der Informationen gegenüber der Öffentlichkeit. Entsteht aus Sicht eines äußeren Beobachters danach der Eindruck, dass die Person die Offenlegung ihrer Daten in Kauf nimmt, um eine verfassungsrechtlich geschützte Handlung auszuüben, so kann Art. 9 Abs. 2 lit. e) DSGVO nicht mehr bejaht werden. Dies ist der Fall, wenn Personen für ein Thema betreffend eine der in Art. 9 Abs. 1 DSGVO aufgeführten Datenkategorien demonstrieren oder dahingehend ihr Recht auf freie Meinungsäußerung ausüben. Der Gesetzgeber hat die Kategorien des Art. 9 Abs. 1 DSGVO als sensible Daten unter einen besonderen Schutz gestellt, um gerade die Diskriminierung natürlicher Personen aufgrund einer dieser Aspekte zu verhindern. Folglich muss betroffenen Personen auch die Möglichkeit eingeräumt werden, ihre Rechte zu ergreifen, ohne gleichsam ihrer Datenpreisgabe unfreiwillig zuzustimmen und so für sich das Risiko eben der Diskriminierung, die eigentlich verhindert werden soll, zu vergrößern. Der Generalanwalt unterstellt in seinen Schlussanträgen, die Konsequenzen einer Verarbeitung personenbe-zogener Daten seien gleichbedeutend mit den Konsequenzen eines individuellen Öffentlich-machens dieser Daten. Durch die Verarbeitung personenbezogener Daten potenzieren sich Risiken, wie mögliche Diskriminierung oder demokratiegefährdende Risiken, jedoch.[685] Nimmt eine Person an einer Demonstration teil, hat sie möglicherweise das Risiko abgeschätzt, welches ihr im Alltag oder in ihrem Umfeld aus diesem Grund begegnen kann. Keinesfalls wird sie sich jedoch der Risiken einer digitalen Verarbeitung dieses Datums bewusst sein. Selbiges gilt für betroffene Personen, die ihr Recht der freien Meinungs-äußerung ausüben.

Im Fall *Schrems* ist mithin die Bekanntgabe der homosexuellen Orientierung im Lichte der Meinungsäußerungsfreiheit und des Diskriminierungsverbotes auszulegen. Im Vordergrund der Äußerungen steht hier das Bestreben *Schrems'*, auf die Datenschutzverstöße Facebooks aufmerksam zu machen. Dies ergibt sich aus dem Zusammenhang seiner Äußerungen und der Tatsache, dass er in seiner Funktion als Datenschützer vor der Europäischen Kommission in Österreich spricht. Ein äußerer Betrachter würde zu dem Schluss kommen, dass *Schrems* die

685 Hierzu ausführlich im 2. Teil unter B.

Information preisgibt, um seiner Meinung mehr Wirkung zu verleihen. Jedoch geht es ihm nicht um die Preisgabe der Information an sich. In diesem Fall eine offenkundige Öffentlichmachung dieses Datums anzunehmen, würde den Schutzgedanken des Art. 9 Abs. 1 DSGVO unterlaufen.

Der EuGH ist diesbezüglich zum gleichen Ergebnis gelangt. Auch er hat eine Weiterverarbeitung zu Werbezwecken abgelehnt.

> *„[Die] Tatsache, dass eine Person Daten über ihre sexuelle Orientierung offensichtlich öffentlich gemacht hat, [ließe] nicht die Feststellung zu, dass sie ihre Zustimmung iSv Art. 9 Abs. 2 Buchst. a DSGVO dazu erteilt hat, dass der Betreiber einer Onlineplattform für ein soziales Netzwerk andere Daten über ihre sexuelle Orientierung verarbeitet.“*[686]

Der EuGH begründet dies mit dem grds. eng auszulegenden Ausnahmetatbestand des Art. 9 Abs. 2 DSGVO. Diesem liefe es entgegen, wenn sämtliche Daten eines personenbezogenen Merkmals dem Schutzgedanken des Art. 9 Abs. 1 DSGVO entfielen, wenn die betroffene Person dieses Datum einmal offengelegt hätte.[687]

Es ist zu begrüßen, dass der EuGH den Schutzgedanken des Art. 9 Abs. 1 DSGVO dadurch stärkt. Allerdings definiert er nicht konkret, wann es sich um „andere Daten“ der gleichen Kategorie handelt. Diese Abgrenzung erweist sich als plausibel, sofern das Kriterium eine gewisse Granularität aufweist, etwa weil eine betroffene Person beispielsweise eine bestimmte Diagnose als gesundheitsbezogenes Datum offenlegt. In einer derartigen Situation hat jedoch auch bisher niemand die Auffassung vertreten hat, dass hierdurch andere gesundheitsbezogene Daten als offenkundig öffentlich gemacht anzusehen seien. In einigen Fällen lässt sich eine solche feine Differenzierung jedoch kaum vornehmen. In diesem Kontext sind beispielsweise die Selbstbezeichnung als homosexuell, das Offenlegen der eigenen Konfession oder eine

---

[686] EuGH, Urteil vom 04.10.2024 – C-446/21, Rn. 82.

[687] Ebd., Rn. 81.

Parteizugehörigkeit zu nennen. In diesen Fällen erscheint es empfehlenswert, auch im Hinblick auf den Rechtsgedanken des Art. 5 Abs. 1 lit. b) DSGVO (Zweckbindung), zu eruieren, ob ein offenkundiges Handeln der betreffenden Personen gegeben ist. Dies lässt sich anhand der zuvor dargestellten Kriterien ermitteln.

Damit kann auch in Fällen, in denen es sich um grundsätzliche öffentliche Äußerungen zu einer Kategorie des Art. 9 Abs. 1 DSGVO handelt, der Ausnahmetatbestand des Art. 9 Abs. 2 lit. e) DSGVO nicht angewandt werden, in welchen die betroffene Person vorrangig eine grundrechtlich geschützte Handlung ausübt und die Preisgabe der Daten von ihr hierbei in Kauf genommen, nicht aber offenkundig zur Verarbeitung veröffentlicht wird.

3. Rechtsfolge des Art. 9 Abs. 2 DSGVO

Die wenigen Verarbeitungsfälle, die Relevanz für diese Arbeit besitzen und auf den Ausnahmetatbestand Art. 9 Abs. 2 lit. e) DSGVO gestützt werden können, unterfallen folglich nicht mehr dem Schutzregime des Art. 9 Abs. 1 DSGVO. Es handelt sich hierbei um Fälle, in denen Nutzer:innen öffentlich Postings absetzten, die dann von der gleichen Plattform verarbeitet werden. So stellt sich dies z.B. dar, wenn Nutzer:innen bei Google-Maps öffentlich Bewertungen vornehmen, die ein Merkmal des Art. 9 Abs. 1 DSGVO verwirklichen, wie etwas das Bewerten einer medizinischen Einrichtung oder Praxis, die dann von Google verarbeitet werden.

Auch in diesen Fällen verlieren personenbezogene Daten jedoch nicht den gesamten Schutz der DSGVO. Systematisch lässt ein Ausnahmetatbestand des Art. 9 Abs. 2 DSGVO nur den besonderen Schutz des Art. 9 Abs. 1 DSGVO entfallen.[688] Bei der Verarbeitung personenbezogener Daten müssen dann jedoch weiterhin die übrigen Vorgaben der DSGVO beachtet werden. Hierzu gehören insbesondere die Verbotsklausel des Art. 6 Abs. 1 DSGVO und die Grundsätze des Art. 5 DSGVO.

---

688 So auch Schlussanträge des GA vom 25.04.2024 – C-446/21, Rn. 14, Fn. 46.

Selbst wenn man nicht die dieser Arbeit zugrunde gelegte Auslegung der offenkundigen Öffentlichmachung heranzieht und mithin zu dem Ergebnis kommt, dass betroffene Personen ein besonders sensibles Merkmal nach Art. 9 Abs. 2 lit. e) DSGVO „freigegeben“ haben, kann dies nicht ohne weiteres zum Zwecke personalisierter Online-Werbung verarbeitet werden.[689] Der Grundsatz der Zweckbindung aus Art. 5 Abs. 1 lit. b) DSGVO verbietet dies.[690] Darüber hinaus hat diese Ausarbeitung Verstöße gegen Art. 6 Abs. 1 DSGVO bereits aufgezeigt[691] und ohne eine wirksame Ermächtigungsgrundlage für die Verarbeitung insgesamt kann auch die Verarbeitung besonders sensibler Daten nicht rechtmäßig sein. Überdies sind weitere Verstöße gegen Art. 5 DSGVO und Art. 25 DSGVO denkbar, die noch zu untersuchen sind.

F. Profiling, Art. 22 DSGVO

Nach Art. 22 Abs. 1 DSGVO haben betroffene Personen das Recht, nicht einer ausschließlich auf einer automatisierten Verarbeitung beruhenden Entscheidung unterworfen zu werden, die ihnen gegenüber rechtliche Wirkung entfaltet oder sie in ähnlicher Weise erheblich beeinträchtigt. Als Beispiel einer solch automatisierten Entscheidung hat der Gesetzgeber das sog. Profiling in die Norm mit aufgenommen.[692] Der Gesetzgeber erkennt hierdurch die Relevanz der Bildung von Nutzer:innenprofilen im digitalen Zeitalter an.[693] Fraglich ist, ob die Profilbildung zum Zweck personalisierter Online-Werbung unter den Begriff des Profilings fällt und die Vorgaben des Art. 22 DSGVO einschlägig sind.

Hierfür gilt es zunächst den Begriff des Profilings näher zu definieren. Art. 4 Nr. 4 DSGVO enthält eine Legaldefinition, wonach Profiling

> *„jede Art der automatisierten Verarbeitung personenbezogener Daten, die darin besteht, dass diese personenbezogenen Daten verwendet werden, um bestimmte*

---

689 So auch Schlussanträge des GA vom 25.04.2024 – C-446/21, Rn. 14, Fn. 46.

690 So auch Schlussanträge des GA vom 25.04.2024 – C-446/21, Rn. 14, Fn. 46.

691 Siehe hierzu oben unter 4. Teil, C., III.

692 „Gegenüber Art. 15 DS-RL wurde Art. 22 DSGVO mit dem Zusatz ‚einschließlich Profiling‘ aufgenommen.“ *Taeger*, in: Taeger/Gabel, DSGVO Art. 22 Rn. 40.

693 *Wenhold*, Nutzerprofilbildung durch Webtracking, S. 231 f.

persönliche Aspekte, die sich auf eine natürliche Person beziehen, zu bewerten, insbesondere um Aspekte bezüglich Arbeitsleistung, wirtschaftliche Lage, Gesundheit, persönliche Vorlieben, Interessen, Zuverlässigkeit, Verhalten, Aufenthaltsort oder Ortswechsel dieser natürlichen Person zu analysieren oder vorherzusagen [darstellt].“

Gemeint ist hiermit die Verarbeitung personenbezogener Daten in einer automatisierten Form, z.B. durch den Einsatz von Algorithmen, die durch die Vornahme einer Bewertung[694] weitere Erkenntnisse offen legt.[695] Zum Zweck personlisierter Online-Werbung kommt es einerseits zur Erhebung und Aufbereitung personenbezogener Daten die auch persönliche Merkmale von Nutzer:innen aufweisen können.[696] Andererseits stellt das Analysieren und Kategorisieren der Datensätze auch eine Bewertung im zuvor genannten Sinne dar.[697]

Darüber hinaus bedarf es nach Art. 22 Abs. 1 DSGVO auch einer Entscheidung, die eine Beeinträchtigung für die betroffenen Personen darstellt. Eine Entscheidung i.S.d. Art. 22 Abs. 1 DSGVO „ist nur dann gegeben, wenn die Verarbeitung von Daten zu einem von dem Betroffenen nicht beeinflussten gestaltenden Akt führt, der in gewisser Weise abschließende Wirkung entfaltet“.[698] Teilweise wird dies in der Literatur für die Profilbildung zum Zwecke personalisierter Online-Werbung bereits abgelehnt. Eine personalisierte Werbeanzeige lasse den Entscheidungscharakter mangelts abschließender Wirkung vermissen, „da sie im Vorfeld einer rechtsgeschäftlichen Beziehung bloß Entscheidungen vorbereitet, ihr aber noch jede verbindliche Außenwirkung fehle.“[699] Diese Auslegung scheint jedoch aus der Zeit gefallen. Die Entscheidung muss bereits in der erstmaligen Bewertung und Aufbereitung der Daten zu Nutzer:innenprofilen gesehen werden. Häufig wird dies bereits durch die Intermediäre, die die

---

694 Ob das Bewertungselement selbst Teil des Scorings ist oder ob das Scoring die Datenaufarbeitung bis zum Zeitpunkt der Bewertung ist, ist umstritten. Hierzu statt vieler *von Lewinski*, in: BeckOK DatenschutzR, DSGVO Art. 22 Rn. 7-8.

695 *Wenhold*, Nutzerprofilbildung durch Webtracking, S. 234 f.

696 Ebenso *Wenhold*, a.a.O., S. 235.

697 Ebenso *Wenhold*, a.a.O.

698 *Wenhold*, a.a.O., S. 236.

699 *Wenhold*, a.a.O., S. 236; *Dammann*, ZD 2016, 307 (313); *Schleipfer*, ZD 2017, 460 (462).

Daten auch erhoben haben, unternommen.[700] Bewerten Plattformen wie Facebook oder LinkedIn die Nutzer:innendaten und bereiten diese für Dritte auf, so haben Nutzer:innen bereits ab diesem ersten Bewertungsschritt keinen Einfluss mehr auf die Kategorisierung ihrer Profile. Folglich entfaltet sich auch ab diesem Moment eine abschließende Wirkung gegenüber den Nutzer:innen.[701]

Des Weiteren setzt Art. 22 Abs. 1 DSGVO voraus, dass die getroffene Entscheidung entweder rechtliche Wirkung entfaltet oder sie in ähnlicher Weise erheblich beeinträchtigt. Die Wirkung muss insofern einer rechtlichen gleichkommen.[702] *Martini* lehnt dies ab.[703] Weder personalisierte Werbung noch sonstige vergleichbare Individualisierungen, die Betroffenen auf der Grundlage personenbezogener Daten unterbreitet würden, würden von Art. 22 Abs. 1 DSGVO erfasst.[704] Jedenfalls solange Verantwortliche die Daten(-aggregate) nicht automatisiert weitergäben oder sie sonst in einer die Persönlichkeitsrechte beeinträchtigenden Weise verarbeiteten, läge darin keine sonstige erhebliche Beeinträchtigung i.S.d. Art 22 Abs. 1 DSGVO.[705] Hierbei wird jedoch verkannt, dass die Verantwortlichen die Daten eben in genau dieser Art und Weise im Kontext personalisierter Online-Werbung weitergeben. Die Arbeit hat zuvor aufgezeigt, dass RTB-Daten in Drittstaaten weiterveräußert werden. Dabei haben die für die Datenverarbeitung Verantwortlichen keine Übersicht darüber, an welche Empfänger die Daten weitergegeben werden.[706] Die Artikel-29-Datenschutzgruppe differenziert daher im Hinblick auf personalisierte Werbung wie folgend:

> *„In vielen typischen Fällen wird die Entscheidung, auf Profiling beruhende gezielte Werbung zu präsentieren, Personen nicht in ähnlicher Weise erheblich beeinträchtigen […]*

---

700 Siehe hierzu oben unter 3. Teil, B.

701 So wohl auch *EDSA*, Leitlinien 8/2020, Rn. 85 und *Martini*, in: Paal/Pauly, DSGVO Art. 22 Rn. 27b die erst die Beeinträchtigung der Betroffenen diskutieren bzw. ablehnen.

702 *Martini*, in: Paal/Pauly, DSGVO Art. 22 Rn. 27b.

703 Ebd.

704 Ebd.

705 Ebd.

706 Zu den daraus entstehenden Sicherheitsrisiken siehe oben im 2. Teil unter C., III., 3. Zu dem Kontrollverlust der Akteure über die Nutzer:innendaten siehe oben im 2. Teil unter B., III.

Es ist allerdings möglich, dass es in Abhängigkeit von den jeweiligen Umständen doch zu erheblichen Beeinträchtigungen kommt, beispielsweise

- *durch den eingreifenden Charakter des Profiling-Prozesses, wenn beispielsweise Personen über mehrere Websites, Geräte oder Dienste verfolgt werden,*
- *die Erwartungen und Wünsche der betroffenen Personen,*
- *die Art und Weise der Werbeanzeige,*
- *die Ausnutzung von Schwachstellen der betroffenen Personen, an die sich die Anzeige richtet.*"[707]

Personalisierte Online-Werbung, wie sie heutzutage vorwiegend anzutreffen ist, beruht aber gerade auf Nutzer:innen-Profilen, die sich aus Daten zusammensetzen, die von mehreren verschiedenen Webseiten und Apps sowie analog erhoben wurden.[708] Grundsätzlich ist Art. 22 Abs. 1 DSGVO für die Thematik personalisierter Online-Werbung folglich als einschlägig zu erachten. Die komplexen Verarbeitungsprozesse, einschließlich der Bildung von Nutzer:innenprofilen, welche zum Zweck personalisierter Online-Werbung durchgeführt werden, resultieren in einer erheblichen Benachteiligung der Nutzer:innen. Dies ist darauf zurückzuführen, dass Nutzer:innen den Zugriff auf ihre Daten verlieren und gleichzeitig hohen Risiken ausgesetzt sind.

Art. 22 Abs. 1 DSGVO greift nicht, wenn Nutzer:innen i.S.d. Art. 22 Abs. 2 lit. c) DSGVO ausdrücklich einwilligen würden. Hierfür müssen die betroffenen Personen hinreichend informiert sein über die Sachlage und eine freiwillige Erklärung abgeben.[709] Wie bereits zuvor dargelegt, kann eine derartige informierte Einwilligung von Nutzer:innen zu personalisierter Online-Werbung nicht gegeben werden, da die RTB-Prozesse es unmöglich machen, die Parteien mitzuteilen, an die die Nutzer:innenprofile übermittelt werden.[710]

---

707 *Artikel-29-Datenschutzgruppe,* Leitlinien zu automatisierten Entscheidungen im Einzelfall einschließlich Profiling für die Zwecke der Verordnung (EU) 2016/679, WP 251 vom 03.10.2017, S. 24.

708 Siehe hierzu oben unter 2. Teil, C., II.

709 *Martini*, in: Paal/Pauly, DSGVO Art. 22 Rn. 38; *Helfrich*, in: Sydow/Marsch, DSGVO Art. 22 Rn. 65-68.

710 Siehe hierzu oben im 3. Teil unter C., I., 3.

Die umfassende Datenanalyse, die zum Zweck der Nutzer:innenprofilerstellung für personalisierte Online-Werbung erfolgt, ist nach Art. 22 Abs. 1 DSGVO rechtswidrig und daher verboten.[711]

G. Weitere datenschutzrechtliche Verstöße

Neben die bereits festgestellte Rechtswidrigkeit der im Zusammenhang mit personalisierter Online-Werbung erfolgenden Datenverarbeitung, die sich in Ermangelung einer einschlägigen Rechtsgrundlage aus Art. 6 Abs. 1 DSGVO ergibt, können weitere datenschutzrechtliche Verstöße treten. Der Gesetzgeber hat in Art. 25 DSGVO Grundsätze aufgestellt, wie der Datenschutz durch technische Einstellungen und Voreinstellungen ständig berücksichtigt werden soll. Darüber hinaus werden durch Art. 5 DSGVO Grundsätze statuiert, die für jede Verarbeitung personenbezogener Daten gelten und den Verantwortlichen eine Art Mindestmaß an Datenschutz auferlegen. Auch die Missachtung dieser Grundsätze ist als datenschutzrechtlicher Verstoß zu werten und beispielsweise bei der Bemessung von Bußgeldern zu berücksichtigen. Im Folgenden werden beide Grundsätze vorgestellt und es wird untersucht, wie diese im Kontext personalisierter Werbung ge- bzw. missachtet werden.

I. Grundsätze nach Art. 5 DSGVO

Art. 5 Abs. 1 DSGVO stellt in lit. a) bis f) acht Grundsätze auf, die für jede Verarbeitung personenbezogener Daten gelten. Anders als die Vorgängerregelungen, richtet sich Art. 5 DSGVO nicht an die Mitgliedstaaten, sondern direkt an die Verantwortlichen.[712] Mithin sind die statuierten Grundsätze nicht lediglich als Leitlinie oder Programmsätze zu verstehen, sondern als eine Art Mindestmaß des zu erbringenden Datenschutzes.[713]

---

711 Zu Qualifikation des Art. 22 Abs. 1 DSGVO als Verbotstatbestand vgl. statt vieler *von Lewinski*, in: BeckOK DatenschutzR, DSGVO Art. 22 Rn. 2.1.

712 So nahm Art. 6 Datenschutz-RL den nationalen Gesetzgeber in die Pflicht, die dort normierten Qualitätsgrundsätze vorzusehen.

713 So *Schantz*, in: BeckOK DatenschutzR, DSGVO Art. 5 Rn. 2; *Reimer*, in: Sydow/Marsch, DSGVO Art. 5, Rn. 2; anders *Laue,* in: Laue/Kremer, § 1, Rn. 136, wo von „Programmsätzen" die Rede ist oder *Roßnagel*, in: Simitis/Hornung/Spiecker, DSGVO Art. 5, Rn. 21 und *Frenzel*, in: Paal/Pauly, DSGVO Art. 5 Rn. 9, der von „Optimierungsgeboten" spricht.

1. Rechtmäßigkeit

Nach Art. 5 Abs. 1 lit. a) Var. 1 DSGVO müssen personenbezogene Daten stets rechtmäßig verarbeitet werden. Wie das Merkmal der Rechtmäßigkeit auszulegen ist, wird uneinheitlich beurteilt.[714] Nach einem restriktiven Verständnis, wäre eine rechtmäßige Verarbeitung immer nur dann gegeben, wenn die Voraussetzungen erfüllt sind, die Art. 6 Abs. 1 DSGVO an eine rechtmäßige Datenverarbeitung knüpft. Dieses enge Verständnis wird von der Formulierung des Erwägungsgrundes 40 gestützt. Dort heißt es:

> *„Damit die Verarbeitung rechtmäßig ist, müssen personenbezogene Daten mit Einwilligung der betroffenen Person oder auf einer sonstigen zulässigen Rechtsgrundlage verarbeitet werden, die sich aus dieser Verordnung oder – wann immer in dieser Verordnung darauf Bezug genommen wird – aus dem sonstigen Unionsrecht oder dem Recht der Mitgliedstaaten ergibt […].“*

Rechtmäßig i.S.d. Art. 5 Abs. 1 lit. a) DSGVO wäre eine Verarbeitung personenbezogener Daten danach immer nur dann, wenn sie auf eine ausreichende Rechtsgrundlage im Unionsrecht oder im unionsrechtlich zulässigen mitgliedstaatlichen Recht zu stützen ist.[715] Dementgegen lässt sich argumentieren, dass die Formulierung des Art. 5 Abs. 1 lit. a) Var. 1 DSGVO „in rechtmäßiger Weise“ ein weiteres Verständnis zulässt. Danach wäre die Rechtmäßigkeit der Verarbeitung erst anzunehmen, wenn zum einen eine Rechtsgrundlage für die Verarbeitung existiert oder wenn bei der Verarbeitung zudem die zusätzlichen Anforderungen und Pflichten beachtet wurden, die sich aus der Verordnung oder aus dem jeweiligen nationalen Recht ergeben.[716] Dann würde jeder Verstoß gegen die Prinzipien der Verordnung, beispielsweise die Transparenzpflichten, die Unzulässigkeit der Verarbeitung bedeuten.[717] Mangels einer einschlägigen Rechtsgrundlage zur Verarbeitung personen-bezogener Daten zum Zwecke personalisierter Online-Werbung ist die Rechtswidrigkeit für den Gegenstand dieser Arbeit

---

714 *Herbst*, in: Kühling/Buchner, DSGVO Art. 5 Rn. 8; *Frenzel*, in: Paal/Pauly, DSGVO Art. 5 Rn. 14.

715 *Herbst*, in: Kühling/Buchner, DSGVO Art. 5 Rn. 8.

716 So das Verständnis bei *Roßnagel*, in: Simitis/Hornung/Spiecker, DSGVO Art. 5 Rn. 38 f.; *Herbst*, in: Kühling/Buchner, DSGVO Art. 5 Rn. 9.

717 Vgl. *Schantz*, in: BeckOK DatenschutzR, DSGVO Art. 5 Rn. 5.

nach beiden Ansichten anzunehmen und mithin auch ein Verstoß gegen den Rechtmäßigkeitsgrundsatz aus Art. 5 Abs. 1 lit. a) Var. 1 DSGVO.

2. Verarbeitung nach Treu und Glaube

Nach Art. 5 Abs. 1 lit. a) Var. 2 DSGVO müssen Verantwortliche bei der Datenverarbeitung zudem den Grundsatz von Treu und Glauben beachten. Dieser gebietet die Einhaltung einer gewissen Fairness.[718] Zwischen dem Grundsatz von Treu und Glauben und dem Gebot transparent zu handeln, welches ebenfalls einen Grundsatz nach Art. 5 Abs. 1 DSGVO darstellt, gibt es einige Überschneidungen. Bei dem Grundsatz von Treu und Glauben handelt es sich nach allgemeiner Auffassung deshalb um einen Auffangtatbestand. Dieser soll immer dann greifen, wenn die von der Datenverarbeitung betroffene Person einen Nachteil erfährt, welcher nicht von einem spezielleren Tatbestand erfasst wird und auf einem missbräuchlichen Machtverhältnis beruht.[719] Insbesondere soll der Grundsatz die heimliche Datenverarbeitung verhindern und eine umfassende Information der betroffenen Person garantieren. Einen Verstoß gegen den Grundsatz von Treu und Glauben hat der EDSA in der Verarbeitung personenbezogener Daten durch Facebook zum Zwecke personalisierter Werbung gesehen.[720] Facebook hatte Nutzer:innen aufgefordert, der Verarbeitung ihrer Daten in neuen Nutzungsbedingungen zuzustimmen, sich für die Verarbeitung dann jedoch nicht auf den Erlaubnistatbestand der Einwilligung, sondern darauf berufen, dass die Verarbeitung zur Erfüllung des Vertrages notwendig sei, Art. 6 Abs. 1 lit. b) DSGVO.[721] Hierdurch seien wesentliche Anforderungen des Grundsatzes der Verarbeitung nach Treu und Glauben nicht erfüllt, nämlich die Autonomie der betroffenen Personen in Bezug auf die Verarbeitung ihrer personenbezogenen Daten, die Erfüllung der berechtigten Erwartungen der betroffenen Personen, die Sicherstellung eines ausgewogenen Kräfteverhältnisses, die Vermeidung von Täuschung und die Sicherstellung einer ethischen und wahrheitsgemäßen Verarbeitung.[722]

---

718 Dies ergibt sich schon aus der englischen Fassung der DSGVO, wo von „fairly“ und „fairness“ die Rede ist.

719 *Herbst*, in: Kühling/Buchner, DSGVO Art. 5 Rn. 9; *Roßnagel*, in: Simitis/Hornung/Spiecker, Art. 5 Rn. 47.

720 *EDSA*, Verbindlicher Beschluss 3/2022 vom 05.12.2022, Rn. 478.

721 Ebd., Rn. 93.

722 Ebd., Rn. 478.

Diese Anforderungen gingen über die allgemeine Transparenzpflicht hinaus und verletzten daher – auch – den Grundsatz von Treu und Glauben.[723]

3. Transparenz

Der Transparenzgrundsatz findet sich in Art. 5 Abs. 1 lit. a) Var. 3 DSGVO. Bevor dieser Grundsatz durch die Datenschutzgrundverordnung schriftlich im Unionsrecht fixiert wurde, war er jedoch bereits anerkannt. Bereits das BVerfG nennt eine Transparenzpflicht in seinem Volkszählungsurteil.[724] Die Transparenzpflicht erstreckt sich auf zwei Bereiche des Bearbeitungsvorganges. Aus dem Wortlaut ergibt sich zunächst eine retrospektive Pflicht, dass die betroffene Person die Verarbeitung ihrer personenbezogenen Daten nachvollziehen können muss.[725] Daneben tritt jedoch die prospektive Pflicht, dass die Betroffenen auch zukünftige Datenverarbeitungen nachvollziehen können müssen.[726] Die Transparenzpflicht zielt somit darauf ab, dass die Betroffenen eine möglichst informierte Entscheidung über ihre Datenverarbeitung treffen können. Welche Informationen sie hierfür benötigen, hat der Gesetzgeber in dem Katalog des Art. 13 Abs. 1 DSGVO festgelegt. Die Transparenzpflicht bezieht sich mithin auf eben jene Informationen.[727] Der Gesetzgeber versteht zudem die möglichen Risiken, die mit der jeweiligen Verarbeitung einhergehen, als eine weitere Information, die den betroffenen Personen zur Verfügung gestellt werden muss.[728] Hieraus wird zudem abgeleitet, dass sich die Informationspflicht auf die wichtigsten Konsequenzen erstreckt, die sich aus der Datenverarbeitung ergeben können.[729] Um sicherzugehen, dass die betroffenen Personen die Informationen verstehen und die Transparenz tatsächlich gewährleistet wird, müssen die Informationen in verständlicher, klarer und einfacher Sprache übermittelt

---

723 Ebd., Rn. 199-232.

724 BVerfG, Urteil vom 15.12.1983 – 1 BvR 209/83, 1 BvR 484/83, 1 BvR 440/83, 1 BvR 420/83, 1 BvR 362/83, 1 BvR 269/83.

725 Vgl. *Schantz*, in BeckOK DatenschutzR, DSGVO Art. 5 Rn. 11.

726 Vgl. *Schantz*, in: BeckOK DatenschutzR, DSGVO Art. 5 Rn. 11; *Frenzel*, in: Paal/Pauly, DSGVO Art. 5 Rn. 21, wonach sich dies aus ErwG 39 S. 2 ergibt.

727 Vgl. *Schantz*, in BeckOK DatenschutzR, DSGVO Art. 5 Rn. 11.

728 Vgl. ErwG 39 S. 5.

729 *Artikel-29-Datenschutzgruppe*, Leitlinien für Transparenz gemäß der Verordnung 2016/679, WP 260, Rn. 10.

werden.[730] Dass die Versteigerung der Werbeplätze im RTB-Prozess diese Anforderungen nicht erfüllen kann, hat diese Arbeit bereits festgestellt.[731] Doch auch darüber hinaus können die Verantwortlichen intransparent handeln. Derartige Verstöße hatte die Irische Datenschutzbehörde in der finalen Entscheidung gegen Facebook, in dem zuvor bereits erwähnten Verfahren, festgestellt.[732] Die Versäumung Facebooks, den Nutzer:innen den einschlägigen Erlaubnistatbestand mitzuteilen, auf dessen Grundlage das Unternehmen die Verarbeitung personenbezogener Daten tatsächlich beabsichtigte, verstoße gegen den Transparenzgrundsatz.[733] Intransparent sei auch die designerische Gestaltung der Nutzungsbedingungen gewesen. So seien Nutzer:innen zwei rote Punkte in der Benutzungsoberfläche angezeigt worden, wenn diese die Plattform nach Einführung der neuen Nutzungsbedingugen das erste Mal wieder öffneten. Diese Punkte indizieren, dass Nutzer:innen neue Nachrichten und Benachrichtigungen haben. Die Punkte wurden den Nutzer:innen angezeigt, ungeachtet der Tatsache, ob diese tatsächlich eine neue Benachrichtigung hatten oder nicht. Nutzer:innen hätten jedoch nicht ohne das Erteilen der Zustimmung zu den neuen Nutzungsbedingungen hierauf zugreifen können. Diese bewusste designerische Gestaltung, mit der Facebook die Neugierde von Nutzer:innen anspricht, um das beabsichtigte Handeln zu beeinflussen, wurde als intransparent klassifiziert.[734]

4. Zweckbindung

Aus Art. 5 Abs. 1 lit. b) DSGVO ergibt sich der Grundsatz der Zweckbindung. Dieser Grundsatz erstreckt sich auf zwei Bereiche der Verarbeitungsprozesse. Zum einen darf die Verarbeitung nur für einen festgelegten, eindeutigen und legitimen Zweck erfolgen. Für diese Untersuchung bedeutet das, dass der Zweck der personalisierten Werbung immer mit Nutzer:innen kommuniziert werden muss. Passiert dies nicht, so stellt dies einen Verstoß gegen den Grundsatz der Zweckbindung dar.

---

730 Vgl. ErwG 39 S. 3.

731 Siehe hierzu oben im 4. Teil unter C., I., 3.

732 *DPC,* Inquiry Reference: IN-18-5-5, vom 31.12.2022.

733 Ebd., S. 82, Rn. 6.

734 Ebd., S. 82.

Ferner darf es auch nicht zu einer Weiterverarbeitung kommen, die mit dem Erhebungszweck unvereinbar ist. Dies ergibt sich aus Erwägungsgrund 50 S. 1 der DSGVO.[735] Dort heißt es:

> *„Die Verarbeitung personenbezogener Daten für andere Zwecke als die, für die die personenbezogenen Daten ursprünglich erhoben wurden, sollte nur zulässig sein, wenn die Verarbeitung mit den Zwecken, für die die personenbezogenen Daten ursprünglich erhoben wurden, vereinbar ist.“*

Auch in Erwägungsgrund 50 S. 6 DSGVO spricht der Gesetzgeber davon, dass die weitere Verarbeitung mit dem ursprünglich festgelegten Zweck „vereinbar“ sein muss. Erfolgt die Weiterverarbeitung für im öffentlichen Interesse liegende Archivzwecke, für wissenschaftliche und historische Forschungszwecke oder statistische Zwecke, ist die Vereinbarkeit mit dem ursprünglichen Zweck nach Art. 5 Abs. 1 lit. b Hs. 2 DSGVO anzunehmen. Fraglich ist hingegen, ab wann ein neuer Verarbeitungszweck nicht mehr mit dem ursprünglich vereinbarten vereinbar ist. Für den Gegenstand dieser Arbeit ist die Situation relevant, in der einst rechtmäßig erhobene Daten dann zum Zwecke personalisierter Online-Werbung weiterverarbeitet werden sollen. Hierunter können Standortdaten fallen, die eine Wetter-App abruft oder das sexuelle Interesse einer Person, welches diese auf einer Dating-App eingegeben hat. Die Rechtmäßigkeit der Weitervereinbarung lässt sich einerseits anhand der Voraussetzungen des Art. 6 Abs. 4 DSGVO bemessen.[736] Hiernach zu berücksichtigen ist u.a. jede Verbindung zwischen den Zwecken, für die die personenbezogenen Daten erhoben wurden, und den Zwecken der beabsichtigten Weiterverarbeitung (lit. a). Weiter zu berücksichtigen ist der Zusammenhang, in dem die personenbezogenen Daten erhoben wurden, insbesondere hinsichtlich des Verhältnisses zwischen den betroffenen Personen und dem Verantwortlichen (lit. b). Darüber hinaus ist die Art der personenbezogenen Daten zu beachten, insbesondere ob besondere Kategorien personenbezogener Daten gemäß Art. 9 DSGVO verarbeitet werden oder ob personenbezogene Daten über strafrechtliche Verurteilungen und

---

735 Dieses Verständnis teilen *Schantz*, in: BeckOK DatenschutzR, DSGVO Art. 5 Rn. 18; *EDSA,* Leitlinien 4/2019 zu Artikel 25: Datenschutz durch Technikgestaltung und durch datenschutzfreundliche Voreinstellungen, Version 2.0 aus Oktober 2020, S. 23 Nr. 71.

736 *EDSA,* Leitlinien 4/2019 zu Artikel 25: Datenschutz durch Technikgestaltung und durch datenschutzfreundliche Voreinstellungen, vom 20.10.2020, Rn. 71.

Straftaten gemäß Art. 10 DSGVO verarbeitet werden (lit. c). Ferner sind die möglichen Folgen der beabsichtigten Weiterverarbeitung für die betroffenen Personen (lit. d) zu bedenken. Sowie das Vorhandensein geeigneter Garantien, wozu Verschlüsselung oder Pseudonymisierung gehören können (lit. e). Da das Kriterium der Zweckbindung zudem ebenfalls der Informiertheit der betroffenen Person gelten soll, muss gefragt werden, ob diese die Weiterverarbeitung schon in den Erhebungszweck hineinlesen konnte.[737] Für die Weiterverarbeitung mittels algorithmischer Systeme hat die Artikel-29-Datenschutzgruppe die Unvereinbarkeit angenommen, da diese Art und Weise der Verarbeitung besonders eingriffsintensiv sei und es nur geringe Garantien für die betroffenen Personen gebe.[738] Dies kann auch nicht deshalb anders zu beurteilen sein, weil die Nutzer:innen heute stets mit der Verarbeitung zu Werbezwecken rechnen müssten. So hatte Meta argumentiert, dass Nutzer:innen bei kostenlosen Angeboten davon ausgehen müssten, dass ihre Daten zum Zwecke personalisierter Online-Werbung verarbeitet würden, um so der Finanzierung der Angebote zu dienen.[739] Der EuGH hat jedoch in seiner Entscheidung gegen Meta betont, dass Nutzer:innen auch bei der unentgeltlichen Nutzung sozialer Plattformen nicht mit der Verarbeitung rechnen müssen.[740] Auch der EDSA hat betont, dass Nutzer:innen immer davon ausgehen dürfen, dass die Anbieter den Schutz ihrer personalisierten Daten ernst nehmen und sich daher auch an die Vorgaben der DSGVO halten würden.[741]

Eine derartige Weiterverarbeitung zu Werbezwecken verstößt mithin gegen den Zweckbindungsgrundsatz aus Art. 5 Abs. 1 lit. b) DSGVO. In diesem Fall können Verantwortliche auch nicht auf die Erlaubnisvorbehalte aus Art. 6 Abs. 1 DSGVO

---

737 *Schantz*, in: BeckOK DatenschutzR, DSGVO Art. 5 Rn. 21; *Bygrave*, Data Privacy Law, 2014, S. 153, S. 156.

738 *Artikel-29-Datenschutzgruppe*, Opinion 03/2013 on purpose limitation, WP 203, vom 02.04.2013, S. 61 f.

739 *DPC,* Inquiry Reference: IN-18-5-5, vom 31.12.2022, S. 33.

740 EuGH, Urteil vom 04.07.2023, C-252/21, Rn. 117.

741 *EDSA*, Verbindlicher Beschluss 3/2022 vom 05.12.2022, Rn. 101.

zurückgreifen. Eine derartige Kompensation würde den Schutzzweck des Art. 5 Abs. 1 lit. b) DSGVO unterlaufen und den Grundsatz der Zweckbindung weitestgehend aushöhlen.[742]

5. Datenminimierung

Art. 5 Abs. 1 lit. c) DSGVO schreibt vor, dass personenbezogene Daten dem Zweck angemessen und erheblich sowie auf das für die Zwecke der Verarbeitung notwendige Maß beschränkt sein müssen. Der Gesetzgeber hat hier den Grundsatz der Datenminimierung gesetzlich niedergeschrieben, der sich aus drei Elementen zusammensetzt und im Wesentlichen eine Verhältnismäßigkeitsprüfung widerspiegelt.[743] Die personenbezogenen Daten, die Verantwortliche verarbeiten, müssen zunächst erheblich sein.[744] Das heißt die Daten, mit denen die Verantwortlichen im Einzelfall arbeiten, müssen überhaupt geeignet sein den zuvor festgelegten Zweck zu erreichen.[745] Ferner muss die Datenverarbeitung erforderlich sein, das heißt es darf kein milderes Mittel ersichtlich sein, etwa andere oder weniger Daten, die ebenso ausreichen würden, den Erhebungszweck zu erreichen.[746] Zuletzt muss die Datenverarbeitung gemessen an dem festgelegten Zweck auch angemessen sein.[747] Das ist der Fall, wenn eine wertende Betrachtung den Schluss erlaubt, dass die Verarbeitung nicht außer Verhältnis zu dem festgelegten Zweck steht.[748] Hinsichtlich der Daten, die im Rahmen des RTB-Verfahrens verarbeitet werden, hat die belgische Datenschutzbehörde untersucht, ob die im TC-String enthaltenen personenbezogenen Daten auf das beschränkt sind, was unbedingt erforderlich ist, um die Einwilligung, den Widerspruch und die Präferenzen bestimmter Nutzer:innen zu

---

742 *Schantz*, in: BeckOK DatenschutzR, DSGVO Art. 5 Rn. 23; BGH, Beschluss vom 3.4.2019 – VII ZB 59/18, Rn. 38; *Wolff*, in: Schantz/Wolff, Rn. 399, Rn. 412; *Albrecht*, CR 2016, 88 (92); *Herbst*, in: Kühling/Buchner, DSGVO Art. 5 Rn. 47; *Buchner/Petri*, in: Kühling/Buchner, DSGVO Art. 6 Rn. 185; vgl. *Artikel-29-Datenschutzgruppe*, Opinion 03/2013 on purpose limitation, WP 203, vom 02.04.2013, S. 63; a.A. *Roßnagel*, in: Simitis/Hornung/Spiecker, DSGVO Art. 5 Rn. 96.

743 *Schantz*, in: BeckOK DatenschutzR, DSGVO Art. 5 Rn. 25.

744 *Schantz*, in: BeckOK DatenschutzR, DSGVO Art. 5 Rn. 25.

745 Das Kriterium ist vergleichbar mit demjenigen der Geeignetheit im Rahmen der grundrechtlichen Verhältnismäßigkeitsprüfung, vgl. *Schantz*, in: BeckOK DatenschutzR, DSGVO Art. 5 Rn. 24.

746 *Schantz*, in: BeckOK DatenschutzR, DSGVO Art. 5 Rn. 25.

747 Ebd., Rn. 26.

748 Es handelt sich um eine Verhältnismäßigkeitsprüfung im engeren Sinne, vgl. *Frenzel*, in: Paal/Pauly, DSGVO Art. 5 Rn. 35.

erfassen.[749] Sie hat in einer Untersuchung festgestellt, dass die in einem TC-String verarbeiteten Informationen auf die Daten beschränkt sind, die zur Erreichung des beabsichtigten Zwecks unbedingt erforderlich sind.[750]

Es stellt sich jedoch die Frage, ob die immense Datenverarbeitung, die zum Zweck personalisierter Werbung erforderlich ist, nicht bereits an sich gegen den Grundsatz der Datenminimierung verstößt. Angesichts der Tatsache, dass personalisierte Werbung keinesfalls besser oder zielführender für Werbende oder Nutzer:innen ist als kontextualisierte Werbung,[751] lässt sich bezweifeln, ob die Menge an verarbeiteten Daten noch gerechtfertigt werden kann. Es würden für die kontextualisierte Werbung weitaus weniger Daten verarbeitet werden als dies für personalisierte Werbung erforderlich ist. Der Grundsatz der Datenminimierung verpflichtet Verantwortliche jedoch nicht unmittelbar dazu, die gesamte Verarbeitung möglichst datenminimierend auszurichten. Art. 5 Abs. 1 lit. c) DSGVO knüpft vielmehr unmittelbar an den Zweck der Verarbeitung an. Ob der Grundsatz der Datenminimierung gewahrt wird, muss sich anhand dieses Zwecks messen lassen. Der Gesetzgeber selbst hat Werbung als grundsätzlich legitimen Zweck anerkannt.[752] Solange die erhobenen Daten also für den Zweck der personalisierten Werbung erforderlich und angemessen sind, wahren Verantwortliche den Grundsatz der Datenminimierung.

Es stellt sich darüber hinaus jedoch die Frage, ob alle Daten die Verantwortliche über die betroffene Person haben, auch zum Zweck der personalisierten Werbung eingesetzt werden können. Diese Frage hat der Oberste Gerichtshof Österreichs dem EuGH als Vorlagefrage vorgelegt: „Ist Art. 5 Abs. 1 lit. c) DSGVO (Datenminimierung) dahin auszulegen, dass alle personenbezogenen Daten, über die eine Plattform wie im Ausgangsverfahren verfügt (insbesondere durch den Betroffenen oder durch Dritte auf und außerhalb der Plattform), ohne Einschränkung nach Zeit oder Art der Daten für Zwecke der zielgerichteten Werbung

---

[749] *Belgische Datenschutzbehörde*, Concerning: Complaint relating to Transparency & Consent Framework, Case number: DOS-2019-01377, von 02.02.2022, Rn. 417.

[750] Ebd., Rn. 418.

[751] Hierzu ausführlich im 5. Teil unter B., II. und III.

[752] „Die Verarbeitung personenbezogener Daten zum Zwecke der Direktwerbung kann als eine einem berechtigten Interesse dienende Verarbeitung betrachtet werden." ErwG 47 a.E. DSGVO.

aggregiert, analysiert und verarbeitet werden können?"[753] In seinen Schlussanträgen verweist der Generalanwalt darauf, dass die Verarbeitung personenbezogener Daten für Zwecke der zielgerichteten Werbung ohne Einschränkung nach Zeit oder Art der Daten dem Grundsatz der Datenminimierung entgegensteht.[754] Es sei Sache des vorlegenden Gerichts, „unter Berücksichtigung der Umstände des Einzelfalls und unter Anwendung des Grundsatzes der Verhältnismäßigkeit zu beurteilen, inwieweit der Zeitraum der Speicherung der Daten und die Menge der verarbeiteten Daten im Hinblick auf das legitime Ziel der Verarbeitung dieser Daten für Zwecke der personalisierten Werbung gerechtfertigt [seien]."[755] Die allgemeinen und offenen Tatbestandmerkmale des Art. 5 Abs. 1 lit. c) DSGVO – namentlich die Kriterien der „Angemessenheit", „Erheblichkeit" und „Notwendigkeit" – zeigten, dass der Gesetzgeber einen weiten Beurteilungsspielraum für die zuständigen Behörden vorgesehen habe.[756] Die Entscheidung müsse sich aber von der Schwere des Eingriffs leiten lassen:[757]

> *„Das vorlegende Gericht könnte daher, wenn es dies im vorliegenden Fall für angemessen hält, zum einen zwischen der Verwendung ‚statischer' Daten der betroffenen Person (z.B. Alter oder Geschlecht) und der Verwendung von ‚verhaltensorientierten' Daten (z.B. Verfolgung des Surfverhaltens von Nutzern) unterscheiden, wobei die letztgenannte Verwendung in der Regel stärker in die Rechte der betroffenen Person eingreift. Was insbesondere ‚verhaltensorientierte' Daten anbelangt, könnte anschließend unterschieden werden zwischen der Erhebung von Daten, die ein ‚aktives' Verhalten (z.B. das Anklicken eines ‚Like-Button') und der Erhebung von Daten, die ein ‚passives' Verhalten (z.B. bloßer Besuch einer Website) betreffen, wobei die letztgenannte Datenerhebung normalerweise eingriffsintensiver für den Nutzer ist. Zum anderen könnte ein Unterschied gemacht werden zwischen der Verarbeitung personenbezogener Daten, die innerhalb der Facebook-Plattform und außerhalb der Facebook-Plattform, das heißt Daten, die von Websites, anderen Apps*

---

753 ÖOGH, Beschluss vom 23.06.2021 – Akz. 6 Ob 56/21k.

754 Schlussanträge des GA vom 25.04.2024 – C-446/21, Tenor.

755 Schlussanträge des GA vom 25.04.2024 – C-446/21, Rn. 28.

756 Schlussanträge des GA vom 25.04.2024 – C-446/21, Rn. 24.

757 Schlussanträge des GA vom 25.04.2024 – C-446/21, Rn. 25.

als Facebook oder von Geräten des Nutzers erhoben werden; Letztere ist eingriffsintensiver als Erstere."[758]

Die durch den Generalanwalt vorschlagene Art der Differenzierung zwischen statistischen und verhaltensorientierten Daten scheint in der Praxis schwer vornehmbar, ohne dass dies weitere Probleme mit sich bring. Wie zuvor bereits aufgezeigt können auch Daten, die hier als Beispiel für statistische Daten aufgelistet werden, wie beispielsweise der Namen von Nutzer:innen ein besonders schutzwürdiges Merkmal i.S.d. Art. 9 Abs. 1 DSGVO darstellen.[759] Selbes gilt für das Geschlecht, insbesondere wenn es sich nicht um eines innerhalb des binären Geschlechtersystems handelt.[760] Die Annahme, dass diese Daten weniger schutzwürdig sind, läuft mithin ins Leere. Die Frage, welche Daten noch notwendig sind, um eine wirksame Werbekampagne zur Finanzierung von digitalen Inhalten zu schalten, kann nur im jeweiligen Einzelfall beurteilt werden. Dabei sollte jedoch stets mit der Alternative kontextualisierter Werbung abgewogen werden, insbesondere da kontextualisierte Werbung gegenüber personalisierter Werbung sogar lukrativer sein kann.[761]

6. Richtigkeit

Nach Art. 5 Abs. 1 lit. d) DSGVO müssen die Daten sachlich richtig und erforderlichenfalls auf dem neuesten Stand sein. Dieser Grundsatz der Richtigkeit der personenbezogenen Daten ist insbesondere bei Verfahren, die mit Prognosen und Korrelationen[762] arbeiten, von größter Relevanz und damit auch für diese Arbeit. Hintergrund hiervon ist, dass die Daten als Grundlage für das Bild dienen, was später von der betroffenen Person gezeichnet wird,[763]

---

758 Schlussanträge des GA vom 25.04.2024 – C-446/21, Rn. 25.

759 Siehe hierzu oben unter 3. Teil, E., I., 1.

760 Siehe hierzu oben unter 3. Teil, E., I., 6.

761 Hierzu ausführlich im 5. Teil unter B., II.

762 Richtigkeit meint dann auch Werturteile und nicht nur Tatsachen, so etwa *Artikel 29-Datenschutzgruppe,* Leitlinien zu automatisierten Entscheidungen im Einzelfall einschließlich Profiling für die Zwecke der Verordnung 2016/679, WP 251, vom 02.10.2017, S.11; *Stevens,* CR 2020, 73 (75); *Hallinan/Zuiderveen Borgesius,* International Data Privacy Law, 2020, Vol. 10, No. 1, S. 1 (8); a.A. *Roßnagel*, in: Simitis/Hornung/Spiecker, DSGVO Art. 5 Rn. 140; *Herbst,* in: Kühling/Buchner, DSGVO Art. 5 Rn. 60.

763 *Schantz*, in: BeckOK DatenschutzR, DSGVO Art. 5 Rn. 27; Joachim Gauck sprach in diesem Zusammenhang von einem „digitalen Zwillingen", Rede abrufbar unter:

sodass hierin vorhandene Fehler sich durchschlagen und erhebliche Konsequenzen haben können.[764] Dass derartige Prognosen und Korrelationen auch für die Profile, die von Nutzer:innen zum Zweck personalisierter Online-Werbung erstellt werden, verwendet werden, hat diese Untersuchung bereits aufgezeigt. Ob und welche verzerrten Bilder dabei von Nutzer:innen entstehen, lässt sich nur aus Anekdoten erahnen.[765] Nutzer:innen können häufig nicht wissen, welche Schlussfolgerungen Verantwortliche auf Grundlage der Daten, die über sie erhoben wurden, ziehen. Erst wenn bekannt wird, dass die Daten nicht korrekt sind, führt dies zu Irritation und Unzufriedenheit bei Nutzer:innen.[766] Zu begrüßen ist insofern, dass für sehr große Online-Plattformen durch den DSA nunmehr Transparenzpflichten für den Bereich der Werbung bestehen.[767] Ob und inwieweit durch diese Vorschriften Licht in das Dunkel der Datenerhebung gebracht werden kann, ist noch unklar. Es ist vorstellbar, dass die Frage nach der Richtigkeit von Nutzer:innendaten nach Art. 5 Abs. 1 lit d) DSGVO besser untersucht und abschließend bewertet werden könnte. Zum aktuellen Zeitpunkt kann diese Arbeit zur Richtigkeit von verwendeten Nutzer:innendaten im Kontext personalisierter Online-Werbung jedoch keine Aussage treffen.

7. Speicherbegrenzung

Mit dem Grundsatz der Speicherbegrenzung hat der Gesetzgeber den Grundsatz der Datensparsamkeit in zeitlicher Hinsicht begrenzt, Art. 5 Abs. 1 lit. e) DSGVO.[768] Danach dürfen personenbezogene Daten nur in einer Form gespeichert werden, die die Identifizierung der betroffenen Personen nur so lange ermöglicht, wie es für die Verarbeitungszwecke

---

https://www.bundespraesident.de/SharedDocs/Reden/DE/Joachim-Gauck/Reden/2013/10/131003-Tag-deutsche-Einheit.html [Stand August 2025].

[764] Etwa wenn die Daten als Grundlage genommen werden um zu entscheiden ob mit der betroffenen Person ein Vertragsverhältnis begründet wird. Vgl. hierzu EuGH, Urteil vom 07.12.2023 – C-634/21 Rn. 59.

[765] Hierzu grundlegend *O'Neil*, Angriff der Algorithmen, S. 193 ff.

[766] Hierzu ausführlich im 5. Teil unter B., III.

[767] Art. 39 DSA legt sehr großen Online-Plattformen und sehr großen Online-Suchmaschinen für Werbung zusätzliche Transparenzpflichten auf. Überdies eröffnet Art. 40 DSA dem Digital Coordinator und der Kommission die Möglichkeit, Zugang zu diesen Daten zu bekommen. Nach Art. 40 Abs. 4 DSA besteht diese Möglichkeit auch für zugelassene Dritte zu Wissenschafts- und Forschungszwecken.

[768] *Schantz*, in: BeckOK DatenschutzR, DSGVO Art. 5 Rn. 32; *Albrecht/Jotzo*, Das neue DatenschutzR, Teil 2 Rn. 6.

erforderlich ist. Dem Gesetzgeber ist daran gelegen, dass die Speicherfrist für personenbezogene Daten auf das unbedingt erforderliche Mindestmaß beschränkt bleibt.[769] Das zeitliche Limit zur Speicherdauer kann nach Art. 5 Abs. 1 lit. e) 1. Hs. DSGVO zum einen dann erreicht sein, wenn der festgelegte Zweck der Verarbeitung erreicht wurde.[770] Denkbar sind aber auch andere Gründe, z.B. wenn die Daten an Relevanz verlieren[771] oder die betroffene Person die Löschung nach Art. 17 Abs. 1 DSGVO verlangt.[772] Ob sich die großen Player der digitalen Werbeindustrie daran halten, ist unklar. Für Facebook-Fanpages hat die Sächsische Datenschutz- und Transparenzbeauftragte festgestellt, dass die Einhaltung des Grundsatzes der Speicherbegrenzung nicht hinreichend nachgewiesen sei, da „die konkrete Speicherdauer der auf der Facebook-Fanpage erhobenen Daten aus Sicht des objektiven Empfängerhorizonts auf Grundlage der bisherigen Datenschutzinformationen nicht hinreichend und unzweideutig klar definiert ist".[773]

In Art. 5 Abs. 1 lit. e) 2. Hs. DSGVO hat der Gesetzgeber Ausnahmetatbestände von dem Grundsatz der Speicherbegrenzung geschaffen. Diese sind für diese Arbeit jedoch nicht weiter relevant, sodass es an dieser Stelle nicht deren Erläuterung bedarf.

8. Vertraulichkeit und Integrität

Art. 5 Abs. 1 lit. f) DSGVO nennt die Grundsätze der Integrität und Vertraulichkeit. Diese Grundsätze gewährleisten i.S.d. Art. 32 DSGVO Datensicherheit. Integrität meint dabei die Garantie für den Schutz und die Unversehrtheit der Daten.[774] Das Kriterium der Vertraulichkeit zielt darauf ab, die Daten vor unbefugter Kenntnisnahme zu schützen. Insbesondere sollen unbefugte Personen keinen Zugang zu den personenbezogenen Daten haben.[775] Eine unbefugte

---

769 Vgl. ErwG 39 S. 8.

770 Hierzu *Schantz*, in: BeckOK DatenschutzR, DSGVO Art. 5 Rn. 33.

771 EuGH, Urteil vom 13.05.2014 – C-131/12 Rn. 93 f.; *Schantz*, in: BeckOK DatenschutzR, DSGVO Art. 5 Rn. 33.

772 *Schantz*, a.a.O.

773 Bescheid zu Untersagung der Nutzung von Facebook durch den Sächsischen Datenschutz- und Transparenzbeauftragten, vom 05.07.2023, Akz. 3-2402/16/2. S. 16.

774 *Heberlein*, in: Ehmann/Selmayr, DSGVO Art. 5 Rn. 38; *Frenzel*, in: Paal/Pauly, DSGVO Art. 5 Rn. 47.

775 ErwG 39 DSGVO.

Kenntnisnahme liegt immer dann vor, wenn eine Dritte Person rechtswidrig Kenntnis von den Daten erlangt.[776] Im Rahmen des Real Time Biddings ist dies regelmäßig der Fall. Während des Versteigerungsprozesses von Werbeplätzen wird einer unbestimmten Anzahl an Akteure Zugang zu den Daten gewährt. Diese Arbeit hat eingangs aufgezeigt, dass den betroffenen Personen diese Akteure nicht mitgeteilt werden können.[777] Damit ist auch keine Befugnis dieser Personen gegeben, auf die Daten zuzugreifen. Mithin ist beim Prozess des Real Time Biddings stets ein Verstoß gegen den Grundsatz der Integrität und Vertraulichkeit aus Art. 5 Abs. 1 lit. e) DSGVO gegeben. Darüber hinaus zeigen diverse Beispiele aus der Praxis, dass die Daten, die im großen Stil zum Zweck der personalisierten Online-Werbung erhoben werden, nicht sicher sind. Interne Unterlagen von Facebook beweisen beispielsweise, dass das Unternehmen nicht immer nachvollziehen kann, wohin die von ihm erhobenen Daten fließen.[778] Die Studien des Irish Council for Civil Liberties hat zudem offenbart, dass Google sensible Daten nach China und Russland verkauft.[779]

II. Datenschutz durch Technik und Voreinstellungen nach Art. 25 DSGVO

Art. 25 DSGVO regelt in Abs. 1 den Datenschutz durch Technik und in Abs. 2 durch datenschutzfreundliche Voreinstellungen. Bereits vor der ersten Erhebung personenbezogener Daten sollen die Verantwortlichen demnach sicherstellen, dass diese zukünftig geschützt sind. Nach Art. 25 Abs. 1 DSGVO haben Verantwortliche sowohl im Zeitpunkt der Festlegung der Mittel für die Verarbeitung als auch im Zeitpunkt der eigentlichen Verarbeitung geeignete technische und organisatorische Maßnahmen zu treffen, die dafür ausgelegt sind, die Datenschutzgrundsätze wie etwa die Datenminimierung wirksam umzusetzen und die notwendigen Garantien in die Verarbeitung aufzunehmen, um den Anforderungen dieser

776 *Frenzel*, in: Paal/Pauly, DSGVO Art. 5 Rn. 47; *Schantz*, in: BeckOK DatenschutzR, DSGVO Art. 5 Rn. 36.

777 Siehe hierzu oben im 3. Teil unter C., I., 3.

778 *Lang*, Facebook hat keine Kontrolle über seine Daten, vom 30.04.2022, abrufbar unter: https://netzpolitik.org/2022/internes-dokument-facebook-hat-keine-kontrolle-ueber-seine-daten/ [Stand August 2025].

779 *Irish Council for Civil Liberties*, New ICCL reports reveal serious security threat to the EU and US, vom 14.11.2023, abrufbar unter: https://www.iccl.ie/2023/new-iccl-reports-reveal-serious-security-threat-to-the-eu-and-us/ [Stand August 2025].

Verordnung zu genügen und die Rechte der betroffenen Personen zu schützen. Der EDSA hat die Vorgaben wie folgt definiert:

„Als technische und organisatorische Maßnahmen und notwendige Garantien können im weiten Sinne alle Methoden oder Mittel verstanden werden, die ein Verantwortlicher bei der Verarbeitung anwenden kann. Das Kriterium der Eignung ist erfüllt, wenn die Maßnahmen und die notwendigen Garantien dazu dienen können, den beabsichtigten Zweck zu erreichen, das heißt die Datenschutzgrundsätze wirksam umzusetzen. Das Erfordernis der Eignung steht daher in engem Zusammenhang mit dem Erfordernis der Wirksamkeit."[780]

Die ergriffenen Maßnahmen und Garantien müssen den in Art. 5 Abs. 1 DSGVO genannten Datenschutzgrundsätzen und dem Schutz der Rechte und Freiheiten der betroffenen Personen dienen. Bei der Wahl der Maßnahmen eröffnet die Norm die Möglichkeit der Abwägung und die Berücksichtigung des Stands der Technik, der Implementierungskosten oder die Eintrittswahrscheinlichkeit und Schwere möglicher Rechtsverletzungen.[781] Wenngleich Art. 25 Abs. 1 DSGVO die Implementierungskosten als zu berücksichtigenden Faktor für die Auswahl der zu treffenden Maßnahme nennt, hat das EDSA festgehalten, dass diese nicht als Grund dafür herangezogen werden sollten, den Datenschutz durch Technikgestaltung gar nicht umzusetzen.[782]

Fraglich ist, ob die Technik, die im Rahmen dieser Ausarbeitung bereits vorgestellt wurde, diesen Anforderungen entspricht. Bereits für die sog. Consent Banner ist dies in Zweifel zu ziehen. Beim Nudging und den sog. Dark Patterns, werden Consent Banner absichtlich so gestaltet, dass das Verhalten der Nutzer:innen beeinflusst wird und diese eher einer Datenverarbeitung zustimmen, als diese abzulehnen.[783] Dies erfolgt durch die gestalterische

---

780 *EDSA,* Leitlinien 4/2019 zu Artikel 25: Datenschutz durch Technikgestaltung und durch datenschutzfreundliche Voreinstellungen, vom 20.10.2020, Rn. 8.

781 *Paulus*, in: BeckOK DatenschutzR, DSGVO Art. 25 Rn. 4.

782 *EDSA,* Leitlinien 4/2019 zu Artikel 25: Datenschutz durch Technikgestaltung und durch datenschutzfreundliche Voreinstellungen, vom 20.10.2020, Rn. 24.

783 Siehe hierzu oben im 3. Teil unter C., I., 3., d.

Darstellung der Consent Banner. Beispielsweise, wenn der Button, durch welchen die Einwilligung erfolgt, deutlicher hervorgehoben wird – durch farbliche Ausgestaltung oder die Größe – als der Button, mit welchem Nutzer:innen die Ablehnung ausdrücken. Nicht selten sind für das Ablehnen auch mehr Schritte erforderlich, als für die Einwilligung, da Nutzer:innen sich hierfür erst durch mehrere Schaltflächen oder Menüs klicken müssen. Entgegen den Vorgaben des Art. 25 Abs. 1 DSGVO, nutzen Verantwortliche hier die Verhaltensanomalien von Nutzer:innen aus, um eine möglichst umfangreiche Einwilligung zu erhalten und möglichst viele Daten verarbeiten zu können.[784]

Nach Art. 25 Abs. 2 DSGVO haben Verantwortliche zudem geeignete und organisatorische Maßnahmen dafür zu ergreifen, dass nur personenbezogene Daten, deren Verarbeitung für den jeweiligen bestimmten Verarbeitungszweck erforderlich sind, verarbeitet werden. Aus Art. 25 Abs. 2 DSGVO folgt somit eine Verpflichtung für die Verantwortlichen, den aus Art. 5 DSGVO folgenden Grundsatz der Datenminimierung bereits bei Implementierung von Systemen in den Voreinstellungen zu berücksichtigen. Mit Voreinstellungen sind Entscheidungen über Konfigurationswerte oder Verarbeitungsoptionen gemeint, die in einem Verarbeitungssystem, wie beispielsweise einem Anwendungsprogramm, Dienst oder Gerät eingestellt oder vorgeschrieben sind.[785] In manuellen Verarbeitungsverfahren, welche die Menge der erhobenen personenbezogenen Daten, den Umfang der Verarbeitung, die Speicherfrist oder die Zugänglichkeit dieser Daten beeinflusst, sind ebenfalls solche Voreinstellungen zu treffen.[786] Zum einen dürfen Verantwortliche somit nicht mehr Daten erheben, als erforderlich ist. Zum anderen dürfen erhobene Daten nicht länger oder weitergehend verarbeitet werden, als dies wirklich notwendig ist.[787] Für die Beurteilung der Erforderlichkeit haben Verantwortliche die Abschätzung nach den Maßstäben des Art. 6 Abs. 1 DSGVO vorzunehmen. Standardmäßig darf damit keine Datenverarbeitung erfolgen, die über den rechtmäßigen Zweck hinausgeht. Art. 25 Abs. 2 DSGVO schreibt vor, dass der

[784] Ebenso *Loy/Baumgartner*, Consent-Banner und Nudging, ZD 2021, 404 (408); *Martini/Drews/Seeliger/Weinzierl*, ZfDR 2021, 47 (57).

[785] *EDSA,* Leitlinien 4/2019 zu Artikel 25: Datenschutz durch Technikgestaltung und durch datenschutzfreundliche Voreinstellungen, vom 20.10.2020, Rn. 41.

[786] Ebd.

[787] Ebd., Rn. 42.

Datenschutz durch Voreinstellungen in die Verarbeitung implementiert werden muss.[788] Hierzu nennt Art. 25 Abs. 2 DSGVO die Menge der erhobenen Daten als ein Kriterium, welches die Verantwortlichen bei der Implementierung von Voreinstellungen zu berücksichtigen haben. Hierunter ist nicht lediglich die Anzahl an Daten, sondern auch deren Detailliertheit und Zugehörigkeit zu besonderen Kategorien zu verstehen.[789] Darüber hinaus sind jedoch auch keine besonders sensiblen personenbezogenen Daten zu verarbeiten, wenn der Verarbeitungszweck auch durch die Verwendung weniger sensibler Daten erreicht werden kann.[790] Im Hinblick auf die Voreistellungen von Facebook hat das OLG Dresden entschieden, dass eine Suchbarkeitsvoreinstellung auf „alle“[791] sowohl einen Verstoß gegen Art. 25 Abs. 1 DSGVO als auch gegen den Minimierungsgrundsatz aus Art. 5 DSGVO darstellt.[792] Die Voreinstellungen eines sozialen Netzwerks seien nach dem Grundsatz der „Datenschutzfreundlichkeit“ so auszugestalten, dass standardmäßig nur die Verarbeitung ausgeführt werde, die unbedingt erforderlich ist, um den vorgesehenen rechtmäßigen Zweck zu erreichen.[793] Die Art und Weise, wie Facebook bestimmte Daten als suchbar für „alle“ voreingestellt hat, steht im unmittelbaren Zusammenhang mit dem Geschäftsmodell der Finanzierung der Plattform mittels personalisierter Werbung. Wie das Gericht richtig erkennt, liegt dem die Annahme zugrunde, dass frei geteilte Daten von Nutzer:innen weniger schützenswert seien und mit Drittpartnern zu Werbezwecken geteilt werden könnten.[794]

H. Fazit: Datenschutzrechtliche Zulässigkeit

Die Art und Weise, wie Daten erhoben und anschließend zum Zwecke personalisierter Online-Werbung weiterverarbeitet werden, ist datenschutzrechtlich nicht zulässig. Die Erhebung der

---

788 Ebd.

789 Ebd., Rn. 49.

790 Ebd., Rn. 49.

791 Die Klägerin hatte bei der Registrierung neben den zwingend für die Registrierung erforderlichen und stets öffentlich einsehbaren Daten „Name, Geschlecht und Nutzer-ID“ auch ihre Telefonnummer angegeben. Voreingestellt in der Plattformoberfläche war die Funktion, dass alle angegebenen Kriterien zur öffentlichen Suchbarkeit der Person verwendet würden. OLG Dresden, Endurteil vom 05.12.2023 – 4 U 709/23, GRUR-RS 2023, 36707, Rn. 2.

792 OLG Dresden, Endurteil vom 05.12.2023 – 4 U 709/23, GRUR-RS 2023, 36707, Rn. 22.

793 Ebd.

794 Ebd., Rn. 32.

Daten scheitert häufig schon an einer wirksamen Einwilligung i.S.d. Art. 6 Abs. 1 lit. a) DSGVO. Unabhängig davon, ob es sich bei den erhobenen Daten um personenbezogene Daten handelt, ist eine Einwilligung nach § 25 Abs. 1 TDDDG erforderlich, wenn die Datenerhebung mittels gängiger Tracking-Technologien stattfindet, wie Cookies oder Fingerprinting. Der Prozess des Real Time Biddings ermöglicht es den Verantwortlichen jedoch nicht, die Voraussetzungen an eine wirksame Einwilligung zu erfüllen, sodass die Einwilligung nach Art. 6 Abs. 1 lit. a) DSGVO keine taugliche Erlaubnisnorm darstellt. Die Verarbeitung zum Zwecke personalisierter Online-Werbung kann auch nicht auf andere Tatbestände des Art. 6 Abs. 1 DSGVO gestützt werden. Insbesondere ist personalisierte Werbung nicht für die Erfüllung eines Vertrages notwendig, Art. 6 Abs. 1 lit. b) DSGVO. Die Interessen und Grundrechte der betroffenen Personen stehen einer Berufung auf Art. 6 Abs. 1 lit. f) DSGVO überdies entgegen.

Ferner kommt es im Kontext personalisierter Werbung häufig zur Verarbeitung besonders sensibler personenbezogener Daten, die nach Art. 9 Abs. 1 DSGVO einem erhöhten Schutz unterliegen. Die Anforderungen an eine ausdrückliche Einwilligung gem. Art. 9 Abs. 1 lit. a) DSGVO können Verantwortliche aus den gleichen Gründen nicht erfüllen, weshalb die Einwilligung nach Art. 6 Abs. 1 lit. a) DSGVO rechtswidrig ist. Andere Ausnahmetatbestände des Art. 9 Abs. 2 DSGVO greifen ebenfalls nicht. Insbesondere kann nur in sehr wenigen Fällen eine offensichtliche Öffentlichmachung durch die betroffene Person i.S.d. Art. 9 Abs. 2 lit. e) DSGVO angenommen werden.

Regelmäßig kommt es bei der Datenverarbeitung zum Zwecke personalisierter Online-Werbung zu weiteren datenschutzrechtlichen Verstößen. Die Praxis zeigt, dass die Verantwortlichen die Grundsätze des Art. 5 DSGVO häufig nicht einhalten. Ferner genügen die in der Praxis von den Verantwortlichen gewählten Verfahren den Anforderungen des Art. 25 DSGVO, der Datenschutz durch Technik und Voreinstellung vorschreibt vielmals nicht.

4. Teil: Rechtsdurchsetzung

Diese Ausarbeitung konnte feststellen, dass die Verarbeitungsprozesse im Zusammenhang mit personalisierter Online-Werbung datenschutzrechtlich nicht zulässig sind. In der Praxis finden diese Prozesse dennoch weiter statt. Damit werden die von dieser Arbeit zuvor dargestellten erheblichen Risiken bewusst hingenommen. Es stellt sich also die Frage, wieso die datenschutzrechtlichen Vorschriften – namentlich die der DSGVO – nicht eingehalten werden. Um diese Frage zu beantworten, muss zunächst die Aufsichtsstruktur der DSGVO beleuchtet werden. In einem zweiten Schritt sollen die normativen Schwachstellen identifiziert werden, um gegebenenfalls Lösungswege aufzuzeigen.

A. Aufsichtsstruktur der DSGVO

Nach Art. 51 Abs. 1 DSGVO müssen die EU-Mitgliedstaaten unabhängige Datenschutzbehörden (auch „Aufsichtsbehörden") vorsehen. Die Zuständigkeit der einzelnen mitgliedstaatlichen Datenschutzbehörden folgt dem Territorialprinzip, sodass die jeweilige nationale Datenschutzbehörde für die Überwachung und Durchsetzung der DSGVO auf dem eigenen Gebiet verantwortlich ist. Dabei genießen die Datenschutzbehörden völlige Unabhängigkeit. In Deutschland sind aufgrund des Föderalismus sowohl der:die Bundesbeauftragte für Datenschutz und die Informationsfreiheit (BfDI) als auch die Landesdatenschutzbeauftragten zuständig.[795]

Die Befugnisse der Datenschutzbehörden sind in Art. 58 DSGVO abschließend aufgelistet. Diese belaufen sich auf Untersuchungsbefugnisse (Abs. 1), Abhilfebefugnisse (Abs. 2) und Genehmigungs- und Beratungsbefugnisse (Abs. 3). Zudem kann jeder Mitgliedstaat durch Rechtsvorschriften vorsehen, dass seine Datenschutzbehörden darüber hinaus über zusätzliche Befugnisse verfügt, Art. 58 Abs. 6 DSGVO.

---

[795] Hierzu *Schneider*, in: BeckOK DatenschutzR, DSGVO Art. 51 Rn. 5; Die föderale Struktur müsse sich auch in der Aufsichtsstruktur niederschlagen, um Art. 20 Abs. 1 GG gerecht zu werden, so *Ziebart*, in: Sydow/Marsch, DSGVO Art. 51 Rn. 9.

A. Mehlan, *Personalisierte Online-Werbung*, Juridicum – Schriften zum Medien-, Informations- und Datenrecht, https://doi.org/10.1007/978-3-658-49891-7_4

Die Behörden können aus verschiedenen Gründen tätig werden, jedoch immer dann, wenn sie Kenntnis von einem Verstoß gegen die DSGVO erlangen. Dies kann aufgrund der Beschwerde einer betroffenen Person erfolgen, Art. 57 Abs. 1 lit. f) DSGVO. Weitere Möglichkeiten des Tätigwerdens können ein Selbstauftrag der Behörde oder die Meldung durch Verantwortliche selbst sein.

Die Verarbeitung personenbezogener Daten in einer digitalen Welt kennt keine nationalen Grenzen. Daher ist die Frage der Zusammenarbeit der mitgliedstaatlichen Aufsichtsbehörden ein wesentlicher Bestandteil der Aufsichtsstruktur. Dabei betont die DSGVO die Kooperation zwischen den Behörden explizit[796] und wirkt auf einen stetigen Informationsaustausch zwischen diesen hin. Dieser Aspekt ist für das Themengebiet der personalisierten Online-Werbung aufgrund der zumeist europaweit und international bestehenden Marketing-Strukturen von hoher Relevanz und soll deshalb ausführlich beleuchtet werden.

Nach der DSGVO ist zwischen zwei Arten der Zusammenarbeit von nationalen Behörden zu unterscheiden. Einerseits existieren an verschiedenen Stellen in der DSGVO Amtshilfevorschriften und Kooperationsangebote. So drängt Art. 60 DSGVO auf ein Kooperationsverfahren zwischen der federführenden Aufsichtsbehörde und anderen beteiligten Aufsichtsbehörden, wenn die Datenverarbeitung von grenzüberschreitendem Charakter ist. Nach Art. 56 DSGVO ist diejenige Behörde federführend, in deren Mitgliedstaat sich die Hauptniederlassung der datenverarbeitenden Organisation befindet. Nach Art. 60 Abs. 1 DSGVO ist es dabei Aufgabe der federführenden Behörde, einen Konsens mit den anderen beteiligten Behörden zu erreichen und ihnen hierfür, so will es Art. 60 Abs. 3 DSGVO, zweckdienliche Informationen und ihren Beschlussentwurf zu übermitteln. Gegen diese Stellungnahme der federführenden Behörde können die anderen betroffenen Aufsichtsbehörden nach Art. 60 Abs. 4 DSGVO Einspruch einlegen, wenn sie gegen diese maßgebliche und begründete Einwände haben. Die federführende Behörde kann hierauf reagieren, indem sie sich dem Einspruch nach Art. 60 Abs. 5 DSGVO anschließt. Kommt es jedoch nicht zu einer

[796] „Damit in der Union ein gleichmäßiges Datenschutzniveau für natürliche Personen gewährleistet ist und Unterschiede, die den freien Verkehr personenbezogener Daten im Binnenmarkt behindern könnten, beseitigt werden, ist eine Verordnung erforderlich, die [...] eine wirksame Zusammenarbeit zwischen den Aufsichtsbehörden der einzelnen Mitgliedstaaten gewährleistet." ErwG 13 S. 1 DSGVO.

derartigen Übereinstimmung zwischen den beteiligten Behörden, so erfolgt der Übergang ins sog. Kohärenzverfahren (Art. 63 ff. DSGVO).

Diese zweite Zusammenarbeitsstruktur der DSGVO soll die einheitliche Anwendung der datenschutzrechtlichen Vorschriften sicherstellen.[797] Es beschreibt, wie die Aufsichtsbehörden untereinander im Kohärenzverfahren zusammenarbeiten und wann gegebenenfalls die Europäische Kommission beteiligt wird. Da es zum Kohärenzverfahren erst kommt, wenn die beteiligten nationalen Datenschutzbehörden und die federführende Behörde keine Einigkeit erlangen können, weist die DSGVO dem Europäischen Datenschutzausschuss wegweisende Kompetenzen zu, Art. 63 DSGVO. Der Europäische Datenschutzausschuss löste die Artikel-29-Datenschutzgruppe ab und wurde eingerichtet, um die einheitliche Anwendung des europäischen Datenschutzrechts sicherzustellen (Art. 70 Abs. 1 S 1 DSGVO). Im Rahmen des Kohärenzverfahrens kann er dies nach Art. 64 DSGVO mittels Stellungnahmen oder nach Art 65 DSGVO mit verbindlichen Beschlüssen erreichen. Stellungnahmen gibt der EDSA zu den in Art. 64 Abs. 1 lit. a) bis f) DSGVO genannten Tätigkeiten der Aufsichtsbehörden i.d.R. innerhalb von acht Wochen ab. Dieser Stellungnahme hat die Aufsichtsbehörde in ihrer Entscheidung „weitestgehend" Rechnung zu tragen, was bedeutet, dass sie ihren Beschlussentwurf gegebenenfalls abändern muss (Art. 64 Abs. 7 DSGVO). Es ist jedoch möglich, dass die Behörde die Stellungnahme des EDSA ablehnt. Dies führt zum sog. Streitbeteiligungsverfahren nach Art. 65 DSGVO. Hierbei erlässt der EDSA dann innerhalb eines Monats einen verbindlichen Beschluss, auf dessen Grundlage dann der endgültige Beschluss der betroffenen Aufsichtsbehörde zu treffen ist (Art. 64 Abs. 6 DSGVO). Möchte die betroffene Behörde sich aber auch diesem verbindlichen Beschluss des EDSA nicht beugen, so kann sie diesen vor dem EuGH mittels einer Nichtigkeitsklage gem. Art. 263 AEUV angreifen.

Abgewichen werden kann von dieser Struktur im Rahmen des sog. Dringlichkeitsverfahrens nach Art. 66 DSGVO. Dieses erlaubt sowohl die Abweichung vom Kohärenzverfahren als auch

---

[797] Hierzu *Schöndorf-Haubold,* in: Sydow/Marsch, DSGVO Art. 63 Rn. 1. Außerdem *Klabunde/Kraus,* in: Ehmann/Selmayr, DSGVO Art. 63 Rn. 5 die die Funktion von Art. 63 DSGVO wie folgt beschreiben: „Der Artikel ist somit nicht die Schwelle zur einheitlichen Durchsetzung des EU-weiten Datenschutzrechts, sondern der Schlussstein des Bogens zwischen den Instrumenten auf nationaler Ebene auf der einen Seite und der EU-Ebene auf der anderen Seite."

von der Zusammenarbeit nach Art. 60 DSGVO sowie den Erlass einer einstweiligen Anordnung der betroffenen Aufsichtsbehörde nach Art. 66 Abs. 1 DSGVO. Möglich ist dies im Fall „außerordentlicher Umstände". Unter diese Kategorie fallen Angelegenheiten, die, wie die Verfahrensbezeichnung schon andeutet, als dringlich eingestuft werden und in denen keine Zeit für das umfangreiche Kooperationsverfahren besteht.[798] Dabei gilt es zu beachten, dass einstweilige Maßnahmen nur in seltenen Ausnahmefällen und allein zum Schutz betroffener Personen getroffen werden sollen – nicht um den Interessen der Verarbeitenden gerecht zu werden.[799] Ein solcher Fall außerordentlicher Umstände wird nach Art. 66 DSGVO fingiert, wenn ein Amtshilfegesuch nicht binnen der einmonatigen Frist beantwortet wird.[800]

B. Sanktionsmöglichkeiten bei DSGVO-Verstößen

I. Schadensersatzansprüche

Zum einen sieht die DSGVO nach Art. 82 Abs. 1 DSGVO einen Schadensersatzanspruch für Personen vor, denen wegen eines Verstoßes gegen diese Verordnung ein materieller oder immaterieller Schaden entstanden ist. Es handelt sich dabei um einen deliktischen Schadensersatzanspruch, der einerseits den entstandenen Schaden ausgleichen soll, aber auch general-repressive und -präventive Zwecke verfolgt.[801]

Es bedarf zunächst dem Vorliegen eines materiellen oder immateriellen Schadens. Dabei ist der Begriff des Schadens nach Erwägungsgrund 146 S. 3 DSGVO weit auszulegen. Dennoch bereitet die Definition des immateriellen Schadens oftmals Schwierigkeiten. Insbesondere stellt sich die Frage, ob bereits der Verstoß gegen die DSGVO einen solchen Schaden darstellt.[802] Angesichts des Zwecks des Art. 82 Abs 1 DSGVO auch repressiv und präventiv zu wirken,

---

798 *Lewinski/Rüpke/Eckhardt,* Datenschutzrecht, S. 375 Rn. 100;

799 *Marsch*, in: BeckOK DatenschutzR, DSGVO Art. 66 Rn. 4. Unter Nennung von Beispielen so auch *Körffer*, in: Paal/Pauly DSGVO Art. 66 Rn. 2-3; a.A. *Caspar*, in: Kühling/Buchner, DSGVO Art. 66 Rn. 5.

800 Hierzu *Marsch*, in: BeckOK DatenschutzR, DSGVO Art. 66 Rn. 3.

801 *Quaas*, in: BeckOK DatenschutzR, DSGVO Art. 82 Rn. 1.

802 So u.a. BAG Vorlagebeschluss (EuGH) vom 26.08.2021 – 8 AZR 353/20 (A); differenzierter das LG Saarbrücken, Vorlagebeschluss (EuGH) vom 22.11.2021 – 5 O 151/19 wonach ein Verstoß gegen die DSGVO einen Schaden begründet, wenn die verletzte Vorschrift der betroffenen Person ein subjektives Recht verleiht.

könnte man dies durchaus annehmen. Hierfür spräche auch der Schutz des in Art. 8 GRCh verankerten Grundrecht auf den Schutz personalisierter Daten. Eine derartige Auslegung ist durch den BGH in Deutschland bereits im Presserecht etabliert, wenn es sich um Verstöße gegen das allgemeine Persönlichkeitsrecht handelt. Durch sein wegweisendes Urteil im Fall *Caroline von Monaco*[803] hat der Bundesgerichtshof umfassende Schadens-ersatzzahlungen durch Verlage herbeigeführt, die geeignet sind, auch präventive Wirkung zu entfalten.

> *„Erfolgt der Einbruch in das Persönlichkeitsrecht des Betroffenen vorsätzlich mit dem Ziel der Auflagensteigerung und Gewinnerzielung, dann gebietet der Gedanke der Prävention, die Gewinnerzielung als Bemessungsfaktor in die Entscheidung über die Höhe der Geldentschädigung einzubeziehen."*[804]

Dieser Gedanke ließe sich ins Datenschutzrecht übertragen und insbesondere auf den Gegenstand dieser Arbeit anwenden. Denn auch hier kommt es zu der Verletzung grundrechtlich garantierter Persönlichkeitsrechte, namentlich Art. 8 GRCh. Außerdem hat die vorstehende Untersuchung aufgezeigt, dass die Datenschutzverstöße durch die Akteure vorsätzlich und mit Gewinnerzielungsabsicht vorgenommen werden. Um eine Prävention zu erreichen, könnte demnach die Gewinnerzielung aus dem Sektor personalisierter Online-Werbung als Bemessungsfaktor für die Höhe von Schadensersatzzahlungen herangezogen werden. Angesichts der Tatsache, dass beispielsweise Google und Meta den Großteil ihrer Gewinne durch personalisierte Werbung erzielen, ließe dies Schadensersatzforderungen in empfindlicher Höhe zu, die auch präventiv für diese und andere Unternehmen der Branche wirken könnten.

Wenngleich der Begriff der Schadenshöhe in der DSGVO offengelassen wurde und somit eine derartige Bemessung zuließe, hat der Gesetzgeber die übrigen Voraussetzungen für eine Schadensersatzforderung in Art. 83 DSGVO durchaus strenger gefasst. Hierzu zählt u.a. das Vorliegen eines materiellen oder immateriellen Schadens, welcher in einem kausalen

---

803 BGH, Urteil vom 15-11-1994 - VI ZR 56/94.

804 Zweiter Leitsatz, BGH, Urteil vom 15-11-1994 - VI ZR 56/94.

Zusammenhang zu dem Verstoß gegen die DSGVO stehen muss.[805] Ein bloßer Verstoß gegen die DSGVO begründet für sich genommen daher keinen Anspruch nach Art. 82 DSGVO.[806] Eine Person, die einen Anspruch nach Art. 82 DSGVO durchsetzen möchte, muss demnach den Beweis erbringen, dass sie von einem Verstoß gegen die DSGVO betroffen ist, der für sie negative Folgen hatte und dass diese Folgen einen immateriellen Schaden i.S.d. Art. 82 DSGVO darstellen.[807] Nutzer:innen müssten folglich nachweisen, ob und welche Schäden ihnen entstanden sind, sowie dass diese Schäden einen bestimmten Grad an Schwere und Erheblichkeit erreichen, wenn ihre Daten mittels Tracking widerrechtlich erhoben und/oder anschließend zum Zwecke der personalisierten Online-Werbung widerrechtlich weiterverarbeitet wurden.[808] Ein solcher immaterieller Schaden kann nach der jüngsten Rechtsprechung des EuGH[809] bereits in dem, selbst kurzfristigen, Verlust der Kontrolle über personenbezogene Daten liegen, ohne dass der Nachweis „zusätzlicher spürbarer negativer Folgen" erforderlich wäre.[810] Dies gehe aus Erwägungsgrund 85 S. 1 DSGVO hervor. Dieser lautet:

> *„Eine Verletzung des Schutzes personenbezogener Daten kann – wenn nicht rechtzeitig und angemessen reagiert wird – einen physischen, materiellen oder immateriellen Schaden für natürliche Personen nach sich ziehen, wie etwa Verlust der Kontrolle über ihre personenbezogenen Daten [...] oder andere erhebliche wirtschaftliche oder gesellschaftliche Nachteile für die betroffene natürliche Person."*

Der Gesetzgeber sieht hiernach auch in dem bloßen Verlust der Kontrolle einen Schaden der betroffenen Personen begründet.[811] Dies wird durch durch den Wortlaut anderssprachige

805 EuGH, Urteil vom 04.05.2023 – C 300/21, Rn. 32 ff.

806 Ebd., Rn. 32 ff.

807 Ebd., Rn. 50.

808 EuGH, Urteile vom 20.06.2024 – C-590/22, Rn. 26; EuGH, Urteil vom 11.04.2024 – C-741/21, Rn. 36; EuGH, Urteil vom 04.05.2023 – C-300/21, Rn. 51.

809 EuGH, Urteile vom 04.10.2024 – C-200/23, Rn. 145, 156 i.V.m. 137; EuGH, Urteil vom 20.10.2024 – C-590/22, Rn. 33; EuGH, Urteil vom 11.04.2024 – C-741/21, Rn. 42.

810 BGH, Urteil vom 18. November 2024 – VI ZR 10/24, Rn. 30.

811 EuGH, Urteile vom 04.12.2024 – C-200/23, Rn. 145; EuGH, Urteil vom 14.12.2023 – C-340/21, Rn. 82.

Fassungen unterstrichen. So lautet Erwägungsgrund 85 S. 1 DSGVO im Englischen „the mere loss of control" und im Französischen „la simple perte de contrôle".[812]

Im Fall eines Nutzers, der von Scraping-Vorfällen betroffen war, bei denen Anfang April 2021 weltweit persönliche Daten von ca. 533 Millionen Facebook-Nutzer:innen ohne deren Zustimmung online veröffentlicht wurden, hat der BGH daher jüngst einen Schadensersatzanspruch bejaht.[813] Dieser Verlust der Kontrolle der Daten stelle einen immateriellen Schaden i.S.d. Art. 82 DSGVO dar. Bei der Bemessung der Höhe des Schadensersatzes müsse jedoch berücksichtigt werden, dass Art. 82 DSGVO lediglich eine Ausgleichfunktion zukomme, „eine Abschreckungs- oder Straffunktion soll der Anspruch [...] dagegen nicht erfüllen."[814] Im Ergebnis dürfe die Höhe des Schadensersatzes daher nicht über den vollständigen Ersatz des Schadens hinausgehen.[815] Nach alledem hält der BGH eine Größenordnung von 100,- EUR für angemessen.[816]

Bußgelder sind daher nicht geeignet – und aus Sicht des EuGH auch nicht dafür gedacht – die Akteure der personalisiserten Werbebranche zur Einhaltung datenschutzrechtlicher Vorgaben anzuhalten.

II. Bußgelder

Mithin bleibt als Sanktionsmaßnahme nach der DSGVO für datenschutzrechtliche Verstöße im Kontext personalisierter Online-Werbung die Möglichkeit der Bußgeldverhängung. Die Verhängung von Bußgeldern richtet sich nach Art. 83 DSGVO. Danach können die Aufsichtsbehörden im Falle eines Datenschutzverstoßes neben oder anstelle der Maßnahmen

[812] Ebenso BGH, Urteil vom 18.11.2024 – VI ZR 10/24, Rn. 30.

[813] BGH, Urteil vom 18.11.2024 – VI ZR 10/24.

[814] BGH, Urteil vom 18.11.2024 – VI ZR 10/24, Rn. 96; vgl. hierzu auch EuGH, Urteil vom 20.06.2024 – C-590/22, Rn. 42; vgl. auch EuGH, Urteil vom 04.10.2024 – C-507/23, 43 f.; EuGH, Urteil vom 20.06.2024 – C-182/22 und C-189/22, Rn. 23; EuGH, Urteil vom 11. April 2024 – C-741/21, Rn. 59; EuGH, Urteil vom 25.01.2024 – C-687/21, Rn. 47.

[815] BGH, Urteil vom 18.11.2024 – VI ZR 10/24, Rn. 97.

[816] Ebd., Rn. 97.

nach Art. 58 Abs. 2 lit. a) bis h) und lit. j) Geldbußen verhängen.[817] Nach Art. 83 Abs. 1 DSGVO sollen die verhängten Bußgelder in jedem Einzelfall wirksam, verhältnismäßig und abschreckend sein. Aus diesem Grund sieht Art. 83 Abs. 5 DSGVO daher Bußgelder bis zu 20 Millionen EUR vor oder im Fall eines Unternehmens bis zu 4 % des gesamten weltweit erzielten Jahresumsatzes im vorangegangenen Geschäftsjahr. Wenngleich sich derart hohe Bußgelder auf die Fälle beschränken, die Art. 83 Abs. 5 lit. a) bis e) DSGVO auflistet, kommen diese Fälle für den vorliegenden Untersuchungsgegenstand zum Tragen. Art. 83 Abs. 5 lit. a) DSGVO nennt Verstöße gegen die Grundsätze für die Verarbeitung, einschließlich der Bedingungen für die Einwilligung, gemäß den Artikeln 5, 6, 7 und 9 DSGVO. Wie bereits zuvor ausführlich dargestellt, kommt es bei der Datenverarbeitung im Kontext personalisierter Online-Werbung zu Verstößen gegen die Grundsätze der DSGVO[818] und die Verarbeitung kann nicht auf einen Erlaubnistatbestand des Art. 6 Abs. 1 DSGVO gestützt werden.[819] Damit die Verhängung von Bußgeldern in der Union einheitlich erfolgt, hat der Gesetzgeber in Art. 83 Abs. 2 DSGVO Kriterien aufgestellt, die heranzuziehen sind, um die Höhe des Bußgeldes zu bestimmen.[820] Einige dieser Kategorien sind für den Gegenstand dieser Arbeit zweifelsohne einschlägig, sodass diese kurz vorgestellt werden sollen. Zunächst setzt die Verhängung eines Bußgeldes Verschulden voraus.[821] Ob ein vorsätzlicher oder fahrlässiger Verstoß vorliegt, wird nach Art. 83 Abs. 2 lit. b) DSGVO dann bei der Bemessung des Bußgeldes berücksichtigt.[822] Vorsätzlich handelt, wer wissend und wollend die Tatbestandsverwirklichung herbeiführt.[823] Den Akteure der digitalen Werbebranche kommt es gerade auf die Datenverarbeitung im großen Stil an, da diese das Geschäftsmodell personalisierter Werbung erst ermöglicht.[824] Jedenfalls große Tech-Unternehmen haben zudem

---

817 *Holländer*, in: BeckOK DatenschutzR, DSGVO Art. 83 Rn. 26; *Roßnagel/Rost*, ZD 2023, 502-507.

818 Siehe hierzu oben im 3. Teil unter G.

819 Siehe hierzu oben im 3. Teil unter D.

820 *Holländer*, in: BeckOK DatenschutzR, DSGVO Art. 83 Rn. 25. Zusätzlich gibt es zu diesem Zweck auch Leitlinien des EDSA i.S.d. Art. 70 Abs. 1 lit. k) DSGVO, hierzu *Roßnagel/Rost*, ZD 2023, 502 (505).

821 *Holländer*, in: BeckOK DatenschutzR, DSGVO Art. 83 Rn. 28; *Popp*, in: Sydow/Marsch DSGVO Art. 83 Rn. 14.

822 Hierzu *Nemitz*, in: Ehmann/Selmayr, DSGVO Art. 83 Rn. 33.

823 *Holländer*, in: BeckOK DatenschutzR, DSGVO Art. 83 Rn. 34.

824 Siehe hierzu oben unter 3. Teil, H.

immer wieder Beweise dafür geliefert, dass ihnen die Rechtmäßigkeit dieses Vorgehens unwichtig ist.[825] Kommt es zu einem Verstoß bei der Verarbeitung besonders sensibler personenbezogener Daten nach Art. 9 DSGVO, so ist dies ebenfalls zu berücksichtigen, Art. 83 Abs. 2 lit. g) DSGVO. Da jede Verarbeitung von Daten dieser Kategorie zum Zwecke personalisierter Online-Werbung rechtswidrig erfolgt,[826] muss schon allein die Verarbeitung sanktionsmaßerhöhend berücksichtigt werden. Ebenfalls zu berücksichtigen ist nach Art. 83 Abs. 2 lit. h) DSGVO die Art und Weise, wie der Verstoß bekanntgeworden ist.[827] Wenn ein Verstoß trotz Meldepflicht nach Art. 33, 34 DSGVO nicht gemeldet wird, kann auch dies durch die Datenschutzbehörden nachteilig berücksichtigt werden.[828] Außerdem ist die Einhaltung früherer angeordneter Maßnahmen bei der Bußgeldbemessung zu berücksichtigen, Art 83 Abs. 2 lit. i) DSGVO. Sinn und Zweck der Vorschrift ist wohl die Ahndung des besonders rücksichtslosen und kalkulierten Verhaltens, auch nach Auferlegung einer Rechtsfolge nach Art. 58 DSGVO bei einem ersten Verstoß, keine Abhilfe zu schaffen.[829] Im Ergebnis gibt Art. 83 Abs. 2 DSGVO den Aufsichtsbehörden für Verstöße bei der Verarbeitung im Zusammenhang mit personalisierter Werbung gleich mehrere Gründe an die Hand, die eine hohe bzw. höhere Verhängung von Bußgeldern ermöglichen.

C. Neben die DSGVO tretende Vorschriften

Neben die Sanktionsmöglichkeiten nach der DSGVO treten gegebenenfalls weitere Vorschriften, die Sanktionsmöglichkeiten eröffnen. Diese sollen kurz vorgestellt werden, um anschließend bei der Erörterung von Rechtslücken und dem Vorstellen von Verbesserungsvorschlägen mit berücksichtigt werden zu können.

---

825 Siehe hierzu oben unter 3. Teil, G.

826 Siehe hierzu oben unter 3. Teil, E., II., 3.

827 Die Vorschrift wird aufgrund von Art. 6 EMRK teilweise mit Skepsis betrachtet, vgl. hierzu Eckhardt/Menz DuD 2018, 143. Wenn auf der einen Seite keine Pflicht zur Selbstbezichtigung besteht, auf der anderen Seite eine nicht eingehaltene Meldepflicht aber geahndet wird, so erzeugt dies ein Spannungsverhältnis, vgl. *Holländer*, in: BeckOK DatenschutzR, DSGVO Art. 83 Rn. 40.

828 *Holländer*, in: BeckOK DatenschutzR, DSGVO Art. 83 Rn. 40; *Artikel 29-Datenschutzgruppe,* Leitlinien für die Anwendung und Festsetzung von Geldbußen im Sinne der Verordnung (EU) 2016/679, WP 253, vom 03.10.2017, S. 15.

829 So auch *Popp*, in: Sydow/Marsch, DSGVO Art. 83 Rn. 21.

I. Rechtsdurchsetzung nach dem TDDDG

Bei der erstmaligen Erhebung von Daten ist regelmäßig das TDDDG anwendbar und nach § 25 Abs. 1 TDDDG eine Einwilligung erforderlich.[830] Die §§ 27 ff. TDDDG sehen hierfür eigenständige Sanktionsmöglichkeiten und Aufsichtsstrukturen vor, die im Anwendungsfall denen der DSGVO vorgehen. So ermöglicht § 28 Abs. 2, Abs. 1 Nr. 13 TDDDG bei einem Verstoß gegen das Einwilligungserfordernis nach § 25 TDDDG die Verhängung von Bußgeldern i.H.v. bis zu 300.000 EUR. Ein solcher Verstoß wird sowohl bei vorsätzlichem als auch bei fahrlässigem Verstoß gegen § 25 TDDDG angenommen. Sofern es sich um einen fahrlässigen Verstoß handelt, kommt jedoch § 17 Abs. 2 OWiG zur Anwendung.[831] Danach ist bei einem fahrlässigen Verstoß nur die Hälfte des Bußgeldhöchstrahmens zu verhängen.[832] Wenngleich das TDDDG 300.000 EUR als Höchstrahmen der Bußgelder vorgesehen hat, kann dieser nach § 17 Abs. 4 OWiG gegebenenfalls überschritten werden. Demnach soll die Geldbuße die wirtschaftlichen Vorteile von Täter:innen überschreiten, sodass das vom Gesetzgeber ursprünglich festgelegte Höchstmaß in Einzelfällen überschritten werden kann. Dies kann insbesondere für den Gegenstand dieser Arbeit von Relevanz sein. Aufgrund der enormen Gewinne die – vor allem sehr große – Digitalunternehmen im Bereich personalisierter Online-Werbung erzielen, könnte demnach der Bußgeldrahmen überschritten werden.[833]

II. Weitere Aufsichtsbehörden

Mit Urteil vom 04.07.2023 hat der EuGH entschieden, dass auch das Bundeskartellamt im Einzelfall einen Verstoß gegen die DSGVO prüfen kann.[834] Der Datenschutzverstoß könne als Indiz für ein missbräuchliches Verhalten eines marktbeherrschenden Unternehmens gewertet werden, sodass sich hieraus gewisse Kompetenzen ableiten lassen müssten. Dennoch müsse grundsätzlich zwischen den Kompetenzen der Datenschutzbehörden nach der DSGVO und den kartellrechtlichen Kompetenzen unterschieden werden. Die DSGVO verbiete zwar nicht, dass

---

[830] Siehe hierzu oben unter 3. Teil, C., II.

[831] *Isfen*, in: HK-TTDSG § 28 Rn. 34; *Hadidi*, in: Geppert/Schütz, TTDSG § 28 Rn. 17;

[832] *Isfen*, a.a.O.

[833] Ausführlich hierzu unter 5. Teil, D., II.

[834] EuGH, Urteil vom 04.07.2023 – C-252/21.

datenschutzrechtliche Verstöße durch das Bundeskartellamt untersucht und gegebenenfalls festgestellt würden.[835] Selbst wenn Wettbewerbsbehörden diese Prüfung vornehmen würden, würden sie jedoch nicht an die Stelle der datenschutzrechtlichen Aufsichtsbehörden treten, da dem Wettbewerbs- und Datenschutzrecht verschiedene Zielsetzungen zugrunde lägen.[836] Der EuGH hat zudem betont, dass die Wettbewerbsbehörden datenschutzrechtliche Aspekte berücksichtigen können müssten, da personenbezogene Daten heutzutage eine überragende Stellung hätten und durch so viele Unternehmen verarbeitet würden.[837] Der Schutz personenbezogener Daten würde nur durch das Datenschutzrecht sichergestellt, so dass sich die Prüfungskompetenz hierauf erstrecken müsse, wenn es im Rahmen anderer Materien um die Verarbeitung personenbezogener Daten geht.[838]

Stellen die Wettbewerbsbehörden einen datenschutzrechtlichen Verstoß fest, so müssen sie mit den zuständigen Aufsichtsbehörden zusammenarbeiten.[839] Ist das Verhalten, welches die Wettbewerbsbehörde als Datenschutzverstoß einstuft, bereits Gegenstand einer datenschutzrechtlichen Untersuchung, so muss sich die Wettbewerbsbehörde an den Ergebnissen dieser Untersuchung orientieren.[840] Um dies festzustellen, hat die Wettbewerbsbehörde eine Anfrage an die zuständige Datenschutzbehörde zu stellen, die dann innerhalb einer angemessenen Frist antworten muss.[841] Erhält die Wettbewerbsbehörde keine Auskunft, so kann sie die Untersuchung selbstständig weitertreiben.[842]

D. Defizite der DSGVO: Schwachstellen in der Aufsichts- und Sanktionsstruktur

Die Ausarbeitung hat gezeigt, dass personalisierte Online-Werbung die dominante Werbeform der aktuellen Werbeindustrie ist, obgleich die technischen Prozesse diverse

835 Ebd., Rn. 50.

836 EuGH, Urteil vom 04.07.2023 – C-252/21, Rn. 50.

837 Ebd., Rn. 50-51.

838 Ebd.,

839 Ebd., Rn. 52.

840 Ebd., Rn. 54.

841 Ebd., Rn. 52-54.

842 Ebd., Rn. 58-59.

datenschutzrechtliche Verstöße aufweisen. Folglich stellt sich die Frage, wieso die Rechtsdurchsetzung im datenschutzrechtlichen Bereich nicht gelingt.

I. Verfahrensspezifische Defizite

Hierzu gilt es zunächst die existierenden Schwachstellen zu ergründen. Aus den Erfahrungen in der Praxis ist hier zunächst die – teils systematische – Untätigkeit der federführenden Aufsichtsbehörden zu nennen. Im Jahr 2020 wurden der irischen Datenschutzbehörde DPC über 10.000 Beschwerden angezeigt, jedoch nur elf Entscheidungen getroffen.[843] Aus diesem Grund sieht sich die irische Datenschutzbehörde immer wieder scharfer Kritik ausgesetzt. Datenschützer Max Schrems bezeichnete die DPC als „Bermuda-Dreieck", in welchem datenschutzrechtliche Beschwerden einfach verschwänden.[844] Ähnliche Kritik äußerte Datenschützer Johnny Ryan in einer parlamentarischen Anhörung. Die DPC sei unfähig, 98 % aller Fälle zu lösen und stelle das Nadelöhr der Datenschutzgrundverordnung dar.[845] Die meisten Akteure der digitalen Werbebranche haben ihren Sitz in Irland, sodass die DPC für die für diese Arbeit relevanten Fragen regelmäßig die federführende Behörde darstellt.[846] Wenn sie jedoch, wie in der Praxis bereits häufig geschehen, untätig bleibt, stellt sich die Frage, wie hiergegen vorgegangen werden kann.

Für diese Fälle der Untätigkeit fingiert Art. 61 Abs. 8 DSGVO bei Nichtbeantwortung eines Amtshilfeersuchens nach Ablauf eines Monats die für die Einleitung des Verfahrens nach Art. 66 DSGVO notwendige Dringlichkeit.[847] Das Dringlichkeitsverfahren ist bereits im Juli 2023 von der norwegischen Datenschutzbehörde gegenüber Meta dazu genutzt worden, dem

---

843 *DPC*, Annual Report 2020, S. 49, abrufbar unter: https://www.dataprotection.ie/sites/default/files/uploads/2021-02/DPC%202020%20Annual%20Report%20%28English%29.pdf [Stand August 2025].

844 *Der Standard,* 10.000 Beschwerden, kaum Urteile: Max Schrems wirft irischer Datenschutzbehörde Untätigkeit vor, vom 28.04.2021, abrufbar unter: https://www.derstandard.de/story/2000126219410/10-000-beschwerden-kaum-urteile-max-schrems-wirft-irischer-datenschutzbehoerde [Stand August 2025].

845 *Covington & Burling LLP*, Irish Parliamentary Committee Hearing Discusses Criticism of the Irish DPC, vom 30.04.2020, abrufbar unter: https://www.insideprivacy.com/eu-data-protection/irish-parliamentary-committee-hearing-discusses-criticism-of-the-irish-dpc/ [Stand August 2025].

846 Siehe hierzu oben unter 3. Teil, B., II.

847 *Lewinski/Rüpke/Eckhardt,* Datenschutzrecht, S. 375, Rn. 100.

Unternehmen die Schaltung personalisierter Online-Werbung zu untersagen.[848] Derartige Dringlichkeitsentscheidungen sind nach Art. 66 Abs. 1 S. 1 DSGVO jedoch auf eine Gültigkeitsdauer von drei Monaten beschränkt. In dieser Zeit stellte Meta die Prozesse für personalisierte Werbung jedoch nicht ein, sondern nahm die mit der norwegischen Entscheidung verbundenen Sanktionen in Kauf. Meta zahlte folglich täglich 90.000 EUR Strafe.[849] Insofern stellt sich die Frage, ob die mit datenschutzrechtlichen Verstößen verbundenen Sanktionen für den Gegenstand dieser Arbeit zu gering sind.

Gegenüber untätigen Aufsichtsbehörden können zuvor noch weitere Maßnahmen ergriffen werden. Der EuGH mahnt für die Fälle systematischer Untätigkeit einer federführenden Aufsichtsbehörde die Nutzung des Verfahrens nach Art. 64 Abs. 2 DSGVO an.[850] „Zudem kann eine Aufsichtsbehörde nach Art. 64 Abs. 2 der Verordnung beantragen, dass eine Angelegenheit mit allgemeiner Geltung oder mit Auswirkungen in mehr als einem Mitgliedstaat vom Europäischen Datenschutzausschuss geprüft wird, um eine Stellungnahme zu erhalten, insbesondere wenn eine zuständige Aufsichtsbehörde den Verpflichtungen zur Amtshilfe gem. Art. 61 der Verordnung nicht nachkommt.“[851] Hieraus ergibt sich, dass „das Dringlichkeitsverfahren nach Art. 66 DSGVO kein Allheilmittel gegen notorisch träge federführende Aufsichtsbehörden [ist], sondern zum Schutze der Kohärenzbestimmungen der [DSGVO] vor Unterlaufen an spezifische Einleitungsvoraussetzungen geknüpft“ ist.[852] Ein vor Erlass der DSGVO noch geforderter spezifisch gegen Untätigkeit federführender Behörden gerichtete Rechtsbehelf konnte sich im Rechtssetzungsverfahren jedoch nicht durchsetzen,[853] sodass heute in diesen Fällen nur die Einleitung eines Vertragsverletzungsverfahrens durch die EU-Kommission bleibt.[854] Hält eine federführende Behörde an ihrer Untätigkeit fest, ist es

---

848 *Datatilsynet*, Urgent and Provisional Measures – Meta, 21/03530-16, vom 14.07.2023.

849 *Hillnhütter*, Meta zahlt weiterhin täglich 90.000 EUR Strafe, vom 07.09.2023, abrufbar unter: https://www.onlinehaendler-news.de/e-recht/aktuelle-urteile/138766-meta-zahlt-weiterhin-taeglich-90-000-euro-strafe [Stand August 2025].

850 EuGH, Urteil vom 15.6.2021 – C-645/19, Rn. 71.

851 Ebd.

852 *Lewinski/Rüpke/Eckhardt*, Datenschutzrecht, S. 375, Rn. 100.

853 *Lewinski/Rüpke/Eckhardt*, a.a.O.; *Caspar*, in: Kühling/Buchner, DSGVO Art. 66 Rn. 13.

854 *Lewinski/Rüpke/Eckhardt*, a.a.O.

anderen nationalen Aufsichtsbehörden aktuell folglich nur bedingt möglich, gegen rechtliche Verstöße vorzugehen. Die Möglichkeiten, die *de lege lata* zur Verfügung stehen, leisten mithin jedenfalls nur verzögerte Abhilfe.

Diese Schwachstelle der DSGVO wird von Verantwortlichen und insbesondere Unternehmen des personalisierten Werbemarktes bewusst ausgenutzt. Als Beispiel hierfür soll die Beschwerde der Datenschutzorganisation *Noyb* nach Inkrafttreten der DSGVO gegen Facebook dienen.[855] Mit Inkrafttreten der DSGVO hatte Facebook seine Nutzungsbedingungen geändert und verlangte von Nutzer:innen die Zustimmung zu diesen, wenn sie die Plattform weiterhin nutzen wollten.[856] Am 25.05.2018 reichte *Noyb* bei der österreichischen Datenschutzbehörde eine Beschwerde ein, die am 30.05.2018 an die irische Datenschutzbehörde – als federführende Behörde – weitergeleitet wurde.[857] Am 20.08.2018 leitete die irische Datenschutzbehörde daraufhin eine Untersuchung ein und forderte Informationen von den beteiligten Parteien an.[858] Erst am 14.05.2021 übermittelte die irische Datenschutzbehörde Facebook und der Beschwerdeführerin einen vorläufigen Entscheidungsentwurf.[859] Am 06.10.2021 übermittelte die irische Datenschutzbehörde ihren Beschlussentwurf i.S.d. Art. 60 Abs. 3 DSGVO an die anderen betroffenen Aufsichtsbehörden, woraufhin binnen des nächsten Monats durch Österreich, Deutschland, Finnland, Frankreich, Italien, den Niederlanden, Norwegen und Schweden i.S.d. Art. 60 Abs. 4 DSGVO maßgebliche und begründete Einsprüche gegen den Beschlussentwurf erfolgten. Schließlich legte die irische Datenschutzbehörde die Angelegenheit am 25.07.2022 dem EDSA vor und leitete so das Kohärenzverfahren gem. Art. 60 Abs. 4 i.V.m. Art. 63 DSGVO ein. Während des Verfahrens hat Facebook seine Argumentation bewusst vage gehalten und sich erst spät festgelegt, welche Ermächtigungsgrundlage für die Verarbeitung herangezogen wird. Während der Sachverhalt

---

855 *Noyb*, Beschwerde vom 25.08.2018, abrufbar unter: https://noyb.eu/sites/default/files/2020-05/complaint-facebook.pdf [Stand: September 2024].

856 Siehe hierzu oben unter 3. Teil, D., I.

857 Ausführlich zu den Abläufen vgl. *EDSA*, Verbindlicher Beschluss 3/2022 vom 05.12.2022, Rn. 2 ff.

858 Ebd., Rn. 5.

859 Ebd., Rn. 5.

zunächst so schien, als würde Facebook von Nutzer:innen eine Einwilligung i.S.d. Art. 6 Abs. 1 lit. a) DSGVO einholen, berief sich das Unternehmen später auf Art. 6 Abs. 1 lit. b) DSGVO und argumentierte, die Verarbeitung sei für die Erfüllung des Vertrages notwendig gewesen. Die Ungewissheit, welche Ermächtigungsgrundlage herangezogen werden soll, zieht sich dabei durch das gesamte Verfahren. So bezieht sich die Argumentation der Beschwerdeführerin in der Ausgangsbeschwerde auf Art. 6 Abs. 1 lit. a) DSGVO und dessen Anforderungen. Erst als im Laufe des weiteren Verfahrens deutlich wird, dass Facebook Art. 6 Abs. 1 lit. b) DSGVO als Ermächtigungsgrundlage heranzieht, kann die Beschwerdeführerin ihre Argumentation hierzu vorbringen. Um diese Unsicherheit im laufenden Verfahren aus der Welt zu schaffen hatte die Beschwerdeführerin eine Studie bei dem österreichischen Gallup Institut in Auftrag gegeben, welche Facebook-Nutzer:innen befragte, ob diese die geänderten Nutzungsbedingungen als Einwilligung i.S.d. Art. 6 Abs. 1 lit. a) DSGVO wahrgenommen hatten.[860] Dass Facebook sich bzgl. der Ermächtigungsgrundlage nicht festlegte, muss aus heutiger Sicht als Strategie verstanden werden. Denn unmittelbar nach der endgültigen Entscheidung der irischen Datenschutzbehörde, dass das Berufen auf Art. 6 Abs. 1 lit. b) DSGVO unzulässig sei, wenn Facebook Daten zum Zwecke personalisierter Online-Werbung verarbeite, berief sich das Unternehmen auf den Erlaubnistatbestand des berechtigten Interesses an der Verarbeitung nach Art. 6 Abs. 1 lit. f) DSGVO.[861] Erst nach der Entscheidung des EuGH,[862] dass auch diese Ermächtigungsgrundlage nicht greift, stellte Meta seine Strategie um und verlangt von Nutzer:innen seit jeher eine Einwilligung, bzw. dass diese für die Dienste zahlen.[863]

---

860 *EDSA*, Verbindlicher Beschluss 3/2022 vom 05.12.2022, Rn. 97; *Gallup Institut*, Facebook and Advertising – User Insights, vom November 2019, abrufbar unter: https://noyb.eu/sites/default/files/2020-05/Gallup_Facebook_EN.pdf [Stand: August 2024].

861 EuGH, Urteil vom 04.07.2023 – C-252/21.

862 *Noyb*, Meta (Facebook, Instagram) wechselt zu "berechtigtem Interesse" für Werbeanzeigen, vom 30.03.2023, abrufbar unter: https://noyb.eu/de/meta-facebook-instagram-wechselt-zu-berechtigtem-interesse-fuer-werbeanzeigen [Stand: August 2024].

863 Siehe hierzu oben unter 3. Teil, C., II., 3., c.

II. Defizite bei der Bestimmung der Bußgeldhöhe

Denklogisch stellt sich daher die Frage, ob eine Erhöhung der Bußgelder die aufgezeigten Rechtslücken verschließen könnte. Ob Sanktionen Wirkung entfalten, kann nur beurteilt werden, wenn feststeht, welches Ziel durch sie verfolgt wird. Der Gesetzgeber verfolgt mit der DSGVO vor allem den Schutz personenbezogener Daten.[864] Geldbußen sollen dabei vor allem den verwaltungsrechtlichen Sanktionen Wirkung verleihen.[865] Die verhängten Geldbußen sollen jedoch in jedem Fall auch abschreckend sein.[866] Der Gesetzgeber geht mithin im Grundsatz von einer präventiven Wirkung der Geldbußen als Sanktionsmittel aus.[867] Der EDSA unterscheidet hierbei zwischen allgemeiner Abschreckung und konkreter Abschreckung.[868] Bekannt ist diese Argumentation aus dem deutschen Strafrecht, in Form der (negativen) Spezial- und Generalprävention.[869] Bei der allgemeinen Abschreckung sollen andere Personen von einem zukünftigen, vergleichbaren Datenschutzverstoß abgehalten werden.[870] Die konkrete Abschreckung soll den:die Adressat:in des Bußgeldes von erneuten Verstößen abschrecken.[871]

Die Abschreckungswirkung kann jedoch nur erzeugt werden, wenn die Sanktion auch eine empfindliche Wirkung entfaltet. Dies setzt voraus, dass die Sanktion überhaupt verhängt wird.[872] Die zuvor aufgezeigte Trägheit der federführenden Behörde im Sanktionsverfahren führt jedoch dazu, dass Verantwortliche schon die Verhängung einer datenschutzrechtlichen Sanktion nicht besonders befürchten. Zu diesem Ergebnis kommt eine repräsentative Befragung von Datenschutzbeauftragten. Im November 2023 führte *noyb* eine Online-Umfrage durch, um

---

864 ErwG 1 und 2 DSGVO.

865 ErwG 150 S. 1 DSGVO.

866 ErwG 151 S. 3, 152 S. 1 DSGVO.

867 *Bergt*, in: Kühling/Buchner, DSGVO Art. 82 Rn. 17, 18.

868 *EDSA*, Leitlinie 04/2022 für die Berechnung von Geldbußen im Sinne der DSGVO, vom 24.05.2023, Rn. 142.

869 Zusammenfassend *Sieber*, Sanktionen gegen Wirtschaftskriminalität, S. 109 f.

870 *EDSA*, Leitlinie 04/2022, Rn. 142.

871 Ebd.

872 Auch der EDSA weist darauf hin, dass Verantwortliche damit rechnen können müssten, dass eine Geldbuße auch tatsächlich auferlegt wird. Vgl. *EDSA*, Leitlinie 04/2022, Rn. 143.

einen zuverlässigen Einblick in die praktische Umsetzung der DSGVO zu erhalten.[873] In der Umfrage wurden Unternehmen und deren Datenschutzbeauftragte dazu befragt, mit welchen Hürden sie sich bei der Einhaltung der Maßnahmen der DSGVO konfrontiert sehen.[874] Von den Befragten stimmten 74,4 % der Aussage „Wenn eine Datenschutzbehörde morgen durch die Tür eines durchschnittlichen Unternehmens käme, würde sie sicherlich relevante Verstöße gegen die DSGVO finden." zu.[875] Nach der Ursache der Nichteinhaltung der DSGVO befragt, nannten die Befragten als häufigsten Grund, dass es ihnen schwerfalle die Entscheidungsträger:innen in ihren Unternehmen davon zu überzeugen, die notwendigen Änderungen vorzunehmen, um die DSGVO einzuhalten.[876] Der Bereich des Marketings sei dabei der mit am schwersten zu überzeugende Bereich.[877] Überdies wurden die Teilnehmenden danach befragt, welche Maßnahmen ihrer Meinung die Rechtskonformität verbessern könnten. Nach Ansicht der Befragten sind Bußgelder die wichtigste Triebfeder für die Einhaltung der DSGVO in den Unternehmen.[878] Laut 63,5 % der Befragten ist die bloße Furcht vor Geldbußen ein Anreiz zur Einhaltung der Vorschriften.[879] Dies gilt nicht nur für Bußgelder gegen die Organisation selbst, sondern es gibt auch einen deutlichen Spillover-Effekt, wie von den Datenschutzbeauftragten berichtet wird.[880] 51,6 % der Befragten geben an, dass ein Bußgeld, das gegen ein anderes Unternehmen wegen eines Verstoßes gegen das Datenschutzrecht verhängt wird, die Einhaltung der Vorschriften in ihrem eigenen Unternehmen beeinflussen kann.[881] 61,5 % stimmen zu, dass eine solche abschreckende Wirkung besteht, wenn es um

---

[873] Der Bericht mit dem Titel „GDPR: a culture of non-compliance? Numbers of evidence-based enforcement efforts" ist abrufbar unter: https://noyb.eu/sites/default/files/2024-01/GDPR_a%20culture%20of%20non-compliance_1.pdf [Stand August 2025].

[874] *Noyb,* GDPR: a culture of non-compliance?, S. 5.

[875] Ebd., S. 19.

[876] Ebd., S. 11.

[877] 56 % der Befragten gaben an, dass es schwierig ist, die Bereiche Sales und Marketing von notwendigen Änderungen im Interesse einer besseren Einhaltung der Vorschriften zu überzeugen, *Noyb,* GDPR: a culture of non-compliance?, S. 11.

[878] Etwa zwei Drittel der Befragten hielten mögliche Geldbußen oder den Verlust von Ansehen für irgendwie oder sehr einflussreich. Nur 6,5 % bzw. 5,4 % der Befragten hielten Geldstrafen und den möglichen Verlust von Ansehen für überhaupt nicht einflussreich, *Noyb,* GDPR: a culture of non-compliance?, S. 13.

[879] Ebd., S. 3.

[880] Ebd.,

[881] Ebd., S. 15.

„hohe Geldstrafen" geht.[882] Die Befragten vertraten zudem mehrheitlich die Auffassung, dass eine verbesserte Rechtsdurchsetzung notwendig sei. So sind etwa 70 % der Befragten der Meinung, dass mehr Durchsetzungsmaßnahmen der Datenschutzbehörden notwendig sind, um den Schutz der Privatsphäre der Nutzer:innen in der Praxis tatsächlich zu verbessern.[883] Ebenso wird die Notwendigkeit von klaren Entscheidungen der Datenschutzbehörden und Gerichte betont, um die Einhaltung der Vorschriften zu verbessern. Die wichtigsten Maßnahmen sind förmliche Entscheidungen (58 %), Anordnungen zur Einhaltung der Gesetze (61 %) und Geldbußen (67,4 %).[884]

Überdies können Bußgelder nur dann eine empfindliche Wirkung entfalten, wenn sie jedenfalls die aus dem Datenschutzverstoß resultierenden Gewinne übersteigen.[885] Im Hinblick auf den Gegenstand dieser Arbeit könnten nur solche Bußgelder empfindliche Wirkung entfalten und folglich auch abschreckend wirken, die die durch personalisierte Online-Werbung erzielten Gewinne übersteigen. Fraglich ist, ob und in welcher Höhe die nach der DSGVO verhängbaren Bußgelder gegenüber Akteuren des digitalen Werbemarktes die Gewinne aus personalisierter Werbung überschreiten. Hierzu gilt es die erzielten Gewinne aus personalisierter Werbung den höchstmöglichen Bußgeldern nach Art. 83 Abs. 5 DSGVO – das heißt 4 % der weltweiten Umsätze – gegenüberzustellen. Google hat im Jahr 2022 weltweit 279,81 Milliarden USD Umsatz gemacht. Die höchste, nach Art. 83 Abs. 5 DSGVO zu erwartende Strafe, beträgt mithin 11,19 Milliarden USD. Dem gegenüber stehen knapp 225 Milliarden USD Umsatz, die Google aus Werbeeinnahmen erzielte.[886] Wie viel Gewinn Google in diesem Bereich erzielt, lässt sich nur schätzen. Jedoch machen die Einnahmen aus Werbung den Großteil aller Einnahmen des Unternehmens aus – nämlich knapp 80 %.[887] Allein im dritten Quartal 2023

---

882 Ebd.

883 *Noyb,* GDPR: a culture of non-compliance?, S. 19.

884 *Noyb,* GDPR: a culture of non-compliance?, S. 3.

885 Ebenso *Nemitz*, in: Ehmann/Selmayr DSGVO Art. 83 Rn. 23.

886 *Alphabet Inc.*, Form 10-K, For the Fiscal Year Ended December 31, 2022, S. 59, abrufbar unter: https://abc.xyz/assets/investor/static/pdf/20230203_alphabet_10K.pdf?cache=5ae4398 [Stand August 2025].

887 Die Einnahmen aus dem Bereich Werbung beliefen sich 2022 auf 224,473 Milliarden US Dollar. Der Gesamtumsatz von Google in 2022 lag bei 282,836 Milliarden US Dollar, sodass sich errechnen lässt, dass das Unternehmen 79,37 % seiner Umsätze mittels Werbung generiert.

lagen die Gewinne von Google bei 19,69 Milliarden USD.[888] Es ist anzunehmen, dass auch hier 80 % auf die Werbebranche zurückzuführen sind, sodass von einem Gewinn i.H.v. 15,75 Milliarden USD ausgegangen werden kann, welcher im Zusammenhang mit Werbung generiert wurde. Selbst bei maximaler Ausschöpfung des Bußgeldrahmens von bis zu 11,19 Mrd. USD müsste Google nicht um den gesamten Gewinn fürchten, den es durch die datenschutzwidrige Praxis erzielt hat. Die Geldbuße kann daher keine empfindliche Wirkung entfalten.

Bei Meta gingen die Werbeumsätze im Jahr 2022 erstmals zurück und betrugen „nur noch" 113.642 Millionen USD.[889] Insgesamt setzte das Unternehmen 116.609 Millionen USD[890] um, sodass hier sogar über 97 % der Umsätze aus dem Bereich der Werbung stammen. Der weltweite Gewinn ging 2022 zwar erheblich zurück, belief sich dennoch auf 23.200 Millionen USD.[891] Somit ist hier von einem Gewinn aus Werbeeinnahmen i.H.v. 22.610 Millionen USD auszugehen. Dem gegenüber steht ein Bußgeld, welches sich nach Art. 83 Abs. 5 DSGVO höchstens auf 4,66 Millionen USD belaufen dürfte. Wie an diesen Beispielen exemplarisch gezeigt, kann die Bußgeldregelung kaum abschreckende Wirkung entfalten, wenn der Datenschutzverstoß Grundlage eines lukrativen Unternehmenskonzeptes ist.

E. Kommissionsentwurf für eine DSGVO-Verfahrensverordnung

Dass die wirksame Durchsetzung der DSGVO aktuell nicht gelingt und so den Schutz personenbezogener Daten aus Art. 8 Abs. 1 GRCh leer laufen zu lassen droht, hat auch die EU-Kommission inzwischen erkannt. Im Sommer 2023 legte diese daher einen Vorschlag zur Festlegung zusätzlicher Verfahrensregeln für die Durchsetzung der DSGVO (im Folgenden: DSGVO-VerfVO-E) vor.[892] Mit diesem Vorschlag beabsichtigt die Kommission eine

---

888 *Alphabet Inc.,* Alphabet Announces Third Quarter 2023 Results, abrufbar unter: https://abc.xyz/assets/4a/3e/3e08902c4a45b5cf530e267cf818/2023q3-alphabet-earnings-release.pdf [Stand August 2025].

889 Meta Reports Fourth Quarter and Full Year 2022 Results, S. 10, abrufbar unter: https://s21.q4cdn.com/399680738/files/doc_financials/2022/q4/Meta-12.31.2022-Exhibit-99.1-FINAL.pdf [Stand August 2025].

890 Meta Reports Fourth Quarter and Full Year 2022 Results, S. 1, abrufbar unter: https://s21.q4cdn.com/399680738/files/doc_financials/2022/q4/Meta-12.31.2022-Exhibit-99.1-FINAL.pdf [Stand August 2025].

891 Meta Reports Fourth Quarter and Full Year 2022 Results, S. 1, abrufbar unter: https://s21.q4cdn.com/399680738/files/doc_financials/2022/q4/Meta-12.31.2022-Exhibit-99.1-FINAL.pdf [Stand August 2025].

892 Verordnungsentwurf vom 04.07.2023, COM(2023) 348 final.

Harmonisierung der Verfahrensvorschriften, denn nur wenn das System zur grenzüberschreitenden Durchsetzung der DSGVO wirksam funktioniere, könne eine einheitliche Anwendung der DSGVO in der Union gewährleistet werden.[893] Aktuell würden unterschiedliche Verfahren nationaler Datenschutzbehörden das reibungslose und wirksame Funktionieren der in der DSGVO vorgesehenen Verfahren für die Zusammenarbeit und die Streitbeilegung in grenzüberschreitenden Fällen behindern.[894]

Im Folgenden soll untersucht werden, ob die von der Kommission entworfenen neuen Regeln die zuvor dargestellten Rechtslücken tatsächlich schließen können. Zu diesem Zweck werden zunächst die für die Untersuchung relevanten Maßnahmen vorgestellt und anschließend bewertet, ob und welche zuvor dargestellten Probleme durch diese Maßnahmen beseitigt werden.

I. Regelungsgehalt des DSGVO-VerfVO-E

Während die Frage der Zuständigkeit und die Aufgabenbereiche der nationalen Datenschutzbehörden von dem DSGVO-VerfVO-E nicht berührt werden, soll dieser die Zusammenarbeit zwischen den Behörden verbessern. Hierzu soll zunächst ein besserer und verstärkter Informationsaustausch beitragen. Nach Art. 9 DSGVO-VerfVO-E soll die federführende Behörde den anderen beteiligten Behörden eine Zusammenfassung der wichtigsten Aspekte frühzeitig zukommen lassen. Art. 2 Nr. 2 DSGVO-VerfVO-E definiert diese als „die Zusammenfassung, die die federführende Aufsichtsbehörde den betroffenen Aufsichtsbehörden vorzulegen hat und in der die wichtigsten einschlägigen Fakten und die Ansichten der federführenden Aufsichtsbehörde zu dem Fall aufgeführt sind.“

Die Kommission begründet dies damit, dass die Datenschutzbehörden aktuell noch nicht ausreichend zusammenarbeiten würden, bevor die federführende Datenschutzbehörde einen Beschlussentwurf vorlegt.[895] Aus diesem Grund würden zu viele Fälle zur Streitbeteiligung

893 Ebd., S. 2.

894 Ebd.

895 Ebd., S. 3.

vorgelegt.[896] Eine genaue Frist sieht Art. 9 DSGVO-VerfVO-E nicht vor. Nach Erwägungsgrund 12 S. 3 DSGVO-VerfVO-E sollte die Zusammenfassung „zu einem Zeitpunkt vorgelegt werden, der früh genug ist, um eine wirksame Beteiligung der betroffenen Aufsichtsbehörden zu ermöglichen, aber auch zu einem Zeitpunkt, an dem die Standpunkte der federführenden Aufsichtsbehörde zu dem Fall hinreichend ausgereift sind.“ Darüber hinaus schwebt der Kommission vor, dass die beteiligten Behörden so früh wie möglich einen Konsens über den Umfang der Untersuchung finden, um der Untersuchung so eine zugrundeliegende Fragestellung festlegen zu können, die diese dann maßgeblich leitet.[897]

Darüber hinaus soll der Verordnungsentwurf auch die Rechte der beteiligten Parteien stärken. Hierfür sieht Art. 11 DSGVO-VerfVO-E vor, dass der:die Beschwerdeführer:in vor der Abweisung einer Beschwerde anzuhören ist. Weitere Rechte sind zudem gegenüber den Verantwortlichen bzw. Auftragsverarbeitenden vorgesehen. Diesen steht nach Art. 17 DSGVO-VerfVO-E z.B. ein Recht auf Anhörung im laufenden Verfahren zu.

II. Bewertung

Der Verordnungsentwurf tritt einigen Problemen der Rechtsdurchsetzung der DSGVO entgegen. Die angestrebten Regeln zur Zusammenarbeit der Behörden sind geeignet, diese tatsächlich zu verbessern. Jedoch sind die Fristen – wie etwa für die frühzeitige Übermittlung der Zusammenfassung wichtiger Aspekte – weiterhin schwammig formuliert. Der Entwurf mag folglich die federführende Behörde dazu animieren, zügiger Verfahren einzuleiten und in die Zusammenarbeit mit anderen Behörden zu treten. Die Probleme der Verfahrensverzögerung lassen sich jedoch nicht aus der Welt schaffen. Insbesondere wenn die Verfahrensverzögerung – wie zuvor dargelegt – durch die Verantwortlichen selbst erzeugt und verstärkt wird. Auch sieht der Entwurf keine Erhöhung der Bußgelder vor. Es werden mithin auch mit der angedachten Verfahrensverordnung weitere Rechtslücken bleiben und die geänderten Instrumente – wie beispielsweise die Anhörung – werden keine maßgebliche Besserung der Abläufe herbeiführen.

---

[896] COM(2023) 348 final, S. 3; vgl. auch ErwG 11 DSGVO-VerfVO-E.

[897] ErwG 12 S. 4 DSGVO-VerfVO-E.

5. Teil: Bewertung

Die vorangegangene Prüfung konnte die Frage nach der datenschutzrechtlichen Zulässigkeit personalisierter Online-Werbung zweifelsfrei beantworten. Die automatisierte Versteigerung von Werbeplätzen ist nicht in der Lage, den Anforderungen der DSGVO sowie des TDDDG zu genügen. Die unempfindlichen Sanktionen bei Verstößen gegen das Datenschutzrecht sorgen zudem für eine geringe Motivation bei Verantwortlichen, rechtliche Vorgaben zu beachten. In der Konsequenz etabliert sich mit der personalisierten Online-Werbung eine Finanzierungsform, deren gesetzliche Verhinderung eigentlich intendiert wird. Dies wirft die rechtsphilosophische Frage nach der Legitimität, der sozialen Akzeptanz und letztendlich der anzustrebenden Regulierung personalisierter Online-Werbung auf. Im Folgenden wird daher untersucht, ob und welche Gründe für eine effektive Regulierung personalisierter Online-Werbung sprechen und ob diese Regulierung auch durch andere Instrumente als das Datenschutzrecht erreicht werden kann.

A. Grundrechtliche Positionen auf dem digitalen Werbemarkt

Im Kontext personalisierter Online-Werbung treffen multipolare Grundrechtspositionen[898] aufeinander. Es handelt sich dabei nicht um ein klassisches Staat-Bürger-Verhältnis, sondern um eine Kollision privatwirtschaftlicher Interessen. Bei der Auslegung des einfachen Rechts müssen die betroffenen Grundrechtspositionen jedoch Berücksichtigung finden. Auch der Gesetzgeber hat die Positionen bei der Schaffung neuer Regelungen zu bedenken. Im Folgenden beleuchtet diese Arbeit daher die kollidierenden Grundrechtspositionen.

Der Schutz personenbezogener Daten ist in Art. 8 GRCh verankert. Art. 8 GRCh ist die Antwort auf „die stürmische Fortentwicklung der Kommunikationsmedien".[899] Das Grundrecht enthält nicht bloß einen (Charta-)Grundatz, sondern ein einklagbares Recht, so dass Sekundärrecht daher stets im Lichte des Rechts auf Datenschutz auszulegen ist.[900] So erlangt das Grundrecht

---

898 *Kühling*, CR 2020, 199 (204).

899 *Jarass*, GRCh Art. 8, Rn. 2; *Donati*, MD, 53; *Augsberg*, GSH, Art.8 Rn.1.

900 *Jarass*, a.a.O.; *Schmittmann*, Grundsätze, 100; *Kühling*, in: Pechstein/Nowak/Häd, GRCh Art. 8 Rn. 3; *Bernsdorff*, in: Meyer/Hölscheidt, GRCh Art. 8 Rn. 17.

A. Mehlan, *Personalisierte Online-Werbung*, Juridicum – Schriften zum Medien-, Informations- und Datenrecht, https://doi.org/10.1007/978-3-658-49891-7_5

auch zwischen Privaten große Bedeutung, wenngleich Art. 8 GRCh unmittelbar lediglich die Union und ihre Stellen verpflichtet.[901] Der Schutzbereich des Art. 8 GRCh weist große Überschneidungsbereiche zum Recht auf Achtung des Privat- und Familienlebens aus Art. 7 GRCh auf. Der EuGH wendet beide Artikel nebeneinander an.[902]

Obgleich Art. 8 GRCh ein hohes Maß an Datenschutz vorschreibt und insbesondere als Antwort auf einen als ausufernd wahrgenommenen Datenhandel zu verstehen ist, findet dieses Grundrecht nicht uneingeschränkte Anwendung.[903] Gemäß Art. 52 Abs. 1 S. 2 GRCh können „von der Union anerkannte dem Gemeinwohl dienende Zielsetzungen" oder der „Schutz der Rechte und Freiheiten anderer" als Einschränkungsziele in Betracht kommen. In diesem Zusammenhang sind insbesondere Art. 16 GRCh, die unternehmerische Freiheit, sowie gegebenenfalls auch Art. 11 Abs. 2 GRCh von Relevanz, der die Freiheit der Medien statuiert.

In Verbindung mit der Berufsfreiheit gem. Art. 15 Abs. 1 GRCh sowie der Eigentumsgarantie aus Art. 17 GRCh bildet die unternehmerische Freiheit nach Art. 16 GRCh das zentrale Wirtschaftsgrundrecht.[904] Es gewährleistet die freie Berufsausübung von Unternehmer:innen und dient ihren Interessen. Des Weiteren beinhaltet es wie schon Art. 8 GRCh ein einklagbares Recht.[905] In den Erläuterungen zur Charta wird das Grundrecht des Art. 16 GRCh auf die Rechtsprechung des EuGH zurückgeführt. Demnach bilden „die Freiheit, eine Wirtschafts- oder Geschäftstätigkeit auszuüben, sowie die (unternehmerische) Vertragsfreiheit einen allgemeinen Rechtsgrundsatz".[906] In den Erläuterungen zur Charta wird Art. 16 GRCh überdies

---

901 *Jarass*, a.a.O.; EuGH, Urteil vom 13.05.2014 – C-131/12, Rn. 69, 71, 81, 97, 99.

902 EuGH, Urteil vom 09.11.2010 – C-92, 93/09, Rn.47, 52; EuGH, Urteil vom 24.11.2011 – C-468, 469/10, Rn.41 f.; C-291/12 – Schwarz, 17.10.2013 Rn.26; EuGH (Große Kammer), Urteil vom 08.04.2014 – C-293/12, C-594/12, Rn. 29; zusammenfassend hierzu *Michl*, DuD 2017, 349 (353). In der Literatur wird Art. 8 GRCh häufig vorrangig angewendet, so *Jarass*, GRCh Art. 8 Rn. 5; *Johlen*, in: Stern/Sachs, Art. 8 Rn. 24; *Kingreen*, in: Calliess/Ruffert, GRCh Art. 7 Rn. 6; *Kühling*, in: Pechstein/Nowak/Häd, GRCh Art. 8 Rn. 79.

903 *Kingreen*, in: Calliess/Ruffert, GRCh Art. 8 Rn. 15; *Jarass*, GRCh Art. 8 Rn. 13.

904 Daher werden Artt. 15 bis 17 GRCh auch als „Trias der wirtschaftsbezogenen Grundrechte" bezeichnet, *Drechsler*, in: Dauses/Ludwigs, B., III. Rn. 72; *Kühling/Drechsler*, in: Pechstein/Nowak/Häde, GRCh Art. 15 Rn. 1.

905 *Jarass*, GRCh Art. 16 Rn. 2.

906 *Jarass*, a.a.O., Rn. 1; Erläuterungen zur Charta der Grundrechte vom 14.12.2007 – ABl 2007 C 303/23.

auf Art. 119 Abs. 1 und 3 AEUV bezogen, welcher festlegt, dass die Union und die Mitgliedstaaten dem Prinzip des „freien Wettbewerbs" verpflichtet sind.[907]

Soweit personalisierte Online-Werbung der Finanzierung medialer Angebote dient, ist auch die Freiheit der Medien als grundrechtliche Position i.S.d. Art. 11 Abs. 2 GRCh einzubeziehen.[908] Dieser Schutz erstreckt sich auf „alle mit der Eigenart der Medienarbeit verbundenen Tätigkeiten, von der Beschaffung der Information bis zur Verbreitung der Meinungen und Informationen, wie der Vertrieb einer Zeitung".[909] Auch Werbetätigkeiten sind hierunter zu fassen.[910] Eine Beschränkung von Werbung kann somit einen unverhältnismäßigen Eingriff in Art. 11 Abs. 2 GRCh darstellen.[911] Publisher die mediale Inhalte gegenfinanzieren, können sich damit auf Art. 11 Abs. 2 GRCh berufen, wenn ihnen die Finanzierung durch die Regulierung von Online-Werbung erschwert wird. Es steht jedoch die Frage im Raum, ob auch Netzwerke und Intermediäre sich auf Art. 11 Abs. 2 GRCh berufen können. Hierfür spricht, dass auch diese Inhalte sich an einen unbestimmten Personenkreis richten und somit massenkommikativ wirken.[912] Man kann die Hauptfunktion sozialer Netzwerke jedoch auch allein in der Zurverfügungstellung von Inhalten Dritter sehen und eine inhaltliche Zusatzleistung, wie sie für den Schutz des Art. 11 Abs. 2 GRCh erforderlich wären, damit ablehnen.[913] Erkennt man aufgrund der Implementierung und Durchsetzung von Kommunikationsregeln jedoch eine gewisse inhaltliche Zusatzleistung an, muss man sozialen Netzwerken, Plattformen und Intermediären den Schutz des Art. 11 Abs. 2 GRCh zugestehen.[914]

---

907 Charta-Erläuterung, ABl 2007 C 303/23.

908 Ebenso *Kühling*, CR 2020, 199 (204).

909 *Jarass*, GRCh Art. 11 Rn. 18.

910 *Jarass*, a.a.O.; EuGH, Urteil vom 23.10.2003 – C-245/01, Rn.67 ff.

911 EuGH, Urteil vom 25.07.1991 – C-288/89, Rn. 28 f.; *Jarass*, Art. 11 GRCh, Rn. 43.

912 Ausführlich dazu und speziell zur automatisierten und personalisierten Vorsortierung von Inhalten durch die Netzwerke, *Giere*, Grundrechtliche Einordnung sozialer Netzwerke vor dem Hintergrund des Netzwerkdurchsetzungsgesetzes (NetzDG), 2021, S. 77–86, insbesondere S. 82.

913 Teils wird angenommen, dass deren Tätigkeit lediglich der Berufsfreiheit oder jedenfalls Art. 2 Abs. 1 GG unterfalle, OLG Nürnberg, Urteil vom 04.08.2020 – 3 U 3641/19, GRUR-RR 2020, 543 (546).

914 *Röhling/Weil*, Die Grenzen privater Normsetzung durch soziale Netzwerke, S. 15.

Vor dem Hintergrund des zuvor formulierten Ergebnisses, dass personalisierte Online-Werbung datenschutzrechtlich unzulässig ist und de facto als Finanzierungsmittel für digitale Inhalte wegfallen müsste, stellt sich die Frage, ob dieses Ergebnis einen verhältnismäßigen Ausgleich zwischen den multipolaren Grundrechtspositionen darstellt. So lassen kritische Stimmen in der Literatur verlauten, die bisherige Rechtsprechung des EuGH gebe „insgesamt Anlass zur Sorge, dass der EuGH [die] gegenläufigen Rechtspositionen zu gering [bewerte].“[915] Dieses Unberücksichtigt-Lassen der gegenläufigen Interessen gefährde einerseit die Schutzpositionen der Unternehmen, andererseits auch die Interessen von Nutzer:innen, die keinen gesteigerten Wert auf Datenschutz legen. Nutzer:innen würden teilweise „größeren Wert auf einfach zugängliche, kostenlose, datenintensive Dienste legen als auf einen möglichst hohen Datenschutz“.[916] Überdies geböte es die Medienfreiheit aus Art. 11 Abs. 2 GRCh die „Finanzierungskanäle“ medialer Digitalangebote nicht zu gefährden.[917] Eine zu starke Regulierung personenbezogener Werbung stelle danach einen unverhältnismäßigen Eingriff in die Medienfreiheit dar.

> *„Da Online-Mediendienste existenziell auf die Werbeeinnahmen angewiesen sind, […], darf dieser Finanzierungskanal nicht gefährdet werden. Andernfalls läge ein massiver Eingriff in die Medienfreiheit nach Art. 11 Abs. 2 GrCh vor, der sich nicht mit etwaigen datenschutzrechtlichen Interessen rechtfertigen ließe und auch nicht im Einklang stünde mit einem angemessenen Verständnis der informationellen Selbstbestimmung.“*[918]

In der Literatur wird daher gefordert, den gesetzlichen Spielraum zu nutzen, um die gegenläufigen Interessen abzuwägen und in einen Ausgleich zu bringen. Einerseits müsse hier ein angemesses Maß an Datenschutz gewährleistet werden, das jedoch noch die Möglichkeit notwendiger, freiheitsschützender Datenverarbeitungen im Interesse der Datenverarbeitenden eröffne.[919] Zu unterstellen sei dann, dass dies auch den Interessen der betroffenen Personen

---

915 *Kühling*, CR 2020, 199 (204).

916 Ebd.

917 Ebd. (205).

918 Ebd. (208).

919 Ebd. (206).

enspräche, die „die entsprechenden Dienste nämlich gegebenenfalls ohne pekuniäres Entgelt nutzen wollen."[920]

Die Frage eines solchen angemessenen Ausgleichs kollidierender Grundrechtspositionen ist folglich in hohem Maße von den Interessen der involvierten Akteure abhängig. In der Literatur wird darauf verwiesen, dass die Interessen von Unternehmen, insbesondere dem Interesse digitaler Medien an der Gegenfinanzierung ihrer Angebote, unzureichend berücksichtigt würden. Auch der Verweis darauf, dass Nutzer:innen über die Freigabe ihrer Daten selbst bestimmen wollten, da kostenfreie Angebote in ihrem Interesse lägen, basiert auf dieser Argumentation. In diesem Zusammenhang werden zwei Hypothesen hinsichtlich der Interessen der Beteiligten aufgestellt: Die Finanzierung digitaler Produkte mittels personalisierter Online-Werbung und dem dafür notwendigen Datenhandel entspricht dem Interesse der beteiligten Akteure und Nutzer:innen, da kostenlose digitale Produkte gewünscht werden. Ein strenger Datenschutz ist in diesem Kontext nicht im Interesse der Beteiligten. Diese behaupteten Interessen bilden das Fundament, auf dem die multipolaren Grundrechtspositionen fußen, hinsichtlich derer vertreten wird, der EuGH würde sie nicht ausreichend berücksichtigen. Die Behauptung, dass die genannten Interessen tatsächlich vorliegen, wird in der Literatur jedoch nicht belegt. Im Folgenden wird dies nachgeholt, denn ein unternehmerisches Interesse an der Finanzierung mittels personalisierter Online-Werbung oder gegenläufige Interessen von Nutzer:innen, können zur Einschränkung des Schutzes personenbezogener Daten aus Art. 8 GRCh nur insoweit herangezogen werden, wie sie auch tatsächlich vorliegen.

B. Multipolare Interessen hinsichtlich personalisierter Online-Werbung

Im Kontext personalisierter Online-Werbung treffen multipolare Interessen aufeinander. Im Wesentlichen lassen sich die Interessen dreier Parteien unterscheiden: Die werbenden Parteien, auch Advertiser genannt, die Werbeflächen zur Verfügung stellenden Akteure, auch Publisher genannt, sowie die Nutzer:innen als Zielgruppe der personalisierten Online-Werbung, bilden die drei wesentlichen Interessengruppen. Eine Abwägung der Interessen setzt zunächst die Ermittlung derselben voraus. Dabei stellt sich die Frage, welche Interessen die involvierten

920 Ebd. (206).

Parteien hinsichtlich personalisierter Online-Werbung haben, sowie, ob diese Form der Werbung den Interessen der Parteien tatsächlich entspricht.

I. Interesse der Advertiser

Durch Werbung wird letztendlich immer das Ziel verfolgt, Aufmerksamkeit für das beworbene Produkt oder die beworbene Dienstleistung zu generieren.[921] In der klassischen Werbepsychologie soll diese Aufmerksamkeit dann den Wunsch nach dem Produkt erhöhen, um letztendlich den Absatz für das beworbene Produkt zu steigern.[922] Die Werbetreibenden sind bestrebt, durch Werbung die effektivste Aufmerksamkeit zu erzeugen, wobei diese nur dann als effektiv betrachtet wird, wenn sie zu einer Absatzsteigerung führt. Aus diesem Grund wurden klassische Medien wie Rundfunk und Presse lange Zeit für Werbezwecke bevorzugt. Die Höhe der Zahlung für eine Anzeige wurde in der Vergangenheit maßgeblich von der Einschaltquote der Sendung bzw. der Auflagenstärke des Printmediums beeinflusst. Die Preisgestaltung von Werbespots im Fernsehen erfolgt in der Praxis häufig anhand der Maßeinheit des Tausendkontaktpreises (TKP). Der TKP gibt den finanziellen Gegenwert für die Schaltung eines 30-sekündigen Werbespots innerhalb eines bestimmten Kanals an, wobei die Berechnung auf der Basis erfolgt, dass ein Werbespot von genau 1.000 Zuschauern bzw. Zuschauerinnen gesehen wird.[923] Diese Annahme basierte auf der Prämisse, dass eine verstärkte Aufmerksamkeit die Werbewirksamkeit erhöht, d.h. sich absatzsteigernd auswirkt. Allerdings mussten stets sog. Streuverluste in Kauf genommen werden. Die Beteiligten waren sich darüber im Klaren, dass nicht jede Person, die eine Fernsehwerbung sieht, ein Interesse an dem beworbenen Produkt aufweisen würde.[924] Eine Kontextualisierung von Werbung kann diesem Effekt entgegenwirken, indem von vorneherein geplant wird, welche Sendung welches

921 *Heun*, Werbung, S. 20.

922 Es handelt sich hierbei um eine absichtlich verkürzte Beschreibung grundlegender Kommunikationsmodelle für Werbung. Vertiefend und differenzierter, vgl. *Heun*, Werbung, S. 117 ff.

923 Ausführlich zur Preisgestaltung im Fernsehen vgl. *Karsten/Schütte*, Praxishandbuch Fernsehen: Wie TV-Sender arbeiten, S. 251.

924 Hierzu *Karsten/Schütte*, a.a.O., S. 133.

Zielpublikum herbeiführt.[925] Dennoch ist bei Massenmedien stets davon auszugehen, dass die werbetreibenden Unternehmen auch für die Aufmerksamkeit von Personen zahlen müssen, die nicht als potenzielle Käufer:innen für das beworbene Produkt in Betracht kommen.[926] Für Advertiser ist personalisierte Online-Werbung mit der Hoffnung verbunden, diese Streuverluste zu minimieren und immer nur Individuen anzusprechen, die auch in die Zielgruppe des beworbenen Produktes fallen. Meta bewirbt mit diesem Argument die eigene personalisierte Werbung explizit für kleine und mittelständische Unternehmen.[927] Auch in der Literatur wird diese Argumentation fortgeführt.[928] Einerseits eröffnet der digitale Werbemarkt einzigartige Vorteile für Werbetreibende, beispielsweise die Skalierbarkeit digitaler Werbung. Andererseits zeigten Nutzer:innen eine höhere Affinität für personalisierte Online-Werbung im Vergleich zu kontextualisierter Werbung.[929] Die tatsächliche Interessenlage der Nutzer:innen wird nachstehend erörtert.[930] Die These, dass personalisierte Werbung für Werbetreibende aufgrund der verringerten Streuverluste nur Vorteile biete, ist jedoch ebenfalls zu kurz gegriffen. Bei einer ersten Betrachtung scheint das Argument durchaus überzeugend zu sein: Kleine Advertiser, wie etwa lokale Unternehmen, sollen nicht für Werbung in überregionalen Medien bezahlen müssen, wenn von vornherein feststeht, dass ihre Zielgruppe lediglich einen geringen Anteil der Leser:innen- oder Zuschauer:innenschaft umfasst.[931] Eine Überprüfung des Arguments zeigt jedoch, dass zwei Parameter verglichen werden, die nicht miteinander vergleichbar sind. Überregionale, große Medienangebote stellen nicht den alternativen Publisher zu digitalen Angeboten dar. Für regionale Advertiser sind vielmehr das örtliche Kino, die Lokalzeitung oder der lokale Hörfunk Alternativen, um bei der Werbung Streuverluste zu vermeiden. Weichen lokale Advertiser auf personalisierte Werbung aus, befeuern sie hierdurch

---

925 „[…] versuchen werbefinanzierte Spartensender wie VIVA oder DSP für die Werbewirtschaft Zielgruppen zu erschließen, die anderswo nur mit allzu großen Streuverlusten oder gar nicht erreicht werden können." *Karsten/Schütte*, a.a.O., S. 133.

926 *Hass/Willbrandt*, MedienWirtschaft 1/2011, 12 f.; *Katsivelas*, in: Albers/Katsivelas (Hrsg.), S. 222 f.

927 „Über 10 Mio. Werbetreibende nutzen Metas personalisierte Anzeigen-Tools – die Mehrheit sind kleine und mittelständische Unternehmen." heißt es auf der Webseite von Meta, abrufbar unter: https://about.meta.com/de/supportsmallbusiness/personalized-ads/ [Stand August 2025].

928 *Höppner/Piepenbrock*, S. 67 f.

929 Ebd.

930 Siehe hierzu im 5. Teil unter B., III.

931 *Höppner/Piepenbrock*, S. 15 f.

nur die ohnehin schon prekäre finanzielle Lage klassischer Medienangebote.[932] Handelt es sich bei den Advertisern um eine Marktnische, so sind hierauf branchenspezifische Zeitungen und Zeitschriften die klassischen Publisher für Werbung dieser Advertiser.[933] Streuverluste könnten Advertiser ebenso durch das Nutzen regionaler Angebote oder branchenspezifischer Medien, wie beispielsweise einschlägiger Presse, als Werbefläche vermeiden.

Der wesentliche Vorteil personalisierter Online-Werbung für Advertiser besteht in der Möglichkeit, den Erfolg der jeweiligen Werbekampagne zu evaluieren und entsprechend zu optimieren. Im Gegensatz zu klassischer Werbung ist digitale Werbung responsiv. Die Reaktion von Nutzer:innen auf digitale Werbung kann verfolgt und der Erfolg der Werbekampagne abgeleitet werden. Die Bezahlung kann folglich an die sogenannte Click-Through-Rate geknüpft werden.[934] Advertiser haben den Eindruck, nur für tatsächlich erfolgreiche Werbung zu zahlen, und bewerten personalisierte Online-Werbung daher als transparenteres Werbemodell.[935] Diese Aussagekraft ist jedoch kein Alleinstellungsmerkmal personalisierter Online-Werbung, sondern ist ebenso bei kontextualisierter Online-Werbung vorhanden. Darüber hinaus birgt dieses Messbarmachen auch erhebliche Betrugsrisiken, auf die im Rahmen dieser Untersuchung noch eingegangen wird.[936]

Um eine abschließende Beurteilung der Vorteile für Advertiser zu ermöglichen, wäre eine umfangreiche Kosten-Nutzen-Rechnung erforderlich, welche die klassische Werbung für Advertiser verschiedener Größe mit personalisierter und kontextualisierter Online-Werbung

---

932 Das Phänomen ist hinsichtlich klassischer Medienangebote als sog. Mediensterben bekannt und wird im Rahmen dieser Arbeit ausführlich im 5. Teil unter C., III. erläutert.

933 Diese Funktion der Presse als branchenspezifischer Publisher ist rechtlich seit jeher anerkannt. Aus diesem Grund existieren bis heute Vorkehrungen gegen die Verbreitung räumlich beschränkter Werbung im Rundfunk, vgl. *Ahrens,* in: Gloy/Loschelder/Danckwerts, UWG-HdB, § 69, Rn. 48; zur Brisanz der Thematik in Bezug auf sog. Smart-TV, vgl. *Holznagel*, ZUM 2021, 549. Zur Werbung auf Spartenkarnälen zur Vermeidung von Streuverlusten, vgl. überdies *Karsten/Schütte*, Praxishandbuch Fernsehen: Wie TV-Sender arbeiten, S. 386.

934 Digitale Werbung kann entweder als „pay-per-view“ oder „pay-perclick“ abgerechnet werden, d.h. Advertiser zahlen entweder für jede: Nutzer:in welche:r die Werbeanzeige gesehen oder angeklickt hat. Vgl. hierzu *Fjell*, Journal of Revenue and Pricing Management, 2008, Vol. 8, 200-206.

935 *Hwang*, Subprime Attention Crisis, S. 60.

936 Ausführlich hierzu im 5. Teil unter C., II.

gegenüberstellt. Eine derartige Analyse kann im Rahmen dieser Ausarbeitung nicht geleistet werden. Zudem ist eine solche Analyse aufgrund der Tatsache, dass die Daten zum Erfolg personalisierter Online-Werbung grundsätzlich nur den Beteiligten des digitalen Werbemarktes vorliegen, mit Schwierigkeiten verbunden. Es steht jedoch zu bezweifeln, ob die These geringerer Streuverluste einer eingehenden Überprüfung standhielte, wenn man sie branchenspezifischen Alternativpublizisten gegenüberstellt. Diesbezüglich ist zu berücksichtigen, dass personalisierte Werbung für Advertiser mit höheren Kosten verbunden ist als klassische Werbung. Die anbietenden Plattformen, wie beispielsweise Meta oder Google, werben damit, dass die Kosten von Online-Werbung transparenter seien als diejenigen von traditioneller, analoger Werbung. Interessent:innen für die Schaltung von Online-Werbung haben auf diesen Plattformen die Möglichkeit, einen fixen Betrag für ihr Werbebudget zu wählen. Dadurch sind die Einstiegshürden zum Schalten von Werbung gering. Bei Meta heißt es beispielsweise:

> *„Bei den meisten Anzeigenarten liegt das Mindestbudget pro Tag zwischen 1 $ und 5 $. Du kannst dein Budget auch anpassen und je nach Finanzlage deines Unternehmens Werbeanzeigen pausieren oder stoppen. Wenn du zusätzliche Sicherheit möchtest, lege ein Ausgabenlimit für das Konto fest. Das Ausgabenlimit für ein Konto ist die Obergrenze für die gesamten Ausgaben deines Werbekontos für alle Werbekampagnen.“*[937]

Bei Google hingegen gibt es „keinen Mindestbetrag. Sie entscheiden, wie viel Sie pro Monat, pro Tag oder pro Anzeige zahlen.“[938] Wie genau die Kosten jedoch zustande kommen, ist nicht auf den ersten Blick ersichtlich. Sie addieren sich aufgrund der verschiedenen Parteien, die am Prozess der Schaltung einer personalisierten Werbeanzeige beteiligt sind. Diese durchläuft viele verschiedene Hände, die allesamt an ihr verdienen möchten, beispielsweise die Publisher, die

---

937 *Meta*, Vorteile der Werbung auf Facebook und Instagram sowie in anderen Meta-Technologien, abrufbar unter: https://de-de.facebook.com/business/help/205029060038706 [Stand August 2025].

938 *Google*, Vorteile von Onlinewerbung und Google Ads, abrufbar unter: https://support.google.com/google-ads/answer/6123875?hl=de [Stand August 2025].

Supply Side Plattform,[939] die Kosten für Third Party Data[940] oder eben die Kosten für Google oder Meta, die den gesamten Prozess initiieren oder begleiten. Im Vergleich hierzu durchlaufen digitale, aber nicht personalisierte Werbeanzeigen, wesentlich weniger partizipierende Hände. Die am Datenhandel beteiligten Parteien fallen komplett weg, sodass letztendlich weniger als halb so viele Parteien an dem Prozess beteiligt sind.[941] Aufgrund dieser komplexen Abläufe für personalisierte Online-Werbung belaufen sich die zusätzlichen Kosten für eine standartmäßige Display-Banneranzeig auf 151 %, im Vergleich zu traditioneller, das heißt kontextualisierter Online-Werbung.[942] Handelt es sich hingegen um kostspieligere Werbeanzeigen, wie Videospots, verringert sich der Kostenunterschied und die zusätzlichen Kosten steigen um 58 %.[943]

Die Frage, ob personalisierte Online-Werbung für Werbetreibende von Vorteil ist, lässt sich folglich nur im Einzelfall beantworten. Maßgeblich ist, ob sich die individuellen Kosten für die Umsetzung dieser Werbeform durch einen entsprechenden Nutzen rechtfertigen lassen. Dies ist lediglich der Fall, wenn die Effektivität der Werbung höher ist als die Kosten.[944] Die Vorteile personalisierter Online-Werbung scheinen jedoch nicht derart überragend zu sein, wie von Meta und Google dargestellt. Häufig können Advertiser mit kontextualisierter Werbung ähnliche oder sogar bessere Effekte erzielen.

---

939 Sog. Supply Side Platforms (SSP) stellen eine Möglichkeit für Publisher dar, ihre Werbeplätze gebündelt anzubieten. SSPs stellen Verkaufsplattformen dar, welche mit Hilfe technischer Standards Anfragen für Gebote auf Werbeplätze aussenden. Ausführlich hierzu im 2. Teil unter B., III., 1.

940 „Third Party Data" bezeichnet Daten, die von einer dritten Partei hinzugewonnen werden. Je nachdem, von wem Daten ursprünglich erhoben wurden und wer sie schließlich verarbeitet, unterschiedet man zwischen First-, Second- und Third-Party-Data. Hierzu *Kamps/Schetter*, Performance Marketing, S. 94.

941 Im Vergleich zu personalisierter Werbung sind an den technischen Prozessen kontextualisierter Werbung lediglich vier, anstatt neun Akteure beteiligt. Vgl. hierzu *Neumann et al.*, Marketing Science, 2019, Vol. 38, No. 6, 918 (924).

942 *Neumann et al.*, Marketing Science, 2019, Vol. 38, No. 6, 918 (923).

943 Ebd.

944 In der Werbebranhe wird dies als „return on investment" bezeichnet. Vgl. hierzu *Taylor*, International Journal of Advertising, 2010, 345-348.

II. Interesse der Publisher

Historisch diente Werbung regelmäßig der Finanzierung von Drittangeboten. Diese Funktion wohnt auch Online-Werbung inne. So werden digitale Angebote über die Ausspielung von Werbung finanziert, anstatt dass hierfür von Nutzer:innen Entgelte verlangt werden.[945] Insbesondere die großen Digitalkonzerne finanzieren sich durch ihre Partizipation am Werbemarkt.[946] Der digitale Werbemarkt in Deutschland ist seit Jahren eine wachsende Branche. So lagen die Nettoumsätze mit digitaler Displaywerbung in Deutschland 2021 und 2022 bei gut 5 Milliarden EUR.[947] Das für 2022 ursprünglich prognostizierte Wachstum von 6,8 % ist demnach nicht eingetreten.[948] Es bleibt abzuwarten, ob sich hierin ein neuer Trend manifestiert, der eine Abkehr von den zuvor jährlich verzeichneten Gewinnsteigerungen in der digitalen Werbebranche einläutet.

Eine wesentliche Rolle im Werbeprozess nehmen die sog. Publisher ein, welche Werbeplätze anbieten.[949] Grundsätzlich kann jede Internetseite oder App als Publisher fungieren, wobei jedoch insbesondere die Online-Angebote von Pressehäusern, sozialen Medien und Plattformen als klassische Publisher bezeichnet werden können. Die Annahme, Publisher würden durch das Schalten personalisierter Online-Werbung auf ihren Seiten oder Apps mehr verdienen, als dies bei nicht personalisierter Online-Werbung der Fall ist, schlägt jedoch fehl. Untersuchungen der letzten Jahre haben gezeigt, dass ein großer Teil der Publisher im Zuge der Digitalisierung und der damit verbundenen Umstellung auf digitale Display-Werbung in finanzielle Bedrängnis geraten sind. Laut einer Econsultancy-Studie aus dem Jahr 2015 berichten etwa 40 % der

---

945 Zu dem Konzept des Datenhandels gegen Service, der die Daten faktisch monetarisiert ausführlich, *Reisch et al.*, Der Wert persönlicher Daten: Ist Datenhandel der bessere Datenschutz?, S. 24.

946 Zu den Gewinnspannen von Meta und Google siehe im 4. Teil unter D., II.

947 OVK-Report für digitale Werbung 2023/02, S. 6, abrufbar unter: https://www.ovk.de/wp-content/uploads/2024/01/OVK-Report_2023_02_final.pdf [Stand August 2025].

948 OVK-Report für digitale Werbung 2022/02, S. 6, abrufbar unter: https://www.bvdw.org/news-und-publikationen/ovk-report-fuer-digitale-werbung-202202/ [Stand August 2025].

949 *Brüggemann*, Die rechtliche Zulässigkeit von Online-Werbeblockern, S. 11.

Publisher[950] von stagnierenden oder sinkenden Werbeeinnahmen.[951] Der Großteil der Gewinne, die aus personalisierter Online-Werbung stammen, entfallen auf Meta und Google.[952] Dass die Datenlage in diesem Bereich sehr dünn ist und so maximal Annahmen getroffen werden können, liegt auch an der Marktmacht dieser Akteure. Ohne Einblick in geschäftsinterne Daten von Meta oder Google kann der finanzielle Nutzen für die anderen Parteien des Online-Werbemarktes unmöglich untersucht werden. Folglich tun sich Unternehmen, die als Publisher auftreten verständlicherweise schwer, diesen Markt zu verlassen und auf andere Finanzierungsmöglichkeiten zu setzen. Unterstützt wird dieses Narrativ, der für Publisher überaus lukrativen personalisierten Online-Werbung, von den Aussagen der Tech-Riesen selbst. Eine von Google durchgeführte Studie kam 2019 zu dem Ergebnis, dass die Werbeeinnahmen von Publishern, die keine Tracking-Technologie zu Werbezwecken nutzen, um mehr als 50 % sinken.[953] Gegenteilige Beispiele hierfür gibt es jedoch. Eine Analyse aus 2019[954] zeigt, dass nach Berücksichtigung anderer Faktoren (einschließlich derer, die für nicht verhaltensbezogene Formen der Zielgruppenansprache verwendet werden können, wie z.B. Geräteinformationen oder Geolokalisierung der Besucher) die Einnahmen der Publisher um etwa 4 % steigen, wenn die Nutzer:innen identifizierbar sind.[955] Dieser Anstieg ist aus statistischer Sicht zwar signifikant, aus wirtschaftlicher Sicht entspricht der Anstieg jedoch

---

950 *Simpson*, 40 % of publishers describe their digital ad revenue as shrinking or static, 07.10.2015, abrufbar unter: https://econsultancy.com/40-of-publishers-describe-their-digital-ad-revenue-as-shrinking-or-static/ [Stand August 2025].

951 40 % of publishers describe their digital ad revenue as shrinking or static, 07.10.2015; zusammenfassend *Lomas*, Targeted ads offer little extra value for online publishers, study suggests, 31.05.2019, abrufbar unter: https://techcrunch.com/2019/05/31/targeted-ads-offer-little-extra-value-for-online-publishers-study-suggests/?guccounter=1&guce_referrer=aHR0cHM6Ly93d3cuZ29vZ2xlLmNvbS8&guce_referrer_sig=AQAAAE1Uu0K9P4VjYAa_qkTwPhJXx6SeK0VDy1ESAQIAw_-oSMKpd3imi-SONMOoIExFOOzlBaksjw39Ed5jLQem-mPyqTAf0fwSUJZ5mn309fNizIcITi-kMLYntnst2m2y5FUXHg4Ll9Ca0xT7L13kEI67try-dzTbiXJQKwl1zBCw [Stand August 2025].

952 *Lomas*, Targeted ads offer little extra value for online publishers, study suggests, 31.05.2019.

953 Genauer untersuchte die Studie, wie sich das Nichtverwenden von Cookies auswirke. *Ravichandran/Korula,* Effect of disabling third-party cookies on publisher revenue, 27.08.2019, S. 2, abrufbar unter: https://services.google.com/fh/files/misc/disabling_third-party_cookies_publisher_revenue.pdf [Stand August 2025].

954 *Marotta1/Abhishek/Acquisti,* Online Tracking and Publishers' Revenues: An Empirical Analysis, abrufbar unter: https://weis2019.econinfosec.org/wp-content/uploads/sites/6/2019/05/WEIS_2019_paper_38.pdf [Stand August 2025].

955 Wenn ein Cookie, der die Identifizierung einzelner Nutzer:innen ermöglicht, für Publisher abrufbar ist, steigen die Einnahmen von Publishern um 4%. Vgl. *Marotta1/Abhishek/Acquisti,* Online Tracking and Publishers' Revenues, S. 1.

einem durchschnittlichen Zuwachs von nur 0,00008 USD pro Anzeige.[956] Dieser Zuwachs muss zudem in den Zusammenhang mit anderen Faktoren, wie z.B. den Kosten, die den Publishern durch die Nachverfolgung von Nutzer:inneninformationen bei gleichzeitiger Einhaltung der Datenschutzbestimmungen entstehen, in Vergleich gestellt werden.

Ein exemplarisches Beispiel für die Auswirkungen des Verzichts auf Tracking-Technologien auf die Werbeumsätze liefert die niederländischen Rundfunkanstalt Nederlandse Publieke Omroep (kurz: NPO). Mit Inkrafttreten der DSGVO im Mai 2018 erfolgte seitens der NPO eine strenge Interpretation der neuen Rechtsnormen.[957] Aus diesem Grund sollte den Nutzer:innen, die eine der zu dem Unternehmen gehörenden Webseiten besuchten, die gleichwertige Möglichkeit gegeben werden, in die Nutzung von Cookies einzuwilligen oder die Verwendung der Technologie abzulehnen. Des Weiteren wurde festgelegt, dass keinerlei Tracking erfolgen sollte, sofern Nutzer:innen den Einwilligungsbanner schlichtweg wegklicken, ohne eine Entscheidung zu treffen. Im Ergebnis lehnten damit 90 % der Nutzer:innen den Einsatz von Cookies ab.[958] Bei diesen Nutzer:innen wurde dennoch Werbung geschaltet, diese war jedoch nicht mehr personalisiert. Die betreffenden Nutzer:innen erhielten stattdessen kontextualisierte Werbung, d.h. solche, die inhaltlich zu den Beiträgen passte, die sie gerade konsumierten. Die NPO stellte fest, dass diese Werbeform für sie eine ebenso hohe oder gar höhere Gewinnerzielung ermöglichte. In der Konsequenz wurde seitens des Rundfunkunternehmens die Verwendung von Cookies für Werbezwecke vollständig eingestellt.[959] Die digitalen Umsätze des Unternehmens verzeichneten weiterhin eine positive Entwicklung. Für den Verkauf der Anzeigeplätze setzte NPO zuvor – wie die meisten Publisher – auf den Google Ad Manager. In der Folge implementierte NPO eine hauseigene Software, welche es Werbetreibenden ermöglicht, kontextualisierte Werbung zu schalten.[960]

---

956 *Marottal/Abhishek/Acquisti,* Online Tracking and Publishers' Revenues, S. 1.

957 *Edelmann*, Can Killing Cookies Save Journalism?, 05.08.2020, abrufbar unter: https://www.wired.com/story/can-killing-cookies-save-journalism/ [Stand August 2025].

958 Ebd.

959 Ebd.

960 Ebd.

Die Erfahrung von NPO ist selbstverständlich nicht mit den Erkenntnissen vergleichbar, die durch unabhängige Forschung in diesem Bereich gewonnen werden könnten. Allerdings kann sie den Behauptungen von Google oder Meta etwas entgegenhalten und die Annahme bestätigen, dass Publisher von personalisierter Online-Werbung jedenfalls nicht erheblich mehr profitieren als von kontextualisierter Werbung.

III. Interessen von Nutzer:innen

Damit stellt sich die Frage, ob personalisierte Werbung wenigstens im Interesse der Nutzer:innen ist, die sie zu sehen bekommen. „Werbung ist besser, wenn sie relevant für dich ist.“[961] Mit diesem Slogan bewirbt Meta personalisierte Anzeigen gegenüber seinen Nutzer:innen. Der Vorteil von personalisierten Inhalten und insbesondere von Werbung soll also die Relevanz der Anzeigen für die Nutzer:innen sein. Die Annahme, eine möglichst relevante Anzeige ginge mit einer erhöten Akzeptanz unter Nutzer:innen einher, lässt sich durch Forschungsergebnisse nicht ohne weiteres bestätigen.

Teilweise wird die Häufigkeit, in welcher Nutzer:innen ihrer Verwendung von Daten zum Zwecke personalisierter Werbung zustimmen, als Indiz für die breite Akzeptanz für personalisierte Werbung im Allgemeinen gesehen. So findet sich in der Literatur das Argument, die Behauptung, Verbraucher:innen sähen personalisierte Werbung überwiegend kritisch, sei von Datenschützer:innen verkürzend dargestellt.[962] Verbraucher:innen hätten vielmehr vier Möglichkeiten: „(i) kostenloser Dienst mit viel, nicht-personalisierter Werbung ohne Datenzugriff, (ii) kostenloser Dienst mit weniger, personalisierter Werbung dank Datenzugriff, (iii) kostenpflichtiger Dienst ohne Werbung und ohne Datenzugriff, (iv) kein Dienst.“[963] Stelle man Verbraucher:innen vor diese Wahl, entschieden sie sich bei den meisten Digitalangeboten mehrheitlich für die zweite Option.[964] Im Rahmen dieser Argumentation werden jedoch zwei Prämissen aufgestellt, ohne diese weiter zu untersuchen. Als erste Option wird „viel, nicht-

---

961 *Meta*, Vorteile der Werbung auf Facebook und Instagram sowie in anderen Meta-Technologien, abrufbar unter: https://de-de.facebook.com/business/help/205029060038706 [Stand August 2025].

962 *Höppner/Piepenbrock*, S. 88.

963 Ebd.

964 Ebd.

personalisierte Werbung" angeboten, das heißt es wird unterstellt, dass personalisierte Werbung für Publisher ertragreicher ist als kontextualisierte Werbung. In der Folge müssten Publisher, verzichteten sie auf personalisierte Werbung, sehr viel mehr Werbung schalten. Dass diese Aussage in dieser Absolutheit schlichtweg unzutreffend ist, konnte bereits aufgezeigt werden.[965] Ferner wird aus der Tatsache, dass aktuell mehr Nutzer:innen die zweite Option dieses Wahlmodells wählen, die Akzeptanz gegenüber der Verarbeitung personenbezogener Daten zu Werbezwecken im Allgemeinen geschlussfolgert. Diese Schlussfolgerung setzt jedoch voraus, dass Nutzer:innen eine tatsächliche Wahlfreiheit besitzen. Diese Arbeit wird auf die Frage, inwieweit eine solche freie Entscheidung bejaht werden kann, wenn beispielsweise das Webdesign Nutzer:innen zu einem schnellen Akzeptieren der Datenverarbeitung treibt, noch eingehen. An dieser Stelle sei darauf verwiesen, dass die Behauptung, man könne von der äußeren, akzeptierenden Handlung von Nutzer:innen auf eine innere, akzeptierende Haltung dieser Nutzer:innen schließen undifferenziert und zu kurz gedacht ist. Zwischen der individuellen Wertschätzung für informationelle Selbstbestimmung und der Bereitschaft diese auch durchzusetzen, z.B. durch die kritische Lektüre einer Einwilligungserklärung, tut sich vielmehr ein schwer zu überwindender Graben auf.[966] Dieses Phänomen wird Privacy Paradox genannt.[967]

Statt undifferenzierten Behauptungen nachzugeben, ist im Rahmen dieser Ausarbeitung die tatsächliche Einstellung zu personalisierter Werbung und das Für und Wider dieser Werbeform aus Nutzer:innensicht herauszuarbeiten.

Tatsächlich bietet verhaltensbasierte Werbung nützlichere und relevantere Informationen für Verbraucher:innen sowie gezieltere Informationen, wodurch die Nutzungserfahrung von digitalen Angeboten verbessert wird.[968] Nach den Vorteilen von personalisierter Werbung befragt, gaben Nutzer:innen an, der größte Vorteil für sie sei die persönliche Relevanz der

---

965 Siehe hierzu oben im 5. Teil unter B., II.

966 *Martini*, JZ 2017, 1017 (1019).

967 Vertiefend hierzu vgl. *Norberg/Horne/Horne,* The Journal of Consumer Affairs, Vol. 41, No. 1, 2007, S. 100-126.

968 *Fourberg et al*, Online advertising: the impact of targeted advertising on advertisers, market access and consumer choice, S. 33.

Inhalte und dass man Inhalte sehe, die man andernfalls vielleicht nicht entdeckt hätte.[969] Dennoch gaben Nutzer:innen an, sich durch die Personalisierungsstrategien belästigt zu fühlen, sich unwohl zu fühlen und sie nicht zu mögen.[970] Wie stark das Gefühl des Beobachtetwerdens ausgeprägt ist, differenziert nach Art der Werbung.[971] In dieser Hinsicht lässt sich eine gewisse Ähnlichkeit zwischen personalisierter Werbung und traditionelleren Formen der Werbung feststellen, die ebenfalls zu Irritationen führen können.[972] In Deutschland haben allerdings nur 19 % der Nutzer:innen kein Problem damit, wenn Unternehmen ihre personenbezogenen Daten zu Werbezwecken nutzen.[973]

Die Abneigung von Nutzer:innen zeigt sich auch in der Anzahl der Personen die Adblocker verwenden. Diese, auch als Werbeblocker bezeichnete, Technologie, unterbricht die dargestellte Wertschöpfungskette, indem sie verhindert, dass die Werbung vom Adserver abgerufen und den Nutzer:innen angezeigt wird.[974] Im Dezember 2021 lag die Zahl der Nutzer:innen von Desktop-Adblockern weltweit bei 290 Millionen, zehn Jahre zuvor hingegen bei 38 Millionen.[975] Zu den Gründen befragt, gaben 62 % der Nutzer:innen von Adblockern an, diese zu verwenden, da es zu viel Werbung gäbe.[976] 55 % nannten als Grund, dass die Werbung störe und 40 %, dass es ihnen um die Sicherung ihrer Privatsphäre ginge.[977] Aus der Nutzung

---

969 *Segijn/ Ooijen*, Journal of Marketin Communications 2022, Vol. 28, No. 2, S. 207 (218).

970 Ebd., (219).

971 Ebd., (221).

972 *Segijn/Ooijen*, a.a.O.; Zum Gefühl der Irritation durch Werbung grundsätzlich, *De Perlsmacker/Van den Bergh,* Journal of International Consumer Marketing, Vol. 10, 1999, S. 5–27.

973 *Statista*, Einstellungen zu Onlinewerbung in Deutschland im Jahr 2024, abrufbar unter: https://de.statista.com/prognosen/999835/deutschland-einstellungen-zu-onlinewerbung [Stand August 2025].

974 *Brüggemann*, Die rechtliche Zulässigkeit von Online-Werbeblockern, S. 16.

975 *Blockthrough*, PageFair Adblock Report, 2022, S. 4, abrufbar unter: https://blockthrough.com/blog/2022-pagefair-adblock-report/ [Stand August 2025].

976 *We Are Social/DataReportal/Meltwater,* Digital-Report 2024, abrufbar unter: https://datareportal.com/?utm_source=Statista&utm_medium=Data_Citation_Hyperlink&utm_campaign=Data_Partners&utm_content=Statista_Data_Citation [Stand August 2025].

977 Ebd.

von Werbeblockern lässt sich mithin der Wunsch der Nutzer:innen nach mehr Privatsphäre und weniger invasiver Werbung ablesen.[978]

Tatsächlich fühlen sich zwei Drittel der Nutzer:innen von personalisierter Werbung ausspioniert und bei ihnen erzeugt diese ein unwohles Gefühl.[979] Umfragen zufolge bevorzugen Nutzer:innen ganz klar kontextualisierte Werbung, das heißt Werbung, die inhaltlich zu dem Medium passt, welches die Nutzer:innen jeweils gerade konsumieren. Die Zustimmung von Nutzer:innen für kontextualisierte Werbung beläuft sich auf über 80 %.[980] Gerade der Kontext von Werbung fehlt bei Personalisierung jedoch häufig.[981]

IV. Zusammenfassung zur Interessenlage bei Online-Werbung

In der Konsequenz lässt sich festhalten, dass personalisierte Online-Werbung keine wesentlichen Vorteile gegenüber kontextualisierter Online-Werbung aufweist. Die Vorteile, welche die Werbung für Advertiser mit sich bringt, wie beispielsweise die Vermeidung von Streuverlusten, basieren größtenteils auf den Angaben der Plattformen und Unternehmen des digitalen Werbemarktes, welche selbst die größten Gewinne auf dem Markt generieren. Die Zielgenauigkeit personalisierter Online-Werbung wird von unabhängiger Forschung jedoch in Frage gestellt und interdisziplinäre Forschungsergebnisse deuten darauf hin, dass die bessere Zielgenauigkeit kein derartiger Return on Investment einfahren kann, dass die zusätzlichen Kosten, die personalisierte Online-Werbung gegenüber kontextualisierter Werbung birgt, ausgeglichen werden. Für die Bereitstellung von Werbeflächen können Publisher zwar ein höheres Entgelt verlangen, wenn Advertiser hierauf personalisierte Werbung schalten. Allerdings sind mit der Schaltung personalisierter Werbung zusätzliche Kosten verbunden, sodass sich diese für den Großteil der Publisher tatsächlich nicht wirtschaftlich rechnet. Denn auf dem personalisierten Werbemarkt agieren eine Vielzahl an Akteuren, die an einer

978 *Fourberg et al*, Online advertising: the impact of targeted advertising on advertisers, market access and consumer choice, S. 40.

979 *OVK*, Pressemitteilung, vom 21.04.2022 https://www.bvdw.org/der-bvdw/news/detail/artikel/neue-ovk-trendstudie-zur-akzeptanz-von-werbung-im-internet-veroeffentlicht/ [Stand August 2025].

980 *Integrated Ad Science*, Importance of Contextual, vom 07.12.2020, abrufbar unter: https://integralads.com/uk/insider/power-of-contextual-ads/ [Stand August 2025].

981 *McCann/Stronge/Jones*, The future of Online Advertising, S. 37.

Monetarisierung partizipieren möchten und somit die Rentabilität personalisierter Online-Werbung für Publisher und Advertiser einschränken. Die Einstellung der Nutzer:innen gegenüber personalisierter Werbung ist ambivalent. Die Mehrheit der Nutzer:innen steht personalisierter Online-Werbung jedoch nicht ausschließlich positiv gegenüber. In einer Gesamtschau sind zuvorderst Unternehmen, die ausschließlich auf dem digitalen Werbemarkt aktiv sind, beispielsweise DSP oder CMP, oder große Plattformen an dem Geschäftmodell der personalisierten Online-Werbung interessiert. Für diese Akteure ist die Datenwirtschaft ein luktratives Geschäft.

Bei der Abwägung der betroffenen Grundrechtspositionen sind diese Ergebnisse ebenfalls zu berücksichtigen. Die Akteure der digitalen Werbebranche können sich zwar auf ihre unternehmerische Freiheit gemäß Art. 16 GRCh sowie, sofern es sich um Medienunternehmen handelt, auf ihre Medienfreiheit gemäß Art. 11 Abs. 2 GRCh berufen. Dabei muss jedoch bedacht werden, dass personalisierte Online-Werbung kaum wesentliche Vorteile gegenüber kontextualisierter Online-Werbung aufweist. In den meisten Fällen ist daher das Recht auf den Schutz personenbezogener Daten aus Art. 8 GRCh als vorrangig gegenüber den Interessen der Nutzer:innen anzusehen, deren detaillierte Profile angelegt und gehandelt werden. Diese Argumentation kann auch nicht durch das vermeintliche Interesse der Nutzer:innen an personalisierter Online-Werbung durchbrochen werden, denn dabei wird außer Acht gelassen, dass die Mehrheit der Nutzer:innen nicht-personalisierte Werbearten bevorzugt. Folglich stehen sich auf dem Spielfeld der personalisierten Werbebranche nicht mehrere, gleich stark zu berücksichtigende Interessen verschiedener Akteure gegenüber, die alle grundrechtlich geschützt sind. Das Interesse der Nutzer:innen auf einen wirksamen Schutz ihrer personenbezogenen Daten steht vielmehr den angeblichen Interessen der unternehmerischen Akteure der Werbebranche gegenüber, die in den meisten Fällen einer kritischen Überprüfung nicht standhalten.

Das Interesse großer Plattformen wie Google und Facebook, die sowohl als Publisher als auch als Akteure des RTB-Prozesses agieren und so eine umfassende Marktmacht besitzen, ist in der Tat von ausschlaggebender Bedeutung. Das wirtschaftliche Interesse dieser einzelnen Unternehmen darf jedoch nicht dazu führen, dass der effektive Schutz personenbezogener

Daten untergraben wird. Diesbezüglich sind zunächst die bereits erörterten Risiken der allumfassenden Datenwirtschaft zu berücksichtigen. Darüber hinaus sprechen jedoch auch weitere Aspekte für eine effektive Regulierung personalisierter Online-Werbung.

C. Weitere Gründe für die Regulierungsbedürftigkeit personalisiserter Online-Werbung

Für eine abschließende Bewertung im Rahmen dieser Untersuchung stellt sich daher die Frage, aus welchen Gründen personalisierte Online-Werbung regulierungsbedürftig ist. Hier sind zunächst die bereits zuvor aufgelisteten Risiken zu nennen: Die Personalisierungsprozesse, welche der Ausspielung von personalisiserter Online-Werbung zugrunde liegen, bergen das Risiko der Diskriminierung.[982] Wenn Advertisern zur Kategorisierung von Zielgruppen ihrer Werbung Merkmale wie „Rasse“ oder „Sexuelle Orientierung“ zur Verfügung stehen, fördert dies die Diskriminierung maginalisiserter Gruppen, die beispielsweise aktiv als Zielgruppe einer Stellenanzeige ausgeschlossen werden können. Des Weiteren wurde die sog. Mark-Macht-Spirale beleuchtet, welche das Phänomen beschreibt, dass große Digitalkonzerne ihren Einfluss durch die ausufernde Datenwirtschaft auf dem Markt festigen und kleineren Akteuren den Marktzugang erschweren oder unterbinden.[983] Die Datenwirtschaft zum Zwecke der personalisierten Online-Werbung steht zudem in einem engen Zusammenhang mit den Phänomenen des Microtargetings und der Desinformation.[984] Letztere begründen letztlich auch erhebliche Sicherheitsbedenken, beispielsweise wenn die Daten von Soldat:innen im Deckmantel der digitalen Werbebranche an Drittstaaten verkauft werden. Neben diesen zuvor vorgestellten Risiken sind weitere Phänomene zu berücksichtigen, die für eine Regulierung der Datenwirtschaft zum Zweck personalisierter Werbung sprechen: Einerseits belegen interdisziplinäre Forschungsergebnisse, dass personalisierte Online-Werbung mit wesentlich mehr Immissionen einhergeht als traditionelle Werbeformen. Jüngere Forschungsergebnisse weisen zudem darauf hin, dass die Werbeindustrie ein betrugsanfälliger Wirtschaftszweig ist, was zusätzliche Zweifel an ihrer Rentabilität personalisierter Online-Werbung aufkommen

---

[982] Siehe hierzu oben im 2. Teil unter C., I.

[983] Siehe hierzu oben im 2. Teil unter C., II.

[984] Siehe hierzu oben im 2. Teil unter C., III.

lässt. Untersucht werden muss überdies der Einfluss den personalisierten Online-Werbung auf die Medienlandschaft hat, da Anlass zur Sorge besteht, dass durch diese Finanzierungsmöglichkeit das Mediensterben verstärkt wird.

I. Treibhausgasimmission

Zu den Risiken, die in der öffentlichen Wahrnehmung seltener mit personalisierter Online-Werbung und der damit verknüpften Datenwirtschaft assoziiert werden, zählt die Emission von Treibhausgasen durch die dafür verwendeten Technologien. Die Bundesregierung hat die Bekämpfung des von Menschen verursachten Klimawandels als eine der zentralen umweltpolitischen Herausforderungen dieses Jahrhunderts benannt.[985] Die Europäische Union hat sich zum Ziel gesetzt, bis 2050 als erster Kontinent die Klimaneutralität zu erreichen und so die Vorgaben des Pariser Klimaabkommens umzusetzen.[986] Die Rolle, die Onlineaktivitäten bei der Treibhausgasimmission spielen, ist nicht derart prominent, wie beispielsweise diejenige des Verkehrs- oder Lebensmittelsektors. Um dennoch eine Problemlösung für die Klimakrise zu finden, müssen auch für diesen Bereich nachhaltige Lösungen gefunden werden.

Alle Online-Aktivitäten verbrauchen Energie, nicht nur, weil ein Laptop oder Mobiltelefon aufgeladen werden müssen, sondern auch, weil Online-Netzwerke Energie für die Datenübertragung und den Betrieb von Rechenzentren benötigen.[987] Google hat beispielsweise errechnet, dass die durchschnittliche jährliche Nutzung der Suchmaschine eines:r Nutzer:in

---

985 *Pfluger et al.*, in: Langfristszenarien für die Transformation des Energiesystems in Deutschland, S. 1, abrufbar unter: https://www.bmwk.de/Redaktion/DE/Downloads/B/berichtsmodul-10-a-bericht-reduktion-der-treibhausgasemissionen-deutschlands-langfassung.pdf%3F__blob%3DpublicationFile%26v%3D4 [Stand August 2025].

986 „Diese Verordnung gibt das verbindliche Ziel vor, […] bis zum Jahr 2050 in der Union Klimaneutralität zu erreichen, und schafft einen Rahmen für Fortschritte bei der Verwirklichung des in Artikel 7 des Übereinkommens von Paris festgelegten globalen Ziels für die Anpassung. Außerdem wird in der vorliegenden Verordnung eine verbindliche Unionsvorgabe für die Senkung der Nettotreibhausgasemissionen innerhalb der Union für 2030 festgelegt." Art. 1 Europäisches Klimagesetz.

987 Der Anteil digitaler Technologien an den weltweisen Treibhausgasemissionen lag 2018 zwischen 2,5 % und 3,7 %, *The Shift Project*, Lean ICT, März 2019, S. 4, abrufbar unter: https://theshiftproject.org/wp-content/uploads/2019/03/Lean-ICT-Report_The-Shift-Project_2019.pdf; Im Vergleich – der Anteil der kommerziellen Luftfahrt beläuft sich auf 3,5%, *Overton*, Issue Brief – The Growth in Greenhouse Gas Emissions from Commercial Aviation (2019, updated 2022), vom 09.06.2022, abrufbar unter: https://www.eesi.org/papers/view/fact-sheet-the-growth-in-greenhouse-gas-emissions-from-commercial-aviation#4 [Stand August 2025].

CO_2-Emissionen verursacht, die einem Waschmaschinenzyklus entsprechen.[988] Für sich genommen ist das nicht viel, aber multipliziert mit den Milliarden an Menschen, die Google nutzen, wird der Energieverbrauch beträchtlich.[989] Dies gilt ebenfalls für die Systeme, die zur Schaltung personalisierter Werbung erforderlich sind. Zwar weist jede einzelne Anzeige lediglich eine marginale Menge an Energieverbrauch auf, jedoch summiert sich der Verbrauch auf EU- oder globaler Ebene erheblich. Die einzige Studie,[990] die sich mit diesem Thema befasst hat, schätzt den globalen Kohlenstoff-Fußabdruck der Online-Werbung auf 60 Mio. Tonnen im Jahr 2016.[991] Die hier ermittelte Summe an Emissionen, die auf personalisierte Werbung zurückzuführen ist, entspricht den gesamten jährlichen Treibhausgasemissionen Irlands im Zeitraum 2019 bis 2020.[992]

Es gibt mehrere Gründe, die dafürsprechen, dass diese Schätzung mit hoher Wahrscheinlichkeit zu niedrig ist.[993] Einerseits hat das Volumen der auf Tracking basierenden Werbung seit 2016 deutlich zugenommen.[994] Dies zeigen die Umsätze, die in diesem Bereich generiert werden. Während diese 2016 noch bei 1,78 Milliarden[995] weltweit lagen, beliefen sie sich 2023 auf 5,41 Milliarden.[996] Andererseits werden in der Studie nur die direkten Emissionen betrachtet.[997]

---

988 *McCann/Stronge/Jones*, The future of Online Advertising, 25; *Google*, Powering a search, vom 11.01.2009, abrufbar unter: https://googleblog.blogspot.com/2009/01/powering-google-search.html [Stand August 2025].

989 Monatlich liegt die Zahl der Aufrufe von www.google.com bei ca. 85 Milliarden. Aktuelle Zahlen können auf https://www.similarweb.com/de/website/google.com/#overview abgerufen werden [Stand August 2025].

990 *Pärssinen*, *et al.*, Environmental Impact Assessment Review Volume 73, 2018, 177-200.

991 *McCann/Stronge/Jones*, The future of Online Advertising, S. 25; *Pärssinen*, *et al.*, Environmental Impact Assessment Review Volume 73, November 2018, S. 177-200.

992 *McCann/Stronge/Jones*, The future of Online Advertising, S. 25; *European Parliament*, Greenhouse gas emissions by country and sector (infographic), vom 07.03.2018, abrufbar unter: https://www.europarl.europa.eu/topics/en/article/20180301STO98928/greenhouse-gas-emissions-by-country-and-sector-infographic [Stand August 2025].

993 *McCann/Stronge/Jones*, The future of Online Advertising, S. 26.

994 Ebd.

995 OVK-Report für digitale Werbung 2018/02, S. 7, abrufbar unter: https://www.ovk.de/app/uploads/2020/04/OVK_Report_2018_02_final.pdf [Stand August 2025].

996 OVK-Report für digitale Werbung 2023/02, S. 8, abrufbar unter: https://www.ovk.de/app/uploads/2024/01/OVK-Report_2023_02_final.pdf [Stand August 2025].

997 *McCann/Stronge/Jones*, The future of Online Advertising, S. 26.

Folglich werden zahlreiche Vorgänge, wie die Datenerhebung, -verarbeitung und -analyse, die Erstellung detaillierter Profile auf der Grundlage dieser Informationen, zusätzlich gekaufte Daten von anderen Unternehmen, wie diese wiederum erhoben und ausgewertet wurden, sowie die Auswirkungen der Speicherung und Verwaltung all dieser Informationen, nicht berücksichtigt.[998] Zudem werden zunehmend komplexe Algorithmen eingesetzt, die sehr energieintensiv sein können, um Rohdaten zu verwertbaren und wertvollen Erkenntnissen für Werbetreibende zu verarbeiten.[999]

II. Betrug

Ein wachsendes Problem für Werbetreibende, Publisher und Verbraucher:innen stellt Betrug im Zusammenhang mit Online-Werbung dar. Online-Werbebetrug ist eine Form des Betruges, bei der Online-Werbesysteme zum Zwecke des finanziellen Gewinns manipuliert werden.[1000] Hierdurch kommt es zu erheblichen finanziellen Verlusten für Werbetreibende, Publisher und Verbraucher:innen.[1001]

Online-Werbebetrug richtet sich insbesondere gegen Werbetreibende, da diese in der Regel erhebliche Ressourcen in Werbekampagnen investieren, in der Erwartung, ein großes und interagierendes Publikum zu erreichen. Durch betrügerische Aktivitäten, wie Klickbetrug, Impression Fraud und Conversion Fraud erleiden diese so erhebliche Verluste.[1002]

---

998 Ebd.

999 Ebd.

1000 „[…] we define online advertising fraud (OAF) as a type of invalid traffic (also referred to as sophisticated invalid traffic) that is generated intentionally by sources to increase their own profits at the cost of other members in the supply chain and that does not represent the legitimate and quality ad traffic that should be included in measurement data", *Dörnyei,* Journal of Current Issues & Research in Advertising, 42(2), S. 156 (157).

1001 Die Kosten erhöhen sich in erster Linie für die *Advertiser*, die diese dann jedoch natürlich umlegen. *Jigalur/Modi*, Security, Privacy and Data Analytics, S. 236; *Kshetri/Voas,* IEEE Computer, Vol. 52, Issue 1, January 2019, 58 (58).

1002 Geschätzt wird, dass Werbebetrug Advertiser im Jahr 2018 weltweit 19 Milliarden USD gekostet hat, *Kshetri/Voas,* Onlinea dvertising fraud IEEE Computer, Vol. 52, Issue 1, January 2019, 58 (58).

Beim sog. Klickbetrug werden Klicks auf Anzeigen manipuliert.[1003] Klickbetrug zielt darauf ab, gefälschte Klicks auf Anzeigen zu erzeugen, was zu überhöhten Klickraten (sog. Click-Through-Rate) und höheren Werbekosten für Werbetreibende führt.[1004] Klickbetrug kann manuell oder durch den Einsatz automatisierter Tools, wie z.B. Bots, durchgeführt werden.[1005] Beim manuellen Klickbetrug klickt eine Person (manuell) auf Anzeigen, um gefälschte Klicks zu erzeugen.[1006] Manueller Klickbetrug kann von Konkurrent:innen, Publishern oder Einzelpersonen durchgeführt werden, die versuchen, Einnahmen aus Anzeigenklicks zu erzielen.[1007] Manueller Klickbetrug ist schwer zu erkennen, da die Klicks legitim wirken.[1008] Demgegenüber beinhaltet automatisierter Klickbetrug die Verwendung von Bots oder Skripten, um gefälschte Klicks auf Anzeigen zu erzeugen. Bots sind automatisierte Tools, die das Verhalten menschlicher Nutzer:innen simulieren können, einschließlich des Anklickens von Anzeigen.[1009] Bots können so programmiert werden, dass sie in einem bestimmten Rhythmus Klicks auf Anzeigen generieren, was es für Werbetreibende schwierig macht, betrügerische Aktivitäten zu erkennen.[1010]

Impression Fraud, auch bekannt als View Fraud, ist eine Form des Online-Werbebetrugs, die die Manipulation von Werbe-Impressionen beinhaltet.[1011] Eine Werbe-Impression wird jedes Mal gezählt, wenn eine Anzeige auf dem Bildschirm von Nutzer:innen angezeigt wird.[1012] Beim

---

1003 *Jigalur/Modi*, Security, Privacy and Data Analytics, S. 236.

1004 *Gohil/Meniya*, Computing Science, Communication and Security, S. 70.

1005 *Sadeghpour/Vlajic,* Click Fraud in Digital Advertising: A Comprehensive Survey, Computers 2021, 10, 164, S. 7.

1006 Es gibt jedoch zahlreiche Belege dafür, dass der Einsatz eines Klick-Bots für einen Klick-Betrugsangriff viel effektiver ist und daher weitaus häufiger vorkommt als manuelle Angriffe, an denen Menschen beteiligt sind. *Sadeghpour/Vlajic,* Computers 2021, 10, 164, S. 1; *Pooranian/Conti/Haddadi/Tafazolli,* IEEE Communications Surveys & Tutorials, Vol. 23, No. 4, 2494 (2503).

1007 *Sadeghpour/Vlajic,* Computers 2021, 10, 164, S. 10.

1008 Die technischen Methoden, die es bereits gibt, um Betrug durch Bots zu identifizieren, können daher nicht übertragen werden. *Sadeghpour/Vlajic,* Computers 2021, 10, 164, S. 10.

1009 Ausführlich hierzu *Sadeghpour/Vlajic,* a.a.O.

1010 Da der Betrug im Rahmen von Online-Werbung die Glaubhaftigkeit und den Ruf der Akteure auf dem Werbemarkt nachhaltig schädigen kann, wird bereits an Lösungen gearbeitet, wie Klick-Betrug zukünftig erkannt werden kann. Hierzu *Gohil/Meniya*, Computing Science, Communication and Security, S. 67 ff.

1011 *Sadeghpour/Vlajic*, Journal of Cybersecurity and Privacy 2021, Vol. 1, Issue 4, 804 (814).

1012 *Zhang/Pan/Zhou/Wang*, UCL Technical Report. 20 May, 2015, London, UK, S. 1.

Impression-Fraud werden gefälschte Werbeeinblendungen erzeugt oder die Anzahl der Werbeeinblendungen falsch angegeben.[1013] Impression Fraud kann auf verschiedene Weise durchgeführt werden. Gängig ist jedoch auch hier der Einsatz von Bots.[1014] Eine weitere Methode des Impression Fraud ist die Verwendung von versteckten oder unsichtbaren Anzeigen.[1015] Versteckte oder unsichtbare Anzeigen sind Anzeigen, die auf einer Seite platziert werden, aber für die Nutzer:innen nicht sichtbar sind.[1016] Beispiele hierfür sind das sog. Ad Stacking oder Pixel Stuffing. Beim Ad Stacking werden mehrere Anzeigen übereinander in einem einzigen Anzeigenfeld platziert.[1017] Beim Pixel-Stuffing werden mehrere Anzeigen in einem einzigen Pixel platziert, sodass sie für Nutzer:innen praktisch unsichtbar sind.[1018] Beide Techniken können dazu führen, dass für eine einzige Anzeigenschaltung mehrere Impressionen gezählt werden. Die Werbetreibenden zahlen für die Platzierung dieser Anzeigen, erhalten aber keinen Gegenwert.

Beim sog. Conversion Fraud kommt es zur Manipulation von Konversionsdaten.[1019] Eine Konversion ist eine von Nutzer:innen auf einer Website oder App durchgeführte Aktion, die für Werbetreibenden wertvoll ist, wie z.B. ein Kauf, eine Registrierung oder ein Download.[1020] Werbetreibende nutzen Konversionsdaten, um die Effektivität ihrer Werbekampagnen zu messen und Entscheidungen darüber zu treffen, wo sie ihr Werbebudget einsetzen sollen. Beim Konversionsbetrug verwenden Betrüger:innen verschiedene Techniken, um die Konversionsdaten künstlich aufzublähen und so den Anschein zu erwecken, dass mehr Nutzer:innen wertvolle Aktionen durchführen, als dies tatsächlich der Fall ist. Dies kann dazu führen, dass Werbetreibende für Konversionen zahlen, die keinen Wert haben, was zu verschwendeten Werbeausgaben führt.

1013 *Sadeghpour/Vlajic*, Journal of Cybersecurity and Privacy 2021, Vol. 1, Issue 4, 804 (814).

1014 Ebd.

1015 *Agrawal/Nadakuditi,* International Journal of Information and Cybersecurity, Vol. 7 No. 5, 2023, S. 2.

1016 Ebd.

1017 Ebd.

1018 Ebd., S. 4.

1019 Als solches fällt diese Art des Betruges unter eine Reihe von Action-Fraud-Aktionen. *Sadeghpour/Vlajic*, Journal of Cybersecurity and Privacy 2021, Vol. 1, Issue 4, 804 (815).

1020 Ebd., (816).

Eine gängige Methode des Konversionsbetrugs ist der Einsatz von Bots oder automatisierten Skripten zur Simulation von Benutzeraktivitäten.[1021] Betrüger:innen können diese Bots so programmieren, dass sie bestimmte Aktionen ausführen, z.B. auf Anzeigen klicken, Websites besuchen und Formulare ausfüllen, um gefälschte Konversionsdaten zu erzeugen.[1022] Bots können so programmiert werden, dass sie eine Reihe von Nutzer:innenverhaltensweisen simulieren, was es für Werbetreibende schwierig macht, betrügerische Aktivitäten zu erkennen.

Neben den Werbetreibenden sind Publisher von Online-Werbebetrug betroffen. Sie können unwissentlich betrügerische Anzeigen auf ihren Plattformen schalten, was zu einem Verlust an Vertrauen und Einnahmen führen kann.[1023] Anzeigenbetrug kann sich auch auf den Ruf von Publishern auswirken, was zu einem Verlust an Glaubwürdigkeit und einer möglichen Schädigung ihrer Marke führt. Auch die Verbraucher:innen sind von Online-Werbebetrug betroffen. Sie können bösartigen Anzeigen ausgesetzt sein, die zu Malware-Infektionen,[1024] Identitätsdiebstahl und anderen Sicherheitsproblemen führen können.[1025] Betrügerische Aktivitäten können auch die Privatsphäre und die Sicherheit der Nutzer:innendaten gefährden.[1026]

Online-Werbebetrug ist inzwischen ein riesiger Wirtschaftszweig, der nicht nur von Unternehmen der Werbebranche, sondern auch vom organisierten Verbrechen ausgenutzt wird. Der Weltverband der Werbetreibenden prognostiziert, dass Werbebetrug bis 2025 für das organisierte Verbrechen einen Wert von über 50 Milliarden USD pro Jahr haben könnte und

---

1021 Ebd.

1022 Ebd.

1023 Ebd., (818).

1024 Unter einer Malware-Infektion versteht man die Installation von Schadsoftware auf einem Computersystem oder in einem Netzwerk, z.B. Viren, Ransomware, Spyware und Adware. Einmal installiert, kann Malware Dateien beschädigen und vertrauliche Informationen stehlen. Zusammenfassung des Bundesamtes für Sicherheit in der Informationstechnik, abrufbar unter: https://www.bsi.bund.de/DE/Themen/Verbraucherinnen-und-Verbraucher/Cyber-Sicherheitslage/Methoden-der-Cyber-Kriminalitaet/Schadprogramme/schadprogramme_node.html [Stand August 2025].

1025 *Agrawal/Nadakuditi*, International Journal of Information and Cybersecurity, Vol. 7 No. 5, 2023, S. 6 f.

1026 *Sadeghpour/Vlajic*, Journal of Cybersecurity and Privacy 2021, Vol. 1, Issue 4, 804 (816).

damit nach dem Drogenhandel die zweitgrößte Einnahmequelle darstellt.[1027] Einigen Schätzungen zufolge gehen etwa 25 % der Werbeausgaben durch Betrug verloren.[1028] 2017 waren es nach Schätzungen hingegen „lediglich" 6,5 Milliarden USD, was 3,6 % der weltweiten Online-Werbeausgaben entspricht.[1029]

Werbebetrug ist folglich kein Randphänomen einer insgesamt lukrativen Branche. Ferner ist er keine Erscheinung, die dem kriminellen Milieu entstammt. Das Bestreben, Online-Werbung mittels einiger „Tricks" und „Kniffe" lukrativer erscheinen zu lassen, als sie tatsächlich ist, ist vielmehr untrennbar mit ihr verbunden.[1030] Dies wird durch den Umstand belegt, dass selbst marktführende Werbetreibende und Publisher sich diesen betrügerischen Methoden bedienen. Bei Facebook und LinkedIn wurde kürzlich festgestellt, dass die dort verwendeten Metriken zu hoch angesetzt wurden.[1031] Facebook muss mehr als 40 Millionen USD an die Werbetreibenden zurückzahlen, weil es über zwei Jahre lang Metriken auf der Grundlage des Engagements für Videos auf der Plattform verwendet hatte, die weit überbewertet wurden.[1032] Auch bei LinkedIn wurde ein Problem mit Metriken für das Video-engagement festgestellt.[1033] Es wurde ein Fehler identifiziert, der dazu führte, dass Video-anzeigen abgespielt wurden, obwohl sie auf Apple-iOS-Geräten nicht auf dem Bildschirm zu sehen waren. Dieser Fehler betraf mehr als 418.000 Werbetreibende über einen Zeitraum von mehr als zwei Jahren und führte zu einer Überzahlung durch die Werbetreibenden.[1034]

1027 *McCann/Stronge/Jones*, The future of Online Advertising, S. 26.

1028 Ebd.

1029 *Boudet*, Publicité sur le web: 6,5 milliards de dollars détournés pa des sites frauduleux en 2017. Numerama, abrufbar unter: https://www.numerama.com/tech/261182-publicite-sur-le-web-65-milliards-de-dollars-detournes-par-des-sites-frauduleux-en-2017.html [Stand August 2025]; *McCann/Stronge/Jones*, The future of Online Advertising, S. 26.

1030 *McCann/Stronge/Jones*, The future of Online Advertising, S. 28; so auch *Hwang,* Subprime Attention Crisis, S. 84 ff.

1031 *McCann/Stronge/Jones*, a.a.O.

1032 *Patel*, Facebook reaches proposed settlement in video measurement lawsuit, vom 07.10.2019, abrufbar unter: https://www.wsj.com/articles/facebook-reaches-proposed-settlement-in-video-measurement-lawsuit-11570482031 [Stand August 2025]; *McCann/Stronge/Jones*, The future of Online Advertising, S. 28.

1033 *Sloane*, LinkedIn discloses inflated metrics glitch that led it to overcharge 418,000 advertisers Published, vom 12.11.2020, abrufbar unter: https://adage.com/article/digital/linkedin-discloses-inflated-metrics-glitch-led-it-overcharge-418000-advertisers/2294276 [Stand August 2025].

1034 *McCann/Stronge/Jones*, The future of Online Advertising, S. 28.

III. Mediensterben

Ein Phänomen, welches in der Diskussion um die Regulierung von Digitalangeboten immer wieder genannt wird, ist das Mediensterben.[1035] Es handelt sich hierbei um einen Sammelbegriff, der den Rückgang, bis hin zum Verschwinden, traditioneller Medienformate[1036] beschreibt. Das Phänomen wird – direkt oder indirekt – in einen Zusammenhang mit der Finanzierung von Digitalangeboten mittels personalisierter Online-Werbung gesetzt.[1037] Beispielhaft für diese Verknüpfung ist ein offener Brief des Vorstandsvorsitzenden der Axel Springer SE, *Döpfner*, an die Kommissionspräsidentin, *von der Leyen*.[1038] In diesem fordert er, aus Sorge um die finanzielle Situation von Verlagen, Plattformen in der EU das Sammeln von Daten zum Zwecke personalisierten Marketings, komplett zu verbieten.

Diese Arbeit versucht, das Phänomen des Mediensterbens als ein Risiko personalisierter Online-Werbung zu beleuchten. Hierfür ist der Frage nachzugehen, wie der Zustand klassischer Medien in Deutschland und international ist. Dafür sind zwei Faktoren zu beleuchten, die den Erfolg von Medienformaten widerspiegeln: Die Aufmerksamkeit, die diese erlangen und die finanzielle Situation, in der sie sich befinden.

Tatsächlich lässt sich in den vergangenen Jahren ein Aufmerksamkeitsverlust klassischer Medien und eine Verschiebung dieser Aufmerksamkeit hin zu digitalen Angeboten beobachten. So ist die Anzahl der verkauften Gesamtauflagen von Tageszeitungen in Deutschland zwischen

---

1035 Schon Anfang der Jahrtausendwende, stellt *Meier* fest, dass die klassische Zeitung gegenüber der Suchmaschine *Google* kaum noch konkurrenzfähig ist und die Online-Werbung somit zentral zum Rückgang von Zeitungen und Zeitschriften beiträgt, vgl. *Meier*, The Vanishing Newspaper, S. 62.

1036 Mit „klassischen Medienformaten" sind Rund-, Hörfunk und Presse gemeint. Diese können in analoger oder digitaler Form auftreten.

1037 *Edelman* schreibt in seinem Beitrag für Wired „The past decade has been devastating for journalism, with waves of job losses year after year. The rise of behavioral advertising isn't the sole culprit, but it's a big one" und stellt so einen direkten Zusammenhang zwischen personalisierter Werbung und der gegenwärtigen Situation des Journalismus her, die er als prekär beschreibt.. Vgl. *Edelman*, Why Don't We Just Ban Targeted Advertising?, vom 22.03.2020, abrufbar unter: https://www.wired.com/story/why-dont-we-just-ban-targeted-advertising/ [Stand August 2025].

1038 *Döpfner*, Totale Transparenz endet immer totalitär, vom 26.01.2021, abrufbar unter: https://www.welt.de/wirtschaft/article225103061/Mathias-Doepfner-Totale-Transparenz-endet-immer-totalitaer.html [Stand August 2025].

1991 und 2021 kontinuierlich gesunken. Im Jahr 1991 wurden noch rund 27,3 Millionen Exemplare verkauft,[1039] während die Auflagezahlen im Jahr 2023 nur noch bei rund 10,9 Millionen lagen.[1040] In den USA wurden zwischen 2005 und 2022 etwa 2.500 Tageszeitungen eingestellt und für 2025 wird prognostiziert, dass weitere 500 hinzukommen.[1041]

Die Zahlen für den Rundfunk sind nicht ganz so dramatisch, doch auch hier ist der besagte Aufmerksamkeitsverlust zu beobachten. Der Anteil der TV-Zuschauer:innen an der Gesamtbevölkerung in Deutschland ist nur leicht zurück gegangen. Im Jahr 2002 schauten 75 % der Gesamtbevölkerung an einem durchschnittlichen Wochentag Fernsehen, während es 2022 67 % waren.[1042] Im Vergleich zu den 1990er-Jahren lässt sich eine Zunahme des Medienkonsums feststellen.[1043] Diese Entwicklung ist jedoch vor allem auf den Konsum digitaler Angebote zurückzuführen. Seit dem Jahr 2010 zeigt sich eine Stabilisierung des täglichen Medienkonsums, der durchschnittlich bei 9,5 Stunden liegt.[1044] Gleichzeitig ist jedoch ein Rückgang des Konsums klassischer Medien zu beobachten. Während diese 2010 noch durchschnittlich für über 8:18 Stunden genutzt wurden, lag das Zeitbudget 2020 bei 5:25 Stunden.[1045]

Ferner sind die Werbegelder in den digitalen Bereich abgewandert, was klassische Medien vermehrt in finanzielle Zwangslagen bringt. Der Umsatz auf dem deutschen Zeitungsmarkt ist

---

1039 *Informationsgemeinschaft zur Feststellung der Verbreitung von Werbeträgern e.V.,* Auflagenstatistik 2. Quartal 2023, abrufbar unter: https://www.ivw.de/sites/default/files/pm_auflagenstatistik_20232.pdf [Stand August 2025]; BR-Drs. 309/22, S. 4.

1040 *Informationsgemeinschaft zur Feststellung der Verbreitung von Werbeträgern e.V.,* Auflagenstatistik 2. Quartal 1991, https://ivw.de/ali/19912_ivw_auflagenliste.pdf [Stand August 2025].

1041 *Schmieder*, Wüste Zeiten, Süddeutsche Zeitung vom 06.07.2022, abrufbar unter: https://www.sueddeutsche.de/medien/usa-zeitungssterben-1.5615180#:~:text=Seit%202005%20sind%20in%20den%20USA%202500%20Zeitungen%20eingestellt%20worden&text=Einer%20Untersuchung%20der%20Journalistenschule%20an,mal%20die%20beunruhigendste%20dieser%20Studie [Stand August 2025].

1042 *Statista*, Fernsehen in Deutschland, Statistik-Report zum Fernsehmarkt in Deutschland, 2024, S. 65.

1043 1995 lag das tägliche Zeitbudget für Medien bei gut 6,5 Stunden, während es 2020 knapp 9,5 Stunden lag, vgl. *Breunig/Handel/Kessler,* Ergebnisse der ARD/ZDF-Langzeitstudie: Massenkommunikation 1964-2020: Mediennutzung im Langzeitvergleich, Media Perspektiven 7-8/2020, 410 (412).

1044 Ebd.

1045 Ebd.

seit 2013 kontinuierlich[1046] zurückgegangen.[1047] Zeitgleich lässt sich eine Umverteilung der Umsätze auf die verschiedenen Segmente beobachten. Während die Werbung in Deutschland im Print-Bereich 2013 noch 3,1 Milliarden EUR umsetzte,[1048] betrugen die Umsätze hier 2022 lediglich 1,8 Milliarden Euro. Gleichzeitig ist der Umsatz im Segment der digitalen Werbung zwar gestiegen, nämlich von 221 Millionen EUR in 2013,[1049] auf 376 Millionen EUR in 2022,[1050] das vermag die Verluste aus dem Print-Segmemt jedoch nicht auszugleichen. Diese Umsatzverschiebung, die gleichzeitig mit erheblichen Umsatzeinbußen einhergeht, lässt sich auch in den USA beobachten. Dort büßten Zeitungen zwischen 2005 und 2011 für jeden Anstieg der Online-Werbung um einen US-Dollar, 22 USD bei der Printwerbung ein.[1051] Die finanzielle Situation der klassischen Printmedien wird zudem durch steigende Kosten erschwert. Für ein Gutachten im Auftrag der Bundesregierung gaben 95 % der befragten Printverlage an, von steigenden Produktions- und Vertriebskosten betroffen zu sein.[1052] Zudem seien Zustellkosten aufgrund steigender Personalkosten, Energiekosten und einer geringeren Dichte an Abonnent:innen in den Zustellgebieten besonders stark gestiegen.[1053] Die erheblichen Umsatzeinbußen durch Werbung sind für die Presse folglich nur einer, wenn auch wesentlicher, Grund für die aktuelle prekäre Situation dieser. Die anfangs aufgestellte Hypothese, dies führe zum Rückgang, bis hin zum Verschwinden, einzelner Angebote, kann für Deutschland belegt

---

1046 Eine Ausnahme stellt hier das 2020 dar, in welchem die Umsätze aufgrund der Covid-19-Pandemie erheblich einbrachen, vgl. *PWC*, German Entertainment & Media Outlook 2023-2027, S. 135, abrufbar unter: https://www.pwc.de/de/technologie-medien-und-telekommunikation/german-entertainment-and-media-outlook-2023-2027.html [Stand August 2025].

1047 2013 lag der Umsatz insgesamt noch bei über 8 Milliarden Euro, während er 2022 bei 6,7 Milliarden EUR lag, vgl. *PWC*, German Entertainment & Media Outlook 2018-2022, S. 60 und *PWC*, German Entertainment & Media Outlook 2023-2027, S. 135.

1048 *PWC*, German Entertainment & Media Outlook 2018-2022, S. 60.

1049 Ebd.

1050 Ebd., S. 135.

1051 *Sridhar/Sriram,* Quantitative Marketing and Economics, 2015, Volume 13, 283 (284).

1052 *DIW Econ GmbH,* Die Situation der lokalen Presse in Deutschland und ihre Herausforderungen im Zeitalter der Digitalisierung, S. 18 ff., abrufbar unter: https://www.kulturstaatsministerin.de/SharedDocs/Downloads/DE/2023/2023-03-31-gutachten-zur-situation-der-lokalen-presse-data.pdf?__blob=publicationFile&v=1 [Stand August 2025].

1053 *DIW Econ GmbH,* a.a.O., S. 17 ff.

werden. So ist die Zahl der hierzulande erscheinenden Tageszeitungen zwischen 1991 und 2024 von 410 auf 314 Titel gesunken.[1054]

Fraglich ist, ob diese Entwicklung auch bei anderen klassischen Medien zu beobachten ist. Hierfür ist zunächst die Entwicklung der Nettoumsätze mit TV-Werbung in Deutschland zu untersuchen. Diese sind von 1997 bis 2022 recht konstant geblieben. 1997 betrugen sie 3,8 Milliarden, 2022 4,3 Milliarden EUR.[1055] Diese Zahlen vermitteln auf den ersten Blick den Eindruck, die Branche sei nicht den gleichen Finanzierungsproblemen ausgesetzt, wie die Presse dies ist. Dass dies jedoch durchaus der Fall ist, lässt sich durch eine Analyse der TV-Werbeminuten belegen. Seit 2009 ist die Summe der Werbeminuten in Deutschland kontinuierlich angestiegen. 2002 lag dieser Wert noch knapp unter einer Million, während im Jahr 2022 3,15 Millionen Minuten an TV-Werbung ausgestrahlt wurden.[1056] Dies legt nahe, dass die Sender die Finanzierung durch die Schaltung von immer mehr Werbung sicherstellen wollen. Gleichzeitig wird TV-Werbung stetig teurer. Für einen 30-Sekunden-Spot lag der Tausend-Kontakt-Preis[1057] im Jahr 2002 noch bei rund 17,50 EUR, während im Jahr 2020 bereits 48,34 EUR gezahlt werden mussten.[1058]

Klassische Medienangebote befinden sich somit sowohl in einem Stadium, in dem sie die Aufmerksamkeit ihrer Konsument:innen an klassische Angebote verlieren, als auch finanziell zu kämpfen haben. Für diese Untersuchung ist jedoch zu fragen, ob diese beiden Phänomene sich tatsächlich bedingen, oder ob es sich schlichtweg um eine Korrelation handelt. Nur, wenn die finanzielle Zwangslage klassischer Medienangebote auf personalisierte Online-Werbung zurückzuführen ist, können hierauf gestützt auch Maßnahmen gegen diese ergriffen werden.

1054 Die Zahlen zwischen 1954 und 2013 finden sich in *Schütz*, Deutsche Tagespresse 2012, Media Perspektiven 11/2012, 570 (571). Die Zahlen zum 2. Quartal 2024 sind abrufbar unter: https://www.bdzv.de/alle-themen/marktdaten#c33585 [Stand August 2025].

1055 *Statista*, Fernsehen in Deutschland, Statistik-Report zum Fernsehmarkt in Deutschland, 2024, S. 60.

1056 Ebd., S. 63.

1057 Der Tausend-Kontakt-Preis (TKP) gibt die notwendige Investitionshöhe an, um mit einer Werbemaßnahme 1.000 Personen zu erreichen.

1058 *Statista*, Fernsehen in Deutschland, Statistik-Report zum Fernsehmarkt in Deutschland, 2024, S. 65

Ein Verbot personalisierter Werbung, wie *Döpfner*[1059] es für Plattformen zum Schutz von Verlagen fordert, kann schon nur eine rechtmäßige Maßnahme sein, wenn der Zweck – Verlage zu schützten – hierdurch tatsächlich gefördert würde.

Dieser Zusammenhang ergibt sich zum einen schon aus dem Finanzierungsmodell mittels Werbegeldern. Für Medienangebote sind Nutzer:innenaufmerksamkeit und Werbeeinnahmen seit jeher eng verwoben. Die genaue Höhe der Werbegelder in Presse und Rundfunk hängt von vielen Faktoren ab. Allgemein gilt jedoch: Je größer die Leser:innen-, Zuhörer:innen- oder Zuschauer:innenzahl und je besser die Zielgruppe erreicht wird, desto höher sind in der Regel die Werbegelder, die ein Medium erzielen kann. Wenn also die Aufmerksamkeit von Nutzer:innen sich zunehmend auf Digitalangebote verlagert, bedingt dies, dass auch die Werbegelder sich in diesen Bereich verlagern.[1060]

Ein weiterer Faktor, der die Verlagerung bedingt, ist jedoch die vermeidlich bessere Zielgruppengenauigkeit personalisierter Online-Werbung, im Vergleich zu kontextualisierter Werbung. Dass diese Behauptung wissenschaftlichen Untersuchungen jedoch nicht standhält, konnte diese Arbeit bereits nachweisen.[1061] Solange jedoch die Annahme vorherrscht, personalisierte Werbung führe, verglichen mit kontextualisierter Werbung, zu einer erfolgreicheren Kund:innenansprache, werden Advertiser digitale Angebote als Publisher vorziehen.

Mit dem Verhältnis des Aufmerksamkeitsverlusts und der finanziellen Lage, in der sich klassische Medienangebote befinden, hat sich *Habermas* auseinandergesetzt.[1062] Er argumentiert, die finanzielle Zwangslage verleite traditionelle Medien dazu, das Niveau ihrer Angebote zu senken. Dies zeige sich durch die Anpassung der politisch führenden Tages- und

---

1059 *Döpfner*, Totale Transparenz endet immer totalitär, vom 26.01.2021, abrufbar unter: https://www.welt.de/wirtschaft/article225103061/Mathias-Doepfner-Totale-Transparenz-endet-immer-totalitaer.html [Stand August 2025].

1060 Grundlegend zu diesem Zusammenhang zwischen Aufmerksamkeits- und Werbegelderverschiebung, vgl. *Hwang*, Subprime Attention Crisis, S. 77.

1061 Ausführlich hierzu im 5. Teil unter B., I. und II.

1062 *Habermas*, Ein neuer Strukturwandel der Öffentlichkeit und die deliberative Politik, 2023.

Wochenzeitungen an das „bunte" Format.[1063] In der Folge würde „das Misstrauen gegenüber Wahrheit, Seriosität und Vollständigkeit von Programmen"[1064] in der Bevölkerung wachsen. Eine wachsende Minderheit der Medienkonsument:innen werde so dazu bewegt, digitale Plattformen zu nutzen.[1065] So entstünden Echokammern,[1066] in denen Nutzer:innen sich von Gleichgesinnten umgeben lassen, was grundsätzlich das Potential sinkender Meinungspluralität mit sich bringt.[1067]

Die klassischen Medien befinden sich so in einem Teufelskreis: Der Aufmerksamkeitsverlust der Bürger:innen stürzt sie in eine finanziell angespannt, bis hin zur prekären Lage. Wenn sie dies dazu verleitet, ihre Qualitätsstandards herabzusetzen, werden Bürger:innen (zu recht) skeptisch hinsichtlich der Vertrauenswürdigkeit medialer Angebote und wenden sich zunehmend Alternativen zu, die sich regelmäßig im digitalen Bereich finden lassen. So verstärkt sich der Aufmerksamkeitsverlust der klassischen Medien erneut und die Spirale setzt sich fort.

Es bedarf daher einer Möglichkeit, diese Entwicklung zu stoppen und den Abwärtstrend zu durchbrechen. Dies könnte durch eine Stabilisierung der finanziellen Situation erreicht werden. Müssten Medien sich um die Finanzierung ihrer Angebote keine fundamentalen Gedanken machen, ist zu erwarten, dass die Qualität der Angebote wieder steigen kann oder jedenfalls nicht weiter sinkt. Für den öffentlich-rechtlichen Rundfunk findet eine solche Finanzierung bereits durch den Rundfunkbeitrag statt. Der private Rundfunk profitiert von dieser Förderung jedoch nicht. Auch für die Presse gibt es keine finanzielle Absicherung.

Für diese finanzielle Absicherung könnten verschiedene Modelle – die teilweise bereits in anderen Ländern existieren – herangezogen werden. Keines dieser Modelle ist jedoch leicht

---

1063 Ebd., S. 52.

1064 Ebd.

1065 Ebd., S. 53.

1066 Ebd.

1067 Ausführlich hierzu im 2. Teil unter C., III., 2.

umzusetzen, da ihre rechtliche Zulässigkeit angezweifelt werden kann oder muss oder weil der Implementierung in anderen Ländern bereits tatsächliche Hürden im Wege standen.

Die finanzielle Absicherung mittels staatlicher Subventionen erscheint als die naheliegendste Lösung.[1068] Allerdings ist diese in Deutschland in mehrerlei Hinsicht rechtlich umstritten.[1069] Dies betrifft sowohl gewährte als auch geforderte Subventionen, die immer wieder den Diskurs um die verfassungsrechtliche Zulässigkeit entfacht haben.[1070] Da dieser Frage im Rahmen der Ausarbeitung nicht weiter nachgegangen werden kann, lässt sich insofern nur festhalten, dass eine Pressesubvention jedenfalls auf wackligen Beinen stünde.

Alternativ bestünde die Möglichkeit ein Finanzierungsmodell aus anderen Staaten zu adaptieren, welches klassische Medien an den Werbeumsätzen von Medienintermediären beteiligt. In Kanada[1071] oder Australien[1072] sollen Plattformen beispielweise Rundfunksender oder Pressehäuser an ihren Einnahmen aus Werbegeldern beteiligen, wenn deren Inhalte auf den Plattformen von Nutzer:innen geteilt werden. Dieses Modell ist jedoch aus zweierlei Gründen abzulehnen. Einerseits haben Plattformen sich bisher größtenteils geweigert, dieses umzusetzen. In Kanada hat Facebook mediale Inhalte beispielsweise komplett von seiner Plattform verbannt. Dies führt zu verheerenden Folgen, und treibt Nutzer:innen vermehrt in die Arme „alternativer Medien“[1073] und schürt Fake News.[1074] Des Weiteren würde die Förderung

---

[1068] Diese wurde 2020 auch von der großen Koalition aus CDU und SPD angestrebt, wie aus Dokumenten hervorgeht, die *Frag den Staat* vorliegen, abrufbar unter: https://fragdenstaat.de/anfrage/forderung-der-digitalen-transformation-des-verlagswesens/#nachricht-843714 [Stand August 2025].

[1069] Vgl. statt vieler *Holznagel/Kalbhenn*, Landtag NRW Stellungnahme 17/1428.

[1070] Hierzu *Wissenschaftlicher Dienst*, Öffentliche Förderung journalistischer Informationsmedien in ausgewählten Ländern, WD 10 - 3000 - 064/16.

[1071] Online News Act, vom 22.06.2023, BILL C-18.

[1072] News Media Bargaining Code, vom 02.03.2021, Act no: 21 - Year: 2021.

[1073] Als alternative Medien werden mediale Angebote bezeichnet, die nicht unter die etablierten Medienangebote oder „Mainstream-Medien“ gefasst werden können. „Alternativmedien stehen demnach in direkter Opposition zu etablierten Informationsmedien und der gesellschaftlichen Elite, nicht nur aus der Medienlandschaft, sondern auch aus Wissenschaft und Politik“ und „Bei alternativen Medien handelt es sich vorwiegend um nichtprofessionelle Medien.“ *Schwaiger*, Gegen die Öffentlichkeit, S. 67.

[1074] Zusammenfassend *Mehlan*, MMR-Aktuell 2023, 01103; grundlegend zu den Zusammenhängen zwischen alternativen Medien und Fake News oder Verschwörungserzählungen, *Schwaiger*, Gegen die Öffentlichkeit, S. 70 ff.

abhängig von einem zulässigen Verhalten der Intermediäre. Sollte diese Arbeit jedoch zu dem Ergebnis gelangen, dass die Datenverarbeitung und damit die personalisierte Werbeindustrie datenschutzrechtlich unzulässig ist, wäre auch die finanzielle Teilhabe klassischer Medienangebote hiervon betroffen und nicht mehr gesichert.

Zuletzt bleibt folglich die Möglichkeit des Verbots personalisierter Werbung, wie bereits von *Döpfner*[1075] gefordert. Diesem schwebte jedoch die Ausnahme vor, dass Verlage von diesem Verbot ausgenommen wären. An dieser Stelle wird auf eine explizite Beurteilung der Notwendigkeit einer Sonderregelung für Verlagshäuser verzichtet. Es wird aber nahegelegt, dass, sofern die Datenverarbeitung im Zusammenhang mit personalisierter Online-Werbung aus datenschutzrechtlichen Gründen als unzulässig eingestuft wird, diesbezüglich auch hinsichtlich Verlagen keine Ausnahmen gemacht werden sollte. Denn die Schutzwürdigkeit von personenbezogenen Daten ist als verfassungsrechtlich verankertes Recht losgelöst von der verarbeitenden Person. Die Prozesse der Verarbeitung – unter die auch der Weiterverkauf an Dritte fällt – birgt in sich schon ein Risiko, welchem die DSGVO durch ihre Vorschriften gerecht wird. Diesem Schutzregime müssen sich alle Verarbeitenden unterordnen. Andernfalls würde das Recht auf dem Schutz personenbezogener Daten auch aus Art. 8 EMRK leerlaufen. So hat der EuGH betont, dass das Recht auf den Schutz personenbezogener Daten aus Art. 7 und Art. 8 EMRK dahingehend auszulegen ist, dass wirtschaftliche Interessen der verarbeitenden Unternehmen sowie das Kenntnis-Interesse der Öffentlichkeit hierhinter zurücktreten.[1076]

IV. Zusammenfassung und Bewertung

Die vorstehende Untersuchung verdeutlicht, weshalb eine Regulierung der personalisierten Online-Werbung erforderlich ist. Einige Aspekte der Regulierungsbedürftigkeit wurden seitens des Gesetzgebers innerhalb der DSGVO berücksichtigt, da sie in einem engen Zusammenhang mit dem bereits grundrechtlich verbürgten Recht auf Schutz personenbezogener Daten stehen.

1075 *Döpfner*, Totale Transparenz endet immer totalitär, vom 26.01.2021, abrufbar unter: https://www.welt.de/wirtschaft/article225103061/Mathias-Doepfner-Totale-Transparenz-endet-immer-totalitaer.html [Stand August 2025].

1076 EuGH, Urteil vom 13.05.2014 - C-131/12, Rn. 97.

Der Gesetzgeber hat dem Risiko der Diskriminierung beispielsweise durch Art. 9 Abs. 1 DSGVO Rechnung getragen, der Daten besonderer Kategorien nochmals stärker schützt als gewöhnliche personenbezogene Daten.[1077]

Andere, in der gesellschaftlichen Diskussion weniger präsente Risiken, die sich aus der Datenwirtschaft und insbesondere dem erheblichen Umfang dieser zum Zweck personalisierter Online-Werbung ergeben, wurden bislang jedoch nicht berücksichtigt. Zu den weiteren Konsequenzen zählt die Emission erheblicher Treibhausgase, die Anfälligkeit der Branche für Betrug sowie das zumindest potenzielle Risiko einer Förderung des Mediensterbens. Die zuvor aufgezeigten Aspekte sowie die genannten weiteren Punkte sprechen dafür, dass personalisierte Online-Werbung regulierungsbedürftig ist. Dies bestätigt das Ergebnis der vorherigen Untersuchung, dass personalisierte Online-Werbung als datenschutzwidrige Werbeform kein Existenzrecht hat.

D. Weitere Regulierungsansätze

Einige dieser Risikobereiche wurden in den vergangenen Jahren bereits durch den Gesetzgeber adressiert. Es lassen sich regulatorische Vorstöße beobachten, die auch darauf abzielen, die Gefahren personalisierter Online-Werbung zu begrenzen. Allerdings sind diese Projekte nicht selten gescheitert oder ihr Wirkungsgrad wurde drastisch reduziert. Im Folgenden werden zunächst die für den Gegenstand dieser Arbeit relevanten Gesetzgebungsvorhaben vorgestellt. Anschließend werden diese auch inhaltlich auf ihre Erfolgsaussichten überprüft und es wird der Frage nachgegangen, ob sie geeignet sind, einige der zuvor vorgestellten Risiken zu beseitigen oder wesentlich zu verringern.

I. Digital Services Act

Ein Vorstoß in Richtung digitale Regulierung stellt der Digital Services Act (kurz: DSA)[1078] dar. Er gilt als Neuordnung des digitalen Binnenmarktes.[1079] Durch ihn soll eine

---

1077 Vertiefend hierzu im 3. Teil unter E., I.

1078 Gesetz über digitale Dienste, VO (EU) 2022/2065.

1079 *Gülker,* ZfDR 2023, 315.

Vereinheitlichung der in der EU geltenden Regelungen geschaffen werden.[1080] Ferner soll der DSA den Wettbewerb am Markt fördern und Online-Plattformen strenger regulieren.[1081] Grundgedanke des DSA ist die mit der Größe der Plattform einhergehende Verantwortung der Online-Player.[1082] So finden sich in der Verordnung abgestufte Regelungen, welche die Plattformen, abhängig von ihrer Reichweite und Nutzerzahl, verschieden stark regulieren und in die Pflicht nehmen.

Diskutiert wurde anfangs auch über ein komplettes Verbot personalisierter Werbung. Am 05.10.2020 stellte das EU-Parlament eine Reihe von Vorschlägen vor, die es sich vom DSA erhoffte.[1083] Unter den Vorschlägen befand sich auch die Aussage, dass die Verwendung zielgerichteter Werbung zugunsten weniger aufdringlicher Formen der Werbung, die keine Nachverfolgung der Interaktion von Nutzenden mit dem Inhalt erfordern, strenger reguliert werden müsse.[1084] Die Einblendung verhaltensbezogener Werbung müsse zudem von der frei erteilten, spezifischen, informierten und eindeutigen Zustimmung der Nutzer:innen abhängig gemacht werden.[1085] Daher wurde weiter empfohlen, dass der DSA klare Grenzen setzen und Transparenzregeln einführen solle, was die Bedingungen für die Sammlung von Daten zum Zwecke des Angebots zielgerichteter Werbung sowie die Funktionsweise und die Verantwortlichkeit für solche zielgerichtete Werbung betrifft, insbesondere wenn Daten auf Websites Dritter nachverfolgt werden.[1086] Die Kommission wurde zudem direkt aufgefordert, Optionen für die Regulierung zielgerichteter Werbung zu prüfen, einschließlich einer schrittweisen Einstellung bis hin zu einem Verbot.[1087]

1080 Nach Art. 1 Abs. 1 DSA ist Ziel der Verordnung durch die Festlegung harmonisierter Vorschriften für ein sicheres, vorhersehbares und vertrauenswürdiges Online-Umfeld zu sorgen, in dem Innovationen gefördert und die in der Charta verankerten Grundrechte wirksam geschützt werden.

1081 Vgl. ErwG 7 DSA.

1082 ErwG 41 S. 1 DSA.

1083 *European Parliament*, Report with recommendations to the Commission on a Digital Services Act: adapting commercial and civil law rules for commercial entities operating online, 05.10.2020 – A9-0177/2020.

1084 Ebd., Ziffer 15.

1085 Ebd.

1086 Ebd., Ziffer 17.

1087 Ebd., Ziffer 17.

In den weiteren Verhandlungen um den DSA[1088] hielt jedoch kein solches Verbot Einzug. Stattdessen sollten den Anbietern von Vermittlungsdiensten die Werbung anzeigen, zusätzlich zu den Transparenzanforderungen weitere Verpflichtungen auferlegt werden, um die Empfänger:innen ihrer Dienste besser zu unterstützen.[1089] Die Anbieter von Vermittlungsdiensten sollten standardmäßig sicherstellen, dass die Empfänger:innen ihrer Dienste keiner gezielten, mikrogezielten und verhaltensbezogenen Werbung ausgesetzt würden, es sei denn, der:die Empfänger:in des Dienstes hat eine frei erteilte, spezifische, informierte und eindeutige Zustimmung erteilt.[1090] Um sicherzustellen, dass eine solche Einwilligung erteilt wurde, sollen Anbieter von Vermittlungsdiensten den Empfänger:innen des Dienstes aussagekräftige Informationen zur Verfügung stellen. Diese müssen eine detaillierte Beschreibung der Daten, auf die zugegriffen wird, sowie eine klare Angabe der Verwendung dieser Daten umfassen. Zudem muss eine transparente Kommunikation hinsichtlich der Art der bereitgestellten Werbung erfolgen.[1091] Läge den Anbietenden des Vermittlungsdienstes eine diesen Anforderungen genügende Einwilligung in die Verarbeitung von Daten zu Werbezwecken vor, so soll diese Verarbeitung jedoch nicht zu einer durchdringenden Verfolgung der Nutzer:innen führen oder die Gefahr einer solchen Verfolgung bergen.[1092] Schließlich sollte der Anbieter des Vermittlungsdienstes seine Schnittstelle so gestalten, dass die Empfänger:innen des Dienstes problemlos auf die Werbeparameter zugreifen und diese ändern könnten.[1093] Um sicherzustellen, dass die Schnittstelleninfrastruktur klar und einfach genug für Empfänger:innen des Dienstes ist, sollte der Anbieter des Online-Vermittlungsdienstes den Bekanntheitsgrad dieser Funktion bewerten, die Nutzung dieser Funktion überwachen und gegebenenfalls die erforderlichen Maßnahmen ergreifen, um die Empfänger besser über ihre Möglichkeit zur Änderung der Werbeparameter zu informieren.[1094]

1088 Draft Report on the proposal for a regulation of the European Parliament and of the Council on a Single Market For Digital Services (Digital Services Act) and amending Directive 2000/31/EC, 28.5.2021.

1089 ErwG 39e S. 1 Draft Report 28.5.2021.

1090 ErwG 39e S. 2 Draft Report 28.5.2021.

1091 ErwG 39e S. 3 Draft Report 28.5.2021.

1092 ErwG 39e S. 5 Draft Report 28.5.2021.

1093 ErwG 39e S. 6 Draft Report 28.5.2021.

1094 ErwG 39e S. 7 Draft Report 28.5.2021.

Diese Regelung wurde mit der Zeit jedoch immer weiter abgeschwächt. Nach dem DSA-E aus Dezember 2021 sollten Online-Plattformen sicherstellen, dass die Empfänger des Dienstes ihre Zustimmung zu gezielter Werbung gemäß der Verordnung (EU) 2016/679 auf eine Art und Weise verweigern oder zurückziehen können, die nicht schwieriger oder zeitaufwändiger ist als die Erteilung ihrer Zustimmung.[1095]

Für die unabhängige Datenschutzbehörde der EU, den Europäischen Datenschutzbeauftragten (EDSB), ging dies jedoch nicht weit genug. In einer Bewertung des Kommissionsvorschlags kam der EDSB zu dem Schluss, dass die EU-Institutionen angesichts der vielen Risiken, die mit gezielter Online-Werbung verbunden sind, zusätzliche Regeln in Betracht ziehen sollten, die über die Transparenz hinausgehen.[1096] Der EDSB unterstützte das Europäische Parlament in seiner Forderung nach einem schrittweisen Ausstieg, der zu einem Verbot von gezielter Werbung auf der Grundlage von allgegenwärtigem Tracking führt.[1097] Auch der Europäische Datenschutzausschuss (EDSA) sprach sich im November 2021 für einen derartigen Ausstieg aus.[1098] Das Ziel müsse sein, ein Verbot von Überwachungswerbung zu erreichen. Der EDSA fügte außerdem hinzu, dass das Profiling von Kindern insgesamt verboten werden sollte.[1099]

Der DSA enthält wesentliche Neuerungen für digitale Unternehmen. Für den Umgang mit personalisierter Werbung schafft er jedoch keine wesentliche Reform. Dem EDSB und EDSA ist mithin zuzustimmen, dass der DSA allein keine Abhilfe gegen die Risiken der personalisierten Online-Werbung darstellt.

1095 *European Parliament*, Report on the proposal for a regulation of the European Parliament and of the Council on a Single Market For Digital Services (Digital Services Act) and amending Directive 2000/31/EC - A9-0356/2021, 20.12.2021, Amendment 57 Proposal for a regulation Recital 52.

1096 *European Data Protection Supervisor,* Opinion 1/2021 on the Proposal for a Digital Services Act, S. 22.

1097 Ebd.

1098 *European Data Protection Board*, Statement on the Digital Services Package and Data Strategy, 18.11.2021, S. 3.

1099 Ebd.

II. ePrivacy-Verordnung

Die sog. ePrivacy-Verordnung sollte ursprünglich zeitgleich mit der DSGVO in Kraft treten. Hierfür hatte das Europäische Parlament bereits 2017 einen Entwurf eingebracht.[1100] Der Rat der EU-Staaten konnte sich hingegen erst 2021 auf einen ersten Entwurf einigen.[1101] Seither befindet sich das Projekt in den Trilog-Verhandlungen. Kritiker:innen vermuten, dass die ePrivacy-VO nie aus dem Entwurfsstadium heraus kommen wird.[1102]

Sinn und Zweck der ePrivacy-VO sollte es sein, die Lücken der DSGVO für den digitalen Bereich zu schließen.[1103] Der VO-E des Parlaments nimmt hier insbesondere personalisierte Online-Werbung in den Blick, indem er mehrere Vorgaben für Direktwerbung vorsieht. Direktwerbung definiert der Entwurf in Art. 4 Abs. 1 lit. f) als jede Art der Werbung in schriftlicher oder mündlicher Form, die an eine:n oder mehrere bestimmte oder bestimmbare Endnutzer:innen elektronischer Kommunikationsdienste gerichtet wird. Wenngleich die Definition mit der Voraussetzung der Werbung in schriftlicher oder mündlicher Form etwas veraltet anmutet, wird von ihr dennoch personalisierte Online-Werbung erfasst, wie auch diese Arbeit sie versteht. Um Nutzer:innen und ihre personenbezogenen Daten auch digital wirksam zu schützten, stellt der VO-E das Erfordernis der Einwilligung auf.[1104] Außerdem sollten die Anbieter digitaler Dienste umfassende Transparenzvorgaben einhalten, wenn sie die

---

1100 Vorschlag für eine Verordnung des Europäischen Parlaments und des Rates über die Achtung des Privatlebens und den Schutz personenbezogener Daten in der elektronischen Kommunikation und zur Aufhebung der Richtlinie 2002/58/EG (Verordnung über Privatsphäre und elektronische Kommunikation), vom 10.01.2017, COM/2017/010 final.

1101 *Council of the European Union*, Confidentiality of electronic communications: Council agrees its position on ePrivacy rules, Pressemitteilung vom 10.02.2021, abrufbar unter: https://www.consilium.europa.eu/en/press/press-releases/2021/02/10/confidentiality-of-electronic-communications-council-agrees-its-position-on-eprivacy-rules/ [Stand August 2025].

1102 *Fanta*, Herzstillstand für das digitale Briefgeheimnis, vom 27.04.2023, abrufbar unter: https://netzpolitik.org/2023/eprivacy-verordnung-herzstillstand-fuer-das-digitale-briefgeheimnis/; *Dachwitz*, Die EU scheitert am Datenschutz im Netz, vom 28.04.2023, abrufbar unter: https://netzpolitik.org/2023/targeted-advertising-die-eu-scheitert-am-datenschutz-im-netz/#!. [Stand August 2025].

1103 „Dieser Vorschlag stellt eine Lex specialis zur DSGVO dar und wird diese im Hinblick auf elektronische Kommunikationsdaten, die als personenbezogene Daten einzustufen sind, präzisieren und ergänzen", S. 3 ePricacy-VO-E vom 10.01.2017.

1104 Vgl. hierzu ErwG 18 ePrivacy-VO-E COM(2017) 10 final.

Einwilligung von Nutzer:innen zum Zwecke der Direktwerbung einholen.[1105] Für das Tracking – insbesondere durch die Nutzung von Drittanbieter-Cookies – sah der Entwurf zudem vor, dass Nutzer:innen einfache Grundeinstellungen treffen können sollten. Möglich wäre danach eine Präferenz hinsichtlich der Akzeptanz oder des Ablehnens des Trackings mittels einiger einfacher Einstellungen im Browser, die Nutzer:innen vor fortlaufender allumfassender Werbeüberwachung schützen würden.[1106]

Die Positionen des EU-Rats aus 2021[1107] sehen diesbezüglich wesentlich wenig restriktive Vorgaben vor. So soll beispielweise die Weiterverarbeitung elektronischer Kommunikationsmetadaten ohne Einwilligung der Verbraucher deutlich erleichtert werden.[1108] Wenn Daten pseudonymisiert wurden und kein Profil der betroffenen Person erstellt wird, können Standortdaten demnach zu wissenschaftlichen Zwecken sowie zu nicht weiter definierten „statistischen Zwecken" verarbeitet werden.[1109] Darüber hinaus soll die zweckändernde Weiterverarbeitung jeglicher pseudonymer Kommunikationsmetadaten grundsätzlich zulässig sein, wenn die Datenverarbeitung mit denjenigen Zwecken vereinbar ist, für die die Daten ursprünglich erhoben wurden.[1110] Die Vorgaben zu Grundeinstellungen hinsichtlich des Trackings in Erwägungsgrund 24 sieht der Rat vor zu streichen. Stattdessen statuiert der Entwurf des Rates Hinweise, wie Endnutzer:innen Tracking minimieren oder beenden können.[1111] Der Rat sieht sog. Whitelists vor, auf welche Nutzer:innen einzelne

1105 Vgl. ErwG 33, 34 und 35 ePrivacy-VO-E COM(2017) 10 final.

1106 „Es sollte gefördert werden, dass Webbrowser den Endnutzern einfache Möglichkeiten bieten, die Einstellungen zur Privatsphäre während der Benutzung jederzeit zu ändern, und dem Nutzer erlauben, Ausnahmen für bestimmte Websites zu machen oder in Listen festzulegen oder anzugeben, von welchen Websites Cookies (auch von Drittanbietern) immer oder niemals angenommen werden sollen", ErwG 24 a.E. ePrivacy-VO-E COM(2017) 10 final.

1107 Entwurf des Rates vom 10.02.2021, 5358/17, 6087/21.

1108 „Further processing for purposes other than for which the metadata where initially collected may take place without the consent of the end-users concerned, provided that such processing is compatible with the purpose for which the metadata are initially collected, certain additional conditions and safeguards set out by this Regulation are complied with, including the requirement to genuinely anonymise the result before sharing the analysis with third parties." ErwG 17aa Entwurf des Rates vom 10.02.2021.

1109 Vgl. Hierzu ErwG 17b Entwurf des Rates vom 10.02.2021, 5358/17, 6087/21.

1110 ErwG 17aa S. 1 Entwurf des Rates vom 10.02.2021, 5358/17, 6087/21.

1111 „Providers engaged in such practices should display prominent notices located on the edge of the area of coverage informing end-users prior to entering the defined area that the technology is in operation within a

Anbieter setzten können, wodurch eine Einwilligung gegenüber diesen obsolet würde.[1112] Dies soll jedoch nur gelten, sofern diese Technologie verfügbar und dies technisch machbar sei.[1113] Die Anbieter werden zur Einführung derartiger Software jedoch nicht verpflichtet.[1114]

Während der ePrivacy-VO-E des Europäischen Parlaments strenge Regeln für Tracking und personalisierte Werbung vorsieht und offen anerkennt, dass es sich hierbei um risikobehaftete Prozesse handelt, die einer Regulierung bedürfen, stellen die Positionen des Rates einen Rückschritt dar. Dessen Vorschläge bleiben sogar hinter den Vorgaben der ePrivacy-RL zurück.[1115]

Für diese Arbeit sind die Vorgaben der ePrivacy-VO-E im Rahmen der weiteren Untersuchung der Rechtmäßigkeit personalisierter Online-Werbung uninteressant, da sie keine verbindlichen Vorgaben treffen. Der Disput zwischen Rat und Parlament macht jedoch deutlich, dass hinsichtlich der Regulierung personalisierter Werbung Uneinigkeit besteht.

III. Verordnung gegen Tracking und politische Werbung

Personalisierte Online-Werbung ist eng mit den Risiken des Microtargetings und der Desinformationen verbunden.[1116] Hiermit einher geht insbesondere das Risiko der politischen Einflussnahme, insbesondere der Manipulation von Wahlen. Dieses Risiko hat die Europäische

given perimeter, the purpose of the tracking, the person responsible for it and the existence of any measure the end-user of the terminal equipment can take to minimize or stop the collection." ErwG 25 Entwurf des Rates vom 10.02.2021, 5358/17, 6087/21.

1112 „For example, an end-user can give consent to the use of certain types of cookies by whitelisting one or several providers for their specified purposes.“ ErwG 20a Entwurf des Rates vom 10.02.2021, 5358/17, 6087/21.

1113 „Where available and technically feasible, an end user may therefore grant, through software settings, consent to a specific provider for the use of processing and storage capabilities of terminal equipment for one or multiple specific purposes across one or more specific services of that provider.“ ErwG 20a Entwurf des Rates vom 10.02.2021, 5358/17, 6087/21.

1114 „Providers of software are encouraged to include settings in their software which allows end- users, in a user friendly and transparent manner, to manage consent to the storage and access to stored data in their terminal equipment by easily setting up and amending whitelists and withdrawing consent at any moment.“ ErwG 20a Entwurf des Rates vom 10.02.2021, 5358/17, 6087/21.

1115 Zu den Vorgaben des § 25 TDDDG, der Art. 5 e-Privacy-RL umsetzt, siehe im 3. Teil unter C., II.

1116 Hierzu ausführlich im 2. Teil unter C., III., 1.

Union erkannt und möchte diesem durch die Verordnung über die Transparenz und das Targeting politischer Werbung (kurz: Targeting-VO)[1117] entgegentreten. Zum einen soll die reibungslose Funktion des Binnenmarktes für politische Werbung und den damit verbundenen Dienstleistungen gefördert werden, Art. 1 Abs. 4 lit. a) Targeting-VO.[1118] Ferner sollen natürliche Personen bei der Verarbeitung personenbezogener Daten geschützt werden, Art. 1 Abs. 4 lit. b) Targeting-VO.[1119] Die Europäische Kommission hat sich jedoch gegen ein vollkommenes Verbot des Targetings zu politischen Werbezwecken oder der Erbringung grenzüberschreitender politischer Werbedienstleistungen entschieden, da sie dieses für unverhältnismäßig hält.[1120] Der Vorschlag sieht stattdessen vorwiegend Transparenz- und Sorgfaltspflichten beim Schalten politischer Werbung vor.[1121] Nach Art. 1 Abs. 1 lit. b) Targeting-VO soll die Verordnung für den Einsatz von Verfahren zum Targeting und zur Amplifizierung im Rahmen der Veröffentlichung, Verarbeitung oder Förderung politischer Werbung gelten, bei welcher personenbezogene Daten verwendet werden.[1122] Erstrecken kann sich der Anwendungsbereich demnach sowohl auf digitale als auch analoge Werbung. Kernvoraussetzung ist, dass es sich um politische Werbung nach dem Targeting-VO handelt. Nach Art. 3 Nr. 2 Targeting-VO ist hierunter die Ausarbeitung, Platzierung, Förderung, Veröffentlichung, Zustellung oder Verbreitung einer Botschaft mithilfe eines beliebigen Mittels, die in der Regel gegen Entgelt oder im Rahmen interner Tätigkeiten oder als Teil einer politischen Werbekampagne erfolgt, zu verstehen – entweder „durch oder für einen politischen Akteur oder in seinem Namen, es sei denn, sie ist rein privater oder rein kommerzieller Natur" (lit. a) oder „die geeignet und darauf ausgerichtet ist, das Ergebnis einer Wahl oder eines Referendums, ein Abstimmungsverhalten oder einen Rechtsetzungs- oder Regulierungsprozess auf Unionsebene oder auf nationaler, regionaler oder lokaler Ebene zu beeinflussen" (lit. b). Zurecht ist gegen diesen sehr weiten Begriff Kritik geäußert worden, da

1117 Vorschlag für eine Verordnung des Europäischen Parlament und des Rates über die Transparenz und das Targeting politischer Werbung, COM (2021) 731 final.

1118 ErwG 11 Targeting-VO.

1119 ErwG 11 Targeting-VO

1120 COM (2021) 731 final, S. 9; hierzu *Flamme/Mehlan*, K&R 2022, 571.

1121 Kapitel II Targeting-VO; hierzu *Flamme/Mehlan,* a.a.O., (574).

1122 *Flamme/Mehlan*, a.a.O.

er eine Subsumtion tatsächlich auftretender Werbung in der Praxis äußerst erschwert.[1123] Für derartige Werbung sollen dann die in Kapitel II aufgestellten Transparenzpflichten gelten. Vor allem beabsichtigt die Kommission, dass Nutzer:innen auf politische Werbung hingewiesen werden, Art. 11 Targeting-VO. Stoßen Nutzer:innen auf politische Werbung, soll ein Hinweis angezeigt werden, dass es sich um eine politische Botschaft handelt und es soll erkennbar sein wer diese finanziert hat.[1124] Ein wenig restriktiver sind die Regeln zum Targeting und zur Anzeigenschaltung über das Internet.[1125] Art. 18 Targeting-VO sieht vor, dass solche Anzeigen nur zulässig sind, wenn der:die Verantwortliche selbst die für die Anzeigenschaltung notwendigen personenbezogenen Daten erhoben hat (lit. a), die betroffene Person ausdrücklich in die Verarbeitung eingewilligt hat (lit. b) – wobei hier der Maßstab der DSGVO an eine Einwilligung herangezogen wird – und es nicht zur Anwendung von sog. Profiling-Techniken nach Art. 4 Nr. 4 DSGVO oder zur Verarbeitung von Daten besonderer Kategorien nach Art. 9 DSGVO kommt (lit. c).

Der Vorschlag kann eine längst überfällige Harmonisierung der bestehenden Vorschriften zur Regulierung politischer Werbung in der Union schaffen. Auch die Risiken des politischen Microtargetings und der damit verbundenen Desinformation können eingegrenzt werden. Jedoch erstreckt sich die Regulierung durch die mögliche Targeting-VO nur, soweit wie die Definition des Begriffs der politischen Werbung geht. Hierdurch kann kein allumfassender Nutzer:innenschutz gegen Tracking und Manipulation durch Werbung, welche nicht als politische Werbung im Sinne des Art. 3 Nr. 2 Targeting-VO zu klassifizieren ist, erreicht werden. Auch werden die weiteren Risiken, die diese Arbeit zuvor aufgezeigt hat, nicht abgedeckt. Insbesondere dort, wo die Prozesse des RTB genutzt werden, um einzelne Personen zu manipulieren oder unter Druck zu setzen, kann die Verordnung keine Besserung erreichen. Allenfalls kann durch die Targeting-VO daher ein fragmentierter Schutz erreicht werden.

1123 Wo die Grenze zwischen politischer Werbung i.S.d. Art. 3 Nr. 2 Targeting-VO und beispielweise politischer Bildungsarbeit oder sozialem Engagement verläuft, ist unklar. Zu dieser Problematik vgl. *Holznagel*, Politische Werbung und Desinformation – Will die EU politische Jedermann-Tweets de-amplifizieren?, vom 13.03.2023, abrufbar unter: https://verfassungsblog.de/politische-werbung-und-desinformation/ [Stand: August 2024].

1124 Ausführlich zu den Pflichten nach Kapitel II des Tracking-VO-E vgl. *Flamme/Mehlan*, K&R 2022, 571 (575).

1125 Kapitel III Targeting-VO.

IV. Zwischenergebnis

Die jüngsten Regulierungsvorstöße in Form von lex specialis lassen erkennen, dass der Gesetzgeber die Risiken personalisierter Online-Werbung erkannt hat. Dennoch besteht die aktuelle Gesetzgebung aus einer Vielzahl von Einzelvorschriften, die spezifische Probleme und Risiken der Datenwirtschaft oder Werbung, beispielsweise politischer Werbung, adressieren. Die Vorgaben sind jedoch unzureichend, um die zuvor aufgezeigten Risiken zu minimieren. Denn die präsentierten Projekte sind zum einen unvollständig und bieten Nutzer:innen lediglich einen fragmentarischen Schutz. Problematischer ist, dass der Unionsgesetzgeber die Risiken lediglich symptomartig bekämpft, statt den Ursprung der zuvor dargestellten Risiken zu regulieren. Dies unterstreicht die Notwendigkeit einer konsequenten Durchsetzung datenschutzrechtlicher Vorgaben.

E. Fazit

I. Zusammenfassung

Im Kontext personalisierter Online-Werbung treffen verschiedene grundrechtlich statuierte Interessen aufeinander, insbesondere die unternehmerische Freiheit (Art. 16 GRCh) und die Medienfreiheit (Art. 11 Abs. 2 GRCh) stehen dem Schutz personenbezogener Daten (Art. 8 GRCh) gegenüber. Die genannten Grundrechte stehen in einem Spannungsverhältnis, dessen Auflösung eine Abwägung erfordert. Die Effektivität personalisierter Online-Werbung zur Finanzierung digitaler Angebote spielt dabei eine zentrale Rolle. In der Tat erweist sich personalisierte Werbung jedoch als nicht überlegen gegenüber kontextualisierter Werbung. Für Advertiser und Publisher bietet personalisiserte Online-Werbung nur selten erhebliche (finanzielle) Vorteile.[1126] Des Weiteren lässt sich keine eindeutige Präferenz der Nutzer:innen für diese Werbeformen feststellen.[1127] In Konsequenz dessen wird die Legitimität der Datenwirtschaft zum Zweck personalisierter Online-Werbung weiter in Frage gestellt.Auch wenn eine Einzelfallabwägung zu anderen Ergebnissen gelangen kann, lassen die vorliegenden Befunde den Schluss zu, dass der Schutz personenbezogener Daten in der Regel ein höheres

1126 Hierzu ausführlich im 5. Teil unter B., I. und II.

1127 Hierzu ausführlich im 5. Teil unter B., III.

Gewicht hat als die unternehmerische und mediale Freiheit. Daher ist eine umfassende Regulierung der Werbeformen und der damit verbundenen Datenverarbeitung dringend geboten. Eine derartige Regulierung ist nicht nur erforderlich, um den Interessen der Nutzer:innen am Schutz ihrer personenbezogenen Daten Rechnung zu tragen, sondern auch unter Berücksichtigung weiterer Aspekte, die für eine Regulierung sprechen. In diesem Kontext ist zu berücksichtigen, dass personalisierte Online-Werbung mit erheblichen Treibhausgasimmissionen einhergeht, welche die Immissionen kontextualisierter Online-Werbung bei weitem übersteigen.[1128] Eine weitere Regulierung dieser Werbeform würde zudem die Medienvielfalt fördern.[1129] Eine Regulierung der personalisierten Werbebranche erscheint zudem erforderlich, da diese anfällig für Betrug ist und die Analyse interdisziplinäre Forschungsergebnisse daher weitere Zweifel an der Lukrativität dieser Werbeform aufkommen lässt.[1130]

Zwar existieren alternative Regulierungsansätze, die insbesondere auf mehr Transparenz und ein stärker informiertes Handeln der Nutzer:innen abzielen.[1131] Diese Ansätze erweisen sich jedoch als unzureichend, da sie lediglich eine Symptombekämpfung darstellen und die zugrunde liegenden strukturellen Probleme der Datenwirtschaft zum Zweck personalisierter Online-Werbung ungelöst lassen. Der Fokus auf politische Werbung vernachlässigt beispielsweise die Tatsache, dass auch der Handel mit Daten zu einfachen Werbezwecken Sicherheitsbedenken aufwirft, insbesondere wenn diese Daten in die Hände dritter, staatlicher Akteure gelangen.[1132] Daher ist eine umfassende Regulierung erforderlich, die sowohl den Schutz personenbezogenen Daten bezweckt als auch im gleichen Zuge die zuvor aufgezeigten Risiken minimiert.

1128 Siehe hierzu oben im 5. Teil unter C., I.

1129 Siehe hierzu oben im 5. Teil unter C., III.

1130 Siehe hierzu oben im 5. Teil unter C., II.

1131 Siehe hierzu oben im 5. Teil unter D., I. bis IV.

1132 Siehe hierzu oben im 2. Teil unter C., III., 3.

II. Ausblick

Aus den vorgenannten Gründen ist eine Schließung der Rechtslücken im Datenschutz unbedingt erforderlich. Die vorliegende Untersuchung kann keine Aussagen darüber treffen, auf welche Art und Weise eine optimale Lösung erreicht werden kann. Die vorstehende Ausarbeitung hat jedoch aufgezeigt, dass insbesondere die lückenhafte Sanktionierung dafür verantwortlich ist, dass sich Verantwortliche der personalisierten Werbeindustrie nicht der datenschutzrechtlichen Regulierung unterwerfen. Im Folgenden werden daher Lösungsansätze präsentiert, die bereits diskutiert werden oder aus anderen Rechtsgebieten bekannt sind. Zukünftige Untersuchungen können und sollten hier ansetzen und untersuchen, welche Lösungsvorschläge vorzugswürdig sind und welche Rechtsänderungen möglicherweise vorzunehmen sind, um die aufgezeigten Sanktionslücken zu schließen.

1. Sanktionswirkung verbessern

Die naheliegendste Möglichkeit wäre eine Erhöhung des Bußgeldrahmens, um die Empfindlichkeit und abschreckende Wirkung von Bußgeldern zu gewährleisten. Zu bedenken ist insofern, dass es sich bei datenschutzrechtlichen Verstößen in aller Regel nicht um einzelne, privat agierende Täter:innen handelt. Insbesondere im Bereich personalisierter Online-Werbung sind die agierenden Personen grundsätzlich große Wirtschaftsunternehmen. Diese Konstellation ist aus dem Wirtschaftsstrafrecht bekannt. Folglich kann für die Frage der Wirksamkeit von Bußgeldern auf die Erkenntnisse hinsichtlich Geldstrafen gegenüber Wirtschaftsstraftäter:innen zurückgegriffen werden. Doch auch hier können Aussagen hinsichtlich der Wirksamkeit nur schwer getroffen werden, da es keine empirischen Befunde hierzu gibt.[1133] Jedoch wird gegenüber Geldstrafen in diesem Bereich ganz grundsätzliche Kritik vorgebracht. Zweifelhaft sei bereits, ob Geldstrafen gegenüber Wirtschaftstäter:innen überhaupt Wirkung entfalten würden.[1134] Man müsse zudem bedenken, dass in Fällen, in denen

---

[1133] *Sieber*, Sanktionen gegen Wirtschaftskriminalität, S. 134.

[1134] *Sieber*, Sanktionen gegen Wirtschaftskriminalität, S. 134; *Frister*, in: FS-Wessing, S. 11; in diese Richtung weisende generelle Bedenken gegen die Geldstrafe formulierte schon *Zipf*, Geldstrafe, S. 35 unter dem Schlagwort der Verweichlichung der Strafrechtspflege, indem er die Gefahr beschrieb, dass sich eine „Kommerzialisierung des Strafrechts einstellen [könne], indem man alles mit Geld abtun kann', gleichsam dem Staat den Strafanspruch abkaufe […] kann.“.

anstelle des:der Täter:in das jeweilige Unternehmen die Geldstrafe trägt, diese Summe bei der Festsetzung des Produktpreises einfach mitgedacht würde.[1135] *Sieber* bezeichnet Geldstrafen in diesem Kontext daher als „kalkulierbaren Kostenfaktor".[1136]

Andere Rechtsgebiete kennen neben der Erhebung von Geldbußen als mögliche Sanktion auch die Abschöpfung von Gewinnen. Der Gesetzgeber hat diese Möglichkeit ebenfalls gesehen. So lautet Erwägungsgrund 149 S. 2 DSGVO: „Diese strafrechtlichen Sanktionen können auch die Einziehung der durch die Verstöße gegen diese Verordnung erzielten Gewinne ermöglichen."

Nur wenn die DSGVO selbst verschärfte Sanktionen enthält, kann jedoch eine Harmonisierung erreicht werden. Gleichwertige Sanktionen in allen Mitgliedstaaten gewährleisten ein gleichmäßiges Datenschutzniveau für natürliche Personen in der Union und beseitigen Unterschiede, die den freien Verkehr personenbezogener Daten im Binnenmarkt behindern.[1137] Eine Gewinnabschöpfung muss dabei keinesfalls ein Instrument des Strafrechts sein. Aus dem nationalen Recht kennen wir die Gewinnabschöpfung beispielsweise aus § 10 UWG. Hiernach kann derjenige, der vorsätzlich oder grob fahrlässig eine unzulässige geschäftliche Handlung vornimmt und hierdurch zu Lasten einer Vielzahl von Abnehmern einen Gewinn erzielt, auf Herausgabe dieses Gewinns an den Bundeshaushalt in Anspruch genommen werden. Der Normzweck ähnelt dabei durchaus der Situation dieses Forschungsgegenstandes. Der Gesetzgeber wollte vor allem Rechtsdurchsetzungsdefizite im Falle sog. Streuschäden vermeiden.[1138] Hierunter versteht man Fälle, in denen das rechtswidrige Verhalten eines Unternehmens gegenüber einer Vielzahl von Personen erfolgt, bei denen individuell nur ein

---

1135 *Sieber*, Sanktionen gegen Wirtschaftskriminalität, S. 135; *Heinz*, Begriffe und strukturelle Besonderheiten des Wirtschaftsstrafrechts, in: Gropp, Wirtschaftskriminalität und Wirtschaftsstrafrecht in einem Europa auf dem Weg zu Demokratie und Privatisierung, S. 29; *Heinz*, System und Gliederung der Wirtschaftsstraftaten im deutschen Recht, in: Eser, Zweites deutsch-ungarisches Kolloquium, S. 162; *Grunst/Volk*, in: MAH Wirtschafts- und Steuerstrafsachen, § 1 Rn. 37; *Volk*, Strafrecht und Wirtschaftskriminalität – Kriminalpolitische Probleme und dogmatische Schwierigkeiten, JZ 1982, 85; vgl. hierzu auch *Jung*, Bekämpfung der Wirtschaftskriminalität als Prüfstein des Strafrechtssystems, S. 5, mit der Betonung darauf, dass Geldstrafen zur Bekämpfung der Wirtschaftskriminalität nur bedingt geeignet seien; pessimistisch im Hinblick auf die Wirksamkeitseinschätzung der Geldstrafe auch *v. Freier,* Kritik der Verbandsstrafe, S. 307 „Geldstrafe läuft im Unternehmensstrafrecht vermutlich weitgehend ins Leere".

1136 *Sieber*, Sanktionen gegen Wirtschaftskriminalität, S. 135.

1137 ErwG 3 DSGVO.

1138 BT-Drs. 15/1487, S. 23; *Eichelberger*, in: BeckOK UWG § 10 Rn. 1.

geringer Schaden entsteht, sodass das Interesse der Einzelnen nicht hoch genug ist, den individuellen Anspruch geltend zu machen.[1139] Folglich können die Zuwiderhandelnden die Gewinne häufig behalten.[1140] Auch bei datenschutzrechtlichen Verstößen im Kontext personalisierter Online-Werbung sind die individuellen Schäden betroffener Personen häufig gering, wenn überhaupt existent, während sich die Verstöße für Verantwortliche wirtschaftlich rechnen. Die Gewinnabschöpfung kann diese „Fehlsteuerung“[1141] durchbrechen, indem sie rechtswidriges Verhalten künstlich „verteuert“, damit sich dieses aus wirtschaftlicher Perspektive nicht mehr „lohnt“.[1142] Die Gewinnabschöpfung kann so der Prävention dienen.[1143]

2. Prüfungskompetenz der Behörden erweitern

Um der Verzögerung der Verfahren entgegenzutreten und insbesondere zu verhindern, dass diese Schwachstelle durch die Verantwortlichen ausgenutzt wird, könnte der Gesetzgeber die Prüfungskompetenzen der zuständigen Behörden erweitern. Eine wie zuvor geschilderte Situation, dass Meta immer wieder und scheinbar absichtlich, Rechtsgrundlagen für die Verarbeitung personenbezogener Daten wählt, von denen absehbar ist, dass diese nicht greifen werden, ließe sich so verhindern. Hierfür müsste die Behörde befähigt oder sogar verpflichtet werden, eine umfassende Prüfung der datenschutzrechtlichen Zulässigkeit der in Frage stehenden Prozesse anzustrengen. Anstatt, sich auf die Prüfung der Ermächtigungsgrundlage zu beziehen, die im jeweiligen Fall in Frage steht, könnte die Behörde alle in Frage kommenden Erlaubnistatbestände des Art. 6 Abs. 1 DSGVO prüfen. Eine derartige *ex-ante*-Prüfung der sich abzeichnenden Verarbeitungsprozesse ist *de lege lata* mangels vorhandener Rechtsgrundlagen jedenfalls nicht verbindlich möglich. *Ex ante* bleibt für Behörden ausschließlich die Möglichkeit ihre Rechtsauffassung in Leitlinien festzuhalten – so wie der EDSA dies auch regelmäßig tut. Beachten Verarbeitende diese Leitlinien nicht, folgt hierauf jedoch noch keine

---

1139 BT-Drs. 15/1487, S. 23; *Eichelberger*, in: BeckOK UWG § 10 Rn. 1.

1140 BT-Drs. 15/1487, S. 23; *Eichelberger*, in: BeckOK UWG § 10 Rn. 1.

1141 Der Begriff der Fehlsteuerung entstammt *Eichelberger*, in: BeckOK UWG § 10 Rn. 3. Im Hinblick auf wettbewerbsrechtliche Verstöße findet sich auch die Bezeichnung des „Marktversagens“, *Köhler*, in: Köhler/Bornkamm/Feddersen, UWG § 10 Rn. 4.

1142 *Eichelberger*, in: BeckOK UWG § 10 Rn. 3; *Alexander*, JZ 2006, 890 (894).

1143 *Eichelberger*, in: BeckOK UWG § 10 Rn. 3; *Köhler*, in: Köhler/Bornkamm/Feddersen, UWG § 10 Rn. 4.

Konsequenz. Die Sanktionsinstrumente der DSGVO sind abhängig von der Prüfung und den sich anschließenden verbindlichen Beschlüssen der (federführenden) Behörden. Die Behörden an dieser Stelle mit weiterreichenden Befugnissen auszustatten obläge der Einschätzung und Ausgestaltung des Gesetzgebers.

3. Verbot personalisierter Werbung

Als *ultima ratio* sollte der Gesetzgeber ein Verbot personalisierter Werbung in Betracht ziehen. Forderungen danach gibt es schon mehrere: Die Tracking-Free Ads Coalition, eine Koalition von Mitgliedern des Europäischen Parlaments, die von führenden Politikern, zivilgesellschaftlichen Organisationen und Unternehmen aus der gesamten EU unterstützt wird, setzt sich nach eigenen Aussagen dafür ein, der allgegenwärtigen Tracking-Werbeindustrie, die das Internet heute dominiert, ein Ende zu setzen.[1144] Ursprünglich war ein Verbot personalisierter Werbung auch im DSA diskutiert worden.[1145] Medienschaffende und Verlage fordern beispielsweise regelmäßig ein Verbot personalisierter Online-Werbung zum Schutz ihrer Branche, gegebenenfalls unter Ausnahme personalisierter Werbung in digitalen Medienangeboten und digitaler Presse.[1146]

Ob ein derartiges Verbot geeignet und erforderlich und somit unter verfassungsrechtlichen Gesichtspunkten rechtmäßig wäre, kann im Rahmen dieser Forschung nicht erörtert werden. Diese Frage hängt wohl sehr von der genauen Ausgestaltung eines derartigen Verbotes ab. Auch bedürfte es hierfür genauerer finanzieller Berechnungen, wie lukrativ personalisierte Werbung für einzelne Akteure ist. Insofern ist die Möglichkeit für Forschende nach Art. 17 DSA von sehr großen Online-Plattformen Auskunft über Daten zu verlangen, zu begrüßen. Gelingt es Forschenden hierüber Daten von Meta und Google zur Wirtschaftlichkeit personalisierter Online-Werbung anzufragen, könnte die Frage der Rechtmäßigkeit eines Verbotes personalisierter Online-Werbung untersucht werden. Letztendlich muss der Unionsgesetzgeber beantworten, ob er diese Maßnahme ergreifen möchte.

1144 Weitere Informationen zur Tracking Free Coalition abrufbar unter: https://trackingfreeads.eu/about-us/ [Stand August 2025].

1145 Siehe hierzu im 5. Teil unter D., I.

1146 Siehe hierzu im 5. Teil unter D., III.

6. Teil: Fazit

A. Zusammenfassung

Im Rahmen dieser Ausarbeitung wurde die datenschutzrechtliche Zulässigkeit personalisierter Online-Werbung einer Untersuchung unterzogen. Einleitend erfolgte dafür eine Beleuchtung der Hintergründe personalisierter Online-Werbung, um die Rolle dieser Werbeform in einer durch Digitalisierung geprägten Welt zu erfassen.[1147] Hierbei konnten das Ausmaß des Einflusses dieser Werbeform festgestellt werden, denn sie dient einerseits als Finanzierungsquelle für die überwiegende Mehrheit digitaler Angebote, hat dadurch aber auch die heutige Datenwirtschaft etabliert, die sich über das gesamte Internet erstreckt. Denn die überwiegende Mehrheit der Digitalunternehmen, Webseiten und Apps stellt entweder Werbeplätze für personalisierte Online-Werbung bereit oder verarbeitet Daten, welche zur Personalisierung von Werbung dienen.[1148] Für die nachfolgende rechtliche Würdigung war es von grundlegender Bedeutung, die technischen Abläufe der digitalen Werbebranche zu verstehen.[1149] In der Folge wurde die Datenerhebung,[1150] die Datenverarbeitung zu Nutzerprofilen[1151] sowie der Prozess des Real Time Biddings[1152] dargelegt, welcher eine Vergabe von Werbeplätzen in Echtzeit ermöglicht. Im Rahmen der Untersuchung wurde zudem die Frage der Risikohaftigkeit von personalisierter Online-Werbung und der damit einhergehenden Datenwirtschaft beleuchtet.[1153] Die Aufarbeitung interdisziplinärer Forschungsergebnisse hat ergeben, dass hiermit diversen Risiken verbunden sind oder bereits vorhandene Risiken verstärkt. Hierunter fällt einerseits das Risiko diskriminierender Werbung,[1154] wenn beispielsweise aufgrund der automatischen Verarbeitung von Daten

---

1147 Siehe hierzu im 2. Teil unter A.

1148 Siehe hierzu im 2. Teil unter A., I.

1149 Siehe hierzu im 2. Teil unter B.

1150 Siehe hierzu im 2. Teil unter B., I.

1151 Siehe hierzu im 2. Teil unter B., II.

1152 Siehe hierzu im 2. Teil unter B., III.

1153 Siehe hierzu im 2. Teil unter C., I. bis III.

1154 Siehe hierzu im 2. Teil unter C., I.

A. Mehlan, *Personalisierte Online-Werbung*, Juridicum – Schriften zum Medien-, Informations- und Datenrecht, https://doi.org/10.1007/978-3-658-49891-7_6

Stereotype gefördert werden[1155] oder es Werbenden ermöglicht wird maginalissierte Gruppen aktiv als Zielgruppe für ihre Werbung auszuwählen oder auszuschließen.[1156] Ferner konnte festgestellt werden, dass der personalisierten Werbebranche ob der Wichtigkeit von Daten für diverse Wirtschaftszweige eine erhebliche Marktmacht zukommt. Diese zentriert sich zudem bei einigen großen Digitalkonzernen, die diese Macht ausnutzen, um ihren Einfluss auf dem Markt zu erhalten und auszubauen. Zuletzt wurde eine Reihe demokratiegefährdender Risiken eruiert.[1157] Zu nennen sind hier das Microtargeting, die Ermöglichung von Desinformationskampagnen und Sicherheitsbedenken. Diese Phänomene sind keineswegs auf politische Werbung beschränkt. Vielmehr birgt bereits die umfangreiche Datenerhebung und -verarbeitung zu detaillierten Nutzer:innenprofilen zum Zweck der personalisierten Online-Werbung die genannten Risiken. Die Möglichkeit Nutzer:innen direkt und intim anzusprechen birgt erhebliche demokratiegefährdende Risiken, wenn die Instrumente in „die falschen Hände" gelangen. Derzeit stehen die Werbemechanismen jedoch jedem Akteur frei zur Verfügung.[1158]

Schwerpunktmäßig widmet sich diese Arbeit der Frage, ob die Verarbeitung personenbezogener Daten zu Marketingzwecken auf die Einwilligung der Nutzer:innen gemäß Art. 6 Abs. 1 lit. a) DSGVO gestützt werden kann.[1159] Die Untersuchung hat ergeben, dass die rechtlichen Anforderungen an eine wirksame Einwilligung in der Praxis zumeist nicht erfüllt werden. Im Kontext des Real Time Biddings, einem notwendigen Verfahren im Rahmen der Vergabe von Online-Werbeplätzen, bei dem freie Werbeplätze in Echtzeit an die Höchstbietenden versteigert werden, sind die Profile der Nutzer:innen für eine unbestimmte Anzahl von Bietenden einsehbar. Die komplexen Marktstrukturen verhindern insofern eine hinreichende Transparenz, sodass Nutzer:innen nicht adäquat über die beteiligten Akteure informiert sind und demnach auch keine rechtmäßige Einwilligung zur Datenverarbeitung erteilen können.[1160] Die Notwendigkeit zur Einholung einer Einwilligung besteht nicht nur in

---

1155 Vertiefend hierzu *Sweeney*, Communication of the ACM, Vol. 56, Issue 5, 44 (51).

1156 *McCann/Stronge/Jones*, The future of Online Advertising, S. 31.

1157 Siehe hierzu im 2. Teil unter C., II.

1158 Siehe hierzu im 2. Teil unter C., III., 1. bis 3.

1159 Siehe hierzu im 3. Teil unter C.

1160 Siehe hierzu im 3. Teil unter C., I., 3.

Fällen, in denen Verantwortliche sich auf Art. 6 Abs. 1 lit. a) DSGVO als Rechtsgrundlage stützen wollen. Gem. § 25 Abs. 1 TDDDG besteht die Verpflichtung zur Einholung einer Einwilligung auch dann, wenn Informationen in der Endeinrichtung von Endnutzer:innen gespeichert oder auf bereits gespeicherte Informationen zugegriffen wird.[1161] Dies ist beispielsweise beim Einsatz von Tracking-Technologien wie Cookies und Fingerprinting der Fall. Die Ausnahme des § 25 Abs. 2 TDDDG, welche das Erfordernis einer Einwilligung entfallen lässt, sofern die Verarbeitung notwendig ist, um einen von Nutzer:innen ausdrücklich gewünschten digitalen Dienst bereitzustellen, findet im Rahmen personalisierter Online-Werbung keine Anwendung.[1162]

Die anschließende Untersuchung der in der Praxis verwendeten sog. Consent-Banner, die zur Einholung der Nutzer:inneneinwilligungen verwendet werden, ergab, dass diese den rechtlichen Vorgaben regelmäßig nicht genügen.[1163] Die Gestaltung der Banner entspricht vielfach nicht den geforderten Kriterien, sodass eine freiwillige Entscheidung der Nutzer:innen, ob sie in die Verarbeitung ihrer Daten zu Werbezwecken einwilligen möchten, nicht gewährleistet ist. Der Mangel an Freiwilligkeit manifestiert sich insbesondere in Situationen, in denen Nutzer:innen vor die Wahl gestellt werden, entweder für einen werbefreien Zugang zu zahlen oder der Datenverarbeitung zuzustimmen.[1164] Die Entscheidung wird dabei maßgeblich durch erhebliche Preisunterschiede beeinflusst, was die Annahme einer echten Freiwilligkeit der Einwilligung infrage stellt.

In der Konsequenz kann die Einwilligung somit nicht als tragfähige Rechtsgrundlage für die Verarbeitung (personenbezogener) Daten im Rahmen personalisierter Online-Werbung betrachtet werden.[1165] Als alternative Rechtsgrundlage werden in der Praxis häufig die Erlaubnistatbestände der Vertragserfüllung gem. Art. 6 Abs. 1 lit. b) DSGVO sowie des berechtigten Interesses gem. Art. 6 Abs. 1 lit. f) DSGVO herangezogen. Die Schaltung

---

[1161] Siehe hierzu im 3. Teil unter C., II., 1. und 2.

[1162] Siehe hierzu im 3. Teil unter C., II., 1., b. und im 3. Teil unter C., II., 2., b.

[1163] Siehe hierzu im 3. Teil unter C., II., 3.

[1164] Siehe hierzu im 3. Teil unter C., II., 3., c.

[1165] Siehe hierzu im 3. Teil unter C., III.

personalisierter Werbung ist jedoch nicht zur Vertragserfüllung erforderlich, selbst wenn sie der finanziellen Unterstützung der angebotenen Dienste dient.[1166] In Bezug auf das berechtigte Interesse konnte festgestellt werden, dass die Interessenabwägung zugunsten der Nutzer:innen ausfällt, insbesondere da das Recht auf Schutz personenbezogener Daten als Grundrecht in Art. 8 GRCh verankert ist.[1167]

Im Kontext der personalisierten Online-Werbung findet häufig ein Rückgriff auf Daten besonderer Kategorien i.S.d. Art. 9 Abs. 1 DSGVO statt.[1168] Die Verarbeitung solcher Daten erfordert eine explizite Einwilligung der Nutzer:innen, die jedoch aufgrund der selben Hindernisse, wie sie bei der regulären Einwilligung nach Art. 6 Abs. 1 lit. a) DSGVO bestehen, nicht wirksam erteilt werden kann.[1169] Des Weiteren ist zu berücksichtigen, dass Nutzer:innen Daten in der Regel nicht offenkundig öffentlich machen, so dass der Ausnahmetatbestand des Art. 9 Abs. 2 lit. e) DSGVO von den Verantwortlichen nicht herangezogen werden kann. Diese Ausnahme ist restriktiv auszulegen, insbesondere dann, wenn die Veröffentlichung solcher Daten im Kontext der Ausübung anderer Grundrechte erfolgt, etwa bei der Teilnahme an Versammlungen oder der Nutzung des Rechts auf Meinungsfreiheit. Andernfalls stünden die Nutzer:innen vor dem unzulässigen Konflikt, zwischen dem Schutz ihrer personenbezogenen Daten und der Ausübung grundlegender Grundrecht entscheiden zu müssen. Dies würde den Schutzzweck des Art. 8 GRCh untergraben.[1170] Im Ergebnis hat sich auch der EuGH in seiner jüngsten *Schrems-III-Entscheidung* dieser Auslegung angeschlossen, wenngleich die Abgrenzungskriterien recht schwammig ausfallen.

Überdies hat diese Arbeit im Bereich der personalisierten Online-Werbung weitere Datenschutzverstöße festgestellt, insbesondere gegen Artt. 22, 5 und 25 DSGVO. Die DSGVO adressiert in Art. 22 den Schutz vor automatisierten Entscheidungen, insbesondere dem sog. Profiling, die rechtliche Wirkungen entfalten oder Nutzer:innen in ähnlicher Weise erheblich

---

1166 Siehe hierzu im 3. Teil unter D., I.

1167 Siehe hierzu im 3. Teil unter D., II.

1168 Ausführlich zu den einzelnen Kategorien im 3. Teil unter E., I.

1169 Siehe hierzu im 3. Teil unter E., II., 1.

1170 Ausführlich zu dieser Auslegung siehe oben im 3. Teil unter E., II., 2.

beeinträchtigen. Bei der Erstellung von Nutzer:innenprofilen zu Werbezwecken, kommt es zu eben so einem Profiling und Nutzer:innen werden durch die erheblichen Risiken im Kontext personalisierter Online-Werbung auch i.S.d. Art 22 DSGVO benachteiligt.[1171] Darüber hinaus werden die in Art. 5 DSGVO festgelegten Grundsätze für Datenverarbeitungen, darunter die Zweckbindung, Datenminimierung und Transparenz, im Kontext personalisierter Online-Werbung häufig missachtet.[1172] Schließlich fordert Art. 25 DSGVO den Schutz personenbezogener Daten durch technische und organisatorische Maßnahmen. Durch die Aufarbeitung aktueller Verfahren und Beschwerden gegen Akteure des digitalen Werbemarktes konnte festgestellt werden, dass und wie es in diesem Bereich zu Verstößen gegen die Vorgaben des Art. 25 DSGVO kommt.[1173]

Die Forschungsfrage dieser Arbeit kann damit eindeutig beantwortet werden: Personalisierte Online-Werbung ist datenschutzrechtlich nicht zulässig. Auf Basis der gewonnenen Erkenntnisse wurde im Anschluss untersucht, welche Faktoren dazu führen, dass die datenschutzrechtlichen Bestimmungen in diesem Kontext häufig nicht eingehalten werden. Im Rahmen der Untersuchung wurden die Defizite der DSGVO analysiert, welche zu einer unzureichenden Rechtsdurchsetzung führen. Im Rahmen der Untersuchung wurden insbesondere verfahrens- und sanktionsbezogene Defizite identifiziert.[1174] Die datenschutzrechtlichen Verfahren sind in der Regel langwierig und führen in der Konsequenz selten zu zufriedenstellenden Ergebnissen. Ein wesentlicher Grund hierfür liegt in der langsamen Abwicklung von Verfahren in Irland, wo die meisten großen digitalen Unternehmen ihren Hauptsitz haben, so dass bei grenzüberschreitenden Verarbeitungsvorgängen wie im Kontext personalisierter Online-Werbung die irische Datenschutzbehörde federführend ist. Des Weiteren erweisen sich die Sanktionen der Datenschutz-Grundverordnung (DSGVO) bei Verstößen im Bereich der personalisierten Online-Werbung als unzureichend. Obschon die DSGVO die Verhängung hoher Bußgelder erlaubt, werden diese in Relation zum Umsatz eines Unternehmens berechnet. Da ein Großteil der Gewinne der Akteure des digitalen Werbemarktes

---

1171 Ausführlich hierzu im 3. Teil unter F.

1172 Ausführlich hierzu im 3. Teil unter G., I.

1173 Ausführlich hierzu im 3. Teil unter G., II.

1174 Siehe hierzu im 4. Teil unter D.

aus personalisierter Online-Werbung stammt, übersteigen diese Gewinne in der Regel die möglichen Bußgelder. Dies konnte anhand der Finanzdaten von Meta und Google aufgezeigt werden.[1175]

In Anbetracht der signifikanten Relevanz, die personalisierte Online-Werbung und die damit verbundene Datenwirtschaft für die gesamte digitale Wirtschaft besitzen, stellte sich die Frage, ob die Ergebnisse praktikabel sind. Eine weitere Möglichkeit wäre die Schaffung einer Ausnahme von den strikten datenschutzrechtlichen Vorgaben für die Finanzierung digitaler Angebote, insbesondere medialer Angebote, aufgrund derer eine Monetarisierung datenschutzrechtlich unzulässiger personalisierter Werbung möglich wäre. Im Rahmen einer umfassenden Beratung wurde daher die Situation beleuchtet, dass einerseits ein klares Ergebnis vorliegt, nämlich personalisierte Online-Werbung datenschutzrechtlich unzulässig ist, andererseits aber für große Akteure der Werbebranche ein hoher Anreiz besteht, selbst hohe Bußgelder in Kauf zu nehmen, um diese Finanzierungsmöglichkeit weiter zu nutzen.[1176] Insofern lässt sich beobachten, dass im Kontext personalisierter Online-Werbung multipolare Ineressen von den beteiligten Parteien aufeinander stoßen. Die hier vorgenommene Untersuchung ergab jedoch, dass sich die Akteure der digitalen Werbebranche auf die unternehmerische Freiheit (Art. 16 GRCh) sowie, sofern es sich um mediale Angebote handelt, auf die Medienfreiheit (Art. 11 Abs. 2 GRCh) stützen können.[1177] Die Interessen der Akteure der digitalen Werbebranche können das grundrechtlich verbürgte Datenschutzrecht aus Art. 8 GRCh jedoch nur überwiegen, sofern tatsächlich ein Interesse von Advertisern und Publishern vorliegt, die personalisierte Online-Werbung und die dahinterstehende Datenwirtschaft aufrechtzuerhalten. Die personalisierte Werbebranche fußt dabei auf der Annahme, diese Werbeform bessere Ergebnisse erzielen als klassische, kontextualisierte Werbung. Die Analyse interdisziplinärer Forschungsarbeiten belegen zwar, dass personalisierte Online-Werbung dazu imstande ist, spezifische Zielgruppen präzise anzusprechen und dadurch die Effektivität der Werbemaßnahmen zu erhöhen. Dennoch konnte festgestellt werden, dass die zusätzlichen Kosten für die Personalisierung den Nutzen für die Werbetreibenden in der Regel übersteigen,

---

1175 Siehe hierzu im 4. Teil unter D., II.

1176 Siehe hierzu im 5. Teil unter A.

1177 Siehe hierzu im 5. Teil unter B., I. und II.

was die Rentabilität der Werbeform in Frage stellt. Die Ergebnisse deute auch an, dass Publisher ihre Digitalangebote besser durch die Schaltung nichtpersonalisierter Werbung gegenfinanzieren können. Ein weiterer bedeutsamer Befund ist, dass Nutzer:innen personalisierte Werbung in der Tendenz kritisch beurteilen. Die Profiteur:innen der personalisierten Online-Werbung sind vor allem die großen Akteure des digitalen Werbemarktes wie Meta und Google, die einen Großteil der Werbeausgaben vereinnahmen. Da in der überwiegenden Anzahl der Fälle somit gar kein gesteigertes Interesse an personalisierter Online-Werbung durch die Akteure gegeben ist, kann das Recht auf den Schutz personenbezogener Daten aus Art. 8 GRCh nicht unterliegen.[1178]

Aufbauend auf den Ergebnissen der Defizit-Analyse präsentiert diese Arbeit abschließend Lösungsvorschläge für den Gesetzgeber, die entweder bereits diskutiert werden oder aus anderen Rechtsgebieten bekannt sind.[1179] Vorgestellt werden dabei Instrumente, welche die Sanktionswirkung verbessern oder die Verfahren beschleunigen würden. Außerdem wird die Frage nach einem grundsätzlichen Verbot personalisierter Online-Werbung aufgeworfen. Die Vorschläge unterscheiden sich hinsichtlich der Eingriffsintensität, jedoch auch hinsichtlich der Erfolgsaussichten, die datenschutzrechtlichen Verstöße im Kontext personalisierte Online-Werbung zu unterbinden. Die Entscheidung, welche Änderungen angemessen sind, obliegt dem Gesetzgeber. Diese Ausarbeitung konnte jedoch aufzeigen, dass die bisherigen Regelungen in ihrer Wirkung unzureichend sind, da die Prozesse des personalisierten Werbemarktes eindeutig gegen datenschutzrechtliche Vorgaben verstoßen.

In Anbetracht der signifikanten Risiken, die mit personalisierter Online-Werbung und den hierfür erforderlichen Datenverarbeitungsprozessen einhergehen, ist die zeitnahe Entwicklung einer angemessenen Lösung von essenzieller Bedeutung. Die bereits gegenwärtig feststellbaren Konsequenzen der identifizierten Risiken, wie beispielsweise dem Rückgang der Medienvielfalt und die Etablierung demokratiegefährdender Inhalte auf Plattformen sowie dem Aufkommen erheblicher Sicherheitsrisiken, werden sich andernfalls langfristig manifestieren.

[1178] Hierzu im 5. Teil unter B., IV.

[1179] Hierzu im 5. Teil unter F.

B. Thesen

1. Die Entwicklung der personalisierten Online-Werbung hat zu einer grundlegenden Veränderung der Finanzierungsstrukturen digitaler Angebote geführt. Dabei hat sich eine umfangreiche Datenwirtschaft etabliert. Heute basiert die Finanzierung nahezu aller Digitalangebote auf der Bereitstellung von Werbeflächen und/oder der Erhebung und Verarbeitung von Nutzer:innendaten mit dem Ziel der Personalisierung von Werbung.

2. Personalisierte Online-Werbung und die hiermit verbundene Datenwirtschaft birgt jedoch erhebliche Risiken. Die Verarbeitungsprozesse und Werbemethoden können diskriminierend wirken, die Marktmacht einiger Unternehmen verfestigen und demokratiegefährdende Risiken hervorbringen. Zu nennen sind hier die Risiken des Microtargetings, der Desinformation und Sicherheitsbedenken.

3. Die signifikante Datenwirtschaft zum Zweck personalisierter Online-Werbung wirft somit die Frage nach der datenschutzrechtlichen Zulässigkeit auf.

4. Die Verarbeitung personenbezogener Daten zum Zwecke personalisierter Online-Werbung kann nicht auf den Erlaubnisgrund der Einwilligung gem. Art. 6 Abs. 1 lit. a) DSGVO gestützt werden. Die Prozesse des digitalen Werbemarktes, insbesondere das Real Time Bidding zur Vergabe von Werbeplätzen, sind so ausgestaltet, dass eine umfassende Informierung der Nutzer:innen über alle Akteure, die Zugriff auf ihre Nutzer:innenprofile erhalten, nicht möglich ist. Dies führt dazu, dass eine informierte Entscheidung der Nutzer:innen nicht gewährleistet werden kann.

5. Die Notwendigkeit zur Einholung einer Einwilligung der Nutzer:innen ergibt sich jedoch aus § 25 Abs. 1 TDDDG. Danach ist eine Einwilligung erforderlich, wenn Informationen in der Endeinrichtung von Endnutzer:innen gespeichert werden oder es zum Zugriff auf bereits in der Endeinrichtung gespeicherten Informationen kommt. Dies trifft sowohl auf das Nutzer:innen-Tracking mittels Cookies als auch auf das Fingerprinting zu. Die Ausnahme des § 25 Abs. 2 Nr. 2 TDDDG, wonach keine Einwilligung erforderlich ist, wenn ein ausdrücklich von den Nutzer:innen gewünschter

digitaler Dienst bereitgestellt wird, findet im Kontext personalisierter Werbung keine Anwendung. Im Ergebnis ist damit eine Einwilligung der Nutzer:innen bei der Datenerhebung mittels Cookies oder Fingerprinting zwingend erforderlich.

6. Die regelmäßig zur Einholung einer Einwilligung verwendeten „Consent-Banner“ sind häufig so gestaltet, dass sie den Anforderungen an eine rechtmäßige Einwilligung i.S.d. Art. Abs. 1 lit. a) DSGVO nicht genügen. Die visuelle Gestaltung dieser Banner führt in vielen Fällen dazu, dass Nutzer:innen keine freiwillige Entscheidung treffen, ob sie die Verarbeitung ihrer Daten zu Werbezwecken wünschen. Zudem bietet die Preisgestaltung bei sog. „Pay-or-ok-Bannern“ Nutzer:innen häufig keine echte Wahlfreiheit.

7. Als alternative Rechtsgrundlage zur Einwilligung werden häufig die Rechtsgrundlagen der Vertragserfüllung (Art. 6 Abs. 1 lit. b) DSGVO) oder des berechtigten Interesses (Art. 6 Abs. 1 lit. f) DSGVO) von Verantwortlichen herangezogen. Eine Überprüfung beider Tatbestände für den Bereich personalisierter Online-Werbung zeigt jedoch, dass sie einer solchen Untersuchung nicht standhalten. So ist personalisierte Online-Werbung selbst dann nicht zur Erfüllung eines Vertrages erforderlich, wenn sie der Finanzierung digitaler Dienstleistungen dient. Zudem fällt die Interessenabwägung i.S.d. Art. 6 Abs. 1 lit. f) DSGVO zugunsten der Nutzer:innen aus, die sich auf ihr grundrechtlich statuiertes Recht des Schutzes personenbezogener Daten aus Art. 8 GRCh berufen können .

8. Im Rahmen der Verarbeitung personenbezogener Daten zum Zweck personalisierter Online-Werbung erfolgt regelmäßig auch eine Verarbeitung von Daten besonderer Kategorien gem. Art. 9 Abs. 1 DSGVO, die als besonders schützenswert einzustufen sind. Folglich sind Verantwortliche verpflichtet, eine ausdrückliche Einwilligung der Nutzer:innen für diese Verarbeitung einzuholen (Art. 9 Abs. 2 lit. a) DSGVO). Dies ist jedoch aus den gleichen Gründen wie bei Art. 6 Abs. 1 lit. a) DSGVO nicht möglich. Darüber hinaus können sich Verantwortliche in der Regel nicht darauf berufen, dass Nutzer:innen ihre Daten offenkundig öffentlich gemacht haben und die Verarbeitung nach Art. 9 Abs. 2 lit. e) DSGVO zulässig sei. Dieser Ausnahmetatbestand ist restriktiv auszulegen, insbesondere dann, wenn Nutzer:innen Daten offenlegen während sie ein

anderes Grundrecht ausüben, wie dies beispielweise bei der Versammlungs- oder Meinungfreiheit der Fall ist.

9. Überdies kommt es im Kontext personalisierter Online-Werbung zu weiteren datenschutzrechtlichen Verstößen gegen das Verbot des Profilings nach Art. 22 DSGVO sowie die Grundsätze aus Artt. 5 und 25 DSGVO.

10. Die Forschungsfrage kann mithin eindeutig beantwortet werden: Personalisierte Online-Werbung ist datenschutzrechtlich nicht zulässig.

11. Der Blick auf die Praxis zeigt, dass es trotz dieser Eindeutigkeit nicht gelingt, das geltende Datenschutzrecht für den Bereich personalisierter Online-Werbung effektiv durchzusetzen.

12. Als entscheidendes Hemmnis für die effektive Durchsetzung des Datenschutzrecht, insbesondere der DSGVO, erweisen sich verfahrensbezogene sowie sanktionsbezogene Defizite. Die in der Regel langwierigen Verfahren resultieren häufig in einem unzureichenden Ergebnis, was zum Teil auf die langsame Abwicklung durch die irische Datenschutzbehörde zurückzuführen ist, die aufgrund der Ansässigkeit digitaler Konzerne in Irland regelmäßig die federführende Behörde ist.

13. Die DSGVO sieht zwar erhebliche Bußgelder vor, diese bemessen sich jedoch am Umsatz des gegen das Datenschutzrecht verstoßende Unternehmen. Für Akteure des digitalen Werbemarktes, deren hauptsächliche Gewinne aus personalisierter Online-Werbung stammen, übersteigen die Gewinne oftmals die rechtlich Höchstgrenze für Sanktionen, sodass die Effektivität der Sanktionen untergraben wird.

14. Die Tatsache, dass personalisierte Online-Werbung als datenschutzwidrige Werbeform kein Existenzrecht besitzt, kann auch nicht durch die betroffenen Grundrechtspositionen der Advertiser und Publisher sowie der Nutzer:innen, die eine kostengünstige, jedoch datenintensive Nutzung digitaler Dienste wünschen, erschüttert werden. Die Interessen der beteiligten Akteure können lediglich insofern Berücksich-tigung finden, als sie tatsächlich vorliegen. Eine interdisziplinäre Analyse der Interessenlage bei Publishern, Advertisern und Nutzer:innen zeigt jedoch auf, dass keine Partei ein überwiegendes

Interesse an personalisierter Online-Werbung aufweist. Einzig einzelne Unternehmen profitieren von der Etablierung eines personalisierten Werbemarktes, namentlich Meta und Google.

15. Daneben sprechen weitere Faktoren für eine Regulierungsbedürftigkeit personalisierter Online-Werbung. Die Auswertung interdisziplinärer Forschungsergebnisse hat ergeben, dass diese Werbeform eine signifikant höhere Treibhausgasintensität aufweist als nicht personalisierte Werbeformen. Des Weiteren ist die Branche anfällig für Betrug, was die Zweifel an der Lukrativität personalisierter Online-Werbung weiter verstärkt. Zuletzt besteht ein Zusammenhang zwischen dem sogenannten Mediensterben, d. h. dem Rückgang traditioneller Medienangebote wie Rundfunk und Presse, seit Etablierung personalisierter Online-Werbung. Dies lässt befürchten, dass die Meinungspluralität beeinträchtigt werden könnte.

16. Angesichts der signifikanten Risiken, die mit der aktuellen Praxis der personalisierten Online-Werbung verbunden sind, ist eine rasche gesetzgeberische Intervention notwendig. Hierzu ist eine Stärkung des Datenschutzrechts erforderlich.

Literaturverzeichnis

Achleitner, Ranjana Andrea, Digital Markets Act beschlossen: Verhaltenspflichten und Rolle nationaler Wettbewerbsbehörden, NZKart 2022, 359-366.

Acquisti. Alessandro/Taylor, Curtis/Wagman, Liad, The Economics of Privacy, Journal of Economic Literature 2016, 54(2), 442-492.

Afeworki Abay, Robel, Dekolonialisierung des Wissens – Eine partizipative Studie zu Diskriminierung und Teilhabe an Erwerbsarbeit von BIPoC mit Behinderungserfahrungen, Bielefeld 2023.

Agrawal, Shobhit/Nadakuditi, Swapna, AI-based Strategies in Combating Ad Fraud in Digital Advertising: Implementations, and Expected Outcomes, International Journal of Information and Cybersecurity, Vol. 7 No. 5, 2023.

Ahlbrecht, Heiko/Dann, Matthias/Wessing, Helga/Frister, Helmut/Bock, Dennis Unternehmensstrafrecht – Festschrift für Jürgen Wessing zum 65. Geburtstag, München 2015 (zitiert als *Autor*, in: FS-Wessing).

Albers, Marion/Katsivelas, Ioannis, Recht & Netz, 1. Auflage, Baden-Baden, 2018 (zitiert als: *Autor*, in: Albers/Katsivelas).

Albrecht, Jan Philipp/Jotzo, Florian, Das neue Datenschutzrecht der EU – Grundlagen, Gesetzgebungsverfahren, Synopse, 1. Auflage, Baden-Baden 2017.

Albrecht, Jan-Philipp, Das neue EU-Datenschutzrecht – von der Richtlinie zur Verordnung: Überblick und Hintergründe zum finalen Text für die Datenschutz-Grundverordnung der EU nach der Einigung im Trilog, CR 2016, 88-98.

Alexander, Christian, Marktsteuerung durch Abschöpfungsansprüche, JZ 2006, 890-895.

Ali, Muhammad/Goetzen, Angelica/Mislove, Alan/Redmiles, Elissa M./Sapiezynski, Piotr, Problematic Advertising and its Disparate Exposure on Facebook, 32nd USENIX Security Symposium 2023, 5665-5682.

Ali, Muhammad/Sapiezynski, Piotr/Bogen, Miranda/Korolova, Aleksandra /Mislove, Alan/ Rieke, Aaron, Discrimination through optimization: How Facebook's ad delivery can lead to skewed outcomes, Proceedings of the ACM on Human-Computer Interaction, 2019, Vol. 3, Article 199.

Angwin, Julia/Tobin, Ariana/Varner, Madeleine, Facebook (Still) Letting Housing Advertisers Exclude Users by Race, 21.11.2017, abrufbar unter:

A. Mehlan, *Personalisierte Online-Werbung*, Juridicum – Schriften zum Medien-, Informations- und Datenrecht, https://doi.org/10.1007/978-3-658-49891-7

https://www.propublica.org/article/facebook-advertising-discrimination-housing-race-sex-national-origin [Stand August 2025].

Anweiler, Jochen, Auslegungsmethoden des Gerichtshofes der Europäischen Gemeinschaften, Frankfurt am Main 1997.

Arin, Kerim Peren/Lacomba, Juan A./Lagos, Francisco/Mazrekaj, Deni/Thum, Marcel, Misperceptions and Fake News during the Covid-19 Pandemic, CESifo, Working Paper, No. 9066, Center for Economic Studies and Ifo Institute (CESifo), Munich 2021.

Assion, Simon, TTDSG: Telekommunikation-Telemedien-Datenschutz-Gesetz Handkommentar, 1. Auflage, Baden-Baden 2022 (zitiert als: *Autor*, in: HK-TTDSG).

Auer-Reinsdorff, Astrid/Conrad, Isabell, Handbuch IT- und Datenschutzrecht, 3. Auflage, München 2019.

Aust, Holger, Das Zeitalter der Daten: Was Sie über Grundlagen, Algorithmen und Anwendungen wissen sollten, Berlin 2021.

Bank, Max/Duffy, Felix, Amazon verstärkt Lobbyarbeit in der EU, 24.11.2023, abrufbar unter: https://www.lobbycontrol.de/macht-der-digitalkonzerne/amazon-verstaerkt-lobbyarbeit-in-der-eu-112726/ [Stand August 2025].

Bashir, Muhammad Ahmad, On the Privacy Implications of Real Time Bidding, Boston, Massachusetts: Northeastern University, 2019, abrufbar unter: https://repository.library.northeastern.edu/files/neu:m044k3535 [Stand August 2025].

Becker, Maximilian, Consent Management Platforms und Targeted Advertising zwischen DSGVO und ePrivacy Gesetzgebung, CR 2021, 87-98.

Beilharz, Felix, Der Online Marketing Manager: Handbuch für die Praxis, Heidelberg 2017.

Benedikt, Kristin, Telekommunikation-Telemedien-Datenschutz-Gesetz – Endlich Rechtsklarheit beim Tracking?, DSB 2021, 76-80.

Bielova, Nataliia/Santos, Cristiana/Gray, Colin M., Two Worlds Apart!, Closing the gap between regulatin EU consent and user studies, Harvard Journal of Law & Technology, Volume 37, 1265-1333.

Birkner, Thomas, Genese, Formierung, Ausdifferenzierung und Durchbruch des Journalismus in Deutschland, M&K 2011, 345-355.

Blum, Petra/Flade, Florian/Milling, Palina/Riedel, Katja, Zöller, Luzius, Tiefe Einblicke in Putins Lügenmaschine, 16.09.2024, abrufbar unter: https://www.tagesschau.de/investigativ/ndr-wdr/russland-propaganda-fakenews-sda-deutschland-100.html [Stand August 2025].

Boerman, Sophie C./Kruikemeier, Sanne/ Zuiderveen Borgesius, Frederik J., Online Behavioral Advertising: A Literature Reviewand Research Agenda, Journal of Advertising, 46(3), 363-376.

Borges, Georg/Keil, Ulrich, Rechtshandbuch zu Big Data – Grundlagen, Rechtsfragen, Vertragspraxis, 1. Auflage, Baden-Baden 2024 (zitiert als: *Autor*, in: Borges/Keil).

Breunig, Christian/Handel, Marlene/Kessler, Bernhard, Ergebnisse der ARD/ZDF-Langzeitstudie: Massenkommunikation 1964-2020: Mediennutzung im Langzeitvergleich, Media Perspektiven 7-8/2020, 410-432.

Brüggemann, Christina Julia, Die rechtliche Zulässigkeit von Online-Werbeblockern, Münster, 2019.

Bundeskartellamt, Online advertising – Series of papers on “Competition and Consumer Protection in the Digital Economy“, February 2018, abrufbar unter: https://www.bundes kartellamt.de/SharedDocs/Publikation/EN/Schriftenreihe_Digitales_III.pdf?__blob=publicatio nFile&v=5 [Stand August 2025].

Bundesministerium für Familie, Senioren, Frauen und Jugend, Ältere Menschen und Digitalisierung – Erkenntnisse und Empfehlungen des Achten Altersberichts, abrufbar unter: https://www.bmfsfj.de/resource/blob/159704/3dab099fb5eb39d9fba72f6810676387/achter-altersbericht-aeltere-menschen-und-digitalisierung-data.pdf [Stand August 2025].

Bunnenberg, Jan Niklas, Privatautonomie und Datenschutz, JZ 2020, 1088-1097.

Burchardi, Sophie, Die Selbstbegünstigung von Plattformunternehmen im Fokus des Kartell- und Regulierungsrechts, NZKart 2022, 610-616.

Busch, Oliver, Realtime Advertising – Digitales Marketing in Echtzeit: Strategien, Konzepte und Perspektiven, Wiesbaden 2014.

Bygrave, Lee Andrew, Data Privacy Law: An International Perspective, Oxford University Press, vom 23.01.2014.

Cadwalladr, Carole/Graham-Harrison, Emma, Revealed: 50 million Facebook profiles harvested for Cambridge Analytica in major data breach, The Guardian vom 17.03.2018, abrufbar unter: https://www.theguardian.com/news/2018/mar/17/cambridge-analytica-facebook-influence-us-election?CMP=Share_AndroidApp_Gmail [Stand August 2025].

Calliess, Christian/Ruffert, Matthias, EUV/AEUV: Das Verfassungsrecht der Europäischen Union mit Europäischer Grundrechtecharta – Kommentar, 6. Auflage, München 2022 (zitiert als *Autor*, in: Calliess/Ruffert).

Caspar, Johannes, Politische Meinungsbildung – Extremismus und Microtargeting, ZRP 2024, 90-92.

Ceccio, Larissa, So viel verdienen Social-Plattformen mit deinen Daten, vom 24.11.2022, abrufbar unter: https://onlinemarketing.de/cases/social-unternehmen-daten-umsaetze [Stand August 2025].

Chaubey, Nirbhay/Parikh, Satyen/Amin, Kira, Computing Science, Communication and Security, Second International Conference, COMS2 2021, Gujarat, India, February 6–7, 2021, Revised Selected Papers.

Council of the European Union, Confidentiality of electronic communications: Council agrees its position on ePrivacy rules, Pressemitteilung vom 10.02.2021, abrufbar unter: https://www.consilium.europa.eu/en/press/press-releases/2021/02/10/confidentiality-of-electronic-communications-council-agrees-its-position-on-eprivacy-rules/ [Stand August 2025].

Covington & Burling LLP, Irish Parliamentary Committee Hearing Discusses Criticism of the Irish DPC, vom 30.04.2020, abrufbar unter: https://www.insideprivacy.com/eu-data-protection/irish-parliamentary-committee-hearing-discusses-criticism-of-the-irish-dpc/ [Stand August 2025].

Cremer, Hendrik, „Racial Profiling“ – Menschenrechtswidrige Personenkontrollen nach § 22 Abs. 1 a Bundespolizeigesetz Empfehlungen an den Gesetzgeber, Gerichte und Polizei, Studie des Deutschen Instituts für Menschenrechte, Juni 2013, abrufbar unter: https://www.institut-fuer-menschenrechte.de/fileadmin/Redaktion/Publikationen/Racial_Profiling_Menschenrechtswidrige_Personenkontrollen_nach_Bundespolizeigesetz.pdf [Stand August 2025].

Dachwitz, Ingo, Die EU scheitert am Datenschutz im Netz, Netzpolitik.org vom 28.04.2023, abrufbar unter: https://netzpolitik.org/2023/targeted-advertising-die-eu-scheitert-am-datenschutz-im-netz/# [Stand August 2025].

Dammann, Ulrich, Erfolge und Defizite der EU-Datenschutzgrundverordnung – Erwarteter Fortschritt, Schwächen und überraschende Innovationen, ZD 2016, 307-314.

Dammann, Ulrich/Simitis, Spiros, EG-Datenschutzrichtlinie Kommentar, 1. Auflage, Baden-Baden 1997 (zitiert als: *Autor*, in: Dammann/Simitis).

Datta, Amit/Tschantz, Michael Carl/ Datta, Anupam, Automated Experiments on Ad Privacy Settings A Tale of Opacity, Choice, and Discrimination, Proceedings on Privacy Enhancing Technologies 2015, Vol. 1, S. 92–112.

Däubler, Wolfgang/Wedde, Peter/Weichert, Thilo/Sommer, Imke EU-DSGVO und BDSG – Kompaktkommentar, 2. Auflage, Frankfurt am Main 2020 (zitiert als: *Autor*, in Däubler/Wedde/Weichert/Sommer).

Dauses, Manfred/Ludwig, Markus, Handbuch des EU-Wirtschaftsrechts, Band 1, Stand Dezember 2024, 61. Ergänzungslieferung (zitiert als: *Autor*, in: Dauses/Ludwigs).

De Choudhury, Munmun/Counts, Scott/Horvitz Eric, Predicting postpartum changes in emotion and behavior via social media, Proceedings of the SIGCHI Conference on Human Factors in Computing System, S. 3267 – 3276.

De Perlsmacker, Patrick/van den Bergh, Jeroen, Advertising Content and Irritation – A Study of 226 TV Commercials, Journal of International Consumer Marketing, Vol. 10, 1999, S. 5–27.

Denga, Michael, Digitale Manipulation und Privatautonomie – Provozierte Erklärungen im Privatrecht, ZfDR 2022, 229-259.

Der Standard, 10.000 Beschwerden, kaum Urteile: Max Schrems wirft irischer Datenschutzbehörde Untätigkeit vor, Der Standard vom 28.04.2021, abrufbar unter: https://www.derstandard.de/story/2000126219410/10-000-beschwerden-kaum-urteile-max-schrems-wirft-irischer-datenschutzbehoerde [Stand August 2025].

Deutschlandfunk, Protest gegen Hassrede: Knapp 50 Organisationen verlassen Plattform X, vom 19.06.2024, abrufbar unter: https://www.deutschlandfunk.de/protest-gegen-hassrede-knapp-50-organisationen-verlassen-plattform-x-106.html [Stand August 2025].

Deutschlandfunk, Schöffen gesucht! Wie Rechtsextreme versuchen, das Justizsystem zu unterwandern, 03.03.2023, abrufbar unter: https://www.deutschlandfunk.de/schoeffen-bewerbung-ehrenamt-rechtsextreme-100.html [Stand August 2025].

Diekman, Amanda B./Brown, Elizabeth R./Johnston, Amanda M./Clark, Emily K., Seeking congruity between goals and roles: a new look at why women opt out of science, technology, engineering, and mathematics careers, Psychological Science, Vol. 21, Issue 8, August 2010, S. 1051-1057.

Di Fabio, Jan Niklas, Transparenz politischer Werbung: Neue Regeln für die Erbringung politischer Werbedienstleistungen in Europa, MMR 2024, 467- 474.

DIW Econ GmbH, Die Situation der lokalen Presse in Deutschland und ihre Herausforderungen im Zeitalter der Digitalisierung, Gutachten im Auftrag der Beauftragten der Bundesregierung für Kultur und Medien (BKM), Berlin, 08.09.2022, abrufbar unter: https://kulturstaatsminister.de/fileadmin/user_upload/Downloads/2023-03-31-gutachten-zur-situation-der-lokalen-presse-data.pdf [Stand August 2025].

Döpfner, Mathias, Totale Transparenz endet immer totalitär, Welt vom 26.01.2021, abrufbar unter: https://www.welt.de/wirtschaft/article225103061/Mathias-Doepfner-Totale-Transparenz-endet-immer-totalitaer.html [Stand August 2025].

Dornis, Tim W., Lauterkeitsrecht im KI-Zeitalter – Grundlagen, Strukturen und Fallgruppen (Teil 1), GRUR 2023, 1729-1737.

Dörnyei, Krisztina Rita, Marketing Professionals' Views on Online Advertising Fraud, Journal of Current Issues & Research in Advertising, 42(2), S. 156-174.

Duò, Matteo, Alexa Rank: Everything You Need to Know About It, vom 30.05.2024, abrufbar unter: https://kinsta.com/blog/alexa-rank/ [Stand August 2025].

Earley, Seth, The Role of a Customer Data Platform, IT Professional, 2018, Volume 20, Issue 1, S. 69- 76.

Edelman, Gilad, Why Don't We Just Ban Targeted Advertising?, Wired vom 22.03.2020, abrufbar unter: https://www.wired.com/story/why-dont-we-just-ban-targeted-advertising/ [Stand August 2025].

Edelmann, Gilad, Can Killing Cookies Save Journalism?, Wired vom 05.08.2020, abrufbar unter: https://www.wired.com/story/can-killing-cookies-save-journalism/ [Stand August 2025].

Ehmann, Eugen/Selmayr, Martin, Beck'scher Kurzkommentar zur DSGVO Datenschutz-Grundverordnung, 3. Auflage, München 2024 (zitiert als: *Autor*, in: Ehmann/Selmayr).

Eickmann, Torben/Schöner, Nina, Unzulässiger Cookie-Hinweis – Die „bloße" Weiternutzung einer Webseite genügt nicht den Anforderungen an eine wirksame aktive Einwilligung, IR 2021, 185-186.

Engel, Dirk, Das Ende der Online-Werbung, wie wir sie kennen? Was bedeutet das Aus der Third-Party-Cookies für Werbung und Wirkungsforschung?, Transfer: Zeitschrift für Kommunikation & Markenmanagement, 2021, Vol. 67, Issue 4, 33-39.

Engeler, Malte, Das überschätzte Kopplungsverbot – Die Bedeutung des Art. 7 Abs. 4 DSGVO in Vertragsverhältnissen, ZD 2018, 55-62.

Engeler, Malte/Felber, Wolfram, Entwurf der ePrivacy-VO aus Perspektive der aufsichtsbehördlichen Praxis, ZD 2017, 251-257.

Epping, Volker/Hillgruber, Christian, Beck'scher Online-Kommentar zum Grundgesetz, 57. Edition, Stand: 15.01.2024 (zitiert als: *Autor*, in: BeckOK GG).

Ernst, Stefan, Die Einwilligung nach der Datenschutzgrundverordnung – Anmerkungen zur Definition nach Art. 4 Nr. 11 DSGVO, ZD 2017, 110-114.

Eser, Albin/Kaier, Günther, Zweites deutsch-ungarisches Kolloquium über Strafrecht und Kriminologie, Baden-Baden 1995.

Europäisches Parlament, Key social media risks to democracy: Risks from surveillance, personalisation, disinformation, moderation and microtargeting, abrufbar unter: https://www.europarl.europa.eu/thinktank/en/document/EPRS_IDA(2021)698845 [Stand August 2025].

Fanta, Alexander, Herzstillstand für das digitale Briefgeheimnis, vom 27.04.2023, abrufbar unter: https://netzpolitik.org/2023/eprivacy-verordnung-herzstillstand-fuer-das-digitale-brief geheimnis/ [Stand August 2025].

Fischer, Benjamin, Das System Payback, Frankfurter Allgemeine Zeitung vom 15.02.2017, abrufbar unter: https://www.faz.net/aktuell/wirtschaft/unternehmen/wie-funktioniert-payback-kritik-am-geschaeftsmodell-mit-punkten-14876049.html [Stand August 2025].

Fjell, Kenneth, Online advertising: Pay-per-view versus pay-per-click – A comment, Journal of Revenue and Pricing Management, 2008, Vol. 8, 200-206.

Flamme, Florian, Meinungsmacht der Algorithmen: Eine national- und europarechtliche Betrachtung der Regulierung von Intermediären im Mehrebenensystem der Europäischen Union, Baden-Baden 2024.

Flamme, Florian/Mehlan, Amelie, Politische Online-Werbung im Zeitalter der Digitalisierung: Der europäische Vorschlag für eine Verordnung über die Transparenz und das Targeting politischer Werbung, K&R 2022, 571-577.

Fourberg, Niklas/Taş, Serpil/ Wiewiorra, Lukas/Godlovitch, Ilsa/De Streel, Alexandre/Jacquemin, Hervé/Hill, Jordan/Nunu, Madalina/Vourguigon, Camille/Jacques, Florian/Ledger, Michèle/Lognoul, Michael, Online advertising: the impact of targeted advertising on advertisers, market access and consumer choice, Studie im Auftrag des Europäischen Parlaments, 21.06.2021, abrufbar unter: https://www.europarl.europa.eu/thinktank/en/document/IPOL_STU(2021)662913 [Stand August 2025].

Fui-Hoon Nah, Fiona Siau, Keng, HCI in Business, Government and Organizations: 9th International Conference, HCIBGO 2022, Held as Part of the 24th HCI International Conference, HCII 2022, Virtual Event, June 26 – July 1, 2022, Proceedings, 1. Auflage 2022.

Galloway, Scott, The four: die geheime DNA von Amazon, Apple, Facebook und Google, 2. Auflage, Kulmbach 2018.

Gallup Institut, Facebook and Advertising – User Insights, a quantative study, vom November 2019, abrufbar unter: https://noyb.eu/sites/default/files/2020-05/Gallup_Facebook_EN.pdf [Stand August 2025].

Geppert, Martin/Schütz, Raimund, Beck'scher Kommentar zum TKG: Telekommunikationsgesetz und Telekommunikation-Telemedien-Datenschutz-Gesetz, 5. Auflage, München 2023 (zitiert als: *Autor*, in: Geppert/Schütz).

Gerber, Nina/Gerber, Paul/Volkamer, Melanie, Explaining the privacy paradox – A systematic review of literature investigating privacy attitude and behavior, Computers & Security, Vol. 77, 2018, S. 226-261.

Gersdorf, Hubertus/Paal, Boris P., Beck'scher Online-Kommentar zum Informations- und Medienrecht, 44. Edition, Stand: 01.05.2024 (zitiert als: *Autor*, in: BeckOK InfoMedienR).

Gharibshah, Zhabiz/Zhu, Xingquan, User Response Prediction in Online Advertising, ACM Computing Surveys (CSUR), 2021, Volume 54, Issue 3, Article No.: 64, S. 1-43.

Ghosh, Dipayan/Scott, Ben, Digital Deceit: The Technologies Behind Precision Propaganda on the Internet, 23.01.2018, abrufbar unter: https://www.newamerica.org/pit/policy-papers/digitaldeceit/ [Stand August 2025].

Gierschmann, Sibylle, Positionsbestimmung der DSK zur Anwendbarkeit des TMG – Ist ein deutscher Sonderweg wirklich die Lösung?, ZD 2018, 297-301.

Gierschmann, Sibylle/Baumgartner, Ulrich, Telekommunikation-Telemedien-Datenschutz-Gesetz Kommentar, München 2023 (zitiert als: *Autor*, in: Gierschmann/Baumgartner).

Gloy, Wolfgang/Loschelder, Michael/Danckwerts, Rolf, Handbuch des Wettbewerbsrechts, 5. Auflage, 2019 (zitiert als: *Autor*, in: Gloy/Loschelder/Danckwerts, UWG-HdB, …).

Gola, Peter/Heckmann, Dirk Datenschutz-Grundverordnung, Kommentar zum Bundesdatenschutzgesetz, 3. Auflage, München 2022 (zitiert als: *Autor*, in: Gola/Heckmann).

Gola, Peter/Klug, Christoph, Die Entwicklung des Datenschutzrechts, NJW 2023, 658-662.

González-Cabañas, José/Cuevas, Ángel/Cuevas, Rubén/López-Fernández, Juan/ García, David, Unique on Facebook: Formulation and Evidence of (Nano)targeting Individual Users with non-PII Data, IMC '21: Proceedings of the 21st ACM Internet Measurement Conference, S. 464-479.

Google, Powering a search, vom 11.01.2009, abrufbar unter: https://googleblog.blogspot.com/2009/01/powering-google-search.html [Stand August 2025].

Graf von Westphalen, Friedrich/Pamp, Rüdiger/Thüsing, Gregor, Vertragsrecht und AGB-Klauselwerke, Werkstand: 50. EL März 2024 (zitiert als: *Autor*, in: Graf von Westphalen/Thüsing/Pamp).

Grier, Katrin, Grundrechtliche Einordnung sozialer Netzwerke vor dem Hintergrund des Netzwerkdurchsetzungsgesetzes (NetzDG), 1. Auflage, Baden-Baden 2021.

Griffin, Rachel, Tackling Discrimination in Targeted Advertising – US regulators take very small steps in the right direction – but where is the EU?, vom 23.06.2022, abrufbar unter: https://verfassungsblog.de/targeted-ad/ [Stand August 2025].

Gropp, Walter, Wirtschaftskriminalität und Wirtschaftsstrafrecht in einem Europa auf dem Weg zu Demokratie und Privatisierung, Leipzig 1998.

Gülker, Marvin, Grundlagen und Neuordnung des Rechts digitaler Plattformen – Tagungsbericht zur 8. Tagung GRUR Junge Wissenschaft, in: ZfDR 2023, 315-323.

Haberer, Anno, Anforderungen an Cookie-Banner: Einsatz von Tracking- oder Marketing-Cookies, MMR 2020, 810-815.

Habermas, Jürgen, Ein neuer Strukturwandel der Öffentlichkeit und die deliberative Politik, Berlin 2023.

Hacker, Philipp, Daten als Gegenleistung: Rechtsgeschäfte im Spannungsfeld von DS-GVO und allgemeinem Vertragsrecht, ZfPW 2019, 148-197.

Hallinan, Dara/Zuiderveen Borgesius, Frederik, Opinions can be incorrect (in our opinion)! On data protection law's accuracy principle, International Data Privacy Law, 2020, Vol. 10, No. 1, S. 1-10.

Hamelmann, Lisa/Haucap, Justus, Wettbewerb und Kartellrecht auf Online-Plattformmärkten, ORDO Band 67 Heft 1, 2016, 269-298.

Hanloser, Stefan, Telekommunikation-Telemedien-Datenschutz-Gesetz, ZD 2021, 121-122.

Hao, Karen, Facebook's ad algorithms are still excluding women from seeing jobs. MIT Technology Review, 09.04.2021, abrufbar unter: https://www.technologyreview.com/2021/04/09/1022217/facebook-ad-algorithm-sex-discrimination/ [Stand August 2025].

Hao, The Facebook whistleblower says its algorithms are dangerous. Here's why. 05.10.2021, abrufbar unter: https://www.technologyreview.com/2021/10/05/1036519/facebook-whistleblower-frances-haugen-algorithms/ [Stand August 2025].

Hass, Berthold H./Willbrandt, Klaus W., Targeting von Online-Werbung: Grundlagen, Formen und Herausforderungen, MedienWirtschaft 1/2011, 12-21.

Heckmann, Dirk/Gola, Peter, Kommentar zur Datenschutz-Grundverordnung und Bundesdatenschutzgesetz, 3. Auflage 2022 (zitiert als: Autor, in: Gola/Heckmann).

Heun, Thomas, Werbung, 1. Auflage, Wiesbaden 2017.

Hillnhütter, Hanna, Meta zahlt weiterhin täglich 90.000 EUR Strafe, vom 07.09.2023, abrufbar unter: https://www.onlinehaendler-news.de/e-recht/aktuelle-urteile/138766-meta-zahlt-weiterhin-taeglich-90-000-euro-strafe [Stand August 2025].

Hoeren, Thomas, Phänomene des Big-Data-Zeitalters – Eine rechtliche Bewertung im wirtschaftlichen und gesellschaftspolitischen Kontext, Münster 2019.

Hoeren, Thomas, Big Data und Recht, München 2014.

Hoeren, Thomas/Sieber, Ulrich/Holznagel, Bernd, Handbuch Multimediarecht, 60. EL Oktober 2023 (zitiert als: *Autor*, in: Hoeren/Sieber/Holznagel).

Hohenhauer, Robert, Sponsoring-Wirkung auf das Kaufverhalten, Wiesbaden 2016.

Holznagel, Bernd, Regionales TV-Werbeverbot auf dem Prüfstand des EuGH, ZUM 2021, 549-555.

Holznagel, Daniel, Politische Werbung und Desinformation – Will die EU politische Jedermann-Tweets de-amplifizieren?, vom 13.03.2023, abrufbar unter: https://verfassungsblog.de/politische-werbung-und-desinformation/ [Stand August 2025].

Höppner, Thomas/Piepenbrock, Tom, Digitale Werbung und das Google Ökosystem, Frankfurt am Main, 2023 (zitiert als: Höppner/Piepenbrock, S.).

Hornung, Gerrit/Engemann, Christoph, Der digitale Bürger und seine Identität, 1. Auflage, Baden-Baden 2016.

Huang, Kalley, For Gen Z, TikTok Is the New Search Engine, New York Times vom 16.09.2022, abrufbar unter: https://www.nytimes.com/2022/09/16/technology/gen-z-tiktok-search-engine.html [Stand August 2025].

Hwang, Tim, Subprime Attention Crisis: Advertising and the Time Bomb at the Heart of the Internet, 1. Auflage 2020.

Ihwas, Saleh R., Datenschutzstrafrecht: Eine Übersicht ergangener Bußgelder und gerichtlicher Entscheidungen (2022-2023), CCZ 2024, 41-50.

Iqbal, Umar/Englehardt, Steven/Shafiq, Zubair, Fingerprinting the Fingerprinters: Learning to Detect Browser Fingerprinting Behaviors, 2021 IEEE Symposium on Security and Privacy (SP), S. 1143-1161.

Jain, Shradha/Purohit, H.C., Privacy concerns and avoidance behaviour towards data-driven online behavioural advertising, Business Analyst Journal Vol. 43 No. 1, 2022 S. 1-12.

Jandt, Silke, Spezifischer Datenschutz für Telemedien und die DS-GVO – Zwischen Rechtssetzung und Rechtsanwendung, ZD 2018, 405-408.

Jandt, Silke/Steidle, Roland, Datenschutz im Internet – Rechtshandbuch zu DSGVO und BDSG, 1. Auflage, Baden-Baden 2018 (zitiert als: *Autor*, in: Datenschutz im Internet).

Joachim, Katharina, Besonders schutzbedürftige Personengruppen – Einordnung gruppenspezifischer Schutzbedürftigkeit in der DSGVO, ZD 2017, 414-418.

Jones, Meg Leta, Cookies: a legacy of controversy, Internet Histories, 2020, S. 87-104.

Jotzo, Florian, Gilt deutsches Datenschutzrecht auch für Google, Facebook & Co. bei grenzüberschreitendem Datenverkehr?, MMR 2009, 232-237.

Jung, Heike, Die Bekämpfung der Wirtschaftskriminalität als Prüfstein des Strafrechtssystems, Berlin 1979.

Jürgens, Johanna, Komm, gib mir deine Daten!, vom 14.06.2024, abrufbar unter: https://www.zeit.de/2024/26/meta-kuenstliche-intelligenz-daten-facebook-instagram-eu [Stand August 2025].

Kaiser, Günther, Strafrechtsreform, Strafverfahrensrecht, Wirtschafts- und Umweltstrafrecht, Strafvollstreckungsrecht – Zweites Deutsch-Ungarisches Kolloquium über Strafrecht und Kriminologie, 1. Auflage Baden-Baden 1995.

Kamps, Ingo/Schetter, Daniel, Performance Marketing: Der Wegweiser zu einem mess- und steuerbaren Online-Marketing – Einführung in Instrumente, Methoden und Technik, 2. Auflage, Wiesbaden 2020.

Karg, Moritz/Kühn, Ulrich, Datenschutzrechtlicher Rahmen für "Device Fingerprinting" - Das klammheimliche Ende der Anonymität im Internet, ZD 2014, 285-290.

Karstens, Eric/Schütte, Jörg, Praxishandbuch Fernsehen: Wie TV-Sender arbeiten, 1. Auflage, Wiesbaden 2013.

Kessler, Rainer/Oberlin, Jutta Sonja, DSGVO-konforme Verwendung von Cookies und anderen Trackingmethoden, CB 2020, 63 (69).

Kim, Yongdae/Kim, Jong, CCS '21: 2021 ACM SIGSAC Conference on Computer and Communications Security Virtual Event Republic of Korea 15 November 2021.

Klimczak, Peter/ Petersen, Christer/ Schilling, Samuel, Maschinen der Kommunikation: Interdisziplinäre Perspektiven Auf Technik und Gesellschaft Im Digitalen Zeitalter, 1. Auflage, Wiesbaden 2020.

Köhler, Helmut/Bornkamm, Joachim/Feddersen, Jörn/Alexander, Christian/Odörfer, Bernd/Scherer, Inge, Beck'scher Kurz-Kommentar zum Gesetz gegen den unlauteren Wettbewerb, 42. Auflage, München 2024 (zitiert als: *Autor*, in: Köhler/Bornkamm/Feddersen).

Koreng, Ansgar/Lachenmann, Matthias, Formularhandbuch Datenschutzrecht, 3. Auflage, München 2021 (zitiert als: *Autor*, in: Koreng/Lachenmann).

Kosinski, Michal/Stillwell, David/Graepel, Thore, Private Traits and Attributes are Predictable from Digital Records of Human Behavior, Proceedings of the National Academy of Sciences, 2013, 5802-5805.

Kramer, Josefine, Themenbasierte Anzeigen statt Kohorten: Google begräbt Floc, vom 25.01.2022, abrufbar unter: https://t3n.de/news/google-floc-topics-privacy-sandbox-1446060/ [Stand August 2025].

Kreutzer, Ralf T., Praxisorientiertes Online-Marketing: Konzepte – Instrumente – Checklisten, 4. Auflage, Wiesbaden 2021.

Krohm, Niclas, Abschied vom Schriftformgebot der Einwilligung - Lösungsvorschläge und künftige Anforderungen, ZD 2016, 368-273.

Kshetri, Nir/Voas, Jeffrey, Online Advertising Fraud, IEEE Computer, Vol. 52, Issue 1, January 2019, S. 58-61.

Kühling, Jürgen, Reichweite der Auskunftspflicht bei Statistikdaten – Besonderheiten der dynamischen Datenverarbeitung, ZD 2021, 76-79.

Kühling, Jürgen/Buchner, Benedikt, Datenschutz-Grundverordnung/BDSG Kommentar, 4. Auflage 2024 (zitiert als: *Autor*, in: Kühling/Buchner).

Kumkar, Lea Katharina, Der Digital Markets Act nach dem Trilog-Verfahren, RDi 2022, 347-354.

Künast, Renate, Regeln für Wahlkämpfe im digitalen Zeitalter – Echte Transparenz im Netz herstellen, ZRP 2019, 62-64.

Lambrecht, Anja/Tucker, Cathrine, Algorithmic Bias? An Empirical Study of Apparent Gender-Based Discrimination in the Display of STEM Career Ads, Management Science, Vol. 65, No. 7, July 2019, S. 2966–2981.

Lammenett, Erwin Praxiswissen Online-Marketing: Affiliate-, Influencer-, Content-, Social-Media-, Amazon-, Voice-, B2B-, Sprachassistenten- und E-Mail-Marketing, Google Ads, SEO, 8. Auflage, Wiesbaden 2021.

Landesanstalt für Medien NRW, Personalisieren und polarisieren – wie demokratisch sind Online-Wahlkämpfe?, Ausgabe 9, August 2021, S. 9, abrufbar unter: https://www.medienanstalt-nrw.de/fileadmin/user_upload/NeueWebsite_0120/Themen/Intermediaere/fyi-Forschungsmonitor-Intermediaere/Forschungsmonitor_fyi_Ausgabe9.pdf [Stand August 2025].

Lang, Raphel, Facebook hat keine Kontrolle über seine Daten, Netzpolitik.org vom 30.04.2022, abrufbar unter: https://netzpolitik.org/2022/internes-dokument-facebook-hat-keine-kontrolle-ueber-seine-daten/ [Stand August 2025].

Lauer, David, Facebook's ethical failures are not accidental; they are part of the business model, AI Ethics, 2021, 1(4): 395-403.

Lecuyer, Mathias/Spahn, Riley/Spiliopoulos, Yannis/Chaintreau, Augustin/Geambasu, Roxana/Hsu, Daniel, Sunlight: Fine-grained Targeting Detection at Scale with Statistical Confidence, Twenty-Second ACM Conference on Computer and Communications Security, 2015, S. 554-566.

Leiva, Luis A./Arapakis, Ioannis/Iordanou, Costas My Mouse, My Rules: Privacy Issues of Behavioral User Profiling via Mouse Tracking, CHIIR '21: Proceedings of the 2021 Conference on Human Information Interaction and Retrieval, S. 51-61.

Lerch, Marcel/Tuschhoff, Lukas, Zahlungsmittel Daten – Der Datenvertrag im allgemein(er)en Schuldrecht, RDi 2023, 11-19.

Lewinski, Kai/Rüpke, Giselher/Eckhardt, Jens, Datenschutzrecht: Grundlagen und europarechtliche Neugestaltung, 2. Auflage, München 2022.

Lobo, Sascha, Ein Desaster vor allem für Facebook, Der Spiegel vom 23.05.2018, abrufbar unter: https://www.spiegel.de/netzwelt/netzpolitik/mark-zuckerberg-beim-europaparlament-desaster-fuer-facebook-a-1209061.html [Stand August 2025].

Lomas, Natasha, Targeted ads offer little extra value for online publishers, study suggests, Tech Crunch vom 31.05.2019, abrufbar unter: https://techcrunch.com/2019/05/31/targeted-ads-offer-little-extra-value-for-online-publishers-study-suggests/?guce_referrer=aHR0cHM6Ly93d3cuZ29vZ2xlLmNvbS8&guce_referrer_sig=AQAAAE1Uu0K9P4VjYAa_qkTwPhJXx6SeK0VDy1ESAQIAw_-oSMKpd3imi-SONMOoIExFOOzlBaksjw39Ed5jLQem-mPyqTAf0fwSUJZ5mn309fNizIcITi-kMLYntnst2m2y5FUXHg4Ll9Ca0xT7L13kEI67try-dzTbiXJQKwl1zBCw&guccounter=2 [Stand August 2025].

Lomas, Natasha, Even the IAB warned adtech risks EU privacy rules, Tech Chrunch vom 21.02.2019, abrufbar unter: https://techcrunch.com/2019/02/21/even-the-iab-warned-adtech-risks-eu-privacy-rules/ [Stand August 2025].

Lopez, Javier/Zhou, Jianying/Soriano, Miguel, Towards Understanding Privacy Implications of Adware and Potentially Unwanted Programs, in: 23rd European Symposium on Research in Computer Security, ESORICS 2018, Barcelona, Spain, September 3-7, 2018, Proceedings, Part I (zitiert als: *Autor*, Titel, in: Lopez/Zhou/Soriano, S.).

Lowrey, Anne, How Online Retailers Stay a Step Ahead of Comparison Shoppers," Washington Post vom 12.12.2010, abrufbar unter: https://www.washingtonpost.com/wp-dyn/content/article/2010/12/11/AR2010121100143.html [Stand August 2025].

Loy, Carolin/Baumgartner, Ulrich, Consent-Banner und Nudging: Tracking-Mechanismen: Wie viel „Anstupsen“ ist erlaubt?, ZD 2021, 404-408.

Ludwig, Carolin, Cookie-Chaos auf Webseiten - ein Leitfaden zum technischen und datenschutzrechtlichen Umgang mit Cookies, Masterarbeit zur Erlangung des akademischen Grades Master Technische Hochschule Wildau Fachbereich Wirtschaft, Informatik, Recht Studiengang Bibliotheksinformatik, 2021, abrufbar unter: https://opus4.kobv.de/opus4-th-wildau/files/1666/Masterarbeit_Ludwig.pdf [Stand August 2025].

Pärssinena, Matti M./Kotilab, M./Cuevasc, Rubén/Phansalkard, A./Manner, Jukka, Environmental impact assessment of online advertising, Environmental Impact Assessment Review Volume 73, November 2018, S. 177-200.

Machuletz, Dominique/Böhme, Rainer, Multiple Purposes, Multiple Problems: A User Study of Consent Dialogs After GDPR, Proceedings on Privacy Enhancing Technologies (PoPETs) 2020, S. 481–498.

Marotta, Veronica/ Abhishek, Vibhanshu/ Acquisti, Alessandro, Online Tracking and Publishers' Revenues: An Empirical Analysis, Mai 2019, abrufbar unter: https://weis2017.econinfosec.org/wp-content/uploads/sites/6/2019/05/WEIS_2019_paper_38.pdf [Stand August 2025].

Martini, Mario, Algorithmen als Herausforderung für die Rechtsordnung, JZ 2017, 1017-1025.

Martini, Mario, Blackbox Algorithmus – Grundfragen einer Regulierung künstlicher Intelligenz, 1. Auflage, Berlin 2019.

Martini, Mario/Botta, Jonas/ Nink, David/Kolain, Michael, Automatisch erlaubt? - Fünf Anwendungsfälle algorithmischer Systeme auf dem juristischen Prüfstand, Studie im Auftrag der Bertelsmann-Stiftung, Januar 2020, abrufbar unter: https://www.bertelsmann-stiftung.de/fileadmin/files/BSt/Publikationen/GrauePublikationen/Automatisch_erlaubt_final.pdf [Stand August 2025].

Martini, Mario/Drews, Christian/Seeliger, Paul/Weinzierl, Quirin, Dark Patterns: Phänomenologie und Antworten der Rechtsordnung, ZfDR 2021, 47-74.

Martini, Mario/Kolain, Michael/Neumann, Katja/Rehorst, Tobias/Wagner, David, Datenhoheit – Annäherung an einen offenen Leitbegriff, MMR-Beilage 2021, 3-23.

McCann, Duncan/Stronge, Will/Jones, Phil, The Future of Online Advertising, Studie im Auftrag von Greens/EFA, Oktober 2021, abrufbar unter: https://extranet.greens-efa.eu/public/media/file/1/7267 [Stand August 2025].

McGinnis, Joe, So macht man Präsidenten – Das Beispiel Richard M. Nixon, Bergisch Gladbach 1970.

McKinsey & Company, What is Gen Z?, 20.03.2023, abrufbar unter: https://www.mckinsey.com/featured-insights/mckinsey-explainers/what-is-gen-z [Stand August 2025].

Meckel, Miriam, Vielfalt im digitalen Medienensemble – Medienpolitische Herausforderungen und Ansätze, September 2012, im Auftrag von ICOMP (Initiative for a Competitive Online Marketplace), in: Funk-Korrespondenz 60 (2012), Nr. 48, S. 3-21.

Mehlan, Amelie, Kanada: Forderung nach Aufhebung des Nachrichtenverbots auf Meta, MMR-Aktuell 2023, 01103.

Mehlan, Amelie, NRW: Abmahnung gegen Meta wegen Verwendung von Nutzerdaten für eigene KI, MMR-Aktuell 2024, 01524.

Mehrota, Dhruv/Cameron, Dell, Anyone Can Buy Data Tracking US Soldiers and Spies to Nuclear Vaults and Brothels in Germany, 19.11.2024, abrufbar unter: https://www.wired.com/story/phone-data-us-soldiers-spies-nuclear-germany/ [Stand August 2025].

Meineck, Sebastian/Dachwitz, Ingo, Die große Datenhändler-Recherche im Überblick, 16.07.2024, abrufbar unter: https://netzpolitik.org/2024/databroker-files-die-grosse-datenhaendler-recherche-im-ueberblick/ [Stand August 2025].

Meyer, Jürgen/Hölscheidt, Sven, Kommentar zu Charta der Grundrechte der Europäischen Union, 6. Auflage, Baden-Baden 2024 (zitiert als: *Autor*, in: Meyer/Hölscheidt).

Meyer, Philip, The Vanishing Newspaper: Saving Journalism in the Information Age, Columbia 2004.

Michl, Walther, Das Verhältnis zwischen Art. 7 und Art. 8 GRCh — zur Bestimmung der Grundlage des Datenschutzgrundrechts im EU-Recht, DuD 2017, 349-353.

Moosmayer, Klaus/Lösler, Thomas, Corporate Compliance: Handbuch der Haftungsvermeidung im Unternehmen, 4. Auflage, München 2024 (zitiert als: *Autor,* in: Moosmayer/Lösler).

Möllers, Thomas M. J., Juristische Methodenlehre, 2. Auflage, München 2019.

Mukamal, Debbie A./Samuels, Paul N., Statutory Limitations on Civil Rights of People with Criminal Records, in: Fordham Urban Law Journal, 2003, S. 1501-1518.

Müller-Glöge, Rudi/Preis, Ulrich/Gallner, Inken/ Schmidt, Ingrid, Erfurter Kommentar zum Arbeitsrecht, 24. Auflage 2024 (zitiert als: *Autor*, in: ErfK).

Müller, Mareike, Dieses persönliche Schicksal zeigt die Vor- und Nachteile von Gentests, Handelsblatt vom 31.07.2019, abrufbar unter: https://www.handelsblatt.com/technik/digitale-revolution-dieses-persoenliche-schicksal-zeigt-die-vor-und-nachteile-von-gentests/24851966.html [Stand August 2025].

Nair, Sandeep, What is Targeted Advertising? Types, Benefits and Examples, vom 25.01.2024, abrufbar unter: https://www.themediaant.com/blog/complete-guide-to-targeted-advertising/ [Stand August 2025].

Nebel, Jens, Werbe-Tracking nach Inkrafttreten des TTDSG: Zum einwilligungsfreien Browser- und Device-Fingerprinting, CR 2021, 666-673.

Nesi, Jacqueline/Telzer, Eva H./Prinstein, Mitchell J., Handbook of Adolescent Digital Media Use and Mental Health, 1. Auflage 2022.

Neudert, Lisa-Maria/Koldehoff, Stefan, Social-Media-Studie zur Bundespräsidentenwahl: Mit jedem fünften Tweet „Junk News“ verbreitet, Deutschlandfunk 30.03.2017, abrufbar unter: https://www.deutschlandfunk.de/social-media-studie-zur-bundespraesidentenwahl-mit-jedem-100.html [Stand August 2025].

Neumann, Nico/Tucker, Catherine E./Whitfield, Timothy, Frontiers: How Effective Is Third-Party Consumer Profiling? Evidence from Field Studies, Marketing Science, Vol. 38, No. 6, November–December 2019, S. 918–926.

Norberg, Patricia A./Horne, Daniel R./Horne, David A., The Privacy Paradox: Personal Information Disclosure Intentions versus Behaviors, The Journal of Consumer Affairs, Vol. 41, No. 1, 2007, S. 100-126.

Norberg, Patricia A./Horne, Daniel R./Horne, David A., The Privacy Paradox – Personal Information Disclosure Intentions versus Behaviors, Journal of Consumer Affairs, 2007, S. 100-126.

NOYB – Europäisches Zentrum für digitale Rechte , GDPR: a culture of non-compliance? – Numbers of evidence-based enforcement efforts, abrufbar unter: https://noyb.eu/sites/default/files/2024-01/GDPR_a%20culture%20of%20non-compliance_1.pdf [Stand August 2025].

O'Neil, Cathy, Angriff der Algorithmen – Wie sie Wahlen manipulieren, Berufschancen zerstören und unsere Gesundheit gefährden, Bonn 2018.

Oelschlägel, Kay/Scholz, Jochen, Rechtshandbuch Online-Shop: E-Commerce – M-Commerce – Apps, 2. Auflage 2017.

Online-Vermarkterkreis im Bundesverband Digitale Wirtschaft, OVK-Report für digitale Werbung 2023/02 Online und Mobile: Zahlen und Trends im Überblick, abrufbar unter: https://www.ovk.de/wp-content/uploads/2024/01/OVK-Report_2023_02_final.pdf [Stand August 2025].

Orwat, Carsten, Diskriminierungsrisiken durch Verwendung von Algorithmen, Studie im Auftrag der Antidiskriminierungsstelle des Bundes, vom 16.09.2019, abrufbar unter: https://www.antidiskriminierungsstelle.de/SharedDocs/downloads/DE/publikationen/Expertisen/studie_diskriminierungsrisiken_durch_verwendung_von_algorithmen.html [Stand August 2025].

Overton, Jeff, Issue Brief – The Growth in Greenhouse Gas Emissions from Commercial Aviation (2019, updated 2022), vom 09.06.2022, abrufbar unter: https://www.eesi.org/papers/view/fact-sheet-the-growth-in-greenhouse-gas-emissions-from-commercial-aviation#4 [Stand August 2025].

Paal, Boris P./Hennemann, Moritz, Meinungsbildung im digitalen Zeitalter – Regulierungsinstrumente für einen gefährdungsadäquaten Rechtsrahmen, JZ 2017, 641-692.

Paal, Boris P./Pauly, Daniel A., Beck'scher Kompakt-Kommentar zur Datenschutz-Grundverordnung und Bundesdatenschutzgesetz, 3. Auflage 2021 (zitiert als: *Autor*, in: Paal/Pauly).

Papakyriakopoulos, Orestis/Shahrezaye, Morteza/Thieltges, Andree/Medina Serrano, Juan Carlos/Hegelich, Simon, Social Media und Microtargeting in Deutschland, Informatik Spektrum Vol. 40, 2017, 327–335.

Paschke, Marian/Berlit, Wolfgang/Meyer, Claus/Kröner, Lars, Hamburger Kommentar zum gesamten Medienrecht, 4. Auflage, Baden-Baden 2021 (zitiert als: *Autor*, in: Paschke/Berlit/Meyer/Kröner).

Patel, Sahil, Facebook reaches proposed settlement in video measurement lawsuit, vom 07.10.2019, abrufbar unter: https://www.wsj.com/articles/facebook-reaches-proposed-settlement-in-video-measurement-lawsuit-11570482031 [Stand August 2025].

Pechstein, Matthias/Nowak, Carsten/Häde, Ulrich, Frankfurter Kommentar zu EUV, GRC und AEUV, Band I, 2. Auflage, Tübingen 2023 (zitiert als: *Autor*, in: Pechstein/Nowak/Häd).

Pelsmacker, Patrick/Van den Bergh, Joeri, Advertising Content and Irritation – A Study of 226 TV Commercials, Journal of International Consumer Marketing, Vol. 10, 1999, S. 5–27.

Peter, Marc K./Rozumowski, Anna V./Lindeque, Johan P./Lerch, Karin Mändli/Strohm, Volker, Digital-Radar Schweiz – Monitor Bank WIR 2023, durch die FHNW Hochschule für Wirtschaft, gfs-zürich, Bank WIR, Mai 2023, abrufbar unter: https://digital-radar-schweiz.ch/download/ [Stand August 2025].

Pfluger, Benjamin/Fleiter, Tobias/Kranzl, Lukas/Hartner, Michael/Schade, Wolfgang Hennecke, Anna/Fehrenbach, Horst/Brischke, Lars-Arvid/Tersteegen, Bernd/Sensfuß, Frank/Steinbach, Jan, Langfristszenarien für die Transformation des Energiesystems in Deutschland, Modul 10.a: Reduktion der Treibhausgasemissionen Deutschlands um 95 % bis 2050, Grundsätzliche Überlegungen zu Optionen und Hemmnissen, Studie im Auftrag des Bundesministeriums für Wirtschaft und Energie, Studie im Auftrag des Bundesministeriums für Wirtschaft und Energie. Fraunhofer ISI/Consentec/ifeu, Karlsruhe/Aachen/Heidelberg, 2017, abrufbar unter:

https://www.bundeswirtschaftsministerium.de/Redaktion/DE/Downloads/B/berichtsmodul-10-a-bericht-reduktion-der-treibhausgasemissionen-deutschlands-langfassung.pdf?__blob=publicationFile&v=4 [Stand August 2025].

Piltz, Carlo/Kühner, Jasmin, Ausnahmevorschriften bei Cookie-Einwilligungen – Auslegung des Begriffs „unbedingt erforderlich" nach der ePrivacy-RL, ZD 2021, 123-128.

Podszun, Rupprecht, Digital Markets Act – Gesetz über digitale Märkte Handkommentar, 1. Auflage, Baden-Baden 2023 (zitiert als: *Autor*, in: HK-DMA).

Podszun, Rupprecht/Bongartz, Philipp/Kirk, Alexander, Digital Markets Act – Neue Regeln für Fairness in der Plattformökonomie, NJW 2022, 3249-3254.

Pooranian, Zahra/Conti, Mauro/Haddadi, Hamed/Tafazolli, Rahim, Online Advertising Security: Issues, Taxonomy, and Future Directions, IEEE Communications Surveys & Tutorials, Vol. 23, No. 4, S. 2494-2524.

PWC, German Entertainment & Media Outlook 2023-2027 – Fakten, Prognosen und Trends für 11 Segmente der Unterhaltungs- und Medienbranche in Deutschland, abrufbar unter: https://www.pwc.de/de/technologie-medien-und-telekommunikation/german-entertainment-and-media-outlook-2023-2027.html [Stand August 2025].

PWC, German Entertainment & Media Outlook 2018-2022 – Fakten, Prognosen und Trends für 15 Segmente der Unterhaltungs- und Medienbranche in Deutschland, abrufbar unter: https://www.pwc.de/de/technologie-medien-und-telekommunikation/gemo-2018.pdf [Stand August 2025].

Rao, Udai Pratap/Patel, Sankita J./Raj, Pethuru/Visconti, Andrea, Security, Privacy and Data Analytics, 1. Auflage, Singapur, 2022.

Rapp, Sebastian/Roßnagel, Alexander/Franke, Lucia Fabiola, Datenschutz bei Wahl- und Abstimmungswerbung – Rechtsgrundlagen – Kommunikationsmittel – Rechte der betroffenen Personen, ZD 2023, 247-250.

Rauer, Nils/Ettig, Diana, Nutzung von Cookies - Rechtliche Anforderungen in Europa und deren Umsetzungsmöglichkeiten, ZD 2014, 27-32.

Ravichandran, Deepak/Korula, Nitish, Effect of disabling third-party cookies on publisher revenue, Studie von Google Services, 27.08.2019, abrufbar unter: https://services.google.com/fh/files/misc/disabling_third-party_cookies_publisherrevenue.pdf [Stand August 2025].

Reinhold, Gerd/Lamnek, Siegfried/Recker, Helga, Soziologie-Lexikon, 4. Auflage, München 2000.

Riechert, Anne/Wilmer, Thomas, Berliner Kommentar zum TTDSG - Telekommunikation-Telemedien- Datenschutz-Gesetz, Berlin 2022 (zitiert als: *Autor*, in: Riechert/Wilmer).

Röhling, Amelie/Weil, Johannes, Die Grenzen privater Normsetzung durch soziale Netzwerke: Zur Drittwirkung der Unionsgrundrechte bei Community Standards am Beispiel von Hate Speech, 1. Auflage, Baden-Baden 2022.

Roßnagel, Alexander, Kein „Verbotsprinzip“ und kein „Verbot mit Erlaubnisvorbehalt“ im Datenschutzrecht: Zur Dogmatik der Datenverarbeitung als Grundrechtseingriff, NJW 2019, 1-5.

Roßnagel, Alexander/Rost, Maria Christiana, Eine Geldbuße kommt selten allein – Geldbußen im Kontext aufsichtsbehördlichen Handelns, ZD 2023, 502-507.

Ryan, Johnny/Christl, Wolfie, America's hidden security crisis – How data about United States defence personnel and political leaders flows to foreign states and non-state actors, Studie des Irish Council for Civil Liberties (ICCL), 2023, abrufbar unter: https://www.iccl.ie/wp-content/uploads/2023/11/Americas-hidden-security-crisis.pdf [Stand August 2025].

Sachverständigenrat für Verbraucherfragen beim Bundesministerium der Justiz und für Verbraucherschutz, Der Wert persönlicher Daten – Ist Datenhandel der bessere Datenschutz?, Studien und Gutachten im Auftrag des Sachverständigenrats für Verbraucherfragen Juni 2017, abrufbar unter: https://media.frag-den-staat.de/files/foi/816353/open-knowledge-foundation-wert-persoenlicher-daten.pdf [Stand August 2025].

Sadeghpou, Shadi/Vlajic, Natalija, Click Fraud in Digital Advertising: A Comprehensive Survey, Computers Vol. 10 Issue 12, S. 164-197.

Sadeghpou, Shadi/Vlajic, Natalija, Ads and Fraud: A Comprehensive Survey of Fraud in Online Advertising, Journal of Cybersecurity and Privacy 2021, Vol. 1, Issue 4, S. 804-832.

Schantz, Peter/Wolff, Heinrich Amadeus, Das neue Datenschutzrecht – Datenschutz-Grundverordnung und Bundesdatenschutzgesetz in der Praxis, 1. Auflage, München 2017 (zitiert als: *Autor*, in: Schantz/Wolff).

Schleipfer, Stefan, Datenschutzkonformes Webtracking nach Wegfall des TMG – Was bringen die DSGVO und die ePrivacy-Verordnung?, ZD 2017, 460-467.

Schmiede, Jürgen, Wüste Zeiten, Süddeutsche Zeitung vom 06.07.2022, abrufbar unter: https://www.sueddeutsche.de/medien/usa-zeitungssterben-1.5615180 [Stand August 2025].

Schmitz, Barbara/Buschuew, Ellen, (Be-)Zahlen mit Daten – Im Spannungsverhältnis zwischen Verbot mit Erlaubnisvorbehalt und Privatautonomie, MMR 2022, 171-176.

Schütz, Walter J., Deutsche Tagespresse 2012, Media Perspektiven 11/2012, 570-593.

Schwaiger, Lisa, Gegen die Öffentlichkeit: Alternative Nachrichtenmedien im deutschsprachigen Raum, 1. Auflage, Bielefeld 2022.

Schwartmann, Rolf/Benedikt, Kristin/Reif, Yvette, Für einen zeitgemäßen Online-Datenschutz? – Ein Zwischenruf, MMR 2021, 99-102.

Schwartmann, Rolf/Jaspers, Andreas/Thüsing, Gregor/Kugelmann, Dieter, Heidelberger Kommentar DSGVO/BDSG, 2. Auflage, Heidelberg 2020.

Segijn, Claire M./van Ooijenb, Iris, Differences in consumer knowledge and perceptions of personalized advertising: Comparing online behavioural advertising and synced advertising, Journal of Marketing Communication, 2022, Vol. 28, No. 2, S. 207–226.

Shindova, Dimitrina/Schneider, Adrian, Apple-Datenschutzrichtline teilweise rechtwidrig, DSB 2019, 84-85.

Sieber, Johann, Sanktionen gegen Wirtschaftskriminalität – Eine vergleichende Untersuchung der repressiven, präventiven und schadenskompensierenden Normensysteme zur Verhinderung von Wirtschaftskriminalität in Unternehmen, Berlin 2018.

Siggelkow, Pascal, Wie Russland die EU-Bürger beeinflussen will, 12.04.2024, abrufbar unter: https://www.tagesschau.de/faktenfinder/kontext/russland-desinformatiom-europa-100.html Stand Dezember 2024].

Simitis, Spiros/Hornung, Gerrit/Spiecker gen. Döhmann, Indra, Kommentar zum Datenschutzrecht: DSGVO und BDSG, 1. Auflage, Baden-Baden 2019 (zitiert als: *Autor*, in: Simitis/Hornung/Spiecker).

Simpson, Jack, 40 % of publishers describe their digital ad revenue as shrinking or static, 07.10.2015, abrufbar unter: https://econsultancy.com/40-of-publishers-describe-their-digital-ad-revenue-as-shrinking-or-static/ [Stand August 2025].

Sloane, Garett, LinkedIn discloses inflated metrics glitch that led it to overcharge 418,000 advertisers Published, vom 12.11.2020, abrufbar unter: https://adage.com/article/digital/linkedin-discloses-inflated-metrics-glitch-led-it-overcharge-418000-advertisers/2294276 [Stand August 2025].

Specht, Louisa/Mantz, Reto, Handbuch Europäisches und deutsches Datenschutzrecht – Bereichsspezifischer Datenschutz in Privatwirtschaft und öffentlichem Sektor, München 2019 (zitiert als: *Autor*, in: Specht/Mantz).

Spiegel, Warnung vom FBI – Deutschland wichtiges Ziel russischer Desinformation, 05.09.2024, abrufbar unter: https://www.spiegel.de/politik/deutschland/russland-warnung-vom-fbi-deutschland-wichtiges-ziel-russischer-desinformation-a-286cc266-03ce-4581-9078-4406bcf05c09 [Stand August 2025].

Spiecker gen. Döhmann, Indra/Bretthauer, Sebastian, Dokumentation zum Datenschutz mit Informationsfreiheitsrecht, 95. Ergänzungslieferung, Baden-Baden 2024 (zitiert als: *Autor*, in: Spiecker gen. Döhmann/Bretthauer).

Spindler, Gerald, Die neue EU-Datenschutz-Grundverordnung, DB 2016, 937-947.

Spindler, Gerald/Schuster, Fabian, Recht der elektronischen Medien – Kommentar, 4. Auflage, München 2019 (zitiert als: *Autor*, in: Spindler/Schuster).

Sridhar, Shrihari/Sriram, Srinivasaraghavan, Is online newspaper advertising cannibalizing print advertising?, Quantitative Marketing and Economics, 2015, Volume 13, S. 283–318.

Statista, Programmatic Advertising: Statista-Dossier zum Thema Programmatic Advertising, Hamburg 2019.

Statista, Consumer Insights Global Umfrage 2024 – Umfrage zu Einstellungen zu Onlinewerbung in Deutschland im Jahr 2024, abrufbar unter: https://de.statista.com/prognosen/999835/deutschland-einstellungen-zu-onlinewerbung [Stand August 2025].

Statista, Fernsehen in Deutschland: Statista-Dossier zum Fernsehmarkt in Deutschland, Hamburg 2024.

Stern, Klaus/Sachs, Michael, Europäische Grundrechts-Charte GRCh – Kommentar, München 2016 (zitiert als: *Autor*, in: Stern/Sachs).

Stevens, Jeremy, Datenqualität bei algorithmischen Entscheidungen – Überlegungen aus Anlass des Gutachtens der Datenethikkommission, CR 2020, 73-79.

Stollwerck, Christoph/Münke, Reiner/Fritzsche, Jörg, Beck'scher Online-Kommentar zum UWG, 24. Edition, Stand: 01.04.2024 (zitiert als: *Autor*, in: BeckOK UWG).

Strathmann, Marvin, Der geheime Facebook-Wahlkampf der Parteien, Süddeutsch Zeitung vom 20.08.2017, abrufbar unter: https://www.sueddeutsche.de/wirtschaft/bundestagswahl-der-geheime-facebook-wahlkampf-der-parteien-1.3634351 [Stand August 2025].

Stroscher, Jan-Philipp, Das Ende der Cookie-Paywalls?, ZD-Aktuell 2021, 05337.

Sweeney, Latanya, Discrimination in online ad delivery, Communications of the ACM, Vol. 56, Issue 5, S. 44–54.

Sydow, Gernot/Marsch, Nikolaus, DSGVO, BDSG: Datenschutz-Grundverordnung, Bundesdatenschutzgesetz Handkommentar, 3. Auflage, Baden-Baden 2022 (zitiert als: *Autor*, in: Sydow/Marsch, DSGVO/BDSG).

Taeger, Jürgen, Den Wandel begleiten - IT-rechtliche Herausforderungen der Digitalisierung, Deutsche Stiftung für Recht und Informatik, 21. Online (Herbstakademie), 2020 (zitiert als: *Autor*, in: Den Wandel begleiten).

Taeger, Jürgen, Einwilligung von Kindern gegenüber Diensten der Informationsgesellschaft – Schutz von Kindern unter 16 Jahren durch Art. 8 DSGVO vor Beeinträchtigungen im Netz, ZD 2021, 505-508.

Taeger, Jürgen/Gabel, Detlev, Kommentar zur DSGVO, BDSG und TTDSG, 4. Auflage, Frankfurt am Main 2022 (zitiert als: *Autor*, in: Taeger/Gabel).

Taylor, Charles R., Measuring return on investment from advertising: 'holy grail' or necessary tool?, International Journal of Advertising, 2010, 345-348.

The Economist, Getting to know you – Everything people do online is avidly followed by advertisers and third-party trackers, vom 11.09.2014, abrufbar unter: https://www.economist.com/special-report/2014/09/11/getting-to-know-you [Stand August 2025].

The Shift Project, Lean ICT: Towards digital sobriety – Report of the working group directed by Hugues Ferreboeuf, März 2019, Studie in Zusammenarbeit mit Agence française de développement und Caisse des Dépôts, abrufbar unter: https://theshiftproject.org/wp-content/uploads/2019/03/Lean-ICT-Report_The-Shift-Project_2019.pdf [Stand August 2025].

Tillmann, Tristan Julian/Vogt, Verena, Personalisierte Preise im Big-Data-Zeitalter, VuR 2018, 447-455.

Tinnefeld, Marie-Theres/Conrad, Isabell, Die selbstbestimmte Einwilligung im europäischen Recht: Voraussetzungen und Probleme, ZD 2018, 391-398.

Tufekci, Zeynep, Algorithmic Harms Beyond Facebook and Google: Emergent Challenges of Computational Agency, Colorado Technology Law Journal, 2015, 203 (210 f.)

Utz, Christine/ Degeling, Martin/Fahl, Sascha/Schaub, Florian/Holz, Thorsten, (Un)informed Consent: Studying GDPR Consent Notices in the Field, CCS '19: Proceedings of the 2019 ACM SIGSAC Conference on Computer and Communications Security, 973-900.

von Freier/Friedrich, Kritik der Verbandsstrafe, Berlin 1998.

Veale, Michael/Zuiderveen Borgesius, Frederik, Adtech and Real-Time Bidding under European Data Protection Law, German Law Journal 2022, Volume 23, S. 226-256.

Vigderman, Aliza/Turner, Gabe, The Data Big Tech Companies Have On You, vom 07.06.2024, abrufbar unter: https://www.security.org/resources/data-tech-companies-have/ [Stand August 2025].

Volk, Klaus, Strafrecht und Wirtschaftskriminalität — Kriminalpolitische Probleme und dogmatische Schwierigkeiten, JZ 1982, 85-92.

Volk, Klaus/Beukelmann, Stephan/Ahlbrecht, Heiko, Münchener Anwaltshandbuch Verteidigung in Wirtschafts- und Steuerstrafsachen, 3. Auflage, München 2020 (zitiert als: *Autor*, in: MAH Wirtschafts- und Steuerstrafsachen).

Volmar, Maximilian, Digitale Marktmacht, 1. Auflage, Baden-Baden 2019.

von Lindern, Jakob, Was ist denn schon wieder bei Facebook los?, Die Zeit vom 26.10.2021, abrufbar unter: https://www.zeit.de/digital/2021-10/facebook-papers-whistleblowerin-frances-haugen-dokumente-fake-news-us-kapitol-faq [Stand August 2025].

von Lindern, Jakob, Ein besseres Facebook ist möglich, Die Zeit vom 07.09.2022, abrufbar unter: https://www.zeit.de/digital/2022-04/frances-haugen-facebook-bundestag-desinformation [Stand August 2025].

von Munch, Ingo/Kunig, Philip, Grundgesetz Kommentar, 7. Auflage, München 2021 (zitiert als *Autor*, in: von Munch/Kunig).

We Are Social/DataReportal/Meltwater, Digital-Report 2024, abrufbar unter: https://datareportal.com/?utm_source=Statista&utm_medium=Data_Citation_Hyperlink&utm_campaign=Data_Partners&utm_content=Statista_Data_Citation [Stand August 2025].

Wildberg, Friederike/Lee-Wunderlich, Hannah, It's not personal – Warum IP-Adressen nicht immer personenbezogene Daten sind, CCZ 2023, 281-284.

Woerlein, Andreas H., Personalisierte Werbung und Tracking bei Facebook und Instagram – Abo-Modell statt Datenschutz?, ZD-Aktuell 2023, 01467.

Wolff, Heinrich Amadeus/Brink, Stefan/Ungern-Sternberg, Antje, Beck'scher Online-Kommentar Datenschutzrecht, 52. Edition Stand: 01.05.2025 (zitiert als: *Autor*, in: BeckOK DatenschutzR).

Woolley, Samuel C./ Howard, Philip N., Computational Propaganda Worldwide: Executive Summary, Computational Propaganda Research Project, Working Paper No. 2017.11, abrufbar unter: https://demtech.oii.ox.ac.uk/wp-content/uploads/sites/12/2017/06/Casestudies-ExecutiveSummary.pdf [Stand August 2025].

You, Ilsun/Kim, Hwankuk/Youn, Taek-Young/Palmieri, Francesco/Kotenko, Igor, Fingerprint Defender: Defense Against Browser-Based User Tracking, in: Mobile Internet Security, 5th International Symposium, MobiSec 2021 Jeju Island, South Korea, October 2021, S. 236-247.

Zeidler, Simon Alexander/Brüggemann, Sebastian, Die Zukunft personalisierter Werbung im Internet, C&R 2014, 248-257.

Zeit Online, Facebook-Konzern Meta verschiebt Start seiner KI-Software, Die Zeit vom 14.06.2024, abrufbar unter: https://www.zeit.de/digital/datenschutz/2024-06/meta-stoppt-start-ki-assistent [Stand August 2025].

Zeit Online, Innenministerium warnt vor russischer Einflussnahme auf Landtagswahlen, 10.08.2024, abrufbar unter: https://www.zeit.de/politik/deutschland/2024-08/innenministerium-falschinformationen-russland-landtagswahlen [Stand August 2025].

Zhang, Weinan/Pan, Ye/Zhou, Tianxiong/Wang, Jun, An Empirical Study on Display Ad Impression Viewability Measurements, UCL Technical Report. 20 May, 2015, London, UK, abrufbar unter: https://www.researchgate.net/profile/Weinan-Zhang-5/publication/277022953_An_Empirical_Study_on_Display_Ad_Impression_Viewability_Measurements/links/5654fd2a08ae1ef92976f9e1/An-Empirical-Study-on-Display-Ad-Impression-Viewability-Measurements.pdf [Stand August 2025].

Zipf, Heinz, Die Geldstrafe in ihrer Funktion zur Eindämmung der kurzen Freiheitsstrafe, München 1964.